ZHONGGUO QIYE DUIWAI ZHIJIE TOUZI DE
JIXIAO JI FAZHAN QUSHI YANJIU

中国企业对外直接投资的绩效及发展趋势研究

王卓 著

中国财经出版传媒集团

经济科学出版社

Economic Science Press

图书在版编目（CIP）数据

中国企业对外直接投资的绩效及发展趋势研究/王
卓著. -- 北京：经济科学出版社，2022.8
ISBN 978 - 7 - 5218 - 3965 - 4

Ⅰ.①中… Ⅱ.①王… Ⅲ.①企业 - 对外投资 - 直接
投资 - 研究 - 中国 Ⅳ.①F279.23

中国版本图书馆 CIP 数据核字（2022）第 156497 号

责任编辑：刘 莎
责任校对：隗立娜 齐 杰
责任印制：邱 天

中国企业对外直接投资的绩效及发展趋势研究
王 卓 著
经济科学出版社出版、发行 新华书店经销
社址：北京市海淀区阜成路甲 28 号 邮编：100142
总编部电话：010 - 88191217 发行部电话：010 - 88191522
网址：www. esp. com. cn
电子邮箱：esp@ esp. com. cn
天猫网店：经济科学出版社旗舰店
网址：http://jjkxcbs. tmall. com
固安华明印业有限公司印装
710×1000 16 开 23.5 印张 400000 字
2022 年 8 月第 1 版 2022 年 8 月第 1 次印刷
ISBN 978 - 7 - 5218 - 3965 - 4 定价：108.00 元
（图书出现印装问题，本社负责调换。电话：010 - 88191510）
（版权所有 侵权必究 打击盗版 举报热线：010 - 88191661
QQ：2242791300 营销中心电话：010 - 88191537
电子邮箱：dbts@ esp. com. cn）

前　言

改革开放后，中国对外直接投资的企业数量逐渐增多，对外直接投资已经进入高速发展阶段。2003年，商务部首次公布中国对外直接投资的数据中，中国对外直接投资为28.5亿美元，对外直接投资的储备总量超过了334亿美元。经历了十几年的发展，中国对外直接投资规模日趋扩大，投资总额不断增加，投资行业多元化，投资结构日趋合理化，中国2020年对外直接投资流量规模达到1 537.1亿美元，同比增长12.3%，首次位居全球第一。然而，中国对外直接投资总量高速增长的背后是行业分布及区域分布的差异和不均衡，面对对外投资经济发展过程中产业结构的升级及产业融合的发展趋势，如何把握国家宏观、行业、细分行业及企业微观的特色去充分发挥中国对外直接投资的经济发展引擎作用，有效分析各个研究维度的差异性和共性，绕过国外的贸易壁垒，形成有利于对外开放的双向循环、不断缓解产能过剩及优化工业结构、优化组合资源配置等方面的有利局势，对于实现中国对外直接投资高质量、新增长具有积极的现实意义。

本书共由七章构成。

第一章　是中国企业对外直接投资战略概述。回顾了中国企业对外直接投资的发展历程，阐明了中国企业发展对外直接投资的必要性和可行性，分析了中国企业对外直接投资的现状特点及问题，指出了中国企业对外直接投资战略选择。

第二章　是全球对外直接投资概况。首先分析了全球对外直接投资的发展现状特点及趋势，其次针对发达国家、发展中国家、欠发达国家的对外直接投资现状特点及趋势进行了分类探析，说明了三者对外直接投资的差异性及其成因所在。

第三章　是对外直接投资理论及相关文献述评。综述了对外直接投资的相关理论，梳理了对外直接投资的要因，然后对企业对外直接投资及其投资绩效实证研究进行了评述，为后面各章研究中国重点行业的对外直接投资奠定了相关理论及文献综述的基础。

第四章、第五章、第六章 是围绕中国对外直接投资的重点行业展开研究，涉及的行业分别为中国的资源能源类企业、制造业企业及服务业企业。第四章 是中国资源能源类企业对外直接投资。以全球资源能源业发展现状特点及趋势为背景，分析了中国资源能源类企业对外直接投资的现状特点及问题，并结合相关案例分析，指出其针对性的发展对策及其发展趋势。第五章 是中国制造业企业对外直接投资。结合全球制造业的发展现状特点及趋势，阐述了中国制造业对外直接投资的现状特点及问题，并对中国制造业企业对外直接投资绩效进行了实证分析，然后又分别以其细分行业动力电池行业的宁德时代、电子装备制造业、中国汽车制造业为研究对象进行了对外直接投资的现状问题及对策分析，并围绕细分行业的差异性来探讨其对外直接投资的差异性问题及其对策，最后对中国制造业企业提出了对外直接投资的发展对策，并预期其未来发展趋势。

第六章 是中国服务业对外直接投资。中国服务业对外直接投资是赶超制造业对外直接投资日趋成为主流的投资引领行业，首先以全球服务业及其对外直接投资的现状特点及趋势为背景，分析中国服务业企业的对外直接投资的现状特点与问题，继而对中国服务业企业对外直接投资绩效进行了实证分析，找出其绩效相关影响因素。其次分别以国家电网作为企业案例、中国传统服务业及中国知识密集性服务业为细分行业案例进行企业及细分行业的研究维度分析，分别研究其现状特点、问题及对策，从而体现其对外直接投资的异同，进一步阐明中国服务业企业对外直接投资的发展对策及发展趋势。

第七章 是中国企业对外直接投资的国际环境，该章主要围绕中国在"一带一路"国家的直接投资、中欧投资协定对中国对外直接投资的潜在影响、RCEP协议签署对中国对外直接投资的影响、美国对华战略遏制对中国对外直接投资的影响、反全球化与国际多边投资环境演变趋势、从欧美全方位制裁俄罗斯看中国对外直接投资的安全和防范等外在国际投资环境因素所带来的影响，同时分析了中国对外直接投资的内在因素影响，如中国国际投资与中国国际贸易的协同发展、对外直接投资与中国科技创新、中国对外直接投资的国际竞争力等，针对不同环境因素分析现状特点、问题及对策，并基于这些相关环境因素预见中国企业对外直接投资的未来发展趋势。

　　全书的内容整体架构以相关理论及文献综述为基础，以全球及其重要行业的对外直接投资现状为背景，分别基于中国企业对外直接投资整体宏观角度、重点行业及其细分行业对外直接投资的行业或细分行业角度以及具体特定行业的企业角度展开了对外直接投资的多维度研究，能够体现特定行业或细分行业或特定企业的对外直接投资及其绩效的共性及差异性，并探讨其未来发展趋势。由于特定企业或特定行业的数据支持性不够充分，在企业对外直接投资绩效的研究全面性尚有欠缺，鉴于全球经济的产业升级以及产业融合的发展趋势，产业关联以及产业融合的因素对对外直接投资因素的影响仍有待进一步深入研究。

目　　录

第 1 章

中国企业对外直接投资战略概述

对外直接投资，是指中国企业在他国投资、建设和经营企业，以此获得收益的投资方式。截至 2020 年，中国企业对外直接投资总体呈上升趋势，并在 2016 年达到最高额。目前，中国企业在对外直接投资正处于继续发展和壮大的时期。面对飞速发展的世界经济和变幻莫测的国际政治经济形势，本章概述了中国企业对外直接投资的发展历程，探讨了中国对外直接投资的现实意义，分析了中国企业对外直接投资的现状及特点，并针对所存在问题，指出了中国企业应该加强对外直接投资的战略选择。

1.1 中国企业对外直接投资的发展历程

1.1.1 启发与萌芽阶段（1979～1985 年）

这一阶段是中国的对外直接投资企业，刚开始探索与尝试在国外设立贸易机构，一切都处于萌芽状态。

1979 年 8 月，国务院出台《关于经济改革的十五项措施》，首次明确提出了"办企业、发展外资"的方针，使中国企业"走出去"的进程拉开了全新的序幕。这一政策已经开始将促进境外直接投资作为国家政策[①]。

在这 7 年里，中国批准了许多合资、联营和独资企业，项目分布在多个国家和地区，主要涉及人力资源开发、工程项目承包和金融保险等领域，总

[①] 詹儒杰. 中国企业对外直接投资分析［D］. 上海：上海社会科学院硕士学位论文，2012.

投资额高达 1.77 亿美元。1984 年，中国国际信托公司在美国出资 4 千万元人民币，合资成立了西林公司，这是中国首次对外直接投资项目。中银集团在同一年和华润联手，以 4.37 亿港币收购了香港康力集团。这一批重点企业将重点放在非贸易行业，标志着中国非贸易性境外投资的起步和初步发展。

1.1.2 探索与过渡阶段（1986~1992 年）

这一阶段是中国企业首次经历投资高潮期、经济调整恢复期、投资突破进展期、投资迅速扩张期等一系列的探索与过渡时期。

1985 年，中国首次出现投资高潮时期，投资额同比增长超过 300%，投资产业逐渐增加，投资区域逐渐进入部分发达国家。中国企业依靠扩大对外经济合作的政策，具有很强的对外直接投资意愿，并迅速发展，其主要途径是在国外建立分公司。公司涉足境外投资的种类不断增加。不仅仅是外贸公司，一些工业企业、贸易物资企业、科技企业和金融保险企业也纷纷涉足国外。与此同时，中国投资范围也不断扩大，到了 1992 年，中国的境外投资项目已遍及世界许多国家和地区。包括服务业，农业生产加工，资源开发等领域。另外，中方的公司数目和总的投资都有所增长。截至 1992 年底，共有 1 360 多个贸易公司，中国对外投资总额达 14 亿美元。

1.1.3 调整发展阶段（1992~1999 年）

自 1992 年起，邓小平南方谈话、中共十四大都鲜明地指出了建设社会主义市场体系。国家投资管理机构对新的外商投资审批政策进行了严格的管制，同时也对在各地设立的外国公司进行了重新注册。通过对国内外企业的经验和对中国企业国际竞争力的现状分析，在当年的大会上，提出了发展外商投资的新策略，通过发展外资，利用自身的相对优势组建跨行业、跨部门、跨地区的经营企业；扶持一大批具有"走出去"能力和优势的国有企业。在此期间，中国的外资规模较大的工业企业已成为"主力军"。东风汽车、首都钢铁和上海广电等大型企业纷纷在国外设立分公司或分支机构。

1.1.4　发展与壮大阶段（2000 年至今）

此阶段，中国企业的投资规模逐渐壮大，中国已经成为对外直接投资舞台中最重要的角色之一。

中国于 2001 年 12 月 11 日正式成为世贸组织成员，为中国企业实现国际化提供了有利的环境。2001 年，中国逐渐进入投资突破时期。对于中国来说，世贸组织是一个崭新的投资环境，中国企业在进入一个全新环境的基础上，进一步推动实施"走出去"战略。中国开始增加对境外产业的投资，与此同时，民营企业也开始崭露头角，这促使中国的 FDI 主体开始呈现出多元化的态势，投资的产业也逐渐由贸易产业转化为生产开发性产业。2002 年开始，中国政府部门积极给企业发放资金补贴以及贷款，目的是在加快推进"走出去"战略的大背景下，推动中国企业对外直接投资各种项目的发展。2007 ~ 2009 年，全球金融危机给中国对外直接投资带来契机，一轮新的跨国并购风潮席卷全球。2008 年，虽然全球对外直接投资由 2007 年的 1.83 万亿美元减至 1.45 万亿美元，同比下降了约 21%，但中国对外直接投资净额418.6 亿美元，较上年增长 111%①。

2009 年开始，中国企业在"走出去"和"引进来"战略的推动下，对外投资净额首次进入世界五强；2012 年，对外投资净额又进一步提升，进入世界前三强；2013 年，在"一带一路"经济政策的推动下，中国企业对"一带一路"沿线国家的投资逐渐增加。这一阶段，中国逐渐实现全球化资源布局，将产业升级与区位选择相结合，以便同时解决生产过剩和产业链攀升的问题。与此同时，投资方式也转变为境外并购与绿地投资同步进行，投资主体渐渐涌入地方中小型企业，同时，越发涌现的民营企业数目逐渐远超过国有企业数目。随着国际经济政治形势的发展变化，美国对华战略遏制、中欧投资协定的签署、反全球化和国际多边投资环境、国际贸易与国际投资的协同发展、欧美全方位制裁俄罗斯、中国签署 RCEP 协议等因素均对中国企业对外直接投资的国际环境产生深刻的影响，促成了中国企业对外直接投资不断发展的新格局。

---

① Davies, K. While global FDI falls, china's outward FDI doubles［J］. Transnational Corporations Review, 2009, 1（4）: 20 - n/a.

1.2 中国企业发展对外直接投资的现实意义

1.2.1 提升中国资源重组效率

在资源配置方面，提升中国资源重组效率，可以弥补国内缺乏的资源，从而推动中国与国际经济的协调发展。中国拥有全球 20% 的人口，但耕地、水资源、矿山等资源不足 10%①。此外，由于资源利用率低，人口、资源、环境等问题长期困扰着中国的经济发展，所以，扩大对外直接投资，对于促进中国资源整合是非常有益的。

1.2.2 促进企业管理创新及科技进步

在企业管理层面，可参考外国的先进企业管理经验与科技成果。在管理经验和科技水平上，中国同世界先进国家有很大的差距。对外直接投资，也可以吸收外国的先进科学技术，促进企业的管理和技术进步，同时还能提高中国环境技术创新水平②。

1.2.3 有利于产业升级

在推动产业发展方面，有利于优化产业结构，实现产业升级，具有深远的意义。目前，中国还处在发展阶段，行业结构不协调。随着经济全球化进程的深入，对外直接投资可以促进中国的产业结构调整。特别是在特定的时间和条件下，一个国家或区域所使用的生产要素是确定的。从经济学角度来看，要使企业的经济利益最大化，必须对现有的生产要素进行优化配置。最根本的方法是进行企业的外部投资。另外，一个国家或区域要为其外部的生

---

① 张越. 浅析我国对外直接投资发展现状及现实意义 [J]. 时代金融，2018 (3)：12 - 13.

② Han, B. Does China's OFDI successfully promote environmental technology innovation [J]. Complexity, 2021.

产要素提供服务，就必然会使其国内服务业得到相应的发展，从而为国家或区域的服务业带来巨大的机遇。

1.2.4　提升中国企业国际竞争力

发展对外直接投资对于中国企业在国际上的竞争力起着十分重要的作用。作为一个新兴经济体，中国企业的总体竞争力较低，缺乏跨国经营的经验。因此，在进行境外直接投资的过程中，可以通过在国际竞争中得到磨炼和发展，从而提高自身的国际化经营实力。

1.2.5　促进向东道国出口中间产品

中国的制造业直接投资于生产和加工的初级产品，不能促进相关产业的贸易，而从国外输入的初级产品，经过深加工，然后出口到国外，这就间接地为贸易提供了便利。此外，一些行业因贸易壁垒而被限制，因为直接出口困难，成本高昂，很多公司为了规避贸易障碍，往往把目光投向对外直接投资。

1.3　中国企业对外直接投资的现状特点[*]

改革开放后，中国进行对外直接投资的外国企业数量逐渐增多，2003年，商务部首次公布中国对外直接投资的数据中，中国对外直接投资额为28.5亿美元，对外直接投资的储备总量超过了334亿美元。经历了短短17年的发展，中国2020年流量达到了1 537.1亿美元，年均增速高达25.2%。

1.3.1　投资规模不断扩大，投资总额不断增加

《2020年度中国对外直接投资统计公报》显示，2020年中国对外直接投资流量（净额）为1 537.1亿美元，同比增长12.3%，位列全球第一，占全

---

[*]　本章数据均来自《2020年度中国对外直接投资统计公报》。

球份额20.2%。中国对外直接投资存量（累计净额）为 25 806.6 亿美元，位列世界第三。

1.3.2 投资行业多元化，服务业为主的投资结构日渐合理化

2020 年，中国对外直接投资覆盖了国民经济中的 18 个产业大门类。其中，在金融服务业方面，对外直接投资总额超过了百亿美元。租赁和商务服务业对外投资 387.2 亿美元，占比 25.2%，位列第一；制造业对外投资 258.4 亿美元，占比 16.8%；批发和零售业对外投资 230 亿美元，占比 15%；金融业对外投资 196.6 亿美元，占比 12.8%（见表 1－1）。尽管中国企业对外直接投资规模持续增长，但其总量高速增长的背后是行业分布的差异和不均衡。目前，中国对外直接投资包括《国民经济行业分类》中的 18 个大类。在中国企业对外直接投资行业结构中，服务业的对外直接投资占比从 1990 年来开始逐渐超越制造业，这充分说明服务业已经取代制造业，成为对外直接投资结构中的主流。

表 1－1　　　　2003～2020 年中国部分行业对外直接投资流量占比　　　单位：%

年份	租赁和商业服务业	批发和零售业	软件信息技术服务业	制造业	采矿业	合计
2003	9.77	12.51	0.31	21.86	48.29	92.74
2004	13.63	14.54	0.55	13.74	32.74	75.21
2005	40.31	18.44	0.12	18.60	13.66	91.13
2006	25.64	6.32	0.27	5.14	48.43	85.80
2007	22.58	26.59	1.22	8.56	16.36	75.31
2008	51.88	15.56	0.71	4.22	13.91	86.29
2009	42.84	12.84	0.58	4.69	27.92	88.86
2010	50.31	11.18	0.84	7.75	9.50	79.58
2011	37.32	15.05	1.13	10.27	21.06	84.84
2012	34.40	16.79	1.60	11.15	17.42	81.36
2013	29.17	15.79	1.51	7.76	26.75	80.99
2014	34.36	17.06	2.96	8.94	15.44	78.75

续表

年份	租赁和商业服务业	批发和零售业	软件信息技术服务业	制造业	采矿业	合计
2015	29.86	15.83	5.62	16.46	9.27	77.03
2016	36.30	11.53	10.30	16.03	1.07	75.22
2017	38.90	18.86	3.18	21.15	-2.65	79.44
2018	41.85	10.09	4.64	15.75	3.81	76.15
2019	35.80	16.65	4.68	17.31	4.38	78.82
2020	25.20	15.00	6.00	16.80	4.00	64.00

资料来源：商务部.2003～2020年度中国对外直接投资统计公报.

从投资行业构成分析，在建筑业、信息传输/软件和信息服务业、卫生和社会工作、运输/物流和邮递业等行业的投资额均大幅上升，较往年都增长了60%以上。其中建筑业、卫生和社会工作的增长超过了100%。此外，教育、农林牧渔业、住宿和餐饮业的对外直接投资额都出现了明显减少，都同比减少55%以上。这一现象说明了中国的对外直接投资结构逐渐趋于合理化[1]。从行业分布来看，虽然目前中国对外直接投资看起来覆盖面广，但主要集中在制造业、采矿业等6个领域，这6个领域的存量均达到了千亿美元的级别，存量合计占比84.6%[2]。

2005年以来，租赁和商务服务业领域的对外直接投资流量的占比长期位于榜首，制造业在投资流量中所占的比例在持续变化，但每年投资的数额都在增长，而且流向的二级产业逐渐趋向于科技含量较高的如计算机、智能设备等产品的制造[3]。这反映了中国制造业加速高端产业链的境外布局，希望由对外直接投资获得逆向技术效应。总体来看，中国对外直接投资以第三产业为主，其次是第二产业，第一产业最少。这一结构看似与发达国家布局相似，但其实多数发达国家都经历过以第二产业为主的发展过程，而中国却跨越了这一阶段，第三产业对外直接投资始终占据绝对优势。

由以上分析可知，中国企业对外直接投资产业具有多元化特征。其中，

---

[1] 胡赞东.中国企业对外直接投资的现状及战略分析[J].全国流通经济，2018（1）：14-16.
[2] 资料来源：2020年度中国对外直接投资统计公报.
[3] 资料来源：2003～2020年度中国对外直接投资统计公报.

建筑业、信息传输/软件和信息服务业、卫生和社会服务业、运输/物流和邮递业等行业的投资正在逐步增大，建筑业、卫生和社会服务业的投资增速最快。而教育、农林牧渔业、住宿和餐饮业的对外直接投资额都出现了明显减少。

1.3.3　投资国家（地区）高度集中，发展较不均衡*

从投资流向地区来看，2020 年中国对外直接投资主要流向亚洲地区以及一些避税港（如开曼群岛和英属维尔京群岛），对亚洲国家（地区）的直接投资金额为 1 123.4 亿美元，占比 73.1%。其次是拉丁美洲 166.6 亿美元，占比 10.8%。其中中国对外直接投资流量最大的国家（地区）是中国香港，直接投资净额为 891.5 亿美元，占中国对外直接投资总额的 58%。中国对外直接投资之所以集中在亚洲，是因为受中国"一带一路"倡议的影响。2020年，中国的境外投资在"一带一路"沿线 63 个国家中拥有了 11 000 多家公司，涉及 18 个重大产业，直接投资 225.4 亿美元，占同期中国对外直接投资流量的 14.7%。中国在 2013～2020 年，已累计向沿线各国提供 1 398.5 亿美元的直接投资①。

然而，对外直接投资的过分集中可能会造成中国企业的不正当竞争，从而丧失比较优势的发挥。同时，由于中国的境外直接投资多集中于发展中国家，对发达国家的直接投入相对较低，不利于适应全球一体化的步伐。此外，投资多集中在避税港会导致企业间恶性竞争，还会使得一些投资以"外资"的名义返回国内，破坏国内市场秩序②。

1.3.4　投资主体多元化，民营企业越发呈现主力作用

虽然国企在中国企业对外投资中发挥着主要作用，但民营企业已然成为主力军。截至 2020 年末，从在中国工商银行行政管理部门登记注册情况来

　＊　陈蛟. 我国对外直接投资发展现状和特点分析 [J]. 现代商业，2017 (35)：47－48.

　①　陶晶晶，沈罗薇. 中国对外直接投资发展现状、问题及对策研究 [J]. 对外经贸，2022 (3)：19－23.

　②　陈蛟. 我国对外直接投资的区位分布现状和问题研究 [J]. 全国流通经济，2018 (3)：26－27.

看，在对外非金融类直接投资 23 106 亿美元存量中，国有企业占 46.3%，有限责任公司占 13%，个体经营占 11.2%，股份有限公司占 9.9%，私营企业占 6.3%，港澳台商投资企业占 4.5%，外商投资企业占 3.1%，股份合作企业占 0.4%，集体企业占 0.4%。由此可见，中国主体企业的跨国经营能力增强，民营企业对外直接投资实力和国际化水平也在逐渐升高。

1.4 中国企业对外直接投资的必要性及可行性分析

1.4.1 必要性分析

1.4.1.1 有利于形成对外开放的双向循环

在中国对外贸易快速发展的背景下，对外出口对中国的经济增长具有积极影响。但是，在国际市场上，中国的产品常常受到各类贸易和非贸易壁垒的限制，如反倾销、技术壁垒、绿色壁垒等。在这种情况下，要靠扩大出口来刺激经济增长，已经很困难了，而国际直接投资则可以克服很多的制约。在境外投资，享有与外国公司同等的国民待遇，不受进口和出口的任何限制，不仅可以节约国际贸易的费用，还可以绕过国外的贸易壁垒。因此，在当前中国商品出口的新形势下，发展外商直接投资就变得更为迫切和必要。

1.4.1.2 缓解产能过剩及优化工业结构

要发挥中国在世界范围内的相对水平优势，加强对落后地区的投资。一方面，尽管与发达国家的外资相比，中国的优势是局部的、相对的，但要充分发挥这些优势，使这些行业的"转移价值"得到全面发挥；另一方面，也要留出充足的发展空间，让先进制造业的生产要素流向这些行业，从而促进和支持这些行业的发展。

1.4.1.3 有利于打破技术封锁并获取先进技术

中国应该大力发展对发达国家技术密集型产业的直接投资。鼓励企业通过设立子公司来增强企业的创新活力，通过境外投资、兼并、收购等方式获得先进技术和更广阔的市场，掌握尖端科技，从而提高中国企业的高新技术程度并促进产业结构升级，不断积累"走出去"的国际经验，提高出口竞争力。

1.4.1.4 有利于获取国内稀缺生产要素

资源是一国经济发展的基础。中国经济目前正处在高速发展时期，对资源的需求持续增加，但中国的矿产资源储备却很少。水、能源、主要矿产资源等基础资源已成为制约中国经济发展的重要因素。而资源输入是解决这一问题的主要方法，但也存在不足之处，例如资源的安全性和价格问题。所以，必须通过引进外国直接投资来补充中国经济发展所必需的紧缺的生产资料。

1.4.2 可行性分析

1.4.2.1 中大型企业具有所有权优势和内部化优势

改革开放后，一大批实力雄厚的跨国企业在中国涌现，这些公司具有强大的知识优势、技术优势和规模经济优势，并将先进的管理思想引入国际竞争中[1]。英国知名经济学家邓宁创立的"国际生产折衷"理论指出，拥有所有权、内部化、地理位置等优势的企业，就具有充分的对外投资优势。邓宁所提出的三大境外投资优势，不是完全超越其他公司的绝对优势，而是一种比较优势。经过数十年的技术引进、创新和自主研发，中国在规模、技术、产品上都已趋于成熟，竞争优势也越来越明显。因此中国中大型企业具有很高的对外直接投资可行性[2]。

1.4.2.2 小型企业拥有相对比较优势

外资流入发展中国家是受欢迎的，但由于它们所能提供的投资环境和较小的市场规模，在客观上制约了大型跨国企业的进入。由于国内的小企业还

---

① 胡日东. 论我国对外直接投资的可行性、问题及对策 [J]. 经济问题探索，2000（7）：72 - 74.
② 程家昊. 关于国企根据国际投资理论进行对外直接投资的战略研究——以中国华为技术有限公司为例 [J]. 现代经济信息，2019（4）：157.

处在初级发展阶段，可以避开与国际大公司的激烈竞争，适应了发展中国家的投资环境。此外，中国小型企业所需的人力成本及出口价格也相对低廉，这就使中国的产品可以低价占领国外市场。英国经济学家劳尔的技术本地化理论证明，在全球范围内，发展中国家企业可以利用比较优势，参与全球的生产和经营。所以，中国公司在国际市场上进行境外投资，在理论上是可行的。值得注意的是，此理论从多个角度阐述了发展中国家企业在对外投资中的竞争优势，这对指导中国小型企业进行海外投资具有一定的借鉴作用。这一理论指出，发展中国家的跨国公司具有比较优势，而不是绝对优势。"相对"指的是两个方面：一方面是发展中国家的企业由于其生产成本低，产品品种变化灵活等特点，比发达国家的跨国公司更能适应当地的市场需求。另一方面，相对于欠发达地区的本土公司来说，许多发展中国家的跨国公司在技术上具有领先的优势。中国的小企业在境外直接投资中，正是这种比较优势的体现。

1.4.3 中国企业对外直接投资中面临的问题

1.4.3.1 国际投资形势复杂多变、政治经济风险依然存在

当今社会，虽然发达国家的影响力越来越小，但是我们仍然改变不了的一个现状是：发达国家将会进一步主导着新一轮国际投资规则。目前，国际政治形势、经济形势和外交形势，都是动荡不安的，各种各样的逆全球化思想和做法越来越多，导致许多发达国家的保护主义增强。在这样一个由发达国家主导的投资规则形势下，中国企业对外直接投资态度积极，这必将导致发达国家的排外情绪随之越发上升。一旦发达国家增强对外国直接投资于本国的产品的安全审查力度，就会导致中国相关产业投资形成市场准入障碍，进而对中国企业对外直接投资形成干扰，从而进一步加深误解和限制，最终使中国企业境外投资处于不利地位。上述因素直接导致中国企业的对外直接投资风险增大，并进一步增加挑战与难度。这再次预示了，中国企业对外直接投资所处国际环境形势不容乐观。

1.4.3.2 对外直接投资便利化、决策支持力等方面存有缺陷

由于中国企业的境外投资项目需经过备案制等复杂程序，导致境外并购

项目需要花费三四个月时间来完成手续。同时，中国国内人员的签证手续办理也是十分的困难和烦琐，这些都将影响我们及时抓住投资商机。而境外企业回国投资也面临着更大的阻碍：中国企业在利用境外投资所得到的利润在国内进行返程投资时，并不被视为内资企业，而是被视为外资，因此无法享受中国对内资企业的各种政策优惠。

1.4.3.3　对外直接投资的法律和政策支撑滞后

目前，中国对外投资的政策没有统一的立法可循，而且由于中国对于个人境外投资的相关规定并不明朗，个人境外投资不仅得不到相应的支持和帮助，反而受到限制。同时，国际货币市场波动剧烈且频繁，汇率多变，其断崖式下跌带给企业的重大损失，我们没有相应的保险措施，对于事后的管理更是相对薄弱。

1.4.3.4　中国的相关服务保障体系不完善

由于中国对外直接投资企业缺少对于目的地国家或地区的投资环境、市场、文化和法制等方面的准确并及时有效的信息，进一步加剧了中国企业对外直接投资时所面临的低效问题以及同时产生的高成本问题。中国一些企业在对外直接投资时，由于中国外交使馆的支持力度不足，导致企业与目的国政府沟通困难，进而产生种种吃亏、受挫的情况，甚至会出现更加严重的问题，如工程拖延、搁置等情况[1]。

1.4.3.5　国际竞争力与跨国经营能力较弱

中国企业跨国经营能力和国际竞争力与发达国家相比，仍然有较大差距，风险预估能力以及风险防范能力较弱。

资料表明，中国部分企业具有风险型项目投资的偏好，他们认为，相对的高风险就等于相对的高回报，因而倾向于选择投资高风险地区，而自身的风险预估能力以及风险防范能力较弱，最终导致企业受到经济损失。2016年前9个月，中国企业跨境并购项目协议投资额同比增长380.5%，但必须意识到，在短时间内，中国企业对外直接投资增长过快，必将带来更高的金融

---

① 宋维佳. 对外直接投资区位选择影响因素研究 [J]. 财经问题研究，2012.

和政治风险，会严重威胁中国企业的存亡①。不仅如此，中国企业自身还存在种种问题，而这些在投资的方向和战略的选择上出现的失误，将会是致命的。

1.4.4　中国对外直接投资的战略选择

1.4.4.1　投资主体

在对外直接投资时，首先要确定主体企业。目前，中国企业对外直接投资的主体有多种公司类型，包括对外贸易公司、生产制造公司、金融公司、服务型公司等。总体来说，中国境外企业虽然类型众多，但是规模较小、较分散，缺少集中的管理和竞争。然而，相比于其他国家的投资，我们要想占有优势，主要取决于以下两个方面：企业竞争规模；企业竞争实力。我们必须结合上述两个因素来考虑如何选择对外直接投资的主体。

目前，中国企业的规模化水平依旧很低，因此，在投资主体上，我们要大力发展大型的综合实力强的实业型跨国公司，增强具有一定境外投资规模和实力的大型跨国企业的竞争实力。我们应该鼓励企业逐渐由加工制造方向向着产品研究、产品设计、产品品牌营销等服务型制造企业方向创新与升级，尤其要打造自主品牌、自主营销网络的世界级跨国公司。中国企业在对外直接投资中具有一定的政治、经济的引领作用，我们应当发挥这种作用，逐渐发展有产业带动力的跨国公司，增强跨国竞争能力，指导并引领中国本地企业正确地实践"走出去"战略。民营企业作为中国企业对外直接投资的领头军，一定要大力促进民营企业对外直接投资②。这就需要我们端正思想，抵制歧视行为，为民营企业创造良好的投资环境③。

1.4.4.2　投资产业

在中国大力倡导的"走出去"大背景下，中国企业的对外直接投资对于全方位产生突破性进展的愿望迫切。在这样的世界环境和经济背景下，我们

---

① 张慧. 我国对外直接投资的发展现状及特点分析［J］. 经济问题探索，2012.
② 胡志军. 中国民营企业对外直接投资新特点与新问题研究［J］. 国际贸易，2014.
③ 王伟. 我国石油企业境外投资风险问题及对策［J］. 经济师，2013.

如何进一步发挥产业升级的优势，将产业选择带来的经济效益最大化就显得尤为关键。

中国本地企业对外直接投资产业的最佳选择，体现于对外直接投资前。应该充分衡量不同产业的投资成本与投资收益，以选择一个或多个对中国企业受益最大的产业，这就是我们的投资方向。这需要我们在选择投资产业时，不仅要与中国国内产业结构相结合，而且需要考虑到产业间的升级优化。

中国企业对外直接投资的方向选择既不能走盲目突进的门路，也不能始终处在低水平产业的发展程度，而是应该在"循序渐进"中寻觅"冲破"。在制定战略时，需要考虑多方面因素：首先，应该协调好各产业在各地区与各企业间的投资活动，同步实现国家产业升级和企业收获利益的双重目标。其次，产业选择需要跟上投资区域的发展情况，保证产业选择与区位选择协同并进：要确定不同的地区对外直接投资的重点产业不同；在确定所选产业目标范围之后，从整体上考虑产业选择和区位选择，才能真正促进产业升级。

具体来讲，在产业选择上，要加快推进全球产业分工体系建设。继续推动制造业进程，形成以中国为主的产业链和生产网络。同时，积极推动具有产业优势的高端科技产品。我们应该注重服务业的投资和发展，全力打造全球营销网络体系。针对劳动密集型、先进技术产业，要进行主导性选择；对资源开发型产业，要谨慎的采取预防性选择；对研究与开发型产业，应该采取战略性选择。

1.4.4.3 投资区位

区位主要是指某个产业经济活动所占有的场所。中国企业对外直接投资的区位是指我们所进行经济活动的一个范围和区域坐标。区位选择是指在对外直接投资的时候，资本流入要有一个特定的目标范围，对目的地国家或地区采取综合性考察和研究之后，做出相对较优选择。这个选择，就是我们今后要面对的东道国，东道国国家情况直接决定了中国投资所处的"环境和市场""文化和习惯"。因此，区位选择十分重要，它是由投资方式和投资产业共同决定的（见表1–2）。

表 1 - 2 中国企业对外直接投资区位选择的影响因素

东道国经济发展水平	市场规模 经济实力	资源禀赋	劳动力、基础设施规模	技术水平 生产成本
东道国政治制度	政局稳定性	社会安定性	对外资企业政策连续性	
东道国法律法规	外商直接投资法律法规是否完善和健全	执行裁决是否公平公正		
东道国社会文化	人口素质	风俗习惯	宗教信仰	文化传统

资料来源：笔者自绘.

综上所述，影响中国企业对外直接投资地区战略选择的首要原因有如下两个方面：东道国的区位因素和企业自身的因素[①]。东道国的宏观环境起决定性作用，综合考虑多方面因素，我们发现，东道国的影响因素主要分为：经济发展水平、政治制度、法律法规和社会文化四个方面。对于企业来讲，企业自身包括比较优势和投资战略。

比较优势是最基本的因素，它包括：生产技术优势、管理经验优势、销售渠道优势等方面，最后达到的目的是形成成本上的优势。

企业投资战略的要因可分为战略动机、战略目标等。战略动机是指一国对外直接投资时，除了需要追求利润以外，还可能有的其他动机，例如：寻求自然资源、寻求先进生产技术、寻求现金管理方法等，不同的投资动机可能决定不同的投资区域和对象。两国间的地理距离，会在一定程度上影响中国企业是否会选择该区域作为投资目标。

根据调查，中国企业在对外直接投资的区位选择中，首先，考虑的影响条件是，境外市场的开辟。其次，是东道国对于外资实行的优惠措施。最后，是寻求国外的高端科技和管理经验。从比较优势原则上来看，中国对外直接投资的主要区域应该是发展中国家，但是现阶段，中国企业过于注重对发达国家的集中投资，而忽略了比较优势原则。面对中国和其他国家间的地域、文化、制度差异，我们应该秉承尊重差异、相互理解、互利互惠的原则和态度，积极促进文化交流，以促进相互之间的贸易往来。

---

① 朱宏琳. 我国企业对外直接投资的区位选择研究 [J]. 海南金融，2014.

1.4.4.4 投资方式

中国企业对外直接投资的主要方式包括：绿地投资和跨国并购。

绿地投资是指中国公司用自身拥有的资本或信贷资本在别国直接创办企业，以从事生产活动经营，主要分为独资与合资。其优势是可以进行比较安全、独立的管理，以减少由于各种风险带来的利益损失。但绿地投资通常需要较长的周期、大量的资金和足够的管理。目前，中国企业绿地投资主要集中在亚洲和拉丁美洲等发展中国家或地区。

跨国并购是指中国企业通过对东道国企业股权的购买，取得该企业实物资产或者无形资产的所有权和控制权。这种方式可以使我们快速进入东道国并且占有市场股份，快速收购该公司的技术、品牌和管理方法。这种方式固然便利，但也会带来相当大的不确定性。由于东道国对跨国并购方式的严格控制，我们对其进行跨国并购的难度逐渐增大，并购后的失败和受到利益损失的可能性也会很高。中国企业利用跨国并购方式进行对外直接投资的地区主要是欧美发达国家或地区。

这两种方式各有优缺点，中国企业在选择投资方式时，应该主要考虑：企业的投资主体、投资产业和方向、投资区位和特点、目的地国家或地区的经济与市场、中国企业本身的抗风险能力和国际化程度等。在选择投资方式时，要考虑到两种投资方式带来的好处和弊端，权衡利弊关系，最后选择一种相对而言最适合本企业的投资方式。下面从三个角度具体分析该如何选择企业投资方式。

1. 企业自身角度

从企业自身角度来看，跨国并购的目的通常是以向发达国家或地区寻求先进的高端技术和管理经验；而向发展中国家投资则是为了努力开拓境外市场，以完成中国国内的边际产业向外转移，这时需要我们以绿地投资为主。

2. 投资产业角度

从高科技产业角度来看，处于上游水平的科技，在产业链中位于垄断地位，企业不容易进入上游产业链。所以，对于处于产业链中游的公司来说，应该选择合适的境外企业进行跨国并购，进入上游产业链；反之，中上游企业则可借助绿地投资的模式向下游企业渗透，以便中国本地企业进一步发展。

3. 投资区位角度

从企业投资的区位角度来看，如果我们投资于拉美、非洲等发展中经济体，由于其所处的经济、政治制度、法律法规等外部环境的不完善，应该采用绿地投资。绿地投资包括独资和合资。我们采用独资方式进入这类市场时，由于企业受控制程度较高，因此可以通过加强自身控制和管理来减少外部环境带来的风险和不确定因素。反之，当我们投资于市场较完善、环境较稳定的国家或地区时，可以选择跨国并购的方式，并购一部分股份。同时，绿地投资可以在目的地国家或地区增添就业岗位、增加税收，因此，相比跨国并购，大部分东道国更愿意接受这种对本国具有经济拉动作用的绿地投资方式。在有些国家或地区的某些行业，甚至禁止别国企业以跨国并购的方式进入本国市场。所以，我们在选择进入方式时，需要对目的地国家或地区充分了解。

根据近年来数据分析，中国企业对外投资时，对于技术水平越高、市场规模越大的东道国，越倾向于采用跨国并购方式；反之，我们更愿意用绿地投资方式投资于税率低、信息相对透明的东道国。

1.4.4.5 宏观支持

任何一家企业的对外直接投资都不是独立的企业行为，中国有关职能部门应该积极完善对外投资相关的法律制度，构建有利于对外直接投资发展的相关保障机制，加大对中国境外投资平台和投资服务援助体系的建设力度。政府相关部门应该为企业提供各类数据及资讯服务，保证中国企业准确、快速地了解当下国际国内情况。行政部门应简化审批流程，简化国内职员的签证手续，帮助企业努力开拓境外市场。

本章参考文献

［1］詹儒杰. 中国企业对外直接投资分析［D］. 上海：上海社会科学院硕士学位论文，2012.

［2］Davies，K. While Global FDI Falls，China's Outward FDI Doubles［J］. Transnational Corporations Review，2009，1（4）：20 - n/a.

［3］张越. 浅析我国对外直接投资发展现状及现实意义［J］. 时代金融，2018（3）：12 - 13.

［4］Han，B. Does China's OFDI Successfully Promote Environmental Technology Innovation?［J］. Complexity，2021.

［5］中华人民共和国商务部，国家统计局，国家外汇管理局. 2020 年度

中国对外直接投资统计公报 [R].2020.

[6] 胡赟东.中国企业对外直接投资的现状及战略分析 [J].全国流通经济, 2018 (1)：14 - 16.

[7] 陈蛟.我国对外直接投资发展现状和特点分析 [J].现代商业, 2017 (35)：47 - 48.

[8] 陶晶晶, 沈罗薇.中国对外直接投资发展现状、问题及对策研究 [J].对外经贸, 2022 (3)：19 - 23.

[9] 陈蛟.我国对外直接投资的区位分布现状和问题研究 [J].全国流通经济, 2018 (3)：26 - 27.

[10] 胡日东.论我国对外直接投资的可行性、问题及对策 [J].经济问题探索, 2000 (7)：72 - 74.

[11] 程家昊.关于国企根据国际投资理论进行对外直接投资的战略研究——以中国华为技术有限公司为例 [J].现代经济信息, 2019 (4)：157.

[12] 宋维佳.对外直接投资区位选择影响因素研究 [J].财经问题研究, 2012.

[13] 张慧.我国对外直接投资的发展现状及特点分析 [J].经济问题探索, 2012.

[14] 胡志军.中国民营企业对外直接投资新特点与新问题研究 [J].国际贸易, 2014.

[15] 王伟.我国石油企业境外投资风险问题及对策 [J].经济师, 2013.

[16] 朱宏琳.我国企业对外直接投资的区位选择研究 [J].海南金融, 2014.

第 2 章

全球对外直接投资概况

对外直接投资起源于发达国家，全球对外直接投资经过了漫长而曲折的发展历史，由最初发达国家为主的单一对外投资格局发展成为各经济体、各地区广泛参与的多方发展格局，不论是发达国家、发展中国家还是欠发达国家，均不同程度地参与并推动了全球对外直接投资的发展。随着全球经济格局不断变化、科技革命不断兴起、贸易保护有所抬头、新冠肺炎疫情等突发公共事件的发生，对全球对外直接投资都产生了深远影响。回顾全球对外直接投资的历史发展进程，剖析全球对外直接投资发展新特点，合理预测其未来发展趋势，才能更好地应对各种风险挑战，促进全球对外直接投资稳步发展。

2020 年，在新冠肺炎疫情的影响下，全球的经济复苏中断，甚至大幅度衰退，由此导致全球对外直接投资流量的下降以及各国贸易壁垒的增加。全球对外直接投资背景下的发达国家、发展中国家及欠发达国家的对外直接投资呈现出不同的特点和发展趋势。为深入研究全球不同发展阶段国家的对外直接投资现状特点及发展趋势，选取 1997~2020 年的对外直接投资流量，以研究对外直接投资流出量为主，通过研究各阶段的投资总量及其波动的原因，各大洲的差异以及主要国家的投资流量情况，探究对外直接投资的现状、主要形式以及产业结构特点，预期未来对外直接投资的发展趋势。

2.1 全球对外直接投资的现状特点及趋势

2.1.1 长期来看，全球对外直接投资规模变化呈波动态

2020 年，全球爆发了诸多大事件，尤其以新冠肺炎疫情这个 "黑天鹅"

最为突出，全球对外直接投资流量仅为 9 988.91 亿美元，与 2019 年同比下跌了近 1/3 左右。2016 年，全球对外直接投资达到了巅峰，其流入量为 2.06 万亿美元，达到了有史以来的对外直接投资流入量最高值。虽然新冠肺炎疫情导致世界经济大幅度衰退，但全球对外直接投资流入量自从历史峰值 2016 年高达 2.06 万亿美元以来，近几年一直呈现衰退趋势，现与峰值相比缩水了一半，由此看见，新冠肺炎疫情对全球冲击之大。2020 年，全球对外直接投资流出量较 2019 年的 1.22 万亿美元下降了 39.38%，下降到 0.7398 万亿美元。2017 年达到了联合国统计数据公布有史以来的最高值，高达 2.19 万亿美元。全球对外直接投资流出量总体上呈现出先上升后缓慢衰退的趋势。

现对 1997～2020 年的全球对外直接投资流入量与流出量进行分析，如图 2 - 1 和图 2 - 2 所示。2020 年，由于罕见性的世界公共卫生突发事件的影响，以及各国的贸易保护政策，导致全球经济急剧萎缩，对外直接投资流入量跌入谷底，仅为 9 988.91 亿美元。2008 年，受全球金融危机影响，对外直接投资约 1.49 万亿美元；2009 年约为 1.24 万亿美元，几乎衰退到 2005 年的 0.95 万亿美元。2020 年，全球对外直接投资水平几乎倒退了 15 年。

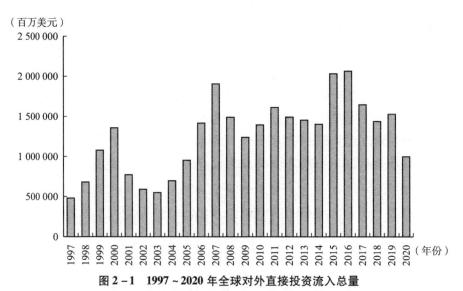

图 2 - 1　1997～2020 年全球对外直接投资流入总量

资料来源：UNCTAD 数据库（www.unctad.org/对外直接投资 statistics）.

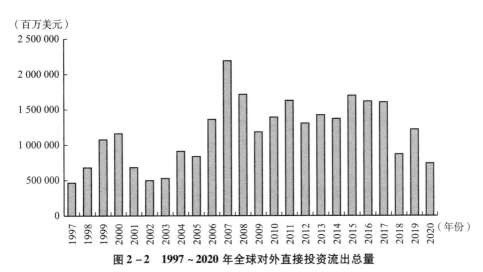

（百万美元）

图 2 - 2 1997 ~ 2020 年全球对外直接投资流出总量

资料来源：UNCTAD 数据库（www. unctad. org/对外直接投资 statistics）.

图 2 - 3 和图 2 - 4 是 1997 ~ 2020 年的全球对外直接投资历年增长率变化情况。

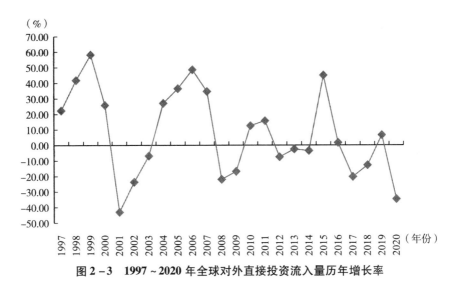

（%）

图 2 - 3 1997 ~ 2020 年全球对外直接投资流入量历年增长率

资料来源：UNCTAD 数据库（www. unctad. org/对外直接投资 statistics）.

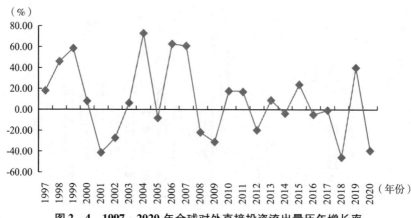

图 2 - 4　1997～2020 年全球对外直接投资流出量历年增长率

资料来源：UNCTAD 数据库（www. unctad. org/对外直接投资 statistics）.

由图 2 - 4 可见，全球对外直接投资流入量与流出量呈现周期性波动变化。1997～2000 年呈现快速上升发展态势，2000～2003 年呈现下降的走势，2003～2007 年呈现急速上涨态势、2007～2009 年又呈现出快速下降态势，在 2009～2011 年全球对外直接投资呈现出缓慢复苏的态势，而 2011～2014 年又呈现轻微的下滑。全球对外直接投资流入量在 2015 年与 2016 年突然到达顶峰后，一直到 2020 年呈现衰退的趋势。对外直接投资流出量虽然在 2015 年相比前一年有所上升，但是从 2015～2020 年总体上呈现衰退的趋势，尤其是 2018 年，陡降到 0. 87 万亿美元，相比前一年几近腰斩。而 2020 年的全球对外直接投资流出量是自 2004 年以来历史最低值。

由图 2 - 5 和图 2 - 6 所示，全球对外直接投资流入量与流出量从 1997～2000 年一直呈现快速增长态势。在 4 年的时间里，全球对外直接投资总流入量由 1997 年的 0. 48 万亿美元增加到 2020 年的 1. 36 万亿美元；1997～2000 年的对外直接投资流入量平均值达到了 0. 89 万亿美元，平均增速为 37. 04%。全球对外直接投资流出量由 1997 年的 0. 39 万亿美元急剧增至 2000 年的 1. 16 万亿美元，年平均值为 0. 76 万亿美元，平均增幅达到 37. 79%。

20 世纪 90 年代后半期，全球对外直接投资持续扩大，投资扩增的动力来源于以欧美各国为中心的发达国家，它们均是全球各国对外投资额或全球各国受资额的主流国家。例如 1999 年，全球对外直接投资流入量增长率最高为 58. 19%，1998 年全球对外直接投资总量为 0. 68 万亿美元，1999 年为 1. 08 万亿美元。其中发达国家 1999 年的对外投资额同比 1998 年增长了 12. 3%，

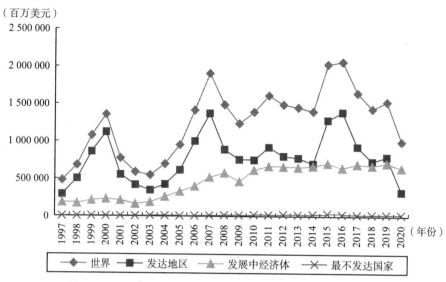

图 2-5 1997~2020 年世界及各经济体对外直接投资流入量

资料来源：UNCTAD 数据库（www. unctad. org/对外直接投资 statistics）.

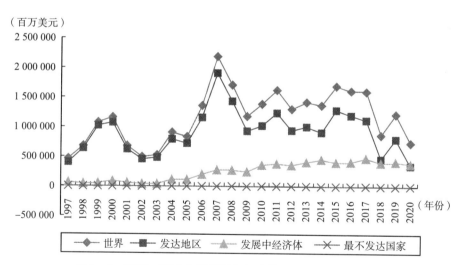

图 2-6 1997~2020 年世界及各经济体对外直接投资流出量

资料来源：UNCTAD 数据库（www. unctad. org/对外直接投资 statistics）.

增至 7 318 亿美元，占全球总额的 68%；发达国家受资额同比 1998 年增长了 32.4%，增至 6 364 亿美元，占 1999 年世界总额的 60%。毫无疑问，发达国家在全球对外直接投资与全球对外直接投资额中均占有举足轻重的地位，甚至可以说占据主导地位。欧美发达国家的跨国公司并购规模及其影响日益扩大，已成为全球对外直接投资的主流。

此后，全球对外直接投资流动在 2001～2003 年急剧下降，这主要是由于互联网泡沫破裂，全球经济受到冲击，美国、日本以及欧元区都陷入了衰落，因此带来了跨国并购投资的下降，全球股市一片下跌，信息技术产品在全球市场上的需求低迷，投资者的信心受挫，消费欲望一蹶不振。2003 年，全球对外直接投资流入量跌至 5 496 亿美元的历史低点，略微高于 1997 年的 4 807 亿美元。全球对外直接投资流出量于 2002 年跌入谷底，约为 0.5 万亿美元。2003 年，流出量约 0.52 万亿美元。

2004 年，全球对外直接投资流量开始回暖，呈现出强劲的增长态势。发达国家对外直接投资流出量不局限于发达地区互相流动，已开始向发展中国家转移，由此迎来了全球对外直接投资新的发展阶段。2004 年，全球对外直接投资流入量稳步上升至 6 984 亿美元，比 2003 年增加了 27%。发展中国家对外直接投资流入量比 2003 年增加了 40%，增至 2 330 亿美元。与此同时，发达国家的情况却截然相反，其对外直接投资流入量不增反降，呈现出下跌态势。2005 年，世界各国对外直接投资流入量比 2004 年增长了 36.47%，达到 9 531 亿美元。2006 年，全球对外直接投资流入量增至 14 159 亿美元，比 2005 年增长 48.55%。其中来自发展中国家的对外直接投资流入量显著增长，达到 8 007 亿美元，比上年增长 47.7%；对外直接投资流入量中来自发展中国家的总额为 3 677 亿美元，比上年增长 10%。2007 年，全球对外直接投资流入量达到 19 067 亿美元，与 2006 年相比，增长了 34.66%。从 2004～2007 年，年平均增速为 36.69%，处于井喷式发展阶段。关于流出量，全球对外直接投资在 2003 年约为 0.5 万亿美元，2007 年增长到 2.19 万亿美元，平均增速达到了 27.89%，尤其是 2004～2007 年这三年的时间里，分别为 72.82%、62.70% 与 60.89%。由此可见，这期间全球对外直接投资发展势头之猛。

深究其背后原因，我们可以发现：全球经济在互联网泡沫破裂之后，开始出现复苏，并且势头强劲。经济的快速增长，给了跨国公司充分的信心，加大了对外直接投资，主要方式是跨地区、国际性的兼并与并购，以及绿地投资。1980 年以来，跨国并购在全球对外直接投资中占据绝大部分，并成为主要模式。到了 2004 年，世界经济复苏势头强劲、企业的投资利润率增加，各国的股票市场的价格出现了反弹，一些大型跨国公司进行了战略调整，跨地区、国际性的兼并与并购的总数触底反弹，其中 2004 年得到了显著性增长，比上一年增加了约 28%，上升到 3 806 亿美元，这也是自 2001 年来的首次增长。此后的 2005～2007 年，跨国并购投资额稳步增长。特别是在 2007 年，世界跨国并购攀升到 16 370 亿美元的峰值，世界跨国并购投资进入新一轮的高增长期。

然而，好景不长，2007 年末，一个由华尔街释放出的史无前例的"黑天鹅"，在 2008 年以风卷云涌之势迅速蔓延到了全世界，造成全球经济大幅衰退，大量工人失业、跨国公司的绿地投资、并购活动也因此而大大减少。2008 年上半年的并购交易金额，比前一年同期下降了大约 29%，公司利润下跌，银团贷款总量也出现缩水。2009 年，全球对外直接投资流入量处于低位，仅为 1.2 万亿美元。

2010 年，全球经济开始复苏，世界性的跨国并购活动陡增。伴随着全球金融危机的爆发，在新兴市场国家中，来自亚洲地区的部分国家，在危机中并没有减少对外直接投资的流出，反而加大了对外投资。2010 年，绿地投资的减少，无论是金额还是交易数，跨国企业中许多来自发展中国家的利润实现了大幅度上升。2011 年，全球经济有所好转，但部分因素仍然困扰着经济复苏，例如部分国家经济发展势头不够有力，全球性的信用危机深化，货币超发导致的通货膨胀逐渐显现，日本经济因为东京大地震而受到重挫，国际局势动荡等，经济复苏的趋势被减缓了。2011 年，尽管世界经济出现了比较大的波动，但是全球对外直接投资的流入量实现了复苏，上升到 1.5 万亿美元。对外直接投资流入量在发展中国家和发达国家都出现稳步增加的态势。其中，转型经济体以及发展中经济体占全球总对外直接投资流入量超过 50%，其良好的经济增长水平，吸引了大批外商前来投资，投资额创下了新高，达 7 550 亿美元。然而，令人感到不安的是，非洲的对外直接投资流入量日益减少，这点非常值得全球关注。2009～2011 年，就对外直接投资流出量来说，全球总量也呈现上升势态，由 2009 年的 1.18 万亿美元上升到 2011 年的 1.63 万亿美元，年平均增速为 17.25%。增长动力主要来自新建投资的快速增加以及大型公司的跨国兼并与并购。

从 2012～2017 年，全球对外直接投资一直处于波动状态，但对外直接投资流入量与流出量总体维持在较好的水平，2015 年达到 1.70 万亿美元，而最低的一年达到 1.31 万亿美元，平均 1.50 万亿美元。

2018 年，全球对外直接投资流出量暴跌，仅为 8 707 亿美元，相较于

2017 年的 1.6 万亿美元，下降了 45.74%。究其原因，是发达国家和地区对外投资减少。美国打着"MAGA"的旗号，奉行单边主义，频繁退出各种区域性乃至全球性组织，拖累了全球经济发展；日本的跨国公司频繁曝出负面新闻；"英国脱欧"事件一波三折，欧洲经济压力加大；美联储四次加息，严重影响其他国家的经济。诸多"黑天鹅"事件叠加影响，使得其他国家经济剧烈动荡。由此，发达国家的对外直接投资触到谷底，降到有记录以来的最低水平，约为 4 670 亿美元。发达国家份额的占比也再创新低，仅为全球投资总额的 53.64%。

2.1.2 各大洲的对外直接投资流出量差异较大

前文对 1997～2020 年全球对外直接投资的流入量与流出量以及背后的原因进行了具体分析。图 2-7 为 2020 年六大洲对外直接投资的比例示意图。

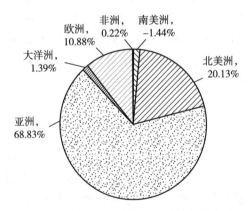

图 2-7 2020 年六大洲对外直接投资占比

资料来源：UNCTAD 数据库. 世界投资报告 2021.

2020 年，世界各大洲对外直接投资流出量及其占比如图 2-7 和图 2-8 所示，其中亚洲占比最高，为 68.83%，高达 5 092 亿美元；其次是北美洲，占比达到 20.13%，为 1 489 亿美元；欧洲占比 10.88%，为 805 亿美元。显而易见，2020 年全球对外直接投资流出量主要来自亚洲地区。不过，深入调研 1997～2020 年各大洲对外直接投资流出量情况，发现自 1997～2013 年，欧洲对外直接投资均超过亚洲，这一差距在 2007 年达到最高值后，开始回落，这一现象在 2014 年发生了转变，亚洲地区的对外直接投资额首次超过了欧洲，虽然在 2015 年与 2016 年欧洲又实现了反超，但是从总体趋势上，自 2017 年以来，亚洲地区的对外直接投资额均已超过欧洲。亚洲在全球总对外直接投资额中所占的比重，正在逐步增加，而欧洲所占的比重正逐步减少。

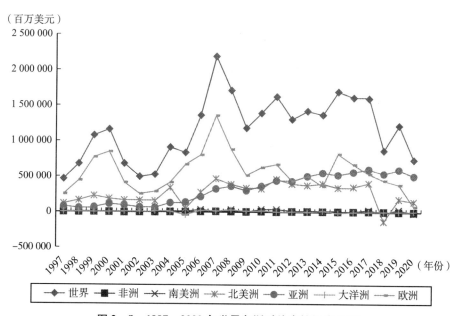

（百万美元）

图 2 - 8 1997 ~ 2020 年世界各洲对外直接投资总额

注：UNCTAD 数据库统计对外直接投资流量时，并没有统计南极洲数据。
资料来源：UNCTAD 数据库 . 世界投资报告 2021.

2.1.3 主要国家的投资流量情况

2020 年，基于宏观大背景下，发达经济体的对外直接投资流动出现了大幅度萎缩，其中国际性大企业的对外直接投资额减少 56%，下降至 3 470 亿美元。由此导致发达国家在全球对外直接投资所占的比重出现历史最低点，跌至 47% 的创纪录水平。

如图 2 - 9 所示，在 2020 年，对外投资的国家发生了比较大的变化，其中日本由原来的第一大对外直接投资流出国（约 2 270 亿美元）下降到世界第三（约为 1 160 亿美元），下降 51%，中国在 2019 年是世界第三大对外直接投资流出国，在 2020 年全球总投资趋势呈现下跌的情况下，仍然保持着比较高的对外投资额，仅比2019年的1 390亿美元下降了20亿美元。中国积极复工复产，从而迅速实现经济上的扭亏为盈，成为2020年少数实现增长的经济体。卢森堡从2019年340亿美元左右的流出额，在2020年达到1 270亿美元，增幅达3.7倍，跃升到全球对外直接投资的第二位。

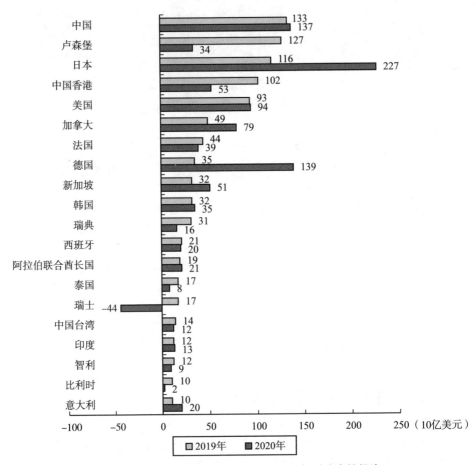

图2-9　世界20大经济体2019~2020年对外直接投资

资料来源：UNCTAD数据库. 世界投资报告2021.

欧洲的一些国际性大企业的对外直接投资（包括大量的负流动）只有740亿美元，是近34年以来的最低值。其背后的原因是来自荷兰、德国、爱尔兰和大不列颠及北爱尔兰联合王国的对外直接投资急剧减少。由于企业重组和控股公司清算，荷兰的资本流出减少了2 460亿美元，降至1 610亿美元。来自德国的国际化大公司对外直接投资下降了大约四分之三。英国的资本回笼接近 270 亿美元，持续出现大量负的再投资收益。而美国的对外直接投资额维持原值不变。流向欧洲的投资增加，流向亚洲（主要是新加坡）的投资减少。日本的国际性大企业过去几年对外投资总额占世界第一位，由于 2020 年没有再次进行大规模并购，其投资额降至 1 160 亿美元，下降了一半。在不统计中国香港的情况下，中国的对外直接投资虽然出现了些许下滑，大约 3% 左右，但仍居高位（1 330 亿美元），毫无疑问，2020 年中国的对外直接投资排名全球第一。来自中国的国际化、全球性大企业所参与的地区性乃至国际性的兼并与并购交易额翻了一番。"一带一路"倡议的全球共同发展也是疫情期间对外直接投资有弹性地外流的原因之一。东南亚国家的对外直接投资下降了约六分之一，降到 610 亿美元。其中新加坡减少了 36%。相比之下，泰国的对外直接投资急剧攀升，达到 170 亿美元，周边国家的金融服务和制造业成为其主要目标，而东南亚的泰国公司也随之积极进行跨地区性的兼并与并购活动。

值得注意的是，来自拉丁美洲的国际性大公司在 2020 年的对外投资大幅度下降，对外直接投资流出总量骤降了 35 亿美元，这在之前是从未出现过的。主要原因是跨国公司通过其境外子公司筹集资金造成巴西持续的负的资本外流（−260 亿美元），以及墨西哥对外直接投资减少了 41%。与此相对应的，智利的对外直接投资急剧上升，同比上年增加了近四分之一，约为 120 亿美元。这是因为智利的跨国公司增加了对其境外子公司的贷款。

在 2020 年，从转型经济体的资本外流出现了暴跌，下降了 76%，仅剩下 60 亿美元。而这其中的主要原因就是再投资收益降低（−83%）引发的俄罗斯跨国公司对采掘业的境外投资减少。

2.1.4 全球对外直接投资的主要方式

对外直接投资的方式主要有以下三种：跨国并购、绿地投资以及国际项目融资。2020 年，在罕见的全球性公共卫生安全事件——新冠肺炎疫情这只"黑天鹅"的影响下，全球经济低迷以及世界各国贸易壁垒日益增多的情况下，全球对外直接投资的流量断崖式下跌。

如图 2 - 10 和图 2 - 11 所示，在 2020 年披露的跨国并购项目中，交易净额下跌 6%，下滑到 4 750 亿美元，交易数量下滑约 13%。绿地投资项目交易价值骤降三分之一，交易数量下降了 29%。国际项目融资方面，暴跌 42%，仅为 3 670 亿美元，但交易数量却仅仅减少了 5%。各经济体不同类型对外直接投资额的变化，见表 2－1。

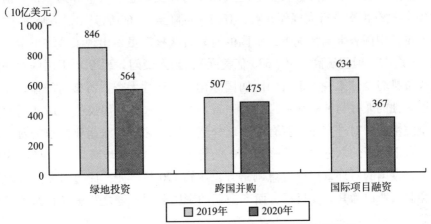

图 2－10　2019～2020 年全球不同类型对外直接投资额

资料来源：UNCTAD，跨 M&A 数据库（www. unctad. org/对外直接投资 statistics），金融时报有限公司提供的信息，对外直接投资 Markets 公布的绿地外国直接投资项目（www. 对外直接投资 markets. com）以及 Refinitiv SA 的国际项目融资交易。

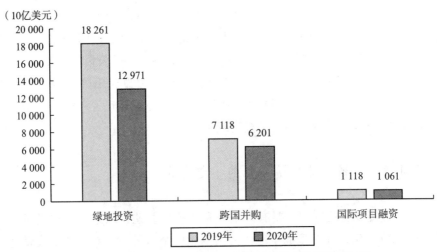

图 2－11　2019～2020 年全球不同类型对外直接投资项目数

资料来源：UNCTAD，跨 M&A 数据库（www. unctad. org/对外直接投资 statistics），金融时报有限公司提供的信息，对外直接投资 Markets 公布的绿地外国直接投资项目（www. 对外直接投资 markets. com）以及 Refinitiv SA 的国际项目融资交易。

表 2 - 1　　　　　　　2019 ~ 2020 年各经济体不同类型的对外直接投资

经济体集团	对外直接投资类型	价值（亿美元）		增长率（%）	数量（宗）		增长率（%）
		2019 年	2020 年		2019 年	2020 年	
发达经济体	跨国并购	424	379	- 11	5 802	5 225	- 10
	绿地投资	346	289	- 16	10 331	8 376	- 19
	国际项目融资	243	175	- 28	543	587	8
发展中经济体	跨国并购	82	84	2	1 201	907	- 24
	绿地投资	454	255	- 44	7 240	4 233	- 42
	国际项目融资	365	170	- 53	516	443	- 14
转型经济体	跨国并购	1	12	716	115	69	- 40
	绿地投资	46	20	- 58	697	371	- 47
	国际项目融资	26	21	- 18	59	31	- 47

资料来源：UNCTAD，跨 M&A 数据库（www. unctad. org/对外直接投资 statistics），金融时报有限公司提供的信息，对外直接投资 Markets 公布的绿地外国直接投资项目（www. 对外直接投资 markets. com）以及 Refinitiv SA 的国际项目融资交易。

　　由表 2 - 1 可知，发达经济体以及发展中经济体的国际项目融资与上一年相比分别下跌了 28% 和 53%。在发达国家中，跨国并购是对外直接投资的主要类型，其次是绿地投资，再次是国际项目融资。对外直接投资的各个类型中，绿地投资的价值最高，国际项目融资其次，最后才是跨国并购。可以发现，投资者倾向于投资发达经济体，这从两大经济体在绿地投资总价值以及交易数量下降的比例可以很明显地看出，这需要发展中经济体谨慎对待并妥善处理相关事宜。

2.1.5　全球对外直接投资的主要产业

　　前文已经对全球各种类型的对外直接投资进行了具体分析，下文将深入了解对外直接投资的变化，调研各个产业的对外直接投资的变动情况（见表 2 - 2 和表 2 - 3），并探究其背后的原因。

表 2 - 2   **2019～2020 年已披露的绿地投资项目中的产业分布**

部门	价值（亿美元）		增长率（%）	数量（宗）		增长率（%）
	2019 年	2020 年		2019 年	2020 年	
总计	846	564	-33	18 261	12 971	-29
初级产业	21	11	-47	151	100	-34
制造业	402	237	-41	8 180	5 139	-37
服务业	422	315	-25	9 930	7 732	-22

资料来源：UNCTAD 数据库. 世界投资报告 2021.

表 2 - 3   **2019～2020 年跨国并购净额项目中的产业分布**

部门	价值（亿美元）		增长率（%）	数量（宗）		增长率（%）
	2019 年	2020 年		2019 年	2020 年	
总计	507	475	-6	7 118	6 201	-13
初级产业	37	25	-31	433	658	52
制造业	243	228	-6	1 633	1 136	-30
服务业	227	221	-3	5 052	4 407	-13

资料来源：UNCTAD 数据库. 世界投资报告 2021.

  2020 年，注定是绿地投资项目所涉及的产业极其"黑暗"的一年，在这一年里，总的投资下跌了 33%，其中以初级产业最为突出，接近腰斩。对于投资者来说，初级产业投资已经变得越来越不重要了。在数量上的减少最为突出的是制造业，下降了 37%。服务业无论在价值还是数量上，都是下降幅度最小的，说明服务业所受的影响相对较小，抗风险能力较强。

  在跨国并购项目中，投资仍然集中在制造业与服务业，初级产业越发被资本所抛弃，总价值下降了 31%，但交易数量却增加了 52%，交易更多地表现为小型收购。制造业与服务业的并购交易价值下降幅度不大，但是制造业的并购交易数量却下降了 30%，可见小型并购数量在增加。

2.1.6 全球对外直接投资的主要行业

  不同类型下对外直接投资的行业变动（如表 2 - 4～表 2 - 6 所示）。

表 2 - 4　　　　　　　　　　　绿地投资项目价值排名前十的行业

价值排名前十的行业	价值（亿美元）		增长率（%）	数量（宗）		增长率（%）
	2019 年	2020 年		2019 年	2020 年	
能源和天然气供应	113	99	-13	560	529	-6
信息与通信	66	81	22	3 332	2 903	-13
电子和电气设备	53	46	-14	1 201	862	-28
化学制品	47	40	-15	752	442	-41
建筑	66	35	-47	437	319	-27
汽车	62	33	-47	1 022	558	-45
焦炭和精炼石油	94	30	-69	109	54	-50
运输和储存	43	26	-39	764	627	-18
贸易	22	23	5	688	572	-17
金融与保险	24	19	-19	1 028	715	-30

资料来源：UNCTAD 数据库. 世界投资报告 2021.

表 2 - 5　　　　　　　　　　　国际项目融资数量排名前十的行业

数量排名前十的行业部门	价值（亿美元）		增长率（%）	数量（宗）		增长率（%）
	2019 年	2020 年		2019 年	2020 年	
可再生能源	179	167	-7	644	689	7
能源	45	27	-40	95	68	-28
石油和天然气	151	33	-78	74	62	-16
交通基础设施	86	35	-59	66	49	-26
采矿	41	12	-72	71	46	-35
电信	65	31	-53	26	42	62
住宅/商业地产	18	10	-44	50	34	32
工业地产	18	36	101	36	30	-17
水和污水	5	4	-25	22	19	-14
石油化工产品	15	12	-19	12	16	33
共计	634	367	-42	1 118	1 061	-5

资料来源：UNCTAD 数据库. 基于 Refinitiv SA 提供的数据.

表 2 - 6   跨国并购价值排名前十的行业

价值排名前十的行业部门	价值（亿美元）		增长率（%）	数量（宗）		增长率（%）
	2019 年	2020 年		2019 年	2020 年	
食品、饮料和烟草	20	86	323	193	136	-30
信息与通信	25	80	225	1 312	1 248	-5
制药	98	56	-43	186	211	13
电子和电气设备	21	40	94	279	165	-41
公用事业	12	33	165	190	190	0
电信	6	29	372	84	61	-27
金融与保险	49	28	-43	619	562	-9
采掘业	35	24	-31	354	527	49
房地产	37	22	-40	436	327	-25
贸易	16	18	10	575	496	-14

资料来源：UNCTAD 数据库．世界投资报告 2021.

绿地投资项目排名前十的行业中，受影响最大的莫过于焦炭和精炼石油行业了，价值上下降了接近 70%，数量上"腰斩"，主要是因为 2020 年能源价格波动较大，给资源加工业带来了巨大的冲击。然而，即便在这样的背景下，信息与通信业却逆流而上，价值方面增长了 22%，数量上仅仅下降了13%。由于受疫情的影响，在线教育、在线办公、在线医疗等学习和工作方式为推进数字化建设，为加快信息与通信行业发展提供了可能。

与其他类型的对外直接投资则不同，国际项目融资在 2020 年所受的影响相对较小，其中新项目数量只减少了 5%，虽然其总价值下降了 42%，但是对于这一类对外直接投资来说，数量远比价值更具有研究意义及代表性。其中可再生能源行业变动的幅度最小，数量与价值分别增加与减少 7%。毫无疑问，电信行业在 2020 年得到了迅猛发展，投资数量激增 62%。为了更好地实现经济复苏，很多国家都大力投资基建，而电信行业毫无疑问站在了前沿位置。

在 2020 年，与大趋势截然相反，食品、饮料和烟草行业却逆势增长，并购交易价值增加了 323%，交易数量减少了 30%，显然，这一定是有几起大型并购。通过调查发现，联合利华公司战略重组，总价值达到了 810 亿美元。

2020 年暴发的全球性新冠肺炎疫情无疑会推动电子和电气设备、电信、信息与通信行业的迅猛发展，其并购交易价值分别增长了 94%、372% 和 225%，但是交易数量却分别减少了 41%、27% 和 5%，同样出现了几宗大型并购，例如德国公司 Infineon 以 98 亿美元收购了 Cypress 等。

2.1.7 重视全球对外直接投资项目

《2021 世界投资报告》中的有关资料研究表明，发展中国家诸多项目与投资遭受到很大的冲击，工业绿地投资巨幅缩水，基建项目更是大型受灾区。联合国秘书长在谈到对外直接投资流量时指出，全球目前急需增加投资，只有这样才能更快地从这次世界性罕见的公共卫生事件中走出来，并力促经济复苏与增长得到可持续的保障。为达成这一目的，需要各个国家和地区引起重视，加大对基建方面与能源转型方面的关注力度，大力投资医疗卫生行业。

2.1.8 全球对外直接投资流量的预测

贸发会议发布报告显示，2021 年的对外直接投资流量已从 2020 年的9 290 亿美元增至 1.65 万亿美元，其强劲的反弹势头会超过新冠肺炎疫情前水平。研究材料表明，政府通过实施各种各样的刺激计划，使得投资于基建的势头很是强劲，对工业的投资却仍然疲弱。贸发会议预测，2022 年全球对外直接投资增长前景乐观，但不太可能继续保持 2021 年的增速。

2021 年前两个季度的经济增长弥补了 2020 年大约 70% 的损失（由疫情造成的）。联合国贸易和发展会议投资和企业司詹晓宁司长指出，全球对外直接投资流量的迅速恢复令人充满希望，但是有两点令人担忧：一是发达经济体与发展中经济体对外直接投资流量上流动的差异越来越大，二是绿地投资（尤其是具备促进生产能力的新建投资）日益减少。

2.1.8.1 发达经济体对外投资流量涨幅最大

发达经济体的对外直接投资流量得到了显著的增长，2021 年上半年，对外直接投资流量就达到 4 240 亿美元。在欧洲国家中，许多国家经济复苏势头迅猛。美国对外直接投资急剧增加，几近翻倍，其主要驱动力是国际性公司的兼并与并购。

2021 年，发展中经济体的对外直接投资流量实现暴涨，2021 年上半年，对外直接投资流量上升势头很猛，增加到 4 270 亿美元，并且东亚地区和东南亚地区也稳步上升，南美洲几近回到疫情之前的水平，非洲的部分地区也有所好转。

2.1.8.2　投资者信心方面

各国政府的经济复苏计划，各国央行的量化宽松政策，以及境外投资的刺激，使得基建项目令投资者们充满信心。与国际融资有关的贸易的总价值增加了 74%，尤其是高收入地区，以及部分亚洲地区和南美洲地区都实现了稳步攀升。

然而，对于工业投资以及涉及全球价值链的投资，投资者们并没有足够的信心。最为明显的例子就是绿地投资的持续低迷。对于价值链密集型的行业，如汽车制造业、化工行业以及电子行业，其新增加的项目数量出现了下滑。

报告还指出，新的绿地项目公告几近腰斩，基建的融资大约减少了一半，但奇怪的是已经交易的总价值却上涨了五分之三。经过深入研究发现，是因为单个交易项目价值的不断扩大。

2.1.8.3　全球前景好于预期

据联合国资料显示，目前国际项目融资的迅速增长，在 2021 年对外直接投资流量恢复到疫情之前的水平可能性不大，但 2022 年会有很大的希望。报告中还指出，大量的不确定性因素仍然充斥在现实中。例如：疫情的持续时间、疫苗的接种速度、各国的基建计划实施的进展与速度，这些都会制约经济复苏。当然，劳动力的供应、全球供应链能否得到保证、能源价格的飙升、各国都普遍面临的通货膨胀等，都将会影响最终的经济复苏。

2.1.9　全球对外直接投资展望

如图 2 - 12 所示，全球对外直接投资流量自 2020 年降至谷底后逐渐以 10% 到 15% 的增幅触底反弹。根据当前预测，2022 年对外直接投资将进一步增加，按照预测的上限，在乐观的情况下，对外直接投资也许有可能回到 2019 年 1.5 万亿美元的水平，但未来走向仍具有很大的不确定性。

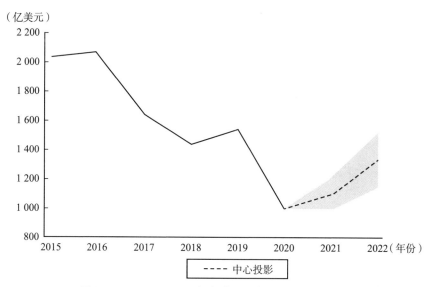

（亿美元）

图 2－12　2021～2022 年全球对外直接投资流入预测

资料来源：UNCTAD 数据库．世界投资报告 2021.

　　在 2021 年，可以预料到全球对外直接投资将会启稳反弹。但反弹幅度取决于诸多因素，例如疫苗的接种、新冠病毒的突变与变异和各国国门能否重新打开等。但对外直接投资在遭受一次冲击之后，往往滞后于其他宏观经济指标。尽管研究机构预计，跨国公司的资本支出由于现金持有量的峰值和被抑制的支出计划将出现激增。固定资产（如机械和设备）和无形资产增加的话，是不会立刻影响到对外直接投资流量的。

　　毋庸置疑，全球对外直接投资的复苏可能会产生一些差异。全球对外直接投资的恢复，一定会由发达经济体来带动，而这一点，是要建立在国际性的大公司跨国兼并与并购，以及公共投资支出的大笔增加之下。可以预见的是，流入亚洲地区的对外直接投资会继续维持在高位；亚洲国家如中国、印度吸引了大批的外资。

　　对于非洲和拉丁美洲这两个地区来说，要想实现对外直接投资稳健增长，几乎是不可能或者说是很难的。这些地区的结构性弱点更多，财政空间更小，更依赖绿地投资，预计绿地投资未来走向仍将疲软。

　　对外直接投资能否完全恢复到历史水平尚无定论。从现实发展来看，疫情可能加速推动提高供应链的恢复力，并加大对提高国家或区域自给自足能力的政策压力。疫情之下，催生了更严格的对国际贸易和投资的限制。或许是受到政策激励的作用，全球供应链向更多本地（国内或区域）业务再调整，这也可能对全球对外直接投资造成持久的下行压力。

2.2 发达国家对外直接投资的现状特点及趋势

2.2.1 对外直接投资总额降到有记录以来的最低水平

2020 年，受全球新冠肺炎疫情的影响，投资活动有所减缓，全球经济发展前景模糊，跨国公司的新项目会暂停实施或者推延进行。发达经济体跨国公司的对外直接投资减少，相比 2019 年下降了 56%，由此导致发达国家在全球对外直接投资中所占的份额下降到 32.89% 的历史最低点。

从 1997 年开始，发达国家的对外投资额有了一个明显的上升趋势，2000 年达到第一个峰值。2002 年，受伊拉克事件影响，全球经济发展速度放缓，日本通货紧缩、经济低迷，美国失业率创新高，在经济疲软的大背景下，发达国家对外直接投资额下降到自 1998 年以来的最低水平。2007 年，经济总体运行常态化，国际市场强劲有力，也是有记录以来的最高点。2006～2007年发达国家对外直接投资净流出增速最快为 64.71%。

2008 年，从美国开始的金融危机，导致了全球性的经济低迷。欧美失业率大幅度增加，发达国家对外直接投资净流出从 2007 年的 19 127 亿美元开始下降，2009 年降到 9 362 亿美元。2014 年，石油价格暴跌，美联储正式退出量化宽松，欧元区陷入通缩危险，经济前景黯淡，日本央行实行更大规模的宽松政策，欧洲和日本的经济都在很大程度上受到影响，发达国家的对外直接投资占世界份额达到 50.18%。

2018 年，美国奉行单边主义，破坏全球治理规则加大了世界经济发展的不确定性。日本的跨国公司频繁被曝一些负面新闻，美国一些外交媒体也被多方指责。英国脱离欧盟事件，一直未能妥善解决，这些负面事件使得欧洲经济压力加大。美联储连续四次提高存款利率和贷款利率，加剧了其他国家经济动荡，由此，发达国家对外直接投资净流出降到有记录以来的最低水平（467 083 百万美元）。发达国家对外直接投资在世界份额的占比也再创新低为（53.64%）。2017～2018 年，对外直接投资净流出的下降速度最快（见图 2-13、图 2-14）。

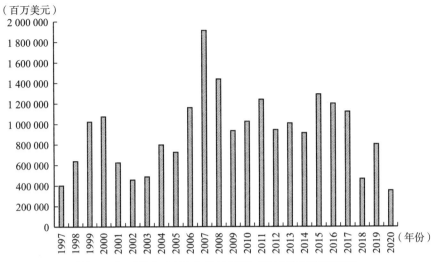

图 2 - 13　1997 ~ 2020 年发达国家对外直接投资净流出

资料来源：UNCTAD 数据库．

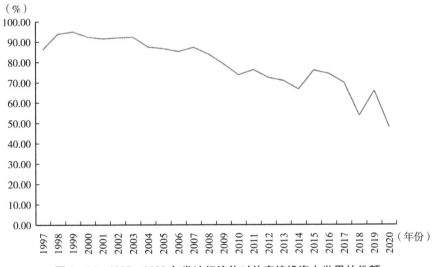

图 2 - 14　1997 ~ 2020 年发达经济体对外直接投资占世界的份额

资料来源：根据贸发会议（UNCTAD）数据计算得出．

2.2.2　不同区域对外直接投资差距较大

如图 2 - 15 所示，2020 年，欧洲和北美洲的发达经济体几乎承包了所有的对外直接投资流出。欧洲对外直接投资流出占全部发达国家直接投资的比重最大，达到63%，其次是北美洲，美国、加拿大是其对外直接投资流出最主要的两个国家，北美洲的对外直接投资流出占全球的37%。亚洲和大洋洲的发达国家的对外直接投资流出很少，日本、新加坡和韩国等国家是亚洲对外直接投资流出占比较大的发达国家，日本的对外直接投资流出相对较多，但由于日本跨国公司2020年没有进行大规模并购，其投资额下降了一半，导致亚洲所占份额极少。

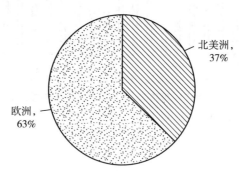

图 2 – 15   2020 年发达国家对外直接投资流出区域构成

资料来源：UNCTAD 数据库.

2.2.3   对外直接投资流出的前五大国家

由于世界公共卫生突发事件，全球跨境投资活动弱化。虽然欧洲跨国公司和其他发达国家的对外直接投资流出减少，但来自美国的投资流出保持稳定。美国的跨国公司在欧洲的对外直接投资流出量显著增加，从 2019 年的 80 亿美元增至 2020 年的 500 亿美元，但在亚洲则有所下降，从 530 亿美元降低到 2020 年的 150 亿美元。美国的跨国公司在制造业上的投资减少了一半，主要表现在化学品方面，而控股公司的对外直接投资增加了。加拿大对外直接投资流出和吸收引入的外资都呈现增长趋势。卢森堡对外直接投资流出高达 127 087 百万美元。日本于 2020 年没有再次进行跨境并购交易，日本跨国公司的投资从 2019 年创纪录的 226 648 百万美元下降 49%，达到 115 703 百万美元。2020 年，欧洲大部分国家的对外直接投资都呈现下降趋势，但法国的跨国公司向外国子公司提供贷款，法国的资本流出增长了 14%，达到 440 亿欧元（见图 2 – 16）。

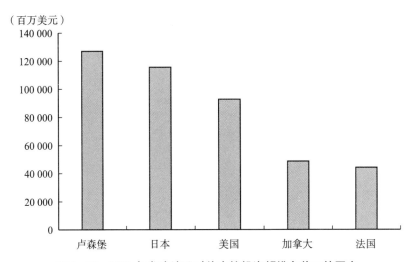

（百万美元）

图 2 - 16　2020 年发达地区对外直接投资额排名前五的国家

资料来源：UNCTAD 数据库.

2.2.4　跨境并购投资减少，跨国公司盈利下降

在对外直接投资中，新的股权投资受到限制，这反映在跨境并购的减少上。2019 年，跨境并购的净销售额为 4 235.39 亿美元，2020 年下降了10.54%，数额为 3 788.88 亿美元。由此可见，这是导致跨国公司盈利下降的原因之一。并购投资的减少主要发生在初级产业，从 2019 年的 335.07 亿美元减少到 0.48 亿美元，反映了大宗商品价格的下跌、大宗交易的缺乏和一些撤资。

2.2.5　制造业和服务业是对外直接投资的主要产业

由图 2 - 17 ~ 图 2 - 20 可以看出，不管是跨境并购还是绿地投资，制造业和服务业都占了相当大的比重，初级产业占比很少。制造业在跨境并购中所占比重最大，而在绿地项目投资额中服务业占的比重最大。对外直接投资发展初期，发达国家投向的主要是资源行业，工业化进程不断前进，产业布局出现新的调整，渐渐转向制造业和服务业，特别是高技术，跨国公司所持股份的比重越来越大。各国服务业在 WTO 双边协议下将不断对外开放，加之服务业领域技术的加强，服务消费市场进一步开放，服务业地位不断提升。

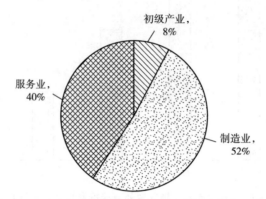

图 2 - 17　2019 年发达国家跨境并购净销售额产业部门

资料来源：UNCTAD 数据库.

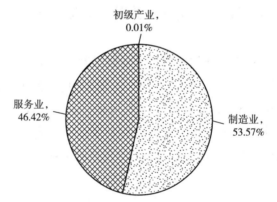

图 2 - 18　2020 年发达国家跨境并购净销售额产业部门

资料来源：UNCTAD 数据库.

　　跨境并购和绿地投资受疫情的影响都比较显著，二者 2020 年的制造业比2019 年有所下降，而跨境并购中的服务业和绿地投资中的初级产业反而上升，这和疫情期间对外投资流入地区的需求有关。

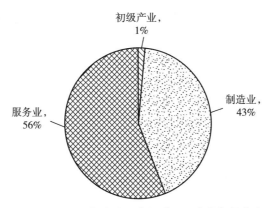

图 2 - 19　2019 年发达国家绿地项目产业部门分布

资料来源：UNCTAD 数据库．

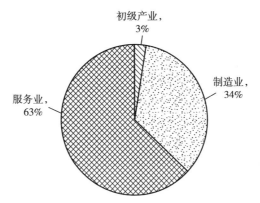

图 2 - 20　2020 年发达国家绿地项目产业部门分布

资料来源：UNCTAD 数据库．

2.2.6　烟草、食品和饮料，能源是对外直接投资的主要行业

据贸发会报告，2020 年跨境并购中，按价值划分的前六大行业，包括食品、烟草与饮料，信息与通信，化学制品，电子和电气设备，公共事业以及贸易行业，相对于 2019 年，除了化学制品的总价值下降以外，其他几大行业的总价值都明显上升，如图 2 - 21 所示。

绿地项目投资中的前六大行业为：能源、信息与通信、建造、电子和电气设备、贸易和汽车。如图 2 - 22 所示，2020 年，建造、电子和电气设备和汽车行业的总价值受疫情影响均有所下降，建造行业下降最明显。而能源、信息与通信和贸易的总价值均以不同的程度上升了，信息与通信行业上升最多。

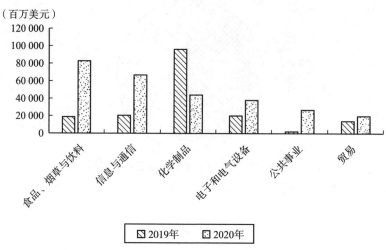

图 2 – 21　跨境并购中按价值划分的排名前六的行业

资料来源：UNCTAD 数据库.

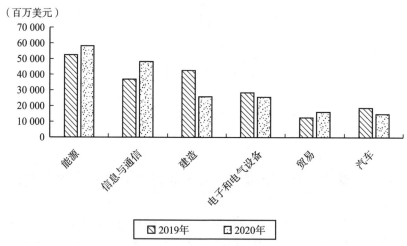

图 2 – 22　绿地投资中按价值划分的排名前六的行业

资料来源：UNCTAD 数据库.

2.2.7　对外直接投资从发展中国家逐渐转向发达国家

由于投资产业发生了改变，以发展中国家为主的对外投资对象也发生改变，发达国家对外直接投资的主要对象转为发达国家。美国的对外直接投资主要投向了欧洲和亚太地区的经济强国，像荷兰、卢森堡和英国等，日本和欧洲一些国家对外直接投资主要投向美国。高附加值和高技术含量的产业逐步成为对外直接投资的主要考虑因素。周边的发达国家有更匹配的市场需求，有更高的购买力。发达经济体的政策往往比较成熟，不确定性因素较少，可以使发达国家的过剩资本在其他的发达国家发挥更大的效益。

相对于发展中国家，发达国家拥有更雄厚的经济实力以及更高的对外开放程度，所以发达国家相互间的对外直接投资变得非常活跃。

2.2.8 成为投资主体的大型跨国公司不断发展进步

跨国公司突破了国家和民族的界限，将国内市场延伸到国外。伴随着发达国家经济的不断发展，跨国行业不断增加，跨国公司不断发展壮大。

由于发达国家具有领先世界水平的行业和更先进的生产技术，发达国家的跨国公司在对外直接投资中成为中坚力量。跨国公司的实力和地位与发达国家在直接投资领域中的格局密切相关。

2.2.9 政府政策鼓励、保护和引导对外直接投资

从长期的角度来看，对外直接投资的存在会促进一国生产的全球化进程，让一国企业的优势得到更好地发挥，更好地调整国内的产业结构，使其得到优化。发达经济体出于鼓励和引导对外直接投资的目的，一方面，消除本国企业在对外直接投资方面的壁垒，放松外汇管制等；另一方面，积极建立有利于促进对外直接投资的机制并实施有利于促进对外直接投资的政策，如税收减免政策，建立保证金制度，提供信息咨询服务等。发达国家大多注重国内立法，重视与其他国家的合作，积极签订双边以及多边协定。发达国家通过建立一些境外机构引导对外直接投资，支持中小企业对外直接投资。

2.2.10 短期内仍受投资大背景下一些不确定性因素的影响

短期内，新的公司税制改革、通胀风险和可能持续性的贸易紧张局势等几个因素可能增加国际投资者的不确定性。在这种状况下，为了应对不确定

的因素，发达经济体将投资于可持续复苏，跨国公司通过重组生产网络，加强风险管理，以及加强经济可持续发展增强措施提高供应链的韧性。

2.2.11 行业结构不断高端化

随着现代化科技创新的深入发展，人们的生活水平进入到更高的层次，需求等级将逐步提高，国家的经济态势也会更好。加之国家政策的影响，发达国家对外直接投资的行业布局将不断优化，投资产业出现升级态势，投资重点倾向于高技术和高附加值的产业，还有知识密集型的服务行业和改造升级后的传统产业。

2.2.12 跨国并购交易增长

金融市场上受货币和财政政策的支持而产生的泡沫可能会促进跨国并购，跨国并购作为发达国家对外直接投资的主干力量，在对外直接投资份额中占比较大。受政策支持，跨国并购交易增长，发达国家对外直接投资的总体态势也会趋于好转。

2.3 发展中国家对外直接投资的现状特点及趋势

2.3.1 对外直接投资总量持续增长

自 20 世纪 90 年代以来，发展中国家对外直接投资发展突飞猛进。自贸易产生以来，不同于历史上发展中国家缺乏在对外投资输出上的话语权，发展中国家已经越来越多的参与到对外直接投资当中。随着发展中国家经济的发展，发展中国家的政治经济变革推动了其在国际市场中的参与度。根据近20 年的数据可以看出，发展中国家对外直接投资的流出量自 2003 年起开始迅猛增长并且在 2010 年开始维持在一定水平上小幅波动。1997～2020 年，发展中国家对外直接投资平均增速达到 14.7%，其中 2004 年增长率达到181% 创历史最高，发展中国家对外直接投资的迅猛发展使其成为对外直接投资市场中不可忽略的力量（见图 2-23）。

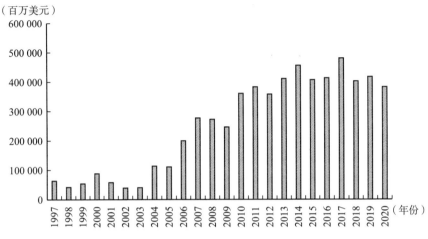

（百万美元）

图 2-23　1997~2020 年发展中国家对外直接投资流出量

资料来源：UNCTAD 数据库．世界投资报告 2021.

2.3.2　区域性发展不均衡

由于各项发展条件的差异，逐步出现了经济发展状况不均衡的情况，根据区域发展情况的差异，大致可以按其投资规模分为：非洲对外直接投资区域、亚洲对外直接投资区域以及拉丁美洲对外直接投资区域。其中，亚洲作为实力强劲的新兴发展中经济体，在对外投资中展现了强大的实力。而非洲和拉丁美洲地区会因世界政治经济形势变动而产生较大的波动，各国借助经济全球化趋势复苏本国经济的同时也受其影响。在国际局势激烈变化的当今，致使发展中经济体的复苏过程出现极大的分化形势局面。

2.3.2.1　非洲发展中经济体

非洲因其自身经济发展状况以及独有的资源禀赋优势，在参与国际投资活动时，主要是以吸引外资流入为主。自身的对外投资状况受世界经济形势影响而产生变化。2020 年非洲对外直接投资流出量受世界公共卫生突发事件的影响下降至 16 亿美元，下降幅度巨大，最大的外流是来自多哥的 9.31 亿美元。从加纳和摩洛哥流出的资金也很多，尽管与 2019 年相比分别下降了

8%和45%。除了大陆的投资，摩洛哥的对外直接投资还包括在法国的投资。南非一直都是非洲地区主要投资国家，但由于南非在国外大量资金的撤回，其对外投资转为负数。纵观其近20年对外投资流出，可以看出近20年来非洲地区的对外投资流出成本保持平稳缓慢增长的趋势。而自2003年解除对利比亚的制裁以后，利比亚GDP逐步回升，进而推动了非洲2003年对外投资的增加。非洲对外直接投资流出量对2008年经济危机也表现出现较大波动幅度（见图2－24）。

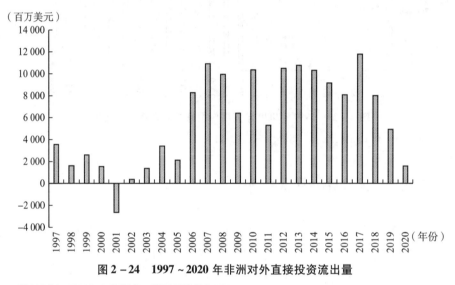

图2－24　1997～2020年非洲对外直接投资流出量

资料来源：UNCTAD数据库．世界投资报告2021．

2.3.2.2　拉丁美洲和加勒比海地区发展中经济体

该地区自2003年起摆脱了对外投资低迷的状态，开始进入增长期。得益于强劲有力的世界经济形势。该地区2003～2008年对外直接投资有了明显增长，最高峰值为42亿美元。拉丁美洲地区因受2008年全球经济危机的影响，2009年对外直接投资呈现下跌趋势。2017年开始，美国等主要经济体开始不断议息调息，推动着货币政策回归正常，货币政策的变化吸引了外资流回，导致资本从拉丁美洲和加勒比海地区等新兴经济体不断流出，冲击新兴市场货币，导致2018年拉丁美洲地区"断崖式"下降到2亿美元。2020年受世界公共卫生突发事件和地区经济活动与固定资本回缩影响，拉丁美洲对外直接投资出现"大崩盘"现象。这种崩溃主要是因为巴西公司持续通过境外投资公司筹集资金造成负向外流所导致。拉丁美洲地区结构性不合理以及政策机制的不完善导致该地区对外直接投资受世界经济政治形势变动产生较大波动（见图 2-25）。

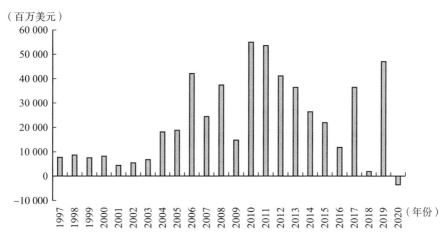

图 2-25 1997~2020 年拉丁美洲和加勒比海地区对外直接投资流出量

资料来源：UNCTAD 数据库．世界投资报告 2021．

2.3.2.3 亚洲发展中经济体

亚洲地区整体呈现快速增长状态，即使在国际经济事件影响下也保持着稳定的波动。2020 年对外直接投资流出量达到 3 890 亿美元，涨幅达到 7%，是受疫情影响下全球对外直接投资普遍下降背景下唯一实现正增长的区域，这也显示了亚洲发展中经济体对外投资领域的强劲实力。在亚洲发展中经济体中东亚和东南亚，尤其是中国香港地区和泰国的强劲资本拉动了经济的增长，中国对外直接投资相对持平。2020 年中国香港地区对外直接投资总量较 2019 年翻了一番，达到了 1 020 亿美元，主要是以收益再投资的形式。增长在一定程度上反映了在香港上市的跨国公司对中国和亚洲其他地区的子公司的再投资。

但中国的投资发展也并不是一帆风顺，会受到各种国际、国内因素的制约，限制中国对外直接投资的增长。但中国跨国公司的不断发展和正在进行各种多边合作项目维持了 2020 年对外直接投资的稳定。此外，来自中国投资者的跨国并购上涨了一倍，达到了 320 亿美元，这也有助于稳定对外直接投资（见图 2-26）。

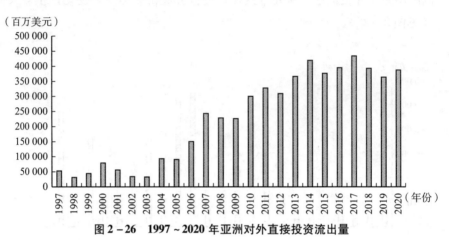

（百万美元）

图 2-26　1997～2020 年亚洲对外直接投资流出量

资料来源：UNCTAD 数据库．世界投资报告 2021．

2.3.3　投资区位集中

企业进行对外直接投资，首先考虑的就是区位。根据边际产业扩张论，发展中国家对外直接投资区位大多集中在和自身发展水平相近的国家或地区。这些国家在劳动资源和生产要素上拥有资源禀赋优势，为投资国提供良好的市场环境。拉丁美洲和非洲地区的对外直接投资大多投资于本国相邻地区，亚洲地区由于较强的经济实力，除了向东欧和中亚投资以外，还加强了对发达国家的投资输出。选择与本国技术水平相近、发展程度类似的地区进行境外投资容易在境外市场找到立足点。

2.3.4　主要投资于发展中国家，向发达国家投资比例逐步增加

发展中国家对外直接投资有很大一部分是投向了周边的发展中经济体。由于自身技术条件有限，在区位选择上一般选择与自身经济技术发展状况相近的国家。这些周围的国家文化和市场相近，劳动力比较便宜。在对外直接投资形成一定的规模以后便开始逐步向发达国家进行投资，呈现全方位推进的特点。如摩洛哥除了向非洲大陆投资，还向法国投资。

2.3.5　政府给予重点的政策扶持

发展中国家对外直接投资所取得的成果很大一部分上依赖于本国给予的政策扶持。一个国家或地区对外直接投资的发达程度与本国的政策体系完善程度具有很大的关系，对外直接投资越发达，其政策体系也比较完善高效。中国香港作为是亚洲重要的金融中心和投资内地的门户，正是因为它有利的税制、便捷的上市程序、不存在资本管制以及良好的监管框架。发展中国家政府往往会为本国企业其走出去提供重要的政策支持。中国提出的"一带一路"倡议巩固了中国同中亚和中南亚的投资合作，为广大企业提供了一个有活力的新平台。

为了更好地参与国际对外投资以及促进经济复苏的需要，发展中国家持续出台促进或者便利对外直接投资的政策，出台贸易政策的趋势往往都以促进自由化为主。各国政府往往会出于对国家安全和经济发展需要而限制一部分行业的对外直接投资。但大多数自由化、促进或便利投资的措施都是在发展中经济体采用的。

2.3.6　大企业集团与中小企业并举

一些发展中国家和地区拥有大型的跨国公司，并且涌现了一批世界级品牌，在全球百强企业中，来自新兴市场的跨国公司数量从 2015 年的 8 家增至 2020 年的 15 家。如中国国家电网位居世界第二大跨国公司，2019 年以 22 亿美元收购了智利电力分销商 Chilquinta。发展中经济体跨国公司的崛起对发展中经济体的经济发展和对外投资起到了促进作用。除了大型跨国公司积极发挥引领作用以外，发展中国家或地区的中小企业也积极进行对外直接投资，这些中小企业充分利用自身对外直接投资的有益因素，分析国际行情来调整自己的经营策略，提升技术开发能力，展现出较强的国际竞争力。

2.3.7　跨国并购崛起，绿地投资成为主要方式

跨国并购分为跨国收购和跨国兼并，跨国并购的持续增加是发展中国家对外直接投资的另一个显著特点。跨国并购可以帮助企业在较短的时间内尽快建立起良好的国际形象，并且在竞争激烈的国际市场上尽快占有一席之地，

各大中小企业会根据自身的发展情况开始选择跨国并购的发展方式。在各种隐性贸易壁垒的状况下，企业会出于减少企业风险的目的选择越来越多的跨国并购。当企业实行并购时，不仅包括工厂、物流系统、客户服务系统等有形资产，也包括品牌价值以及可以规避跨国文化管理冲突的有用知识等无形资产，这会帮助发展中国家绕过一部分贸易壁垒减少企业风险。据世界投资报告相关数据显示，跨国并购在发展中经济体投资中占比逐渐增长，发展中经济体跨国并购中地位日趋上升，对发展中经济体对外直接投资起着重要的推动作用。

2.3.7.1 绿地投资的发展趋势

2020 年已披露的绿地投资项目价值降至 5 640 亿美元，是有史以来最低水平。发展中国家面临着前所未有的绿地对外直接投资项目的低迷，初级品部门的重要性持续下降。其中超过一半的价值来自荷兰皇家壳牌公司宣布的澳大利亚石油和天然气价值 64 亿美元的开采项目。绿地项目公告数量的缩减在制造业最为明显，制造业下降 41%，为 2 370 亿美元，在发展中经济体，此类投资对工业发展最为重要，而这种下降反映了全球趋势，因而在发展中经济体，制造业项目仍然集中在亚洲。而在占全球绿地项目价值一半的服务业受影响较小，在 507 个项目中，对可再生能源的绿地投资价值仅下降了5%。疫情在全球范围内推动了对数字基础设施和服务的需求，导致了信息和通信技术产业绿地对外直接投资项目公告的更高价值，吸引了最大份额的项目，上升了超过 22%，达到 810 亿美元（见图 2 - 27 和图 2 - 28）。

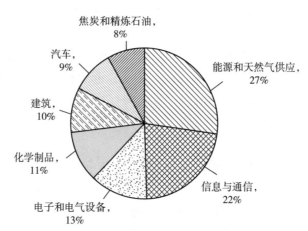

图 2 - 27　2020 年发展中经济体绿地投资行业结构

资料来源：UNCTAD 数据库．世界投资报告 2021.

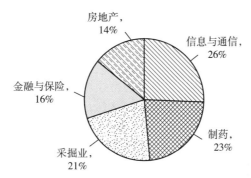

图 2 - 28　2020 年亚洲绿地投资行业结构

资料来源：UNCTAD 数据库．世界投资报告 2021.

2.3.7.2　跨国并购的发展趋势

2020 年，跨境并购销售额达 4 750 亿美元，与 2019 年相比下降了 6%。与总体趋势相反，疫情给数字和卫生部门带来了巨大的推动，因此，发展中经济体进行跨国并购最大的目标行业是信息和通信以及制药。数字相关行业的资产销售显著增长。在 2019 年的大幅增长之后，医药行业的销售额基本稳定。这似乎反映了该行业扩张战略的转变：从大型并购到小型收购。在初级品部门：主要是采矿、采石和石油，并购价值下降了 31%。过去 10 年，该部门的并购活动稳步收缩，反映出石油和天然气行业上游活动投资持续减少的趋势。2020 年，世界发达国家在初级品部门出现了几项大规模的撤资，而在亚洲发展中国家等中，初级品部门所占比例依旧在增加（见图 2 - 29）。

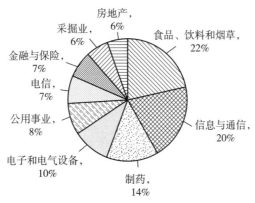

图 2 - 29　2020 年发展中经济体跨国并购行业结构

资料来源：UNCTAD 数据库．世界投资报告 2021.

2.3.8 发展中国家对外直接投资总额将有所回升

在发展中经济体近年来跨国并购的持续增长以及政府对对外直接投资越来越多的关注和投入下，预计发展中经济体将实现对外直接投资的增长。亚洲的对外直接投资流出有望提升，但其他地区对外直接投资的前景还不容乐观。这些地区的结构性弱点更多，财政空间更小，更依赖绿地投资，预计未来几年绿地投资仍将疲软。各国疫情防控的加强以及疫苗的广泛应用，会促使越来越多的国家将可能会放松对投资的管制。这将对不断增长的商品贸易和大宗商品价格产生积极的溢出效应。预期的快速增长可能会提高企业的盈利能力，并将对对外直接投资的再投资收益部分产生积极影响。

然而，许多发展中经济体仍面临严重的风险，由于这些经济体正在努力遏制新冠肺炎疫情的连续暴发，用于经济复苏支出的财政能力有限。2021年，对旅游相关行业和劳动密集型制造业的投资仍不容乐观，而对数字经济、数据中心和通信技术以及医疗保健的投资将十分强劲。随着一些国家，如中国、沙特阿拉伯和一些东南亚国家努力开发绿色能源，可再生能源领域的对外直接投资预计将继续增长。

2.3.9 深化经济一体化投资

随着经济全球化的不断深入，部分发达经济体为了维护自己的经济利益，会对来自发展中经济体的对外直接投资采取限制措施。但经济全球化不可逆转，事实证明只有深入合作才能更好地促进双方经济发展，这些多边合作在推动本国发展的同时也带动了沿线国家经济共同发展，同时也使得沿线国家在面对风险挑战时减轻经济波动的影响。所以深化经济一体化建设必然是发展中国家未来对外投资建设的重点，积极建设各区域伙伴关系，推动经济化发展。

2020年，联合国贸易和发展组织对国家投资政策措施的监测条目从2019年的21项增加到50项。更加严格的限制性措施政策的比重达到了41%，创下历史新高。关键因素之一是发展中国家政府出于对敏感行业对外直接投资的安全考虑。而为了促进投资的发展，大多数发展中经济体仍会偏向采用自由化政策，而这些措施的总数保持稳定。国际投资协定制度正在经历一个合理化的过程，争端解决机制和各项区域协定不断推进，以确保推动经济一体化发展。

2.3.10 产业结构升级趋向高端化

发展中国家对外直接投资的产业结构升级取决于多方面因素，其中包括国内技术升级能力和教育水平等影响，近年来，发展中国家逐步加强对教育的投入、逐步重视知识产权的保护等，促进了产业结构的升级。随着社会工业化的发展，技术能力的提升，一些新型工业化经济体的产业结构开始发生变化。发展中国家不再局限于传统行业，开始从事中、高附加值的服务行业、高端制造业以及高新技术领域的对外直接投资。促进经济转型、发展绿色经济和可持续发展产业依旧是发展中国家对外直接投资的发展方向。

2.4 欠发达国家对外直接投资的现状特点及趋势

2.4.1 1997～2020 年不发达国家投资交易额稳步波动增长

不发达国家虽然拥有丰富的石油、天然气等自然资源，但是自身的经济发展、国际市场份额、科技水平等均落后于发达国家以及发展中国家，尤其是经济发展阻碍了不发达国家的对外投资。众所周知，大部分不发达国家位于非洲中南部，拥有着丰富的石油等资源，1999 年受到国际石油价格的波动，外商投资额上升，比 1998 年增长 30.51%，但 2000 年的投资额又大致恢复到 1997 年的水平，后续缓速增长。2005 年南亚次大陆发生了 7.6 级大地震，引发了泥石流等灾害，造成 8 万人员死亡；苏丹结束了内战，共计造成 200 多万人丧生，400 多万人流离失所。自然灾害以及政治环境的不确定性增加了外商投资的风险，投资额大幅下降。2008～2009 年受到金融危机的影响较小，后续几年投资额有所波动。2015 年投资额激增，人民币贬值，美联储再次加息，新兴市场经济发展疲软等一系列因素导致不发达国家的投资额增加，2016 年又恢复到大致 2014 年水平。2020 年新冠肺炎疫情的暴发对不发达国家的投资额影响波幅较小。

2.4.2 各州投资流量情况

如图 2-30 所示，2020 年流向 46 个最不发达国家的资金保持稳定，为 23 639.86 百万美元，比 2019 年增加 1%。这在一定程度上是因为流入安哥拉的负资金从 2019 年的 -410 百万美元减少到 2020 年的 -190 百万美元，对外直接投资实现净增长。流入 33 个非洲国家最不发达国家的直接投资增长了 7%，达到 14 340.77 百万美元，占所有流入最不发达国家的 60%，非洲最不发达国家的表现优于非洲整体的表现，其对外直接投资流入量下降了 15%。在亚洲的 9 个最不发达国家，对外直接投资流入下降了 6%，降至 9 132.11 百万美元，接近最不发达国家总量的 40%。受新冠肺炎疫情的影响，在经济以及投资方面对外国市场造成了冲击，但是一些投资项目仍在继续，政府正在积极推动这些项目。大洋洲的 3 个最不发达国家资金下降了 73%，降至 136.97 百万美元，大部分的投资集中在所罗门群岛的采矿业。在拉丁美洲和加勒比地区唯一的最不发达国家海地，疫情、内乱以及持续的人道主义的压力，对外直接投资下降了 60%，降至 30.01 百万美元，占据流入不发达国家总量的 0.13%（见图 2-31）。

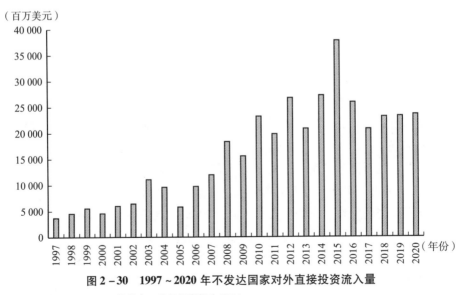

图 2-30 1997~2020 年不发达国家对外直接投资流入量

资料来源：UNCTAD 数据库. 世界投资报告 2021.

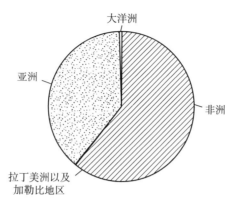

图 2 – 31　2020 年各洲投资不发达国家流量占比

资料来源：UNCTAD 数据库. 世界投资报告 2021.

2.4.3　主要国家投资流量情况

资本流入主要集中在一些大型的最不发达国家。排名前五的国家占据对外直接投资的投资流量一半以上，排名前十的国家占据 3/4 以上。柬埔寨作为最大的最不发达国家投资接受国，尽管政府采取措施缓解环境恶化情况，但对外直接投资仍然下降了 1%，降至 360 百万美元，新冠肺炎疫情对经济和外国市场的冲击是柬埔寨投资下降的主要原因，投资者对出口导向型服装业和服务业尤其是酒店行业的投资，柬埔寨的资金流入主要集中在服装业、建筑业、电子行业等；孟加拉国资金降至 26 亿美元，下降了 11%，主要是因为来自欧盟和美国价值 300 百万美元的订单取消，导致对外直接投资减少，外国投资者正在从金融项目和大型的不可再生能源项目转向液化天然气、金融技术、农业综合产业等方向的合作；埃塞俄比亚作为非洲最不发达国家最大的对外直接投资接受国，流量为 240 百万美元，下降了 6%。尽管经济仍然保持正增长，但是该国的旅游业以及全球供应链相关产业还是受到了疫情的影响较大；莫桑比克由于企业内部贷款增加了 14%，流入额增加 6%，达到 230 百万美元，该国最大的对外直接投资项目——法国道达尔公司液化天然气项目没有受疫情的影响，继续实施；在缅甸，由于总体商业环境恶化、投资者不看好发展前景以及疫情的影响，对外直接投资下降了 34%，降至 180 百万美元，2021 年由于政治事态的发展导致投资者开始在缅甸的投资活动（见图 2 – 32）。

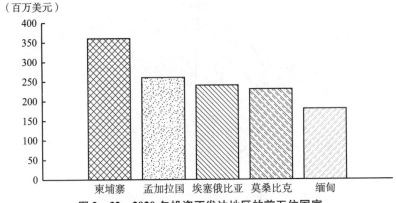

图2－32　2020年投资不发达地区的前五位国家

资料来源：UNCTAD数据库．世界投资报告2021．

2.4.4　绿地投资成为主要的对外直接投资方式

2020年，绿地投资的投资额可达16 703百万美元，共计180个投资项目，占投资额总量的97.5%。其中，服务业占据绿地投资的63%的比重，共计达到10 745百万美元。跨境并购的投资额达421百万美元，共计26个项目，其中，采掘业占据投资总量的96%，投资流入404百万美元。绿地投资方式无论在数额还是投资额均明显优于跨境并购，成为投资者投资最不发达国家的主要方式（见图2－33）。在投资者中，来自中国和欧盟的跨国公司最为活跃。按照投资额计算，最大的项目是能源、焦炭和精炼石油以及信息和通信产业。

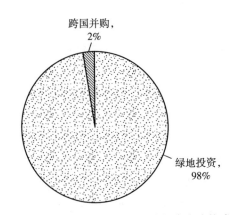

图2－33　2020年不发达国家投资方式构成

资料来源：UNCTAD数据库．世界投资报告2021．

2.4.5 服务业成为不发达国家主要的投资产业

如图 2-34 所示，2020 年外商投资不发达国家的主要产业是服务业，投资 10 745 百万美元，占据行业总额的 62.7%，相较于 2019 年 12 764 百万美元投资额下降了 15.8%。制造业投资流入 5 368 百万美元，占据产业总额的 31.3%，相较于 2019 年 20 974 百万美元投资流量下降了 74.4%。初级产品产业的投资额只有 1 012 百万美元。不发达国家劳动力优势、资源优势等吸引了大量的投资者，已经达成了一定的投资规模，初级产品产业的投资日趋成熟，趋于饱和，吸引力受到一定的影响。服务产业随着经济的发展以及全球化的推动正在不断地崛起，服务贸易成为投资者所关注的新兴产业；由于不发达国家的服务产业相对不够完善、品类不够健全，同时不发达国家的服务业正处于起步阶段，有着较强的发展潜力与发展动力，吸引了大量的国外投资者的注意，伴随而来产生了大量的投资流量。

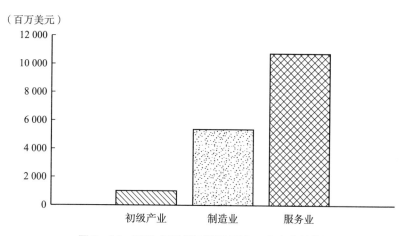

图 2-34　2020 年投资不发达国家三大产业数额

资料来源：UNCTAD 数据库. 世界投资报告 2021.

2.4.6 能源成为不发达国家的主要投资行业

2020 年，不发达国家的投资行业没有均衡化，投资重点尤其偏向于能源，投资流量达 6 651 百万美元，占投资总量的 39.8%，外商投资者更加着重寻求当地的自然资源禀赋，不发达国家自然资源，必将吸引能源类的行业的投资。其次是焦炭和精炼石油、信息和通信，投资流量分别为 2 456 百万美元、2 018 百万美元，分别占投资总量的 14.7%、12.1%。不发达国家有着丰富且廉价的劳动力资源，为吸引对外投资提供了重要的可能性，并且这些国家的信息和通信技术落后，有着较大的空缺市场和市场潜力，以及得到了国际组织的相关扶持，一些国家设立了相关的基础设施建设项目的政府投资政策，均加速了对不发达国家的投资。木材以及木制品占据投资行业最小占比，达到 4.4%，投资额为 750 百万美元（见图 2 - 35）。不发达国家由于地理位置的优越性，有着丰富的木材资源，但是随着工业化进程对环境造成的破坏与威胁，环境问题受到了各国的重视，保护环境也成为国际性的议题，节能减排的需要降低了对不发达国家木材的投资。目前的投资行业状况与不发达国家经济发展的因素有着密不可分的关联，不发达国家在尽力弥补投资结构的不足，同时意识到了问题带来的挑战。各个国家也采取了相关措施，安哥拉政府推出单一联系机制，简化授权流程；埃塞俄比亚政府重视投资项目，成立对外投资交流平台；老挝政府提供了财政激励措施，从而鼓励对外投资企业，降低企业运营的成本。

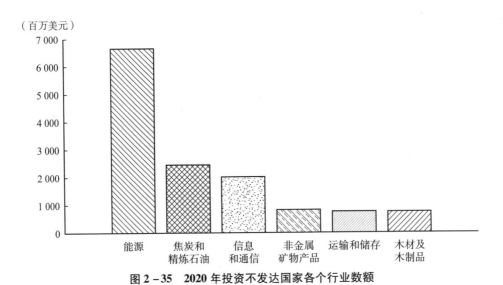

（百万美元）

图 2 - 35　2020 年投资不发达国家各个行业数额

资料来源：UNCTAD.

2.4.7　政府政策支持

经济全球化以及投资自由化的不断推进，在新推出的政策措施中，约15%涉及各行业的部分全部投资自由化，自由化措施涉及的行业有农业、制造业、采矿业、金融服务、数字媒体、制药业等。亚洲在自有投资方面最为积极，如越南首次引入市场准入负面清单，给予外国投资者以国民待遇。埃塞俄比亚投资改革的目的是让更多的投资者参与其中，通过了一项《投资宣言》，并授权埃塞俄比亚投资委员会修订禁止对外投资者的活动清单，向外国投资者开放了运输部门、教育咨询部门，放宽了零售贸易和电子商务的限制。为了刺激投资，目前通过《非洲大陆自由贸易协定》采取降低区域内贸易壁垒，支持对外直接投资的流动，并且这种流动还具有很大的拓展空间。尽管发生疫情但是全球市场总体开放的投资环境，会继续拉动不发达国家的对外投资，预计保持平稳水平。尤其是"一带一路"倡议，继续与不发达国家保持着密切合作投资联系，一定程度上扶持了不发达国家的对外投资项目，加强彼此发展对接。

2.4.8　不发达国家对外投资的将来仍不乐观

受新冠肺炎疫情的影响，近两年不发达国家对外投资的下降分别为15%、26%，尽管一些国家为了减少新冠肺炎疫情的危机带来的影响采取了相关的措施，但是由于不发达国家本身经济发展、贸易投资等方面的不完善，不可能很快恢复到危机前的水平，需要一段时间改善国内状况以及国外环境，在接下来的几年里，预计投资会停滞。最不发达国家的主要关注点是，此次疫情可能会抹杀过去十年根据《伊斯坦布尔行动纲领》和可持续发展目标议程取得的成果。

国际社会愿意支持最不发达国家以更加有秩序的方式适应世界经济的不断变化。2019年在疫情危机暴发之前，国际社会承诺向不发达国家提供500百万美元的临时救济金，疫情暴发后，20国集团和中央银行再次承诺提出支持全球经济的详细措施，如《最贫农国家暂停偿债倡议》。一些母国维持甚至加强了对最不发达国家提供可持续的对外直接投资机制。如美国政府提出的倡议——繁荣非洲计划，旨在大幅增加对非洲的投资合作，美国的开发银行、国际金融开发公司也执行投资合作方案，为能源、基础设施等项目提供资金，促进不发达国家的投资影响力。

2.4.9 新冠肺炎疫情加剧了影响最不发达国家发展的结构性弱点

虽然最不发达国家的国内资源有限，而且国内的卫生医疗能力薄弱，但是大部分的最不发达国家避免了疫情的波及。未来的疫情，特别是如果最不发达国家的新冠疫苗的推广和普及继续推迟，可能再次抑制对外直接投资活动。依赖初级商品的 39 个最不发达国家的对外直接投资仍然会受到初级商品价格波动的影响，其中大部分的国家尚未恢复疫情前的对外直接投资的水平。以旅游业为主的国家：不丹、柬埔寨、埃塞俄比亚、老挝等国家面临的旅游业复苏的不确定性是一个主要问题。最不发达国家的对外直接投资的未来投资流量将取决于跨国公司在后疫情时代中战略的吸引力。国际生产将会进行大幅调整，可能会减少对单一供应商的依赖，鼓励回流和区域化，并继续推动韧性寻求型投资。

结　　论

全球对外直接投资整体来看呈现增长的态势，区域性发展不均衡，各国对外投资指向都是和自身发展水平相当的国家。在对外直接投资活动中，大型跨国公司崛起，各国的对外直接投资方式都以跨境并购和绿地投资为主，投资倾向于高技术含量和高附加值的产业，各国政府给予企业不同方式的政策支持，鼓励和引导对外直接投资。2020 年，世界公共卫生突发事件对发达国家、发展中国家和欠发达国家都产生了显著的经济影响，但由于发达国家的金融和并购项目规模更大，其对外直接投资下降更为严重，欠发达经济体的结构性弱点愈加凸现出来。随着经济环境日趋回暖，发达经济体的复苏却相对迅速，发展中国家的对外直接投资也会有所回升，各国对外投资的产业结构进一步走向高级化，但是欠发达国家对外投资情况仍不乐观。

本章参考文献

[1] 王宇，王铮．贸易保护对全球投资与经济增长的影响 [J]．经济与管理研究，2018，39（2）：31 - 41.

[2] 周代运．全球经济趋势与投资之道 [J]．财富时代，2019（7）：181 - 184.

[3] 程实. 2018 全球投资：发现趋势的方向 [J]．金融博览（财富），2017（12）：60 - 62.

[4] 陈蛟．我国对外直接投资发展现状和特点分析 [J]．现代商业，2017（35）：47 - 48.

[5] 钱志清. 2016 年全球外国直接投资流动特点及趋势 [J]．国际经济合作，2017（2）：29 - 31.

[6] 郝红梅．国际直接投资的特点和趋势 [J]．中国对外贸易，2001（9）：36 - 38.

[7] 张文献．中国对发达国家直接投资趋势研究——基于美、日经验 [J]．商品与质量，2012（S1）：43 - 44.

[8] 吕海彬. 21 世纪发达国家间相互直接投资趋势分析 [J]．国际贸易问题，2007（7）：99 - 106.

[9] 龚维新．发达国家对发展中国家直接投资的特点和趋势 [J]．世界经济，1987（3）：91.

[10] 康瑞英．中国对发达国家和发展中国家直接投资比较研究 [D]．沈阳：辽宁大学，2015.

[11] 林巧燕，贺勇．发达国家促进对外直接投资的政策借鉴 [J]．科学学与科学技术管理，2003（1）：46 - 48.

[12] 聂名华．简析发达国家对外投资的鼓励和保护政策 [J]．世界经济文汇，1993（1）：37 - 40.

[13] 李艳萍．东道国的制度环境与中国对发展中国家对外直接投资区位选择 [D]．长春：吉林大学，2017.

[14] 马梦雪．浅析发展中国家的逆向投资 [J]．商贸纵横，2014（4）：62.

[15] 杨一平．发展中国家（地区）对外直接投资的特点及其在本国经

济发展中的作用 [J]. 国际商务研究, 1991 (2): 19 - 22.

[16] 杨一平. 发展中国家和地区对外直接投资的特点、类型与发展趋势 [J]. 上海大学学报 (社会科学版), 1990 (5): 75 - 77, 111.

[17] 贾骋. 发展中国家对外直接投资的趋势探讨 [J]. 时代金融, 2017 (35): 29, 31.

[18] 戴维·哥尔斯布诺, 周献刚. 发展中国家的外国直接投资——趋势、政策与展望 [J]. 国际经济评论, 1985 (12): 57 - 61.

[19] 肖慈方. 中外欠发达地区经济开发的比较研究 [D]. 成都: 四川大学, 2003.

[20] 鲍静海, 韩小蕊. 我国对 "一带一路" 沿线国家直接投资的出口效应 [J]. 中国流通经济, 2021, 35 (4): 82 - 92.

[21] Bouadam Sengkhamkhoutlavong. 欠发达国家的经济发展失衡: 全球化对老挝的影响 (英文) [C] //北京论坛 (2010) 文明的和谐与共同繁荣——为了我们共同的家园: 责任与行动: "全球失衡及其治理机制" 经济分论坛论文或摘要集, 2010: 91 - 106.

[22] 王检贵. 欠发达国家为什么出现投资需求不足 [J]. 教学与研究, 2001 (9): 24 - 29.

[23] 杰·阿加瓦尔, 郑月泉, 胡润福. 欠发达国家间的对外直接投资——对第三世界多国公司的比较研究 [J]. 国际经济评论, 1986 (9): 34 - 41.

[24] 赵涛, 周晔. 论直接投资对欠发达国家经济的影响 [J]. 现代管理科学, 2004 (4): 31 - 32.

[25] 唐黎标. 外贸集装箱出口运价走势分析 [J]. 中国港口, 2012 (6): 24 - 25.

[26] 张茂荣. 全球外国直接投资情况综述 [J]. 国际资料信息, 2004 (12): 8 - 13, 7.

[27] 范思立. 全球对外直接投资为何从高点腰斩 [N]. 中国经济时报, 2021 - 06 - 25 (2).

[28] 陈羽. 世界经济贸易形势 [M] //云南商务年鉴, 云南出版集团, 云南科技出版社, 2019: 109 - 110.

[29] 刘杰. 世界经济贸易形势总体形势 [M] //云南商务年鉴, 云南民族出版社, 2012: 245.

第 3 章

对外直接投资理论及相关文献述评

自第二次世界大战以来，世界经济格局继美国为世界经济霸主、美日西欧三足鼎立局面之后，和平发展成为战后世界各国的共识，在此基础上，美国、日本、西欧等发达的资本主义国家在全球范围内掀起一股跨国直接投资热潮，国际贸易在全球经济增长中发挥着非常重要的作用，对外直接投资日渐成为继国际贸易之后另一股不可或缺的推动世界经济的重要力量。与此同时，二战后的对外直接投资市场无论在区域结构以及行业结构都发生了与时俱进的变化，投资区域由发达国家拓展到发展中国家，行业结构也由传统的农业、能源工业、基本原材料工业等转向以服务业为核心的第三产业。1973年之后，随着技术的革新与进步，国与国之间的距离愈发缩进，对外直接投资发展突飞猛进，尤其在 1985 年左右经历了一个急速增长的过程。美国、日本、西欧等发达的资本主义国家的对外直接投资迅速增长的同时也在一定程度上带动了本国经济实现跨越式发展。

针对发达国家对外直接投资的现象以及由此带来的经济效应逐渐引起了国外学者们的重视，自 20 世纪 70 年代初以来，各种对外直接投资的经典理论逐渐形成，这些理论的诞生不仅向世人宣告了对外直接投资理论成为继国际资本流动与国际贸易理论之后的第三种重要理论，从而成为举世瞩目的焦点，更在一定程度上剖析了对外直接投资的动机，为对外直接投资理论日益深入发展打下坚实的基础。

本章首先综述了对外直接投资相关理论及相关文献，包括发达国家对外直接投资理论、发展中国家对外直接投资理论、全球化背景下的对外直接投资理论，然后评述了企业对外直接投资以及中国企业对外直接投资绩效的实证研究相关文献，通过综述可知，国内同领域的研究与国外同领域的研究仍有距离，这主要源于中国作为发展中国家对外直接投资实践的发展，同比欧美发达国家比较滞后。中国作为经济增速比较领先的发展中国家，如何结合中国的具体经济发展实践，借鉴发达国家的先进纪录充分发挥中国对外直接投资的经济引擎作用，具有积极的现实意义。

3.1 发达国家的对外直接投资理论

3.1.1 垄断优势理论 *

垄断优势理论（又称"公司特有优势理论"），代表人物为斯蒂芬·海默，在其博士论文《国内企业的国际化经营：对外直接投资的研究》中，以美国企业为研究对象，解释了企业的对外直接投资行为，其解释的投资动机与传统的资本流动理论的利率差异导致投资的观点不同，海默认为"市场缺陷"或"市场竞争的不完全"是企业的对外直接投资诱因，这里所谓的"市场缺陷"或"市场竞争的不完全"主要是指市场不具备完全竞争的条件，体现在企业面临的政府行为或关税壁垒、国家的技术差异等存在投资环境的差异，每个企业或行业的规模经济、品牌与产品的多样性、不同市场结构特点，从而导致了同一行业的、不同企业之间的国际竞争力差异。

该理论的贡献在于打破了传统利差导致国际资本流动的对外直接投资理论框架，阐明了企业投资外在及内在环境所带来的国际竞争力差异性，尤其说明了企业内在的人力资本、技术优势、品牌管理等企业微观管理的差距。但该理论依然说明了一定的局限性，首先，该理论解释了以美国为代表的发达国家对外投资现象，却无法解释 20 世纪 80 年代不具有垄断优势的发展中国家的对外直接投资，尤其对发达国家投资的现象。该理论仅叙述了垄断优势是发达国家对外投资的一个必要条件，但对其投资的充分条件没有进行阐述，而且垄断优势是基于经济全球化程度较低的时代背景下，随着经济全球化的进一步发展，垄断优势理论的适应性会不断降低，因为对于具有垄断技术优势的企业，也许在国内也可以很好地发展，未必一定会选择对外投资。

---

* Stephen Herbert Hymer. Internationalization of Domestic Firms：A Study on Foreign Direct Investment. 1960.

3.1.2 市场内部化理论 *

市场内部化理论，也称"内部化理论"（The Theory of Internalization），该理论拓展了科斯的交易成本理论（Transaction Cost Theory），英国学者巴克利（Peter J. Buckley）和卡森（Mark Casson）在其著作《跨国公司的未来》《国际经营论》中，从企业自身内部条件出发，假设在生产要素不完全市场竞争的前提下，企业最终目标是追求利润最大化，企业通过将外部市场变为无国界的内在化生产的市场方式来降低外部市场交易成本来实现企业经营管理，即当企业外部市场交易成本达到某一临界值时，出于企业利润最大化的考虑，企业自然会考虑将外部要素采购变成企业内部生产中间产品来降低交易成本，从而企业的生产行为跨界就会形成了跨国公司。该理论基于生产要素的不完全竞争市场角度，探讨企业寻求发展的管理重点，围绕着企业降低交易成本实现利润最大化的出发点，充分解释企业从外部生产要素市场到内在中间产品市场转变从而优化企业的国际生产与分工行为，进一步解释了对外直接投资的动因。其贡献在于，与垄断优势理论一样，都是基于市场结构的不完全，但这里更强调源于要素市场的不完全，企业要实现自身利润最大化的动机，为了要降低交易成本，将外部市场搜寻较低廉的中间产品市场扩大到企业内部来生产，从而出现了跨国公司的国际生产或国际分工行为，将外部市场因素转为分析企业内部实现优化管理动机的需求，这个理论阐释更好地说明企业源于利润最大化的一般生产行为，更符合企业自然的投资生产动机。但是，内部化理论存在一定的局限性，它仅是基于生产要素市场不完全竞争角度，以企业降低生产交易成本、利润最大化为动机，解释了企业的生产投资行为，其更适合于解释企业的垂直一体化，但无法解释企业的水平一体化。现实生产实践中，决定企业生产投资的因素很多，片面强调企业降低交易成本的内部因素而忽略了企业市场竞争、投资环境等外部重要因素[1]。

---

* Peter J. Buckley and Casson, M. The Future of the Multinational Enterprise. 1991.

[1] Buckley, P. J. and Casson, M. The Internalization Theory of the Multinational Enterprise: Past, Present and Future. Brit J Manage, 2020, 31: 239–252.

3.1.3 产品生命周期理论 *

美国学者雷蒙德·弗农（Raymond Vernon）在《产品周期中的国际投资与国际贸易》一书中，最先提出了产品生命周期理论的概念，后在赫希（Hirsoh）、威尔斯（Louis T. Wells）、坎帕（Campa）、吉兰（Guillen）等多人的补充与完善下，成为能够合理解释企业应如何选择对外直接投资战略，以及如何发展制成品贸易的著名理论。雷蒙德·弗农认为：企业的产品如同每个人的生命一般，都要经历出生（开发）、成长（引进）、成熟（产品大量生产）、衰老（退出市场）这样的生命周期，但是，企业的产品周期会因每个国家的产业所处的经济发展阶段及不同的技术水平而具有不同的差异性，具体体现如下：

引入期：是指产品试投入市场初步测试阶段，此时该产品在市场上比较稀缺，产品的特点、功能用途及创新点不为消费者所知晓，这个时期需要生产方投入营销费用对产品进行市场推广。企业所研发的新产品需求主要集中在国内，即便存在重叠需求的其他国家，创新国也主要选择出口而非直接投资来满足其需求。

成长期：当创新产品通过引入期的市场推广并取得一定的市场销量时，此时便步入了产品的"成长期"。所谓成长期，通常是指产品能够在市场上取得可观的市场份额、消费者对创新产品有较为良好的市场反馈、产品的需求量迅速提高、生产成本相应大幅下降、利润快速增长。与此同时，该市场会吸引更多的竞争者进入市场，导致产品的销售价格逐渐下降，利润增幅下降，最后到达周期利润最高点时利润增速变为零。

成熟期：随着产品的生产技术日趋成熟，生产量及销售量日趋达到市场最高点，与此同时，国内市场竞争越来越激烈，同时为了降低海外市场的关税及非关税的壁垒导致成本加大，这样生产厂商在国外进行对外直接投资可以实现对国外出口市场的替代，投资区域通常倾向市场空间大、要素价格较低、投资法律制度健全、投资环境优良的国家或地区。

衰退期：产品技术从创新到成熟到不能够与时俱进地升级满足消费者的

---

* Vernon, R. International Investment and International Trade in the Product Cycle. The Int. Exec, 1966, 8: 16-16.

市场需求，产品的产量及销售量锐减，直至被市场淘汰，最终产品生命周期结束。

产品生命周期理论的贡献在于动态阐述了产品创新入市、成长成熟、衰退淘汰的整个阶段性发展变化过程，其中将引入期、成长期、成熟期、衰退期各个时期围绕着技术、生产、成本、销售、价格特点进行分析描述，阐明了生产商在其产品的动态发展变化过程中国际投资出现的原因，揭示了跨国公司如何利用自身技术优势向不同市场结构、消费偏好的东道国直接投资实现降本、提升产品的国际竞争力，进一步实证了具有技术垄断的美国企业二战后对西欧和其他国家的对外直接投资现象。但其仍然有局限性，它不能解释没有技术垄断优势、发生在发达国家与欠发达国家之间的中小企业投资行为。此外，其分析角度基于企业内部投资因素，而没有考虑企业对外直接投资的外部因素，比较适合用于解释制造业对外直接投资行为，而对能源、钢铁、有色金属、化工等资源型产业对外投资的归因则有局限性。最后，产品生命周期理论假设企业在经营与出口过程中只能够生产一种产品，那么在一定程度上该产品的国际化生产是对其出口的替换。但这无疑与现实不符，在现实中跨国公司往往实行多元化生产经营战略，过度严格的假设某种程度上会削弱理论的适用性。

3.1.4 比较优势理论*

日本一桥大学的小岛清教授（Kiyoshi Kojima）提出了比较优势理论，又称为边际产业扩张论，解释了 1981 ~ 1989 年日本与美国的对外直接投资现象，也被称作小岛清模式投资，它解释了日本企业在 20 世纪 70 年代的对外投资之所以成功，主要源于优化国际分工，把自己国内诸如资源密集型、劳动力密集型等失去竞争优势的产业转移到国外，进而能够发展技术密集型产业，优化国内产业结构推动贸易发展，其核心思想是一国可以选择国内劣势产业但在欠发达国家为优势产业进行投资，合理地解释了 20 世纪 70 年代日本对外直接投资产业从资源密集型产业到劳动密集型产业、再到重化工的变迁。通过将比较优势理论与日本投资现状相结合，得出了三个推断：其一，

---

* Kiyoshi Kojima. The Eclectic Paradigm as an Envelop for Economics and Business Theories of MNCs Activity [J]. International Business Review, 2000.

在既定比较优势下，对外直接投资会形成新的国家间比较成本格局；其二，日本的对外直接投资有利于贸易发展的贸易导向投资；其三，仅分析一种商品的对外直接投资理论是不现实的，只分析两种或两种以上的商品才是更有现实意义。

小岛清将传统的国际贸易理论中的比较优势的国际分工思想融合于对外直接投资理论中，属于从分工到生产投资的顺向逻辑思维，不局限于一个企业，一种商品的微观角度，基于国家宏观角度分析对外直接投资的动机，统一了所有企业投资动机，尽管有些牵强，但很好地实证分析了 1960 ~ 1980 年日本的顺贸易导向型对外直接投资现象，但对继 1980 年之后日本大型企业的逆贸易导向型直接投资则缺乏解释。此外，小岛清的投资理论适用解释具有比较优势的发达国家的投资行为，但却无法解释技术落后、处于比较劣势的发展中国家的对外直接投资乃至后续猛增现象。

3.1.5 国际生产折衷理论 *

英国瑞丁大学教授邓宁（J. H. Dunning）提出了著名的国际生产折衷理论，在他撰写的论文 *Regional and multinational trade and economic activities：the eclectic theoretical approach to explore* 与书籍 *Multinational enterprises and international production*[①] 中，阐述了国际生产折衷理论的主要思想，他认为当代对外直接投资活动受三个最基本的要素 OLI 综合作用，而不是一种或两种主要因素片面的作用和影响，其中 O（ownership）代表所有权优势，L（location）代表区位优势，I（internalization）代表市场内部化优势。所有权优势是指一国企业实际拥有或能够间接控制的国外企业所无法获得的优势，具体包括：商誉、技术、特许经营权、商标权等无形资产优势，或者随着企业规模的扩大，企业所具有的特定的垄断优势或特定的营销、资金渠道等方面的管理优势等。内部化优势是指一国企业为了规避不完全竞争市场所带来的成本上涨等不利影响而将其资产内部化，及将要素市场的不完全竞争转为内部化生产中间产品，实现生产的垂直一体化，从而将企业的垄断优势内部化降低交易

---

* Dunning, J. H. Regional and Multinational Trade and Economic Activities：the Eclectic Theoretical Approach to Explore, 1977.

① Dunning, J. H. Multinational Enterprises and International Production, 1981.

成本而实现利润最大化。区位优势是指东道国或地区在自然环境上的空间优势以及政策环境上的潜在优势。自然环境上的优势是指资源禀赋优势，自然资源、优越地理位置、适宜的气候环境、要素价格较低廉等，政策环境上的优势是指完善的法律体系、稳定的投资环境、宽松的金融政策。

国际生产折衷理论其贡献在于整合以往的对外直接投资理论的主要观点，能够从多个影响因素综合作用的角度来看问题，而不是片面强调某一个因素或方面，而且该理论高度概括了结构性市场与自然性市场的不完全因素两种情形，系统地分析了跨国公司的对外直接投资行为。兼顾了发达国家与发展中国家的绝对优势与相对优势所带来的对外直接投资的综合诱因，继承了垄断优势理论、内部化理论、比较优势理论的一些优点，综合考虑了对外直接投资、国际贸易、国际区位选择等多方面因素，克服了仅考虑传统国际投资理论的资本流动性因素的弊端，从而进一步推动了对外直接投资理论的发展。但其依然具有一定的局限性，尽管其整合了西方直接投资理论的精华，但其仍然停留在企业微观角度的静态分析层面上，属于简单的归类分析，没有针对投资的动态性进行动态分析，而且关于不同国家不同经济活动的收入是相同的假设有些不切合实际。

3.2 发展中国家对外直接投资理论

自20世纪70年代以来，对外直接投资大舞台曾经一度以发达国家为主角的局面发生了改变，以中国、印度为代表的新兴工业化国家逐渐登上了舞台，以往以欧美日为主的对外直接投资理论已经不能适用解释发展中国家的对外直接投资现象，尤其是发展中国家在资金、技术、品牌等方面均没有领先优势的情况下，发展中国家如何在对外直接投资过程中获得竞争优势，需要形成新的适用理论予以阐释说明。据联合国贸发会议《全球投资趋势监测报告》，2000年发展中国家对外直接投资989.29亿美元，2020年发展中国家对外直接投资达6160亿美元。发展中国家的国际直接投资总额已经占全球投资总额的72%，较2020年增长了6.2倍，尽管发展中国家的对外直接投资总额同比发达国家的对外直接投资总额还有一定的差距，但综观过去的二十多年，尽管发展中国家在融资渠道、生产技术水平、品牌打造、市场营销、生产物资管理等各方面要素管理相对落后的情况下，发展中国家能够在全球投资总额中的地位连年持续上升，二十多年来取得成就难能可贵。为此越来越多的学者关注发展中国家的背景下对外直接投资行为的相关研究。

3.2.1 资本相对过度积累理论[*]

马克思在《资本论》中论述了资本积累的理论，阐明了资本积累是资本主义发展的必然趋势，解释了资本积累的本质所在、资本积累过程的一般规律及其发展趋势，推断出市场竞争规律必然带来资本积累，资本积累带来的剩余价值进一步资本化从而实现资本主义扩大再生产。战后科技革命推动了经济的发展，欧美发达国家实现了经济的飞速发展，国内积累过剩却又找不到高回报的资本流入国外，从而出现了发达国家境外直接投资，相比之下，发展中国家在劳动力、资本、技术等生产要素匮乏及管理落后的投资不利的环境下进行了对外直接投资。苏联学者阿·勃利兹诺伊利借鉴引用了美国经济学家刘易斯（William Arthur Lewis）题名为《劳动无限供给条件下的经济发展》论文中关于"二元经济结构"的提法来解释发展中国家的直接投资现象。具体来讲，基于发展中国家的"二元经济结构"情形下，随着发展中国家农业部门与工业部门的差距的加大，呈现了农村居民消费能力较弱带来的整体市场需求局部供给过剩而导致了某些企业或行业的资本积累相对过剩，勃利兹将发展经济学中的二元经济结构理论在对外直接投资中的有效结合与应用，更新了研究角度与思路，为发展中国家对外投资找到了新的释意。但其局限性在于研究角度过于单一，仅限于发展中国家的"二元经济结构"国内资本跨国流动无阻碍前提下解释对外直接投资的可能性，而对投资动机、投资方式、投资绩效等其他方面动因没有做相关阐释。

3.2.2 小规模技术理论[**]

第二次世界大战后学术界将发达国家的对外直接投资归因于垄断技术优

---

[*] Lewis, W. Arthur, Economic Development with Unlimited Supplies of Labour. The Manchester School, 1954, 22: 139 – 191.

[**] Wells, Louis T. Third World Multinationals. 1983.

势和规模经济，但却无法解释在技术与规模同比发达国家均处于劣势的发展中国家的对外投资现象。1977 年美国经济学家威尔斯提出了"小规模技术理论"，并于 1983 年对该理论进行了完善，从技术角度分析了发展中国家对外直接投资的特定优势，该优势与发展中国家内部客观的社会环境相关联，首先，发展中国家通过开发较适合其小型微型市场服务的劳动密集型小规模生产技术，可以满足其低需求量的市场规模，从而逐渐形成本国企业的国际竞争优势。其次，同发达国家的高研发、高营销投入相比，发展中国家同比没有在此方面过高投入而是发挥了劳动密集型资源优势的降本，从而实现了产品较高的性价比，更有利于提升国际市场份额。小规模技术理论是适用发展中国家国际投资现象的早期代表性成果，其摒弃了传统对外直接投资理论以技术垄断和规模经济为国际投资诱因的观点，发现了适合发展中国家特定市场环境中的小规模技术的特定优势，找到了发展中国家在国际化发展初期实现其竞争优势的理论支撑，但该理论将国际投资的归因定位于发展中国家适用"降级技术"生产发达国家的技术成熟的产品，这样形成的国际竞争优势不具备可持续性，与发展中国家高科技技术企业的对外直接投资现象相悖。

3.2.3 技术地方化理论*

英国著名经济学家劳尔（Lall）撰写了 *New multinationals：the Third World business development* 一书，分析研究印度、中国、巴西等国家跨国公司的竞争优势及投资动机发现，尽管一部分发展中国家的跨国公司技术相对落后、生产规模较小，但各企业依然具有特定的企业创新优势，劳尔用"技术地方化理论"来解释发展中国家的对外直接投资行为。

所谓的技术地方化，是指技术相对落后的发展中国家的跨国公司通过学习国外的先进技术进行内部消化、改造、融合创新后，实现了该技术融入企业后的产品或服务升级，从而实现了该国竞争优势，体现在四个方面：首先，体现在发达国家技术结合发展中国家市场需求基础上的本土化融入。其次，技术融入不是简单的技术引进，而是要与发展中国家市场需求相契合的产品或服务融合升级。再次，技术融入产品升级同时兼顾发展中国家与发达国家的文化差异、市场差异来实现的。总之，发展中国家通过对发达国家的技术融入其企业自身的

---

* S. Lall and Wiley. The New Multinationals：The Spread of Third World Enterprises. 1983.

市场需求、经济环境实现技术本土化，形成本国特色的对外直接投资竞争优势。

与小规模技术理论相比，劳尔认为，技术地方化不是简单意义上的发达国家的技术引进，而是因地制宜地消化原有技术并实现融入创新，在研究层面上更加深入侧重微观层面，更侧重于发展中国家国际投资行为的微观企业竞争优势分析。该理论仅提供一个简单的理论框架，但针对发展中国家企业的技术创新活动不够深入细致全面，针对不同企业国际竞争优势成功以及技术地方化的关键因素没有明确分析，在这方面理论的适用性不够强大。

3.2.4 技术创新产业升级理论*

在20世纪90年代初期，著名英国学者坎特韦尔（John Cantwell）与托兰提诺（Paz Estrella E. Tolentino）对印度、巴西等发展中国家与地区企业自1987年之后对发达国家（美国、欧盟）的直接投资呈井喷现象进行了研究，提出了著名的"技术创新产业升级理论"，该理论从积累技术的角度着手，完美地解释了发展中国家和地区对外直接投资活动，主要内容围绕如下几点：

首先，发展中国家的企业所实际拥有的地区间产业结构的进一步升级与其生产技术的不断攀升，这二者之间是一个循序渐进、不断累积的循环过程。其次，发展中国家企业对外直接投资活动的开展取决于与其所拥有的无形资产、商誉、经营管理能力等综合管理实力，一国企业管理创新能力往往在一定程度上决定了企业对外投资规模与增长速度。

再次，技术创新产业升级理论认为一国企业的核心竞争力在于其技术水平及其技术创新能力，对技术实现的创新不仅推动企业发展进步，更进一步推动了国家经济发展。在通常情况下，发展中国家的企业在企业的人力、财力、物力相对匮乏的情况下，依然可以通过向其他发达国家企业的借鉴学习经验来对现有的技术进行开发来实现科技创新，并且通过进一步研究可以预测发展中国家和地区对外直接投资的地理分布与产业分布的动态变化。

技术创新产业升级理论又进一步详细论述了发展中国家对外直接投资的路线图，首先从发展中国家的周围地区开始，然后逐步转向其他发展中国家，进而转向发达国家。其产业升级从传统产业到高新技术产业发展，该理论着

---

* Cantwell，J. & Tolentino，P. E. E. Technological Accumulation and Third World Multinationals（No. 139）. University of Reading，Department of Economics，1990.

重强调了发展中国家通过对外投资来加强技术创新与积累，从而实现产业结构优化升级及国际竞争力的提升，强调了发展中国家企业的技术创新与累积的重要意义，该理论对于一国如何实现产业升级、优化产业结构并提升其国际竞争力的实现提供了理论依据，为此受到了西方经济理论界的一致好评。

3.2.5 投资发展阶段理论 *

20 世纪 80 年代初，邓宁（Dunning）继其提出的国际生产折衷理论之后，试图探索对发达国家和发展中国家均适用的对外直接投资理论，撰写了《不同国家国际直接投资的动态发展路径》（*A dynamic development path for international direct investment in different countries*）的文献，提出了著名的投资发展阶段理论（Investment Development Path），探讨了以作为一国经济发展力度解释变量与一国对外直接投资之间的关系。与此同时，通过对对外直接投资不同阶段的特征加以详细划分，并在此基础上详细解释了对外直接投资在不同的发展阶段发生变化的内在机制（见表 3 - 1）。

表 3 - 1 　　　　　　　　　国家的经济发展力与对外投资管理一览

经济情况	对外直接投资流入与 OIL	对外直接投资流出与 OIL	对外直接投资流入量	对外直接投资流出量
GDP400 美元以下	国外所有权优势显著；国外内部化优势显著；本国区位劣势显著	本国所有权劣势显著；本国内部优势不适应；国外区位优势不适应	低	低
GDP400 ~ 2 500 美元	国外所有权优势显著；国外内部化优势出现下降；本国区位优势开始上升	本国所有权优势不显著；本国内部化劣势、专业化程度低；国外区位优势出现	增加	低
GDP2 500 ~ 4 000 美元	国外所有权优势下降；国外内部化优势上升；本国区位优势下降	本国所有权优势上升；本国内部化优势受到限制；国外区位优势上升	增加	增加
GDP400 美元以上	国外所有权优势下降	本国所有权优势上升	下降	增加

资料来源：根据邓宁投资发展阶段论绘制。

---

* Dunning, J. H. Explaining the Orientation of International Direct Investment in Different Countries: A Dynamic Development Path, 1978.

投资发展阶段理论的核心思想是在国际生产折衷论的基础上，通过比较一国的区位优势、所有权优势、内部化优势来进一步探究这一国家究竟是吸收外资还是对外投资，并判定发展中国家所处的发展阶段和该国所拥有的所有权优势、内部化优势和区位优势决定了该国对外直接投资的规模。我们通常认为投资发展阶段理论是国际生产折衷理论在发展中国家的进一步扩展与延伸，并克服了其静态分析的劣势，从动态的角度解释一国具体的经济实力与其对外投资的关系①。

总之，邓宁的投资发展阶段理论（investment development path）是基于国际生产折衷论理论的框架下，将一国经济发展阶段与企业的所有权优势（ownership advantages）、内部化优势（international advantages）和区位优势（location advantages）结合起来，从动态的角度客观分析了对外直接投资流量是如何随着一国在国际上竞争优势的变化而变化的，结合发达国家与发展中国家投资地位与经济情况，系统地阐述了一国对外直接投资、吸引外资与经济发展阶段的关系，在适用范围上实现突破，具有非常重要的现实意义。

投资发展阶段理论依然具有一定的局限性，首先，该理论虽然指出了发达国家及发展中国家对外投资较为热衷的原因，但现实中资本输出较多的国家通常具有先进的技术与资金雄厚的特点，而对发展中国家跨国公司所拥有的竞争优势形成与发展却没有给出很好的解释。其次，仅用一些数字来划分人均国民生产总值难以准确衡量并反映企业对外直接投资的规律性。

3.3 全球化背景下的国际投资理论

自 1985 年莱维提出"经济全球化"以来，越来越多的经济学家立足于"经济全球化"角度来解释对外直接投资问题，"经济全球化"是一个多元的概念，其实质就是全球资源的进一步优化配置及重组的过程。在此过程中，随着资源配置凸显其全球化特征，市场、技术、通信形式等各种资源的民族性、区域性边界逐渐消失，全球各国之间的贸易、投资等各种经济联系变得越发紧密，国家之间的经济交往变得日趋频繁，除了国家之间的贸易往来，以资本对外流出为纽带实现的一体化生产的国际投资也日趋成为推动全球经济发展的重要力量之一，以跨国公司为载体的对外直接投资在全球化的背景下不仅实现投资规模总量的迅速增长，而且实现了产业结构的优化重组。因此，我们可以认为经济全球化与对外直接投资二者互为因果、相辅相成，在二者交互作用影响的过程中，机遇与挑战同在。

关于发达国家与发展中国家国际投资理论的研究，随着时代的发展已经取得了一定的成果，但我们发现不同的理论学派的国际投资理论通常适用于特定时期某些国家的对外直接投资行为，其不能反映所有国家的国际直接投资的规律性，尤其是世界经济在区域经济一体化及全球化发展的趋势进程中，学术界针对对外直接投资行为在全球化背景下的新表象特征进行了探究。

3.3.1 投资诱发要素组合理论*

既往学术界对国际投资的研究，无论基于国家宏观角度还是厂商微观角度，均是从其内部角度分析，但对其内部诱发要素的分析比较欠缺。中国对外经济贸易部国际经济合作研究所何其三教授为代表提出了基于外部因素分析投资现象的投资理论，即投资诱发要素组合理论（The Theory of Motivation Factors Combination），该理论对现有的对外直接投资理论进行了拓展与补充，弥补了以往理论从单一角度解释国家投资现象的局限性，该理论认为任何形式的对外直接投资均源于投资诱发要素组合的共同作用，投资诱发要素分为直接要素和间接要素两大类，投资诱发直接因素主要包括劳动力、资本、有形和无形资产等，可以存在于投资国或东道国，即使投资国或东道国拥有相对的技术优势，企业在追求利润最大化的前提下，都会转移该要素实现对外直接投资。间接诱发要素是指除直接诱发要素以外的其他要素，主要来自三个方面：其一，投资国与东道国双边之间的投资互惠协议，如鼓励性投资政策、税收优惠政策和相关投资法规等。其二，东道国投资环境如完善的基础设施、相对透明利好的优惠政策等。其三，全球性诱发对外直接投资的利好国际投资环境因素，如科技革命、国际金融市场汇率、利率波动等。

该理论主要的贡献在于定位一个全新角度解释了对外直接投资的动因与条件，分类了投资诱发因素的直接与间接因素，更强调了间接诱发要素。例如政策、法规、环境、技术革新、利率汇率变动等对外直接投资环境因素的重要作用，克服了以往国际投资理论中对投资目的与自身比较优势的局限性。

---

* 何其三. 投资要素组合论——关于发展中国家对外直接投资理论的探讨 [J]. 国际经济合作，1990，12 – 15.

与此同时，该理论能够很好的契合各国政府关注优化的国内投资环境，具有较强的现实性。

然而，该理论仍然停留在静态层面上对对外直接投资决定要素进行分析，没有考虑时间因素进行动态分析，缺乏对企业投资活动实践动态发展的长远规划性。

3.3.2 国家竞争优势理论[*]

哈佛大学商学院迈克尔·波特教授（Michael E. Porter）在其代表作《国家竞争优势》（*The Competitive Advantage of Nations*）中提出了著名的国家竞争优势理论，也可称为"国家竞争优势钻石理论"或"钻石理论"，分析了企业如何形成并保持可持续的竞争优势。波特认为，对一国企业竞争力的影响因素主要包括生产要素、国内需求、相关扶持产业、企业战略与组织形态、政府和机遇等（见图3-1）。

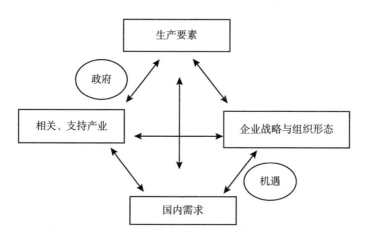

图3-1 波特国际竞争优势理论示意图

资料来源：笔者自绘。

波特认为，决定一个国家的企业其在国际竞争中的地位与其所掌握的生产要素相关，生产要素可以具体划分为高级要素（advanced production ele-

---

[*] Porter, M. Competitive Advantage of Nations. Comp. Int. Rev. 1990, 1: 14 - 14.

ments）与低级要素（elementary production elements）两大类，通过社会培育与个人修养所创造出的要素为高级要素，一国先天拥有的自然资源与地理位置等因素为低级要素，其中一国企业所掌控高级要素的数量与质量是该国企业国际竞争优势的关键要素。国内需求是指消费者向厂商提出的本国产品对于产品的质量、外观、性能及服务等进一步改善的需求，并希望厂商以此为发展契机赶超其他竞争对手。此外，与企业生产、经营等活动相关联并对竞争企业起到支持作用的上游原材料供应和下游销售企业等相关联产业的支持，对一国企业的国际竞争优势有重要的影响作用。在微观层面上的企业战略与组织形态，通常是指企业在对外投资过程中的战略以及企业组织内部的纵横沟通与协作的组织形态，可谓企业的"管理意识形态"依然会有助或妨碍一国的竞争优势。

基于宏观层面的政府，作为优化国际投资环境主导者，如果在大力发展基础设施、拓宽企业融资渠道、培养信息整合能力等方面为竞争企业提供便利，依然是一个非常重要的影响因素。

机遇，是指一国企业遇到的难以预料的市场机遇，例如，新能源的开发使用、新技术的创新推广、国际金融市场的重大变化、战争等。

波特的国家竞争优势理论基于全球化框架下突破了对外直接投资理论研究视角，该理论对一国竞争优势进行了全方位因素的阐释，开拓了企业的国际竞争优势的全新思维。该理论重新评估了世界上许多国家竞争力，对一国企业究竟应当如何获得的竞争优势有非常重要的指导意义。但其依然存在着一些不足之处，该理论的前提假设与在竞争高度动态的市场环境条件存有差距，其适用性依然有待考究。

3.4 企业对外直接投资的文献述评

随着全球对外直接投资规模的快速增长，国内外学者对企业对外直接投资现象更加关注，研究成果也日趋丰富。通过对文献进行梳理可知，国内外的相关研究主要涉及以下四个方面，分别是企业对外直接投资的影响因素、风险、区位选择以及"一带一路"与企业对外直接投资的关系。学者选择了不同时空"维度"、运用方法、切入角度和参照的依据不相同，导致研究结果有所差别。

3.4.1 企业对外直接投资的影响因素研究

通过梳理文献，我们可以从宏观和微观两个角度进行归纳。宏观因素主要指宏观经济和制度的影响因素，微观因素主要指企业层面的影响因素。下面将分为宏观经济、国家制度和企业三个方面进行文献综述。

3.4.1.1 宏观经济层面的影响因素

通过梳理文献，我们发现许多学者研究了汇率和要素价格对于企业对外直接投资的影响。汇率的高低直接影响着对外直接投资的成本和收益，因此，汇率是影响企业对外直接投资的极为重要的因素。有许多国内外的学者研究了汇率和企业对外直接投资的关系。例如，田巍和余淼杰（2017）研究发现人民币贬值可能会导致企业出口上升，进而提高了贸易服务类行业对外直接投资的概率。刘等（2017）使用中国和"一带一路"沿线国家的投资数据，发现人民币升值提高了中国对"一带一路"沿线国家的投资；而汇率波动则对投资无显著影响。陈琳等（2020）研究发现人民币汇率波动会降低企业对外直接投资的平均概率，并且缩减平均投资规模。综观之前学者的研究，我们发现主要是研究了人民币币值变化和汇率的波动性对企业对外直接投资的影响。

要素价格同样是影响企业对外直接投资的重要因素，许多学者研究了要素价格对企业对外直接投资的影响。劳动力的要素价格是企业生产经营决策的重要因素，因此一些学者研究了企业工资水平和其对外直接投资的关系。例如，王碧珺等（2018）研究发现，国内平均工资水平的提高显著增加了企业对外直接投资的概率；范等（2018）研究表明，最低工资制度的实施导致了中国企业对外直接投资的平均概率提高，异质性分析表明最低工资制度对劳动密集型行业和高生产率企业更为敏感。还有一些学者研究了私营企业和国有企业在对外直接投资上的异质性，例如，陈等（2019）研究表明，因为中国私营企业的要素成本远高于国有企业，私营企业更倾向于通过对外直接投资进入境外市场以降低要素成本和获取公平的竞争环境。此外，孔等（2021）研究表明，国内要素价格的上升可能会削弱了企业生产率对其自身对外直接投资的促进作用。

3.4.1.2 国家制度层面影响因素

针对制度层面，我们主要从东道国制度因素、本国制度因素、东道国和本国之间的制度距离这三个角度进行文献综述。

有许多文献论述了东道国制度环境对企业对外直接投资的影响，例如：哥罗曼与沙培罗（Globerman and Shapiro，2003）指出东道国良好的制度环境会吸引更多的外资；戈瑞克 - 卡那拉与桂蓝（García - Canala and Guillén，2008）研究表明东道国政治经济环境是影响企业投资的重要因素，如果东道国的政治经济环境稳定安全，那么企业的投资风险降低，进而可能会增加对该国的投资。

关于本国的制度环境和企业对外直接投资的关系已经有了丰富的研究。孙（Sun）、李阳（Sunny Li）、彭（Peng）、麦克（Mike W.）、李（Lee）、鲁比·波（Ruby P.）、谭（Tan）、魏强（Weiqiang）、孙等（Sun et al.，2015）及路易斯·阿方索（Luis Alfonso）和岛（Dau）研究结果一致发现本国的制度越开放越有助于企业对外直接投资。李新春和肖宵（2017）、巴那德与路易兹（Barnard and Luiz，2018）研究表明企业的国际化程度与本国的制度水平呈负相关。郭（Guo）、芮（Rui）、王（Wang）、Yang（杨）、隋（Sui），秀萍（Xiuping）、周（Zhou），石敏、孔等（Shimin，Kong et al.）计算了中国地区的整体经济环境指数，发现母国的经济环境越好，企业的对外直接投资越少。斯托伊安和摩尔（Stoian and Mohr，2016）也提出了类似的观点，他们认为如果一个地区拥有较高的经济增长率，那么可能较少的进行对外直接投资，因为本国已经提供了足够的投资机会。与之前的研究不同，还有一些学者关注了制度的动态演进对企业直接投资的影响，例如，杨柳和潘镇（2020）研究发现制度发展的速度越慢、越不规律、越不同步，企业越倾向于进行对外直接投资，开展国际化经营。

另外，学者们围绕东道国和本国的制度距离展开了大量研究。哈比卜和茹拉维茨基（Habib and Zurawicki，2002）认为当本国与东道国的制度距离较小时，跨国企业更愿意向该东道国投资。刘晶和朱彩虹（2012）认为并非所有国家都倾向于选择制度距离较小的国家进行对外直接投资，例如南方国家可能倾向于选择与本国制度距离较大的国家进行投资。之后一些学者对制度距离做了更加细致的研究，在制度距离中纳入方向属性。东道国地区制度质量优于本国为制度逆差，低于本国为制度顺差（Trapczynski and Ba Nalieva，2016）。

3.4.1.3 企业层面影响因素

对于企业层面的影响因素已经有相当丰富的研究，一些学者研究了融资约束、高管特征、生产率、公司治理等因素对企业对外直接投资的影响。首先，刘莉亚等（2015）研究表明，融资约束不利于中国企业对外直接投资，异质性分析表明对外源融资依赖度较高的行业更为敏感。严兵和张禹（2016）研究表明，融资约束对企业对外直接投资的作用会受到生产率的影响，企业生产率水平越高，融资约束对企业对外投资决策的影响就越大。

接着一些学者研究了高管特征对企业对外直接投资的影响，例如，文雯等（2020）研究发现，更大的 CEO 股权激励意味着更高的企业对外直接投资水平。还有一些学者从生产率的角度研究了这一问题。田巍和余淼杰（2012）的研究表明，企业生产率水平与对外直接投资的概率呈正相关关系。龙婷等（2019）基于公司治理的视角，研究发现股权集中度与企业对外直接投资之间呈显著的倒"U"型关系。除了上述四个因素外，胡大猛等（2020）研究发现政企关联度越高，企业对外直接投资的水平越低。余淼杰和高恺琳（2021）发现，进口中间品可以通过提升企业生产率和降低对外投资固定成本两个渠道提高企业对外投资概率。

3.4.2 企业对外直接投资的风险研究

近年来，随着国际化进程的不断推进，中国企业开展对外直接投资活动蓬勃发展。日趋复杂的国际政治和经济形势加剧了中国企业对外直接投资的风险，如何预防、识别和应对风险已经成为学术界关注的焦点。

最早对风险进行系统分类的是国际风险研究的著名学者米勒，米勒（1992）提出的一体化国际风险感知模型是最为完善的风险分类系统，包括宏观、中观和微观环境类风险。

国内学者关于中国企业对外直接投资风险的研究成果也非常丰富，王海军和郑少华（2012）认为，东道国外债的规模和我们国家的企业对外直接投资存在显著的负向关系。王海军和高明在（2012）认为，国家经济风险和金融风险对双方对外直接投资影响显著，对外直接投资对经济风险表现得更加敏感。张艳辉等（2016）发现政治风险，如东道国的政府稳定性、腐败对抗程度与中国企业对外直接投资有很大的关联。与之前的学者不同，一些学者认为东道国的政治风险不影响企业的对外直接投资（韦军亮和陈漓高，2009；陈伟和卢秀容，2016）。

3.4.3 企业对外直接投资区位选择研究

关于中国企业对外直接投资的区位选择问题是一个相当有趣的话题，许多学者进行了相关研究。一般而言，企业更愿意选择制度环境良好的国家进行投资，以减少制度环境恶化对企业投资造成的风险。然而，中国企业不仅在制度环境良好的发达国家进行大量投资，而且也在制度环境欠佳的发展中国家进行大量投资。因此，鉴于中国企业对外直接投资的特殊现状，学术界存在着两种截然不同的观点："制度风险规避"和"制度风险偏好"。

关于"制度风险规避"这一观点，已经有一些学者进行了论述。珂沃 - 卡祖瑞（Cuervo - Cazurra，2006）认为东道国政治环境稳定、腐败水平较低和基础设施优良都能够降低企业经营的不确定性和投资风险，从而保障投资安全。王永钦（2014）也认为中国企业更愿意到那些制度环境良好的国家投资。

与之相反，有些文献认为中国企业的对外直接投资往往偏好那些制度环境较差的国家，即存在所谓的"制度风险偏好"（Buckley et al.，2007），因为这类国家往往拥有丰裕的劳动力和自然资源，但缺少资本，从而可为投资带来高收益（王泽宇等，2019）。

值得注意的是，杨其静和谭曼（2022）认为，中国企业的对外直接投资并不存在所谓的"制度风险规避"和"制度风险偏好"，之所以存在相互矛盾的观点是因为之前的研究未进一步细化对外直接投资的类别。他们认为专用性投资强度高的行业投资倾向于制度环境良好的国家，而专用性投资强度低的行业更多的投资于资源丰富但制度环境欠佳的国家。

3.4.4 "一带一路"与中国企业对外直接投资

近几年，中国政府提出了"一带一路"倡议，该倡议必然会深刻地影响中国企业的对外直接投资格局，因此一些学者针对该主题展开了相关的研究。例如，张明哲（2022）研究表明，数字经济发展程度高的东道国更能吸引中国企业的对外直接投资。吴俊等（2020）研究发现，"一带一路"倡议有助于中国向"一带一路"沿线国家进行对外投资。吕越等（2019）研究发现，实施"一带一路"倡议有助于提高中国企业对外绿地投资。机制分析表明："一带一路"倡议，主要是通过设施联通、政策沟通、资金融通、贸易畅通、民心相通这五个方面实现对外绿地投资的增加。综观之前的文献，我们发现"一带一路"倡议有助于中国企业对外直接投资。

3.5 中国企业对外直接投资绩效的实证研究综述

中国企业对外直接投资绩效的相关研究大致可以分为两个方面的文献：一方面是企业对外直接投资绩效评价体系的相关文献；另一方面是企业对外直接投资对企业绩效影响的相关文献。下面我们将就这两个方面分别进行文献综述。

3.5.1 中国企业对外直接投资绩效评价体系的构建

衡量中国企业对外直接投资绩效的常见指标大致可以分为财务指标和非财务指标这两大类，其中，财务指标通常从经济增加值、获利率和投资报酬率等方面衡量，而非财务绩效又通常从创新、出口、产出、生产率和就业等方面来衡量。一些学者构建了企业对外直接投资绩效的评价指标体系。例如：班博（2008）从微观层面对企业绩效的指标体系构建进行了分析，构建了两个二级指标（财务和非财务），利润增长率、营业额增长率等6个三级指标和境外市场占有率、国际多角化等28个四级指标。杨忠和张骁（2009）探究了企业国际化程度与绩效之间的关系，在企业绩效指标体系的构建上采用了主观绩效测量方式，从销量、收入、净收益和整体绩效4个财务维度进行衡量，并采用了克里特7点量表的方式，从1~7的表数增加表明越来越好。

当建立了企业对外直接投资绩效的评价体系之后，我们自然想要了解企业对外直接投资对企业绩效产生了何种影响。因此，接下来我们将梳理企业对外直接投资对企业绩效影响的相关文献。

3.5.2 中国企业对外直接投资绩效的研究

通过梳理相关文献，我们发现，中国企业对外直接投资对企业绩效的影响存在着不同的观点。大体上可以分为以下四种观点,即二者之间是正向关系、二者之间是负向关系、二者之间存在着非线性关系以及二者之间不存在关系。下面我们将从以下四个方面依次进行文献梳理。

3.5.2.1 正向关系

一些研究认为,中国企业对外直接投资和企业绩效是正向关系,他们的研究往往大多针对国际化的初始阶段。在开展对外直接投资时,企业做出的区位选择往往是出于理性,会选择无论是地理上、制度上(分为监管、规范和认知)还是文化上,均是与本国相似或相近的,可利好于自身的区域,故企业绩效会受到这一行为的积极影响。

赵世磊(2012)选择了 A 股 410 家上市公司进行深入研究,将对外直接投资程度从全球上的规模大小与国际上的协同配合能力大小两方面来衡量,在短期和长期上对企业绩效均具有正向显著影响。蒋冠宏和蒋殿春(2014)通过倍差法和数据匹配的方法也得出二者间的正向关系。陈叶婷等(2015)选取 2010～2013 年中国 A 股制造业上市企业来证明国际化发展提升了市场绩效。谭洪益(2015)根据 1994～2013 年上市公司对外直接投资的数据,通过事件研究法得出了二者之间的正向关系。邱立成等(2016)则通过成本加成率来衡量企业绩效,同样得到显著的正向关系。许芳媛(2018)从公司内部因素探讨企业对外直接投资与投资绩效之间的关系,基于 2010～2015 年中国上市公司对"一带一路"沿线国家对外直接投资的数据,从企业微观视角出发来探究,发现国际化程度与企业经济增加值(EVA)绩效呈正向相关关系,而公司治理结构也从不同角度对企业直接投资程度和经济增加值(EVA)绩效之间的关系产生影响。王微微、张鲁青(Wang W. and Zhang L.,2019)分析了不同地区对外直接投资对其绩效的影响,发现发展越好的地区,绩效水平也越高。钟鑫等(2021)检验了服务业对外直接投资对企业生产率的作用,发现生产性服务业对外直接投资显著促进企业生产率的提升,不过这种作用对生活性服务业企业生产率的影响不显著。王和齐(Wang X. T. and Qi Y. W.,2020)运用多元回归模型,分析制度距离对对外直接投资逆向技术溢出与企业创新绩效关系的适度影响。发现对外直接投资逆向技术溢出对创新绩效有显著的正向影响,且中国沿海地区的影响强于内陆地区。帕纳约蒂斯等(Panagiotis et al.,2018)通过中国新兴市场企业(EMEs)对外直接投资如何提高其子公司的创新绩效以及地理位置选择是否影响这种关系来探究这一问题，发现对外直接投资对中国新兴市场企业（EME$_s$）子公司的创新绩效呈显著正效应，当对外直接投资指向发达国家而不是新兴市场国家时，这一效应更强。宋（Song）、岳刚（Yuegang）、郝（Hao）、冯（Feng）、郝（Hao）、夏珍（Xiazhen）、戈兹戈（Gozgor）、吉雷（Giray）、宋岳刚等（Yuegang Song et. al.，2021）利用中国企业层面的数据，在经济政策不确定性（EPU）下做了相关研究，发现对外直接投资对绿色全要素生产率有积极的正效应。

3.5.2.2 负向关系

持负向关系看法的学者则是从企业进入新市场、新领域会面临诸多壁垒和不适应这一角度出发进行分析。例如，王国顺和胡莎（2006）选取中国329家制造业上市为样本，得出企业对外直接投资对企业绩效具有负向影响。刘彦（2011）在其对跨国并购与企业绩效的关系研究中，发现跨国并购与短期绩效存在正相关关系。但长期来看，两者关系由正转负。蔡灵莎等（2015）基于信息不对称和组织合法性两个研究视角，基于138家中国上市企业，同样得到二者的负向关系。

此外，还有学者研究了企业对外直接投资对企业创新绩效的影响。例如，吴冰阁等（2017）以2006~2013年主板上市的制造业企业为样本，揭示了中国企业在对外直接投资中，母国区域导向（即会着重考虑地理距离的影响进行区位选择）和市场地位导向（对新兴市场跨国企业而言主要寻求更有利于自身的市场）对企业创新绩效（用专利产出来衡量）具有显著的负向影响。吴崇和黄彩虹（2019）利用2003~2014年国制造业上市公司的对外直接投资数据，发现国有控股与早期国际化经验对企业创新绩效是不利的。

3.5.2.3 非线性关系

还有一些学者认为企业对外直接投资与企业绩效之间并非简单的线性关系，而是存在着非线性关系。具体来说可分为"U"型关系、倒"U"型关系和"M"型关系，接着我们将从这三个方面依次进行文献梳理。

"U"型关系被看作是由最初的"负向关系"会渐变为"正向关系"。持"U"型看法的人认为在经历了初始国际化低潮的适应期，随着企业知识储备和管理经验的日渐丰富，企业绩效而后受对外直接投资的影响由负转正，故常在研究中看见"门槛效应""拐点"一类的说法。

张晓涛和陈国媚（2017）选取了中国制造业上市公司 2010～2014 年的相关数据进行研究，发现国际化程度与企业绩效之间有着正"U"型的相关关系。常玉春（2011）采用境外利润为被解释变量以及境外资产存量为解释变量对 100 家大型国企研究后也发现，中国企业对外直接投资的绩效增长存在"门槛效应"，对外直接投资程度与企业绩效有着"U"型的非线性关系。曹荣鹏和衣长军（2014）针对我们企业 21 世纪第一个 10 年发生的对外直接投资事例进行研究，发现进行对外直接投资的企业短期内的财务绩效先降后升，但后升的幅度低于前降的幅度，提升过后的绩效仍低于投资前。

倒"U"型关系被认为是"正向关系"的进一步研究发现，它是指在经历了初始国际化战略的福利期后，因东道国政策支持和市场总量扩充等有利因素逐渐不再起主要作用，进一步提升国际化程度则需要在管理以及技术学习等方面下更多的功夫，故其后曲线由正转负，呈现出倒"U"型的特点。

左晓慧和李唯昊（2016）通过运用 DEA 法衡量企业并购后的经营绩效，结果表明：收购方的绩效在收购后先升后降，呈现倒"U"型。陈岩等（2014）研究结果可知，中国企业的国际化程度对其绩效也表现为倒"U"型的曲线关系。但又同时指出：两者之间的关系取决于企业多元化战略的选择以及资源基础，尤其是产品的多元化对二者之间的影响具有调节效应，若是有关产品的多元化，则为正向调节；若是无关产品的多元化，则是负向调节。

除此之外还有学者认为对外直接投资与企业绩效是更复杂的"M"型关系，例如曾德明（2016）等的研究提出了二者之间存在"M"型关系。他们利用 140 家国内汽车产业中小企业 2005～2009 年的面板数据，来说明企业绩效会随着国际化程度的不断加深经历四个阶段：（1）刚开始国际化的福利（正向影响）；（2）进一步国际化的负担（负向影响）；（3）产生规模经济（正向影响）；（4）过度国际化的困境（负向影响），表现出"M"型曲线的特征。

3.5.2.4 关系不显著

研究对象不同，研究方法研究所处的大环境不同，研究结果各有特色。在针对该领域的研究中，也出现了一些对外直接投资程度与企业绩效不显著关系的结论。

李泳（2009）选取 1996～2006 年中国企业对外直接投资的 1 206 个样本与国内投资的 10 000 个样本进行对比，研究发现，两组企业的绩效不管是在产出增长上还是在技术提升上，都没有显著差异。倪中新和花静云（2014）通过 DEA 方法测算，中国 A 股上市的 134 起国际化事件，发现对外直接投资对企业绩效的正向作用并不明显。

　　企业对外直接投资和企业绩效的关系，国内外学者都没有达成一致的结论，现有研究的结论主要可以分为三点：（1）对于二者所选取的研究样本和方法等均不同，因此各种看法都不太一样。（2）中国企业出海时间并不长，大多处于国际化的初级阶段，众多实证研究也表明，中国企业对外直接投资程度与企业绩效间呈现显著正相关的较多，也符合国际化初始为福利期的国际认同。（3）中国的发展程度较其他的发展中国家而言相对快速，和传统发达国家可能也有所不同，例如针对其中小企业的实证研究中，就出现了"M"型曲线。总而言之，针对该领域研究的道路上还有很多的未知可以探索。

本章参考文献

［1］Stephen Herbert Hymer. Internationalization of Domestic firms：a study on foreign direct investment，1960.

［2］Peter J. Buckley and Casson，M. The Future of the Multinational Enterprise，1991.

［3］Buckley，P. J. and Casson，M. The Internalization Theory of the Multinational Enterprise：Past，Present and Future. Brit J Manage，2020，31：239 - 252.

［4］Vernon，R. International investment and international trade in the product cycle. The Int. Exec. ，1966，8：16.

［5］Kiyoshi Kojima. The Eclectic Paradigm as an Envelop for Economics and Business Theories of MNCs Activity ［J］. International Business Review，2000.

［6］Dunning，J. H. Regional and multinational trade and economic activities：the eclectic theoretical approach to explore，1977.

［7］Dunning，J. H. Multinational enterprises and international production，1981.

［8］Lewis，W. Arthur，Economic Development with Unlimited Supplies of Labour. The Manchester School，1954，22：139 - 191.

［9］Wells，Louis T. Third World Multinationals，1983.

［10］S. Lall and Wiley. The New Multinationals：The Spread of Third World Enterprises，1983.

［11］Cantwell，J. & Tolentino，P. E. E. Technological accumulation and third world multinationals（No. 139）. University of Reading，Department of Economics，1990.

［12］Dunning，J. H. Explaining the orientation of international direct investment in different countries：a dynamic development path，1978.

［13］何其三. 投资要素组合论——关于发展中国家对外直接投资理论的探讨［J］. 国际经济合作，1990：12 – 15.

［14］Porter，M. Competitive Advantage of Nations. Comp. Int. Rev.，1990，1：14.

［15］田巍，余淼杰. 汇率变化，贸易服务与中国企业对外直接投资［J］. 世界经济，2017，40（11）：23 – 46.

［16］Liu，H. Y.，Tang，Y. K.，Chen，X. L. et al. The determinants of Chinese outward FDI in countries along "One Belt One Road"［J］. Emerging Markets Finance and Trade，2017，53（6）：1374 – 1387.

［17］陈琳，袁志刚和朱一帆. 人民币汇率波动如何影响中国企业的对外直接投资？［J］. 金融研究，2020，477（3）：21 – 38.

［18］王碧珺，李冉，张明. 成本压力、吸收能力与技术获取型 OFDI［J］. 世界经济，2018，41：99 – 123.

［19］Fan，H.，Lin，F. &Tang，L. Minimum wage and outward FDI from China［J］. Journal of Development Economics，2018，135：1 – 19.

［20］Chen，C.，Tian，W. &Yu，M. Outward FDI and domestic input distortions：Evidence from Chinese firms［J］. The Economic Journal，2019，129（624）：3025 – 3057.

［21］Kong，Q.，Peng，D.，Ruijia，Z. et al. Resource misallocation，production efficiency and outward foreign direct investment decisions of Chinese enterprises［J］. Research in International Business and Finance，2021，55：101343.

［22］Globerman，S.，Shapiro，D. Global Foreign Direct Investment Flows：The Role of Governance Infrastructure［J］. World Development，2002，30（11）：1899 – 1919.

［23］García‑Canal，E.，Guillén，M. F. Risk and the Strategy of Foreign Location Choice in Regulated Industries ［J］. Strategic Management Journal，2008，29（10）：1097‑1115.

［24］Sun，S. L.，Peng，M. W.，Lee，R. P. et al. Institutional Open Access at Home and Outward Internationalization ［J］. Journal of World Business，2015，50（1）：234‑246.

［25］Dau，L. A. Pro-market Reforms and Developing Country Multinational Corporations ［J］. Global Strategy Journal，2012，2（3）：262‑276.

［26］李新春，肖宵. 制度逃离还是创新驱动？——制度约束与民营企业的对外直接投资 ［J］. 管理世界，2017（10）：99‑112.

［27］Barnard，H.，Luiz，J. M. Escape FDI and the Dynamics of a Cumulative Process of Institutional Misalignment and Contestation：Stress，Strain and Failure ［J］. Journal of World Business，2018，53（5）：605‑619.

［28］Kong，Q.，Guo，R.，Wang，Y. et al. Home-country Environment and Firms' Outward Foreign Direct Investment Decision：Evidence from Chinese Firms ［J］. Economic Modelling，2020，85（2）：390‑399.

［29］Stoian，C.，Mohr，A. Outward Foreign Direct Investment from Emerging Economies：Escaping Home Country Regulative Voids ［J］. International Business Review，2016，2（4）：1124‑1135.

［30］杨柳，潘镇. 地区制度发展的动态变化与企业对外直接投资：来自中国上市公司的经验证据 ［J］. 世界经济研究，2020（4）：77‑94.

［31］Habib，M.，Zurawicki，L. Corruption and Foreign Direct Investment ［J］. Journal of International Business Studies，2002，33（2）：291‑307.

［32］刘晶，朱彩虹. 制度距离与南方国家对外直接投资区位选择——跨国实证分析 ［J］. 投资研究，2012，31（10）：51‑67.

［33］Trapczynski，P.，Ba Nalieva，E. R. Institutional Difference，Organizational Experience，and Foreign Affiliate Performance：Evidence from Polish Firms ［J］. Journal of World Business，2016，51（5）：826‑842.

［34］陈怀超，田晓煜，张月婷. 制度落差影响中国对外直接投资的不对称效应——基于扩展引力模型的实证分析 ［J］. 中央财经大学学报，2021（8）：111‑128.

［35］刘莉亚，何彦林，王照飞等. 融资约束会影响中国企业对外直

投资吗？——基于微观视角的理论和实证分析 [J]. 金融研究，2015 (8)：124-140.

[36] 严兵，张禹. 生产率、融资约束与对外直接投资 [J]. 世界经济研究，2016 (9)：86-96.

[37] 文雯，陈胤默，张晓亮等. CEO 股权激励能促进企业对外直接投资吗——基于企业异质性视角 [J]. 国际商务（对外经济贸易大学学报），2020 (5)：130-145.

[38] 田巍，余淼杰. 企业生产率和企业"走出去"对外直接投资：基于企业层面数据的实证研究 [J]. 经济学（季刊），2012，11 (2)：383-408.

[39] 龙婷，衣长军，李雪等. 股权集中度、机构投资者与企业对外直接投资决策——冗余资源的调节作用 [J]. 国际贸易问题，2019 (2)：133-148.

[40] 胡大猛，钟昌标，黄远浙. 政企关联真的有利于企业对外投资吗——基于社会资本和人力资本视角的解释 [J]. 国际贸易问题，2020 (6)：56-74.

[41] 余淼杰，高恺琳. 进口中间品和企业对外直接投资概率——来自中国企业的证据 [J]. 经济学（季刊），2021，21 (4)：1369-1390.

[42] Miller K. D. A Framework for Integrated Risk Management in International Business [J]. Journal of International Business Studies，1992，23 (2)：311-331.

[43] 王海军，郑少华. 主权债务风险与对外直接投资——来自中国的经验研究 [J]. 上海财经大学学报，2012，14 (6)：75-81.

[44] 王海军，高明. 国家经济风险与中国企业对外直接投资：基于结构效应的实证分析 [J]. 经济体制改革，2012 (2)：113-117.

[45] 张艳辉，杜念茹，李宗伟，石泉. 国家政治风险对我国对外直接投资的影响研究——来自 112 个国家的经验证据 [J]. 投资研究，2016，35 (2)：19-30.

[46] 韦军亮，陈漓高. 政治风险对中国对外直接投资的影响——基于动态面板模型的实证研究 [J]. 经济评论，2009 (4)：106-113.

[47] 陈伟，卢秀容. 东道国国家风险对 FDI 流入量影响显著吗？——来自 60 个国家的证据 [J]. 经济体制改革，2016 (2)：166-171.

［48］Cuervo‐Cazurra, A. Who Cares about Corruption? ［J］. Journal of International Business Studies, Vol. 37, No. 6, 2006, pp. 807 – 822.

［49］王永钦, 杜巨澜, 王凯. 中国对外直接投资区位选择的决定因素: 制度、税负和资源禀赋 ［J］. 经济研究, 2014, 49 (12): 126 –142.

［50］Buckley, P. J., Clegg, L. J., Cross, A. R., Liu, X., Voss, H. & Zheng, P. The Determinants of Chinese Outward Foreign Direct Investment ［J］. Journal of International Business Studies, Vol. 38, No. 4, 2007, pp. 499 –518.

［51］王泽宇, 刘刚, 梁晗. 中国企业对外投资选择的多样性及其绩效评价 ［J］. 中国工业经济, 2019 (3): 5 – 23.

［52］张明哲. "一带一路"数字经济对中国对外直接投资区位选择的影响研究 ［J］. 当代财经, 2022 (6): 111 –122.

［53］吴俊, 刘枚莲, 袁胜军, 徐正丽. 目标国营商环境对中国对外直接投资的促进效应与影响机理分析 ［J］. 世界经济研究, 2020 (12): 118 – 131.

［54］吕越, 陆毅, 吴嵩博, 王勇. "一带一路"倡议的对外投资促进效应——基于2005 ~2016 年中国企业绿地投资的双重差分检验 ［J］. 经济研究, 2019, 54 (9): 187 –202.

［55］班博, 任惠光. 中国企业对外直接投资的绩效评价体系研究 ［J］. 山东大学学报 (哲学社会科学版), 2008 (2): 104 –109.

［56］杨忠, 张骁. 企业国际化程度与绩效关系研究 ［J］. 经济研究, 2009, 4402: 32 –42, 67.

［57］赵世磊. 基于SEM 的企业国际化经营与绩效关系研究 ［J］. 经济理论与经济管理, 2012 (2): 97 –103.

［58］蒋冠宏, 蒋殿春. 中国对外投资的区位选择: 基于投资引力模型的面板数据检验 ［J］. 世界经济 2012 (9): 21 –40.

［59］陈叶婷, 张晓涛. 国际化、产品差异化对企业绩效的影响研究——基于我国上市制造业企业的证据 ［J］. 国际商务: 对外经济贸易大学学报, 2015 (4): 134 – 142.

［60］谭洪益. 我国上市公司跨国并购的财富效应研究 ［J］. 山东工商学院学报, 2015, 29 (6): 108 –112, 118.

［61］邱立成. 刘灿雷. 盛单. 中国企业对外直接投资与母公司经营绩效——基于成本加成率的考察 ［J］. 世界经济文汇, 2016 (5): 60 –75.

［62］许芳媛. OFDI 程度、公司治理结构与 EVA 绩效——基于中国上市公司对"一带一路"沿线国对外直接投资的数据［D］. 杭州：浙江财经大学，2018.

［63］Wang W. , Zhang L. Research on the Regional Difference of the Performance of China's Outward Foreign Direct Investment［C］//2nd International Seminar on Education Research and Social Science（ISERSS 2019）. Atlantis Press，2019：281 – 285.

［64］钟鑫，易文，郭宁. 服务业 OFDI 对企业生产率的影响［J］. 财经科学，2021（7）.

［65］Wang X. , Qi Y. The impact of institutional distance on innovation performance of OFDI enterprises：comparison of coastal and inland regions in China［J］. Journal of Coastal Research，2020，106（SI）：166 – 170.

［66］Panagiotis Piperopoulos. Jie Wu. Chengqi Wang. Outward FDI，location choices and innovation performance of emerging market enterprises. Research Policy. Volume 47，Issue 1，February 2018，Pages 232 – 240.

［67］Yuegang Song. Feng Hao. Xiazhen Hao. Giray Gozgor. Economic Policy Uncertainty，Outward Foreign Direct Investments，and Green Total Factor Productivity：Evidence from Firm – Level Data in China. Sustainability 2021，13：2339.

［68］王国顺，胡莎. 企业国际化与经营绩效：中国制造业上市公司的实证研究［J］. 系统工程，2006（12）：80 – 83.

［69］刘彦. 我国上市公司跨国并购绩效实证分析［J］. 商业研究，2011（6）：106 – 111.

［70］蔡灵莎，杜晓君，史艳华，齐朝顺. 外来者劣势、组织学习与对外直接投资绩效研究［J］. 管理科学. 2015，28（4）：36 – 45.

［71］吴冰闾，海峰，吴琪琦，游淑云. 母国区域导向、市场地位导向与企业绩效的关系研究［J］. 管理评论，2017，29（11）：62 – 73.

［72］吴崇，黄彩虹. 组织惯性两面性对 OFDI 企业创新绩效的影响——基于中国制造业上市公司的经验研究［J］. 科技进步与对策，2019，36（4）：106 – 115.

［73］张晓涛，陈国媚. 国际化程度、OFDI 区位分布对企业绩效的影响研究——基于我国 A 股上市制造业企业的证据［J］. 国际商务（对外经济贸易大学学报），2017（2）：72 – 85.

[74] 常玉春. 我国企业对外直接投资绩效的动态特征——以国有大型企业为例的实证分析 [J]. 财贸经济, 2011 (2): 87-94.

[75] 曹荣鹏, 衣长军. 企业对外直接投资微观绩效研究 [J]. 哈尔滨商业大学学报 (社会科学版), 2014 (6): 12-19.

[76] 左晓慧, 李唯昊. 中国企业跨国并购绩效的 DEA 实证分析 [J]. 经济问题, 2016 (10): 77-84.

[77] 陈岩, 蒋亦伟, 王锐. 产品多元化战略、企业资源异质性与国际化绩效: 对中国 2008~2011 年制造业上市公司的经验检验 [J]. 管理评论, 2014, 26 (12): 131-141.

[78] 曾德明, 苏亚, 万炜. 国际化程度和企业绩效 M 型曲线关系研究 [J]. 科学学与科学技术管理, 2016, 37 (4): 25-34.

[79] 李泳. 中国企业对外直接投资成效研究 [J]. 管理世界, 2009 (9): 34-43.

[80] 倪中新, 花静云. 我国企业的"走出去"战略成功吗? ——中国企业跨国并购绩效的测度及其影响因素的实证研究 [J]. 国际贸易问题, 2014 (8): 156-166.

第 4 章

中国资源能源类企业对外直接投资

自改革开放以来，中国对外开放取得了丰硕的成果，在全球对外直接投资日益获得突破性增长之后，中国对外直接投资也有了很快的增长。随着"走出去"战略及"一带一路"倡议的出台，中国对外直接投资规模不断扩大。但是，随着中国经济的飞速发展，国内的资源能源供给已严重不足，在此形势下中国资源能源类企业的对外直接投资区位不断扩大，资金规模不断扩张。

本章侧重于研究中国资源能源板块的对外投资情况，首先分析全球资源能源行业的对外投资发展情况，探索中国资源能源类企业的现状与特点，分析找出中国对外投资过程中存在的问题，然后通过案例分析，进一步为中国资源能源类企业对外直接投资提供战略发展经验。然后进一步探讨问题的对策以及中国资源能源类企业对外投资的发展趋势。这对于中国资源能源类企业的对外直接投资具有一定的参考意义，从而有助于推动中国整体对外直接投资实现高效能、高速度、高质量的发展。

4.1　全球资源能源行业发展现况特点及趋势

4.1.1　全球能源投资消费结构倾向于新能源和可再生能源

在全球能源投资结构中，煤炭、石油、天然气占主体地位，目前石油是全球投资额和消费额最大的能源种类，随着环保意识的加强和能源利用技术的进步，全球能源投资逐步倾向于新能源和可再生能源。

全球经济快速发展，煤炭、石油等高污染的化石能源消费迅速增长引发了全球气候变暖、碳循环非对称性等全球环境问题，世界各国试图对能源产业进行结构调整，如图 4 – 1 所示，2020 年石油、煤炭、天然气依旧占据能源消费的主体地位，石油、煤炭、天然气占所有能源种类超过 80%。其中，全球石油消费占比 31.2%，是全球最大的消费能源。

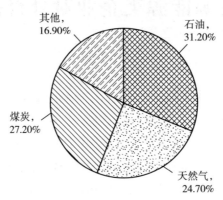

图 4 – 1　2020 年全球能源消费结构

资料来源：英国石油公司，前瞻产业研究院整理.

4.1.2　全球能源业对外直接投资总额占全球 GDP 比例逐步放缓

如图 4 – 2 所示，2014～2020 年全球能源业投资总额占全球 GDP 比例呈现逐步放缓趋势。2014～2017 年全球能源业投资总额呈缓慢下降的趋势，2015 年全球大幅度减少了对石油能源的投资，导致较 2014 年全球投资总额降低了 8%。2018 年又出现了能源投资反弹，但由于全球 GDP 大幅度增长，虽 2018 年全球能源投资额上升，但是表现在全球 GDP 占比上还是呈下降趋势。受疫情影响，全球投资收紧，能源效率投资也面临着困难的环境。2020 年全球能源投资也出现下滑，较 2019 年下降了 20%。

4.1.3　全球新能源投资总额上升但增速放缓

如图 4 – 3 所示，2004～2019 年世界新能源投资额总体呈现出浮动上升的趋势，但全球新能源投资总额增速呈现逐步放缓的趋势。2004～2007 年全球新能源投资发展迅速。2008 年金融危机，世界各国采取收缩性的投资政策，

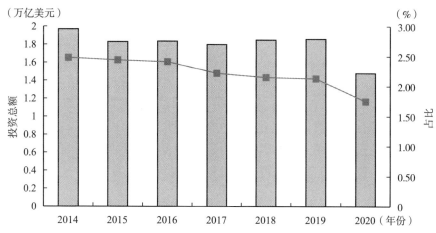

图 4 - 2　2014～2020 年全球能源业投资总额及全球 GDP 占比

资料来源：IEA. 2014～2020 年世界能源业投资报告.

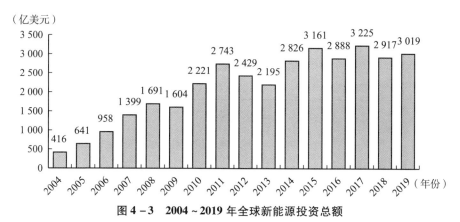

图 4 - 3　2004～2019 年全球新能源投资总额

资料来源：彭博新能源财经（BNEF），2020.

因此全球新能源投资增速降低，从投资总额上来看，全球对新能源的投资保持正增长。2009 年打破了从 2004 年以来全球新能源投资总额持续上升的趋势，投资额首次下滑，但是 2010 年又实现反弹。2012 年，欧洲债务危机一定程度上影响了全球对新能源投资总量。2014 年以后，全球新能源慢慢发展，进入了比较平稳的增长期。

4.1.4　全球新能源投资占比呈现波动式缓慢增长

如图 4 - 4 所示，2004～2007 年虽是全球能源业快速发展的时期，但由于这期间全球各行业总体投资总额也在快速增长，因此，2004～2007年全球新能源投资占全球投资总额比例并没有呈现出上升趋势。2007～2009年全球新能源投资快速增长，2009～2017年全球能源业投资比例呈现波动式缓慢增长的趋势，这说明新能源在全球投资中所占份额越来越大，2018年全球对外投资总量是2004年以来降幅最大的，很大原因是美国税制改革造成的，2018年全球新能源行业投资占比高达40.84%，说明美国的税制改革并没有对全球新能源行业投资造成太大的影响。由于2019年全球对外投资得到恢复，投资总额增加，所以新能源投资占全球投资总额在下降。

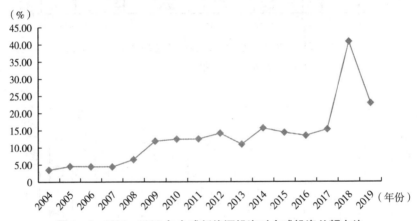

图4-4　2004～2009年全球新能源投资对全球投资总额占比

资料来源：世界银行.

4.1.5　全球石油总量2020年为升降折点并集中在中东及中南美洲地区

2020年全球能源业受挫，较2019年投资总额下降近20%，全球能源消耗下降4.5%。制约全球能源业发展的主要因素是石油需求的下降，而太阳能、风能和水力发电等新能源需求仍在增长，表现出强劲的生命力。从石油产量上看，在过去的11年间，全球石油消费量总体呈上升趋势，仅2009年和2020年石油产量出现了下滑，2009年石油产量同比下降了0.33%，产量下降的原因是金融危机的爆发导致石油需求降低，进而石油产量下降。2020年石油产量的下降主要是受疫情影响引起的。

截至2020年底，从图4-5可以看出，世界石油探明储量地区分布不均，

中东国家和中南美洲国家加起来的储量占据了世界总量的一半以上，尤其是
中东国家石油储量高达世界总量的 48%，这说明世界石油能源主要分布在中
东国家和中南美洲国家，而欧洲以及中国所属的亚太地区的石油资源与之相
比，就显得非常匮乏。

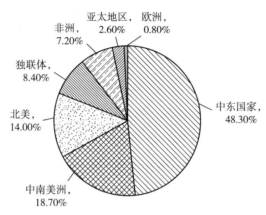

图 4 – 5　2020 年世界石油探明储量地区分布

资料来源：BP. 世界能源统计年鉴 2020.

4.1.6　以俄罗斯和美国为主的全球天然气产量有所缩减

从消费角度来看，尽管天然气需求的绝对水平有所下降，消费额也有所
下降，但在一次能源中，天然气所占份额呈上升趋势，2020 年达到份额峰值
24.7%。从产量角度来看，2020 年全球天然气产量缩减了 3.3%，降幅最大
的是俄罗斯和美国。

如图 4 – 6 所示，世界天然气分布特点与世界石油分布特点类似，世界天
然气探明储量地区分布不均，主要分布在中东国家，中东国家天然气储量占
世界天然气储量 48.3%，中南美国家和北美国家也有比较丰富的天然气能
源，然而，欧洲以及中国所属的亚太地区的天然气资源比较匮乏。

4.1.7　全球煤炭消费量部分国家呈上升态势但整体呈下降趋势

2020 年全球煤炭消费量整体呈下降趋势，但中国和马来西亚的煤炭消费
量不惧疫情影响仍然呈现出上升趋势。随之得到发展的是可再生能源发电，

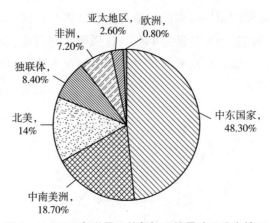

图 4 – 6   2020 年世界天然气探明储量地区分布情况

资料来源：BP. 世界能源统计年鉴 2020.

但是仅仅依靠可再生能源的强劲增长还不足以让煤炭从全球电力行业消失。从投资角度来看，中国和印度主导的亚洲的煤炭资源一定程度上决定了全球煤炭能源的投资情况。2020 年，当其他国家煤炭储量都大幅度下降时，中国和印度的煤炭投资额稳定。

2020 年，美国、俄罗斯、澳大利亚是世界煤炭分布的主要国家，并且大部分煤炭储量为无烟煤和沥青（70%）。由图 4 – 7 可知，世界煤炭储量呈现出地区分布不均的特点，煤炭分布以亚太地区和北美地区为主，亚太地区的世界煤炭储量占比高达 42.8%，是煤炭最丰富的地区。中东地区和中南美洲与之相比就显得煤炭储备非常匮乏。

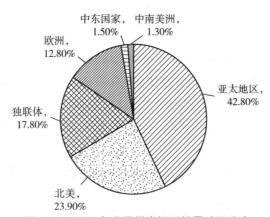

图 4 – 7   2020 年世界煤炭探明储量地区分布

资料来源：BP. 世界能源统计年鉴 2020.

4.1.8　全球资源能源呈现可再生化趋势

全球对可再生能源的投资增长，不断优化全球能源结构，但是，目前这些能源的开发还不能赶超石油等化石能源的规模。利用可再生能源前期需要投入高昂的建造成本，并且在技术层面上还不够成熟等原因，导致可再生能源的开发利用难以前行，但是，从长远的角度来看，随着全球各国不断进行技术创新，可再生能源替代高污染、高能耗的不可再生能源是大势所趋，国际能源组织（IEA）在 2020 年能源数据展望中预计可再生能源在未来 10 年内可满足全球 80% 的电力需求增长，并成为全球主要的发电方式。

4.1.9　全球可再生能源投资强劲

在新型冠状病毒严重阻碍全球能源业发展的现状下，煤炭、石油等全球能源投资大幅度下降，但可再生能源投资额呈增长趋势，可再生能源以其开发潜力巨大、清洁低碳、相对无污染等优点受到各个国家的广泛关注。可再生能源主导着新发电能力的资本流入，受疫情影响，这些投资在 2020 年依然强劲。2020 年，可再生能源在电力部门总支出（包括网络基础设施）中的占比在 45% 以上。根据世界经济论坛报告数据，随着全球能源技术的发展，开发可再生能源的成本下降，以光电和风电为例，每兆瓦光伏发电和风力发电成本分别从 2009 年 359 美元和 135 美元下降到 2019 年的 40 美元和 41 美元，其成本分别下降了 89% 和 70%，全球不断加大对可再生能源的投资。预计可再生能源投资将强劲并在 2021 年增加。

4.1.10　太阳能光伏成为新的电力供应之王

太阳能光伏发电作为一种成本低、效率高的新兴供电方式将有望成为新的电力供应之王，据国际能源署估计，自 2021 年后，太阳能光伏发电将成为一种趋势，每年持续正增长，这要归功于 130 多个国家的可用资源、不断下降的成本和政策支持。国际能源组织（IEA）对太阳能光伏融资成本的分析表明，尽管采取了货币政策措施，但经过多年的下降，2020 年资本加权平均成本略有上升。即便如此，政策支持框架使融资成本非常低，这就使新的太阳能光伏发电比当今许多国家（包括美国、欧盟、中国和印度）的煤电和燃气发电更具成本效益。

4.1.11 全球能源需求逐步好转

全球能源需求逐步好转，但各国恢复趋势和时间不同，发达经济体的能源使用在危机后略有增加，但想要完全恢复还需一段时间。而亚洲部分地区的能源使用则有所回升，这些地区在控制大方向方面已取得早期成功。对增长和能源消耗的负面影响在一些低收入国家持续时间最长，这些国家的政府无力缓解这一流行病的打击，能源获取和清洁烹饪的目标也有可能被推迟。全球能源结构将发生变化，可再生能源在大流行后的复苏中具有弹性并蓬勃发展，煤炭、石油等需求下降明显，仅略有反弹，然后稳步下降。受冲击最大的能源是石油，2020 年石油需求明显下降，但这种现象不一定是持久的，在没有政府重大政策变化和行为更迅速变化的前提下，全球石油需求和投资将有所好转。总体来说，全球能源需求将朝着好的一面发展。

4.2 中国资源能源类企业对外直接投资的现状与特点

2002 年"走出去"战略的实施，提升了中国对外开放的水平，拓宽国际贸易渠道，与更多国家建立了经济联系，这对于中国的跨国公司而言是一种必然选择。同时，改革开放之后中国经济高速发展，为对外直接投资打下良好的物质基础。"走出去"战略的实施大大提升了中国在国际市场上的地位及议价能力，中国参与对外直接投资活动中的企业越来越多；另外，2013 年习近平主席在出访期间，提出"一带一路"倡议，为中国的外贸经济发展提供了强有力的基础。特别是产能过剩问题尤为突出的资源能源类企业，电力、煤炭等领域急需开拓更广阔的市场。

在此背景下，中国资源能源企业对外直接投资的规模不断扩张，研究当下中国资源能源类企业对外直接投资的现状与特点，可为中国经济的进一步发展提供具有一定参考价值的文献。

4.2.1 对外直接投资总额呈波动式增长及占比总投资额下降态势

由图4-8、图4-9可以看出，2006年中国资源能源类企业对外直接投资额整体上涨，且占对外直接投资比例极高；从2014年开始直线下滑，并且资源能源类对外直接投资占对外直接投资的比例也大幅下降，为何出现这种情况，具体分析如下：

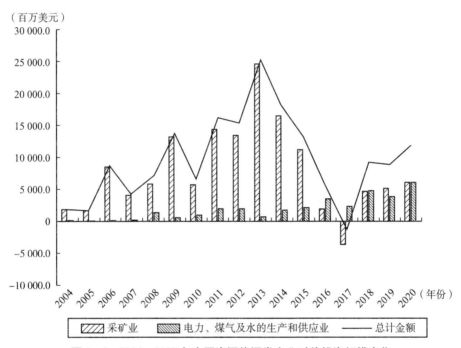

图4-8 2004~2020年中国资源能源类企业对外投资规模变化

资料来源：中华人民共和国商务部.

首先，党的十六大的召开确定"走出去"战略的实施，进一步提升了中国对外开放的水平，拓宽国际贸易渠道，与更多国家建立了经济联系，这对于中国的跨国公司而言是一种必然选择。同时，改革开放之后中国经济高速发展，为对外直接投资打下良好的物质基础。"走出去"战略的实施大大提升在国际市场上地位及议价能力，中国参与到对外直接投资活动中来的企业越来越多，最突出的一项即为资源能源类企业对外直接投资规模的大幅提升。

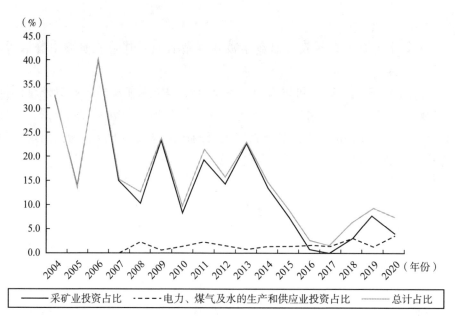

图 4－9 2004～2020 年中国资源能源类企业对外投资占比总对外投资比例变化

资料来源：中华人民共和国商务部.

其次，受 2008 年的金融危机影响，中国资源能源类企业的对外直接投资面临巨大挑战，但中国逆势跳转，2009 年采矿业对外直接投资占中国对外直接投资总量的 1/5，高达 133.4 亿美元，这一比例在 2006 年曾达到最高的 2/5。根据中国国情来看，有色金属、石油天然气、黑色金属等资源在中国相对稀缺，国内企业不得不加大对外投资的力度获取资源，因此中国的对外直接投资主要集中在这些领域。特别是经济危机后，为了回升中国的经济气象，此阶段成为国际大型资源扭转企业经营危机的良机，中国资源型企业大举走出国门进行扩张。

再次，2013 年习近平主席在出访期间，提出"一带一路"的倡议，为中国的外贸经济发展提供强有力的基础。在"一带一路"倡议的推动下，中国企业积极抓住政策契机"走出去"，增加各类资源与产品的出口，并同沿线国家一同分享中国改革开放 40 年的发展红利。特别是能源类企业，产能过剩问题尤为突出，电力、煤炭等急需开拓更广阔的市场。

最后，2017 年中国的采矿业对外直接投资下降，而电力及新能源（含水电）占比最多，这与近年来主要消费国"去煤化"等因素有密不可分的关系。由于二氧化碳的过度排放导致的雾霾天气引致了社会和个人的重点关注，而煤炭的消费正是导致二氧化碳大量排放的直接原因。因此"去煤化"亟须被执行在各国的外贸及投资中，新能源的使用与开发成为全球各国资源能源类企业对外直接投资的主要领域。在中国能源企业境外投资与建设中，油气行业仍居于能源类投资的首位，并且各类新能源的建投也在不断活跃。目前全球各国资源能源类企业对外直接投资的方向与转型改变都越来越明显，因此，"去煤化"政策的出台导致对外直接投资中煤炭份额的下降正是向新能源转型的映射。

由于中国经济的飞速发展，对资源与能源的需求也不断增加，国内的供给已严重不足，因此导致中国常用的能源与资源对外依存度非常高，必须通过从境外进口才能维持国内的正常需求。而世界战略资源的供应往往由境外资源巨头垄断，中国企业在购买时往往缺乏控制市场价格的能力，处于被动地位。因此，为了获取战略性资源能源，获取超额利润，中国资源能源企业对外直接投资逐步上升。

4.2.2 对外直接投资区位覆盖率持续攀升

实施"走出去"战略后，中国资源能源企业外直接投资的国家分布数量不断增加。从 2006 年的 15 个国家增加到 2016 年的 56 个国家，投资覆盖率也从 2006 年的 6.44% 增加到 2016 年的 24.03%。2005～2016 年中国能源类投资总额超过 200 亿美元的东道国有 6 个，这 6 个东道国的能源类投资总额约占全球总额的 1/3，分别为：巴西、加拿大、巴基斯坦、澳大利亚、俄罗斯、印度尼西亚（见表 4－1）。

表 4－1　　　　　　2005～2016 年中国能源企业主要投资国家　　　　单位：亿美元

国家	2005 年	2006 年	2007 年	2008 年	2009 年	2010 年
巴西	430	1 290	/	/	/	11 890
加拿大	250	/	/	/	1 740	6 360
巴基斯坦	490	/	150		600	2 960
澳大利亚	/	/	100	750	5 330	2 560
俄罗斯	/	3 990	/	/	300	530
印度尼西亚	860	1 310	2 480	1 260	230	830
哈萨克斯坦	4 200	1 910	1 310	250	3 540	730

续表

国家	2005 年	2006 年	2007 年	2008 年	2009 年	2010 年
伊拉克	/	/	1 080	/	8 580	/
美国	/	/	100	/	1 680	4 010
老挝	120	140	2 040	/	210	2 950
年份	2011	2012	2013	2014	2015	2016
巴西	4 800	1 490	1 780	1 500	4 790	12 090
加拿大	4 400	20 790	300	3 040	170	1 100
巴基斯坦	1 120	200	1 950	10 760	7 250	7 260
澳大利亚	8 750	4 280	4 620	3 570	2 200	1 410
俄罗斯	2 290	590	3 160	4 540	2 550	2 490
印度尼西亚	1 400	1 480	360	2 030	6 940	2 870
哈萨克斯坦	850	2 100	5 300	1 620	470	340
伊拉克	2 260	/	1 970	1 400	670	1 290
美国	200	3 380	3 270	860	2 850	150
老挝	/	740	1 330	250	2 870	4 900

资料来源：根据美国传统基金会和企业协会发布的中国对外投资追踪数据整理得出。

表 4 – 2 　　　　　　　　2005～2017 年中国在各地区能源投资区位分布

指标	区域			
	中东与北非	北美	南美	东亚
投资总额（亿美元）	684. 8	439. 8	847. 5	983. 6
占比（%）	10. 74	6. 9	13. 29	15. 43

指标	区域			
	西亚	澳洲	欧洲	撒哈拉以南非洲
投资总额（亿美元）	1 473. 8	364. 2	601. 7	813. 6
占比（%）	23. 11	5. 71	9. 44	12. 76

资料来源：根据美国传统基金会和企业协会发布的中国对外投资追踪数据整理得出。

　　首先，中国在 2005～2017 年对印度尼西亚和哈萨克斯坦每年都有进行投资，其他国家均有投资缺失的年份；对于总量而言，2005～2017 年对巴西的投资总额最多，对老挝投资的存量排到第 10 位，以伊拉克投资东道国的投资总额也超过排名第 9 位的美国。

其次，2004 年之前，对西方发达国家投资项目流向较少如表 4-2 所示，从 2005 年开始，中国能源企业尝试对美国、加拿大、澳大利亚等发达国家进行直接投资，至 2017 年，能源企业对外直接投资的范围扩大到全球，其中包括大多数资源较丰富的国家。

最后，从投资总体上看，目前已同中国签订"一带一路"合作协议的国家共有 136 个，2005~2017 年共与"一带一路"合作协议中 84 个国家签订 584 个项目，投资总额达 4 172.8 亿美元，占总投资额的 65.44%。2005~2017 年中国能源企业对"一带一路"的投资有明显增长趋势，从 2005 年的 81 亿美元增长到 2017 年的 416.6 亿美元，2013 年后投资额增速放缓。

4.2.3　投资主体以国有企业为主

目前，在中国对外直接投资的资源能源型企业大致分为三种：大型国有企业，股份制企业和民营企业。

其中，对于大型国有企业而言，国内金融行业对它的财政支持力度最大，因为大型国有企业是中国政府在矿产市场的代言人，通过对其提供资金支持，能够增加其对外直接投资成功的概率，从而获得国外资源，填充中国的资源储备。

股份制有限公司由于国内一些政策因素的限制，部分股份制公司尽管在行业中拥有良好口碑，但在其进行对外直接投资过程中所受金融机构的支持较少，只能靠单独的力量获取成功。不过因为股份制企业出自市场经济，其自身具有良好的市场意识，同时股份制企业在对外直接投资过程中能主动探究可行方法，探求成功途径。

资源型能源型企业近年来发展迅速，并得到政府的大力支持，并且由于民营企业相对特殊的性质和灵活的形态，民营企业的资源能源型对外直接投资正发挥着越来越重要的作用。在中国，民营企业大多投资于有色金属与黑色金属。其投资区域也较为宽泛，例如，矿产资源丰富的拉丁美洲、东南亚、中亚等国家。

中国大型的资源能源类企业大多为国家控股，并且进入门槛很高，尤其在这些大型企业日益壮大之后，股份制企业与民营企业很难进入。众所周知，中石油、中石化、中海油这三家资源巨头已经占据中国非金融类对外直接投资存量排行榜前三位多年。对于需要耗费巨资的对外直接投资行为，只有那些能够得到政府与金融机构支持的大型国有企业才能够做到。

4.2.4 投资区域日趋广泛并投资规模持续扩大

由于地缘政治的影响，中国的对外直接投资很难进入一些特定区域。例如美洲的矿产资源主要被美国控制，而俄罗斯也牢牢控制了自己国家的资源储备，能够被国际资本追逐的矿产主要位于中东、中亚和非洲等地。但在"走出去"战略的提出后，中国资源能源企业对外直接投资的规模得到扩展，区位也在不断扩大。例如，从2006年的15个国家增加到2016年的26个国家，并且未来的发展方向集中在亚洲。

在中国进入资源能源型投资领域之前，很多发达国家已将中东、拉丁美洲等具备丰厚资源的地区括入囊中，因此中国若想进入此领域分一杯羹，则需付出高额成本与代价。加之由于意识形态的冲突，国外企业对中国企业抛出橄榄枝的疑虑重重，中国企业更需以高昂的报价来获取合作方的青睐。在此情况下，中国资源型企业不得不以更高的成本价格取得优势，在并购中占取先机，由此导致并购所带来的经济效益不甚理想。

4.3 中国资源能源类企业对外直接投资存在的问题

虽然目前中国资源能源类企业对外直接投资额在逐年上升，其在全球能源资源对外投资占比逐渐增大，但不可否认的是，中国企业在海外投资的过程中遇到了许多方面的问题。

4.3.1 战略方面——投资模式亟须改进

新能源和煤炭发展遭遇"瓶颈"，能源投资模式亟须改进。

随着中国经济几十年来的快速发展，中国人民越来越多的生产生活所催生出的能源需求日益增加，中国能源消费结构也随之日趋清洁。因此，从技术进步、能源效率和国家调控三个主要角度推动可再生能源的快速发展，成为中国国家能源政策的主要内容。

在中国当前能源消费结构中，一些结构性问题一直影响着中国能源战略的制定，例如特别突出的太阳能产能过剩和能源出口依赖问题。一方面，国家对太阳能、锂电池等新能源企业源源不断的政策支持、资金支持，和对从事传统、落后、高污染能源的传统能源企业政策与资金借贷方面的不断限制，造成中国国内传统能源企业连年不断地限减产，并开始采取相关政策逐步淘汰落后、高耗能传统产业，这在很大程度上限制着人民群众对煤炭等能源的生活需求。另一方面，社会民间冗余的大量营利性闲置资金快速涌入市场，使得传统煤炭能源企业的投资建设过于超前，产能过剩现象十分严重。因此，中国的煤炭等传统能源行业几乎同时发生了产能过剩和消费动力不足的危机。

4.3.2 政策方面——对外投资政策体系有待健全完善

中国对外投资政策体系还存在着巨大的改善空间。

中国对外资源能源投资政策体系呈现出不完善、不健全的问题，这仍然影响着中国境外投资企业资源能源投资的经济效益，以下将从法律体系、管理体制、保险服务三个方面出发，分析中国对外资源能源投资政策体系的缺陷如何牵制着对外资源能源投资行业企业的发展。

首先，法律体系方面，中国外商投资法律体系还存在结构不完善、立法水平低、权威性不足等弊端。此外，中国的外商投资立法受众较为狭隘，主要针对的是国内资源能源对外投资企业，而外商投资的"走出去"的积极性却常常因在财税政策上很难得到相关政策和资金扶持上处于不可依靠的尴尬境地。

其次，在管理体制方面，由于中国没有国家层面的对外投资管理权威机构，无法对外商投资的领导、定位、范围、产业结构和战略等作出总体安排和协调。因此，在资源能源企业对外投资过程中经常出现"群龙无首"的局面。

再次，在保险服务方面，政府所提供的境外政治保险服务缺乏对境外资源能源投资的财税支持，只要目前还存在着这类问题，中国企业境外能源投资就一直会面临此类风险与挑战。

最后，基于目前所遇到的情况，中国目前亟须制定一套适用于境外资源能源投资行业企业的、涉及货币与金融政策两方面完整的规章制度条例，以充分保证中国企业在境外投资中的合法利益，并据此展现中国开放包容、互利共赢的外贸方针与公平正义、和平友好的国家形象。

4.3.3 外部环境方面——合理规避境外国际投资的壁垒

以美国为首的部分国家奉行贸易保护主义，中国对外投资遇到不容忽视的强大阻力。

总的来看，当前世界各国投资政策对于外国投资方面逐渐呈现出更加自由、便捷的特点。随之而来的，是世界各国政府对跨国投资管制越来越多的强调与重视。从中我们可以看出，世界各国推行的投资政策正呈现出两面性：一方面，形式上不断追求贸易投资的自由化、去政治化，进一步促进投资规模的增长；另一方面，在实质上不断强化对跨国投资的限制与打压，力图实现环保减排、消除贫困和维护本国战略安全等国内公共政策目标。这些管制与障碍，无疑扩大了中国企业在海外资源能源投资过程中遇到的风险，尤其是运作风险。

2009 年，出台加强外商投资控制新措施的国家足有 31 个之多，占政策措施总数的 30% 以上。以美国为首的部分国家出于霸权主义、贸易保护主义等政治原因，别有用心地在世界范围内鼓吹"中国威胁论"和"资源掠夺论"，以增加中国资源能源投资企业海外能源投资过程的不确定性，旨在减缓中国海外资产扩张的速度，以此达到打压、制裁中国的目的。

4.3.4 文化融合方面——海外并购中的文化与法规有效整合

中国企业海外并购后文化、法规整合问题。

海外投资企业的顺利并购，从总体上看，只不过是投资完成过程的一个环节，评价一项海外投资成功与否的关键，要看并购结束后的整个部门运营状况能否达到企业利益要求、公司整体经营情况能否达到整个集团的利益要求。纵然中国企业在获取海外资源能源专利技术、品牌商标或市场份额等并购活动方面的并购交易能做到得心应手的程度，而中国资源能源对外投资行业企业获取资源能源的并购整合重组交易更为容易。但值得注意的是，随着中国企业并购所带来的文化、法规方面整合重组的重要性也不容小觑，需要采取相应的措施予以妥善解决。

由于中外企业有着几乎截然不同的企业文化，因此并购完成后还存在一个文化理念相互渗透、相互磨合的漫长过程。因此，如何在公平的合作协议中贯彻实施充分有效的决策程序，如何从少数股东权益中为企业创造更多的价值，如何应对管理更复杂的公司缺乏相关经验等问题，都是目前中国资源能源类企业对外投资过程中所面临的挑战。

4.3.5 风险管理方面——完善法律机制和保险机制规避可能的政治风险

中国的现行法律机制不足以防范化解海外并购过程中所面临的政治风险。

在当前中国资源能源行业企业境外投资过程中，一直存在着诸多难以预防控制的风险，政治风险便是其中之一，是中国企业境外投资过程中不得不面临的风险，而这类风险可以通过完善的法律机制与保险机制来避免或转嫁出去，中国企业的海外并购的时期并不算长，因此，其模式与经验还处于较为初级的阶段，很多法律法规与保险机制还未建立健全，因此仍然需要格外关注这方面的问题。而中国海外投资所面临的政治风险具体可以分为以下三类：

4.3.5.1 市场准入

根据中国企业海外并购的情况，其他国家安全审查是中国对外能源投资企业所面临的最高的市场准入风险。而国有企业，毫无疑问，是中国参与海外投资的主体，所以中国的国有企业必然就成为东道国进行国家安全审查的重点目标。从表面上看，国家安全审查的主要原因是保证其投资行为的纯粹、不附带政治目的。然而，国家安全审查本质上就是东道国实施投资限制的主要政治手段。据不完全统计，从 2005～2014 年，中国海外资源能源对外投资累计有超过 800 亿美元的项目投资因受到其他国家的国家安全审查和反垄断调查等行政干扰而导致并购交易的中断与流产，可见市场准入风险对中国海外投资发展的影响力之大。

在应对市场准入风险方面，目前中国政策与法律体系的发挥只能说是"心有余而力不足"，仍然面临着如下诸多问题：针对性不足的国际双边或多边投资保护协定，有待建立健全的双边或多边贸易交流合作机制，有待提高对东道国政策与市场调整的风险防范力度等。

4.3.5.2　技术壁垒

能源行业属于国家敏感行业，因此投资限制较多，并且在中国的资源能源对外投资中国企占据主导地位，说明政府的干预对资源能源行业的投资发展有重大而深远的影响。资源能源行业的投资活动会引起东道国政府诸多的能源安全担忧，进而引发更多的政府干涉行为和法律变更，最终对中国的资源能源扩张设置更多的壁垒。

世界能源技术革命对化石能源的冲击也是能源投资的重要外部风险（国家电网，2016）。风能和光伏发电成本的快速下降使得全球新能源的产量迅速增长，而世界范围内对低碳能源的倡导以及新能源汽车的兴起也促进了新能源需求的增长，这会对化石能源市场产生深远而剧烈的冲击，而中国大部分参与资源能源海外并购的企业都是化石能源等传统能源企业。而这更是对中国海外资源能源投资形成了一道获取传统化石能源的技术壁垒。

4.3.5.3　金融管制

目前，世界石油等能源市场仍然以美元作为主要流通货币进行交易和结算的，这一情况在"一带一路"沿线国家中显得尤为突出，其中大部分都使用美元进行外汇的交易结算，所以中国的海外资源能源投资还将面临两种形式的外汇风险，即人民币与美元的汇率变动风险和美元与东道国货币的汇率变动风险。就应对金融管制风险而言，中国货币政策方面还存在着一定的缺陷：一是亟待提高的外汇管理能力；二是急需补充的用以支持资源能源行业发展建设的资金准备。

中国管理对外资源能源投资与贸易的部门是商务部，负责预警海外投资中经常发生的政治风险，其发布的一系列国别投资经营障碍报告，起风险揭示和预警的作用，对中国企业海外投资并购有着重要的作用，但对于纷繁复杂的政治风险，实效性则相当有限。

总的来说，对于以上三种常见的政治风险类型，目前中国仍然缺乏行之有效的法律机制予以防范。而对于如何应对、处理政治风险，毫无疑问，最立竿见影、行之有效的投资保护方式便是尽快建立海外投资保险制度，但就目前的发展状况来看，在海外投资保险制度建设方面，中国仍需要加大建设力度，并根据实际需要尽快予以完善。

4.4 中国资源能源类企业对外直接投资案例分析

4.4.1 基于典型地区的案例分析

4.4.1.1 数据收集与研究对象选择[①]

本部分主要根据资讯行、清科数据库，手动收集和整理。2012 年 1 月至 2021 年 8 月，对披露的能源资源类对外投资的系统数据进行比较研究，符合条件的案例共 75 个，其中投资频数较多的是北美洲 16 起、大洋洲 15 起、亚洲 15 起，较少的是欧洲 8 起。投资金额最多的是北美洲 1 045.483 亿美元，最低的是非洲 173.672 亿美元；投资失败率较高的是非洲 30%，成功率较高的是拉丁美洲和欧洲。

组织控制方式以股权控制为主，契约控制为辅，但没有采用绿地投资方式。下面基于经济、文化差异和案例特点，分为大洋洲、北美洲、非洲、亚洲、欧洲以及拉丁美洲六大地区来阐述。

4.4.1.2 案例比较分析

1. 对非洲的境外投资

近十年来，中国对非洲的能源投资发展势头良好。非洲的能源非常丰富，是中国长期的战略发展地区。中国政府与非洲 23 个国家签订了投资—贷款协议，将投资主体从政府转向企业。在国家政策高度支持以及当地继续投资机遇的情况下，非洲成为中国企业境外能源资源投资的主要目的地，投资重点定在石油、采矿、林业等领域。

表 4-3 所示，2012 年 1 月至 2020 年 8 月，共有 10 起规模以上对非洲的投资案例，其中，6 起对外直接投资的案例是以战略联盟的形式，4 起为股权并购方式。在 3 起失败案例中，投资主体都为中央企业，涉及金额偏大，其中股权并购方式 1 起，占比 25%；战略联盟方式 2 起，占比 33.3%。

---

① 资讯行、清科数据库。

表 4 - 3 2012 年以来中国在非洲地区的投资案例

年份	投资主体	投资对象	金额（亿元）	结果	投资方式	组织控制
2012	中石化	尼日利亚 Stubb Creek 边际油田	1.5	成功	股权并购	等级制
2015	中石油	加拿大叙利亚幼发拉底石油公司	10	成功	战略联盟	契约制
2016	中海油	尼日利亚 AKPO 油田	22.68	成功	股权并购	等级制
2016	中海油	尼日尔三角洲	40	成功	战略联盟	契约制
2016	中石化	安哥拉三个深水石油区块	6.92	成功	战略联盟	契约制
2019	中石油	并购加拿大在利比亚石油资产	4.99 亿加元	失败	股权并购	等级制
2019	中石化、中海油	马拉松安哥拉公司	13	失败	战略联盟	契约制
2020	中海油	加纳 Jubilee 油田	50	失败	战略联盟	契约制
2020	中石化	安哥拉 SSI 公司	24.57	成功	股权并购	等级制
2020	山东钢铁集团	非洲矿业公司	15	成功	战略联盟	契约制

资料来源：资讯行．清科数据库．

上述结果表明：其一，在非洲的境外投资中，中国投资主体偏向采用契约制控制，但其失败率也相对较高。其二，企业主体无论采取何种组织控制方式，都需要考虑投资东道国非洲地区复杂的国际经营环境，如中石油以股权并购方式收购加拿大在利比亚的石油资产失败，主要原因是利比亚政府未批准；中海油、中石油联合收购马拉松安哥拉油田项目最终失败，也是未能获得政府以及监管机构的批准。其三，在竞购股权时，中方需要拥有相对控股权。例如，中海油联合加纳国家石油公司出价 50 亿美元，虽然出价高于竞争对手，但竞购加纳 Jubilee 油田 23.5% 的股权却失败。究其主要原因，这部分股权是由美国能源公司 Kosmos Energy LLC 所持，加纳资产远多于竞购价格，中方未拥有控股权。

2. 对大洋洲的境外投资

表 4 - 4 结果表明：其一，在大洋洲的境外投资中，中方偏向采用等级制控制，而采用契约制的失败率较高。其二，采股权并购方式时，需要策略考虑合资、独资与控制权的权衡。独资收购虽然有利于中方掌握控制权，有效规避国际经营风险，但由于中国收购主体企业多为央企，在股权并购中以独

资方式进行收购，东道国会敏感地认为其包含国家利益成分，结果导致并购失败。其三，对外直接投资过程中，比企业股权控制更重要的是企业自身能力和国际话语权。在股权并购失败案例中，2009 年中铝注资澳力拓失败是最大的一起，金额高达 195 亿美元。从表面上看，中铝入股澳力拓的失败是由于力拓股东认为其包含国家利益成分；实际上，其根本原因在于铁矿石价格上涨、这必然引起和力拓的激烈竞争，中国企业受自身水平限制，无力反抗，而且在国际竞争中缺乏话语权。

表 4－4　　　　　　　　2018 年以来中国在大洋洲的投资案例

年份	投资主体	对象	金额	结果	投资方式	组织控制
2018	首钢集团	澳吉布森山铁矿公司	2.3 亿美元	失败	股权并购	等级制
2018	中金岭南	澳大利亚先驱资源公司	5 亿美元	失败	战略联盟	契约制
2018	中钢集团	澳 Midwest 公司	13 亿美元	成功	股权并购	等级制
2019	中色	澳稀土矿业公司	未公布	失败	股权并购	等级制
2019	中铝	澳大利亚力拓	195 亿美元	失败	股权并购	等级制
2019	湖南华菱	澳大利亚 FGM 公司	6 亿美元	成功	股权并购	等级制
2019	鞍钢	澳大利亚金达必公司	1.6206 亿澳元	成功	股权并购	等级制
2019	四川汉龙	澳大利亚 Moly Mines Ltd	2 亿美元	成功	股权并购	等级制
2019	五矿	澳 OZ Minerals 矿业公司	12.06 亿美元	成功	股权并购	等级制
2020	兖州煤业	澳菲利克斯资源公司	189.51 亿元	成功	股权并购	等级制
2020	中石油	澳洲壳牌公司	35 亿澳元	成功	战略联盟	契约制
2020	中金岭南	全球星矿业	1.84 亿加元	成功	股权并购	等级制
2021	中石化	澳太平洋液化天然气有限公司	17.65 亿美元	成功	股权并购	等级制
2021	兖州煤业	澳格罗斯特煤炭有限公司	7 亿澳元	成功	股权并购	等级制
2022	紫金矿业	澳大利亚诺顿金田	4 亿元	成功	股权并购	等级制

资料来源：资讯行. 清科数据库.

3. 对北美洲的境外投资

中国对北美洲的投资以加拿大、美国两国的矿产和石油资源为主，项目较大，金额较多。2014 年以来，投资总额高达 1 045.483 亿美元，投资主体以中石化、中海油、中石油、吉恩等权威中央企业为主。表4-5所示，样本期间，共有17起规模以上的投资案例，其中5起是以战略联盟方式，其余12起都是以股权并购方式。在4起失败案例中，投资主体都为中央企业，其中股权并购方式3起，占其投资方式比重达25%；战略联盟方式1起，占其投资方式比重达20%。

表4-5 2014 年来中国在北美洲地区的投资案例

年份	投资主体	投资对象	投资金额	结果	投资方式	组织控制
2014	五矿	加拿大诺兰达	60 亿元	失败	股权并购	等级制
2015	中海油	美国优尼科石油公司	185 亿美元	失败	股权并购	等级制
2018	中石化	加拿大石油公司 Tanganyika Oil	17 亿美元	成功	股权并购	等级制
2019	吉恩镍业	加拿大皇家矿业	未知	成功	战略联盟	契约制
2019	中石油	加拿大 MacKay River 和 Dover 油砂项目	116.11 亿元	成功	股权并购	等级制
2019	铜陵有色	加拿大考伦特资源公司	44.11 亿元	成功	战略联盟	契约制
2019	中石油	加拿大 Verenex 能源公司	4.99 亿加元	失败	股权并购	等级制
2020	中化集团	加拿大钾肥公司	500 亿美元	失败	战略联盟	契约制
2020	中投	加拿大重油资源	12.52 亿加元	成功	战略联盟	契约制
2020	中石化	美国康菲加拿大 Syncrude	46.5 亿美元	成功	股权并购	等级制
2020	中海油	美国切萨皮克能源公司	10.8 亿美元	成功	战略联盟	契约制
2021	中海油	加拿大 OPTI	21 亿美元	成功	股权并购	等级制
2021	中石化	加拿大 Daylight 能源公司	22 亿加元	成功	股权并购	等级制
2022	中石化	美国 Devon 公司	24.4 亿美元	成功	股权并购	等级制
2022	吉恩镍业	加拿大 GBK 公司	1 亿加元	成功	股权并购	等级制
2022	中石化	加拿大塔里斯曼能源公司	15 亿美元	未知	股权并购	等级制
2022	中海洋	加拿大能源企业尼克森（Nexen）	151 亿美元	成功	股权并购	等级制

资料来源：资讯行. 清科数据库.

表4-5 表明：其一，在北美洲的境外投资中，中方偏向采用股权并购方式，以等级制控制为主，失败率也较高。其二，采取股权并购方式时，不仅

需要策略考虑合资、独资与控制权的权衡，而且需要考虑复杂的国际经营环境。五矿集团收购加拿大诺兰达 100% 股权失败，既受困于加拿大投资法，也与当地工会认为独资并购会冲击本国利益和劳工利益密切相关。同样，中海油股权并购美国优尼科石油公司失败，与中海油收购资金中有 60 亿美元工商银行的贷款有关，被东道国认为该并购行为偏离了商业行为，包含国家利益成分。因此我们在选择投资、融资方式时，适当与东道国采取合资方式，或与东道国实力企业进行战略联盟方式，能够有效规避并购风险和经营风险。其三，在 4 起失败案例中，除了企业股权结构涉及敏感因素、收购价格高涨且中方缺乏国际话语权外，构建境外投资支持体系也是一个重要因素。中化集团并购加拿大钾肥公司失败，其中主要原因是资金不足，国内资金无法支援，也凸显了支持境外投融资体制的漏洞。

4. 对亚洲的境外投资

亚洲地区矿产资源丰富且较为集中，是中国非金融类（主要是矿产）对外直接投资的最大目的地，也是中国境外能源资源投资最具有优势的地区。中国在亚洲的能源资源投资地以中东石油为主，投资主体以中石油、中石化、国家电网等大型央企为主。如表 4-6 所示，2013 年 1 月至 2021 年 8 月，共有 14 起规模以上的投资案例，投资总额达 362.985 亿美元。

表 4-6   2013 年以来中国在亚洲地区的投资案例

年份	投资主体	投资对象	投资金额	结果	投资方式	组织控制
2013	中海油	英国天然气在哈萨克斯坦资产	6.15 亿美元	失败	股权并购	等级制
2014	中化	韩国仁川炼油公司	5.6 亿美元	失败	股权并购	等级制
2015	中石化	美第一国际在哈资产	1.53 亿美元	成功	股权并购	等级制
2015	中石油	哈萨克斯坦 PK 石油公司	41.8 亿美元	成功	股权并购	等级制
2016	中铝	越南越煤集团	未知	成功	战略联盟	契约制
2016	滦河实业	朝鲜惠山青年铜矿	8.9 亿美元	未知	战略联盟	契约制
2017	国家电网	菲律宾电网	116 亿元	成功	战略联盟	契约制
2018	中五矿	俄罗斯车里雅宾斯钢厂	2.9 亿美元	成功	战略联盟	契约制
2019	中石油	新加坡吉宝集团	未知	成功	股权并购	等级制
2019	中石油	荷兰位于哈萨克斯坦资产	50 亿美元	成功	战略联盟	契约制

年份	投资主体	投资对象	投资金额	结果	投资方式	组织控制
2019	中石油	伊拉克南部的鲁迈拉油田	未知	成功	战略联盟	契约制
2020	中石油	伊拉克哈法亚油田服务项目	未知	成功	战略联盟	契约制
2021	中石化	中国燃气	167亿港元	失败	战略联盟	奖约制
2021	中神华	蒙古塔本陶盖煤田	7亿美元	成功	股权并购	等级制

资料来源：资讯行．清科数据库．

表 4-6 表明：其一，从组织方式看，有 6 起是以股权并购的方式，占其投资方式比重达 43%；其余有 8 起对外直接投资是以战略联盟的方式，占其投资方式比重达 57%。这表明在亚洲的境外投资中，中方偏向采用战略联盟方式，即以契约制控制为主。其二，从投资结果看，有 3 起失败案例，2 起未披露，余下 9 起为成功案例，表明与前三大地区相比，投资失败比率相对较低。其三，以并购的方式独资进行收购，承担的风险更大，需要策略考虑合资、独资与控制权的权衡。在 3 起失败案例中，有 2 起为股权并购方式，如中化集团欲借助海外市场来完善自身的产业链，斥资 5.6 亿美元独资收购韩国仁川炼油公司；花旗银行海外公司提出比我方高 2 亿美元的价格导致我方投资失败，其原因除了石油价格的提高因素外，与中方欲以独资收购方式、难以及时规避风险直接相关。其四，3 起失败案例表明，除中方偏好采用独资的股权并购方式是导致投资失败的原因外，实际上，其内在原因在于面对国际市场的激烈竞争，中国企业受自身水平限制，无力反抗，在国际竞争中缺乏话语权。例如花旗银行海外公司提出比我方高 2 亿美元的价格导致失败，以及 2013 年中海油收购天然气在哈萨克斯坦项目以失败告终，都表明在境外进行投资过程中，比企业股权控制更重要的是企业自身能力和国际话语权。

5. 对欧洲的境外投资

中国对欧洲的能源资源投资主要发生在 2013 年后。欧洲是近几年来较为活跃的地区，目前，中国对其规模以上投资总额达 343.299 亿美元，与亚洲投资额相当。投资主体主要有三大石油公司和中铝矿产等央企公司。如表 4-7 所示，2013 年 1 月至 2022 年 2 月，共有 8 起规模以上的投资案例，其中只有 2 起是以战略联盟的方式，其余 6 起都是以股权并购的方式。和其他地区相比较，投资成功较高，目前还没有出现投资失败案例。

表 4 - 7　　　　　2013 年以来中国在欧洲地区的投资案例

年份	投资主体	投资对象	投资金额	结果	投资方式	组织控制
2018	中铝	西班牙力拓	140.5 亿美元	成功	战略联盟	契约制
2018	五矿	德国 HPTec	未知	成功	股权并购	等级制
2018	中海油	挪威 Awilco 公司	171 亿美元	成功	股权并购	等级制
2018	中海油	挪威海上钻井公司	25 亿美元	成功	股权并购	等级制
2019	中石化	瑞士 Addax 公司	72.4 亿美元	成功	股权并购	等级制
2021	中投	法国燃气苏伊士集团	32.4 亿美元	成功	股权并购	等级制
2021	中石油	苏格兰炼油厂	10.15 亿美元	成功	战略联盟	契约制
2021	中长江	葡萄牙电力公司	26.9 亿欧元	成功	股权并购	等级制

资料来源：笔者根据资讯行、清科数据库整理而得。

表 4 - 7 结果表明：其一，在欧洲这样市场化程度较高的国家进行境外投资时，偏向采用股权并购方式，即等级制的组织控制较为有效，可充分利用企业所有权控制来规避经营风险。其二，从对欧洲的成功案例中发现，中国企业吸取在其他地区投资的教训，采取战略联盟的投资策略，也顺势提升了并购的成功率。对部分难度较大的项目，中国都选择具有相对规模实力的企业进行联盟，分担风险。2018 年中国铝业通过新加坡全资子公司联合美国铝业获得了西班牙力拓的英国上市公司 12% 现有股份，投资 140.5 亿美元。这笔交易是中国在欧洲资源投资至今最大的一笔交易。中石油与英力士成立合资公司对苏格兰炼油厂进行了 10.15 亿美元的投资，这也充分证实战略联盟投资稳定的势头。

值得注意的是，目前虽然还没有出现投资失败案例，但这并不代表中国企业在欧洲地区能源资源类投资的稳定发展，今后可以适当采用战略联盟的投资方式，即契约控制来降低经营风险。

6. 对拉丁美洲的境外投资

拉丁美洲与中国具有较大文化差异，其民族保护主义意识较强，但经济互补性强，双边贸易发展较快。中国对拉丁美洲的投资大多在矿产资源开发和输电领域。2013 年以来，规模以上投资总额达 215.676 亿美元，投资主体主要有中石化（3 起）、五矿（2 起）、国电（1 起）等。如表 4 - 8 所示，2013 年 1 月至 2022 年 2 月，共有 11 起规模以上投资案例，其中 4 起是以战略联盟的方式，4 起是以股权并购的方式，3 起结合采用股权并购与战略联盟两种方式。和其他地区相比较，中国在拉美地区的资源开发投资非常成功，目前还没有出现投资失败案例。

表 4 - 8   2013 年以来中国在拉丁美洲地区的投资案例

年份	投资主体	投资对象	投资金额	结果	投资方式	组织控制
2015	中石油、中石化	加拿大石油公司厄瓜多尔资产	14.2 亿美元	成功	战略联盟	契约制
2018	五矿、江西铜业	北秘鲁铜业股份公司	4.55 亿加元	成功	战略联盟	混合制
2018	五矿	巴西 COSIPAR 公司	3 亿元	成功	战略联盟	契约制
2019	顺德日新	智利铁矿	150 亿元	成功	股权并购	混合制
2019	铜陵有色	加拿大考伦特资源公司	44.11 亿元	成功	战略联盟	混合制
2020	中海油	阿根廷石油公司 BEH	31 亿美元	成功	战略联盟	契约制
2020	中石化	雷普索尔巴西公司	71 亿美元	成功	股权并购	等级制
2020	国家电网	巴西 7 家输电特许权公司	9.89 亿美元	成功	股权并购	等级制
2021	中石化	葡萄牙高普（Galp）巴西公司	未知	成功	股权并购	等级制
2022	中石化	巴西国家石油公司 Petro-bras	45 亿美元	成功	战略联盟	契约制
2022	中石化	西班牙 ACS 集团巴西输电权	9.42 亿美元	成功	战略联盟	混合制

资料来源：资讯行. 清科数据库.

表 4 - 8 结果表明：其一，在拉丁美洲的境外投资中，中国混合采用股权并购与战略联盟两种投资方式，即组合选择等级制和契约制的组织控制，一定程度上可规避不确定风险，提高投资成功比率。其二，从对拉美投资的成功案例中发现，对拉美的资源投资涉及金额除了 2020 年中石化并购投资的 71 亿美元较高外，其他投资金额偏小；在拉美的投资主体也实现了多元化，顺德日新、铜陵有色为集团股份有限公司，均为非国家标志企业。其三，在股权控制中注重采用战略联盟的投资方式。在 11 起投资案例中，只有 3 起单独采用了股权并购方式，而且是以经营特许权、许可证的收益方式和参股方

式进行，如国家电网投资 9.89 亿美元，购得巴西 7 家输电公司及其输电资产 30 年经营特许权；中石化认购雷普索尔巴西公司的新增股份，认购后的股份比例只有 40%，而且在股权收购完成后，双方成立价值 177.73 亿美元的合资公司，在某种意义上也是一种战略联盟。

4.4.1.3 借鉴与启示

1. 境外投资方式上的异同

在境外投资方式选择上，中国主要采用股权并购和战略联盟两种方式，几乎没有采用绿地投资方式，这在一定程度上说明中国拥有的企业所有权优势不足。反观日本，一般是实力强的投资者选择绿地投资的方式进入外国市场，实力较弱的投资者选择并购的方式进入外国市场。

2. 组织模式的差异性对投资的影响

在境外投资方式、组织控制与投资成功比率之间确实存在一定的规律性。一般地，在市场化程度较高的国家或地区，偏向采用股权并购方式，即等级制的组织控制较为有效；而在地域或文化融合优势的国家或地区，偏向采用战略联盟方式，即契约制的组织控制较为有效；在经贸关系友好但文化差异较大的国家或地区，组合选择等级制和契约制的组织控制，这在一定程度上可规避不确定风险，提高投资成功比率。

3. 股权并购

境外能源资源投资偏向采用独资模式的股权并购，即更倾向于获得绝对控制权，这是导致大洋洲和北美洲等地区投资失败率较高的一个重要原因。实际上，控股不一定要拥有绝对控制权，但拥有一定的控制权一定得通过企业关系协调与其他企业的投资合作行为，因此在能源资源境外并购中，更要注重拥有剩余控制权而不是形式上的所有权。

4. 组织控制模式平衡

企业理性选择境外投资的组织控制方式，尤其是采用股权并购方式时，需要策略考虑合资、独资与控制权的权衡。独资收购虽然有利于中方掌握控制权，有效规避国际经营风险，但由于中国收购主体企业多为央企，东道国会敏感地认为其包含国家利益成分，结果导致并购失败。相反，在股权控制中注重采用战略联盟的投资方式，或者注重拥有相对控股权（剩余控制权）而不是独资权，更能提高并购成功率。实际上，在境外投资初期，企业应重视合作与联盟，考虑采取组合方式进行投资，如以股权并购为主，辅助与东道国合资方式，或与东道国实力企业进行战略联盟方式进行，能够有效规避并购风险和经营风险。

5. 加快培育能源资源企业的所有权优势

当前，政府适时提供一揽子扶持政策，大力支持境外投资体系建设，是必要且有益的。根本性的扶持应该是引导有为企业苦练内功、不贪图大，这是企业走向全球竞争赢家的必要前提。

6. 构建起境外生产经营体系的整合竞合组织机制

政府相关部门要积极扶持、督促投资企业通过有效行使企业所有权、网络进入权和价值链分解权的组织机制，担当起境外生产经营体系的有效调控者，解决境外并购后的企业整合竞合行为，协调跨国经营业务，控制境外加工生产良性运行。

7. 要构建起东道国伙伴努力合作的保障机制

寻求境外能源资源开发是中国企业"走出去"的长期重要取向，但中国境外投资又主要集中分布在能源资源比较丰富、经营制度环境不健全和政局相对欠稳定的非洲、南美、东欧等地区。因此，需要政府与企业合力，通过强有力的外部合作机制和组织机制建设，激励东道国积极参与合作，为投资企业提供多元稳定可靠的能源资源供应保障。

4.4.2　中国石油天然气集团国内海外分布分析

资源能源是世界经济发展与社会进步永恒的核心话题。2020年，中国资源能源类企业在全球市场中绽放光芒，中国石油化工集团、国家电网与中国石油天然气集团等中国资源能源类企业纷纷进入财富世界500强。其中：中国石油天然气集团作为老牌的油气生产销售公司，不仅在现有业务上独占鳌头，在新能源的开发与投资上也不甘示弱，无论是从国内发展规模还是海外发展规模上都堪称行业的标杆。

我们选取2020年财富500强第四位的中国石油天然气集团为案例，结合相关数据，对其贸易规模与结构进行分析，旨在为其他资源能源类企业树立示范效应，从而促进中国整体资源能源业蓬勃发展。

4.4.2.1　中国石油天然气集团产量及贸易量变化呈平稳态势

如图4-10所示，中国石油天然气集团贸易量的油气贸易量由2016年的

4.5 亿吨增长至 2020 年的 4.9 亿吨，同期贸易额由 1 412 亿美元上涨至 1 535
亿美元。按照世界银行公布的全球贸易相关数据可知，全球 2020 年货物贸易
额约为 141 万亿美元，受新冠肺炎疫情影响同比下滑 7.3%。世界经济贸易
遭受重创，能源贸易也不容乐观，2020 年中国石油天然气集团贸易额同比下
滑 36.2%，为近五年首次出现下滑情况。

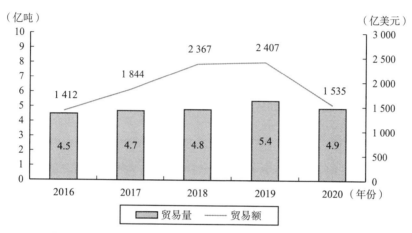

图 4-10 2016~2020 年中石油天然气集团贸易量及贸易额

资料来源：中国石油天然气集团年报.

如图 4-11 所示，中国石油天然气集团油气产量的原油产量由 2016 年的
16 298 万吨增长至 2020 年的 17 864 万吨；同期天然气产量由 1 213 万吨增长
至 1 604 万吨。受新冠肺炎疫情影响，因为停产停工致使原油产量下滑，而
天然气产量逆势而升，同比上涨 6.7%。

首先，根据《2020 年全球能源统计年鉴》中相关数据显示，自 2008 年
金融危机以来，世界经济于 2020 年首次出现负增长，同时全球一次能源市场
消费量也遭遇了近十年来的首次明显下跌。其中，非化石能源社会消费量同
比上涨 3.3%，相反地，化石能源社会消费量同比下降超 6%。世界石油市场
供求与库存压力巨大，导致国际油价下跌。2020 年，国际油价变化趋势总体
呈现出先跌后涨的曲线波动，例如其中的布伦特原油，2020 年全年期货均价
为 43 美元/桶，与去年相比下降 33%。国际天然气市场量价双降，投资与进
出口贸易均受到影响。21 世纪以来，国际天然气消费量首次下滑，其中北美
和欧洲市场变化最为明显，亚太市场需求增速也逐渐放缓。同时，国际天然

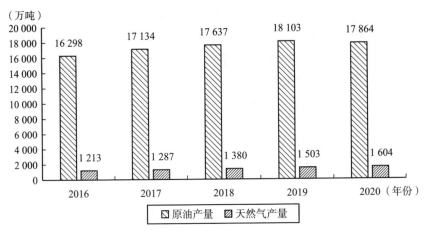

图 4 - 11　2016～2020 年中石油天然气及原油产量

资料来源：中国石油天然气集团年报．

气产量也出现下滑，各大生产国分别在不同程度减产，国际市场天然气价格再次跌至历史最低点。国际开发油气储量大幅度缩窄，并且油气开发与勘探投资也出现明显下滑，其中油气勘探开发投资额下滑近30%左右。油气资产交易量与交易额双减。全球油气上游投资并购总交易金额同比下降63%，创造15年来最低值；下游投资并购交易金额下降47%。

　　其次，中国石油天然气集团勇于开拓海外市场，积极贯彻"走出去"战略，自"一带一路"经济带建设以来，紧紧围绕"一带一路"倡议建设，以参与国为核心，不断完善海外业务发展布局建设，使其在国际市场中不断获得核心竞争力，管理能力持续提升。国际油气业务以中亚、中东、非洲、拉美和亚太为中心，辐射全球，建立起大范围国际油气覆盖网络，科学预测投资流向和积极调整区域结构优化重组，以"一带一路"沿线参与国为建设关键节点，由点连线，不断加深海外油气市场之间的分工协作。2020 年同时遭受新冠肺炎疫情与油价下滑，双重冲击下导致国际市场经营情况如履薄冰。然而，中国石油天然气集团在中国政府与公司领导层的正确领导下，科学统筹防控疫情与生产复工，使得海外的各大项目保持正常运行，最终实现油气权益产量 1 亿吨，并且单位成本与去年相比也有所下降。根据中国石油天然气集团 2020 年年度报告显示，截至 2020 年底，中国石油天然气集团海外油气投资业务已遍布 35 各国家和地区。"十三五"期间，油气贸易覆盖全球 80 多个国家和地区，总产量超过 24 亿吨。

如图 4-12 所示，中国石油天然气集团国内与海外原油产量的原油国内产量占比由 2016 年的 64.7% 降至 2020 年的 57.2%；国外产量占比由 2016 年的 35.3% 升至 2020 年的 42.8%，国外产量占比逐年走高。

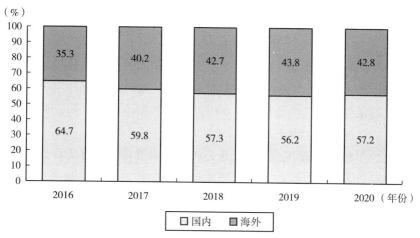

图 4-12 2016~2020 年中石油原油产量国内与海外占比

资料来源：中国石油天然气集团年报。

如图 4-13 所示，中国石油天然气集团国内与海外天然气产量的天然气国内产量占比由 2016 年的 80.9% 上升至 2020 年的 81.4%；国外产量占比由 2016 年的 19.1% 降至 2020 年的 18.6%，国内外产量占比变化平均不大。

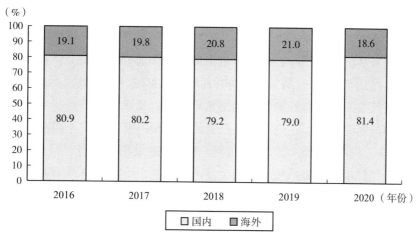

图 4-13 2016~2020 年天然气产量国内与海外占比变化

资料来源：中国石油天然气集团年报。

首先，2020 年对于油气上游产业是具有重要意义的一年，经过不断深入推进"七年行动"勘探开发计划，稳油增气的总战略取得重要阶段性进步。中国石油天然气集团国内全年首次登上 2 亿万吨新台阶，实现油气总产量 2.06 亿万吨；原油产量持续回暖，年产达到 1.02 万吨；天然气产量节节攀升再创新高，总产量达至 1 306 亿立方米。油气市场结构得到进一步优化。2020 年，国内主要油气与油田的开发取得了新突破。大庆油田继续保持稳定的生产节奏，原油产量达 3 000 万吨以上，是国内目前最大原油基地。长庆油田建成年产 6 000 万吨量级的特大型油气田，油气产量稳步上升。塔里木油田油气勘探全年油气产量突破 3 000 万吨。新疆油田加大玛湖砾岩油产量稳中有升。辽河油田实现千万吨稳产。

其次，在海外市场中，中国石油天然气集团秉持以效益为导向的生产开发战略，科学统筹油气生产加工，对项目生产运转进行深度调研与精细化分工。针对油气田的开发科学实施周期化管理、差异化项目建设等管理运营措施。最终实现了老油田的可持续利用、新油田的潜力挖掘，油气总体产量处于稳步上升的发展趋势。中国石油天然气集团于 2020 年实现海外油气总产量 1.77 亿万吨，原油与天然气产量分别为 1.48 亿万吨与 359 亿立方米。

最后，国际油气业务发展布局具体如下：第一，中亚—俄罗斯地区，是中国石油天然气集团在"一带一路"沿线开展油气合作的核心区域，分别在俄罗斯、哈萨克斯坦、土库曼斯坦、乌兹别克斯坦等国主导运营近 20 余个油气合作项目。第二，中东地区，中国石油天然气集团不断优化在阿联酋、伊拉克、阿曼等国的投资结构和区域布局，建立多层次、多形式的创新合作机制，中东地区业务实现了快速发展。2020 年，阿联酋阿布扎比陆海项目一期工程实现全油田投产，海上布哈希尔油田进入全面开发阶段。伊拉克哈法亚项目 150 兆瓦/年三期电站工程成功并网发电。第三，非洲地区，非洲是中国石油天然气集团展开海外油气协作的重点区域，目前已在苏丹、尼日尔和乍得等多个国家完成或正在进行对外投资活动。2020 年，乍得上游项目实现新增产能 70 万吨/年，PSA 区块 49 万吨/年产能建设稳步推进，目前已投产 5 个油田。尼日尔阿加德姆油田二期项目正常推进，计划 2023 年建成投产。莫桑比克 4 区科洛尔项目完成全部浮式液化天然气生产储卸装置（FLNG）上部工艺模块吊装，转入集成安装和调试阶段。第四，拉美地区，中国石油天然气集团以委内瑞拉超重油等项目为核心依托，向外辐射，积极推动拉美地区非常规能源的高效开发和深海项目拓展。2020 年，巴西里贝拉项目梅罗油田第一生产单元浮式生产储卸装置（FPSO）工程进展顺利，预计2021年底实现18万桶/日产能，布兹奥斯和阿拉姆勘探项目进入实质运作阶段。厄瓜多尔安第斯、秘鲁10区、6/7区等项目着力稳产，实现低成本平稳运营。第五，亚太地区，中国石油天然气集团在印度尼西亚、蒙古国、澳大利亚等亚太地区国家的油气开发及一体化项目运行基本保持平稳。澳大利亚箭牌项目苏拉特区块一期最终投资决策获得审批，加拿大LNG项目总体完成进度超过1/3。

4.4.2.2 中国石油天然气集团的科研创新

由表4-9的数据显示，2016～2020年中国石油天然气集团科研院所维持在84所左右；重点实验室和试验基地数量逐年上升，5年内扩建7处；同期申请专利数由2016年的5 017件增长至2020年的6 814件，且获得专利授权也从4 855件增长至5 290件，整体科研综合实力呈现出不断上升趋势。

表4-9　　　　　　　　中国石油天然气集团科研综合实力变化表

年份	科学研究院所	重点实验室和试验基地	申请专利（件）	获得授权专利（件）	专利转化率（%）
2016	84	47	5 017	4 855	97
2017	84	47	5 050	4 879	97
2018	83	54	5 117	4 515	88
2019	82	55	5 537	4 340	78
2020	84	54	6 814	5 290	78

资料来源：中国石油天然气集团年报.

首先，中国石油天然气集团不断推进科技创新体系架构建设，建立了立体化科技研发体系，继而支持各业务可持续发展。通过加大科研投入力度、完善科技管理制度、加强科研队伍建设等有效措施，逐渐形成以科技为核心并贯穿整个业务的生产销售体系。截至2020年底，中国石油天然气集团共建设有84家科研院所、54个重点实验室和实验基地、21家国家级研发平台，并且共计获得5 290份专利授权，企业已形成庞大的内部规模经济优势。并且在人才储备上，拥有科研人员 30 013 人，其中包括中国科学院和中国工程院院士 23 名，企业首席技术专家 185 名、企业技术专家 468 名。

其次，中国石油天然气集团长期与国内知名高等院校与研究机构开展科研合作，旨在研发新技术，为企业培养专业化创新人才。2020 年前后分别与西南石油大学、中国科学院与中国石油大学加深合作，深入推进产、学、研协调合作发展一体化，在油气勘探、新材料和新能源等多领域的战略合作进一步巩固深化，研究成果多次解决勘探生产中遇到的棘手难题。

最后，中国石油天然气集团积极推进新能源领域布局，以主营业务为中心稳步开展新能源业务的建设。2020 年，中国石油天然气集团加强实施新能源发展战略与具体项目规划，为此专门设立新能源新材料发展部门，加快了对太阳能、生物燃料和充电站等新能源业务的市场开辟。另外，集团还积极支持建设社会保障工作，例如为冬奥会氢能供应保障工作，具体实施的措施与项目有首都机场、京张高速沿线和冬奥会氢燃料车辆停车场建设氢气补充站。同时与申能集团有限公司、上海临港新城投资建设有限公司和北汽福田汽车股份有限公司等战略伙伴进行合资，加快推动油、氢能源合并建站、加氢站建设进程。

中国石油天然气集团作为世界能源企业的领军人物，其核心竞争力来源于科学的生产规划与市场布局，以及对科研创新的重视，使其在国内外能源产业均拥有举足轻重的地位。2020 年国外本土员工规模已达到 10.5 万人，本土化已超 95%，长年的对外投资为东道国带来经济红利的同时也为其带来了远期的经济效益，海外业务规模也逐年扩大。中国本土资源能源类公司应积极学习中国石油天然气集团的"注重科学""勇于开拓""合作共赢"的企业精神，拓展全球化视野，加快"走出去"的脚步，积极融入国际市场当中，在发展中求突破，在突破中获取长久的国际竞争力。

4.5 中国资源能源类企业对外直接投资的发展对策

综上所述，中国资源能源类企业要想做到"走出去"，关键点主要在于：全球战略思维的培养、加大科研创新力度、开发可持续新能源和互利共赢、增强社会责任感。这将有助于为中国资源能源类企业树立模范效应，使中国资源能源类企业更多、更快、更强地走向世界。中国资源能源类企业，培养核心竞争力应注意以下几个方面：

4.5.1　培养国际化视野，企业发展不拘于一域

中国资源能源类企业应突破思想束缚，虽然中国国内市场庞大，资源能源需求旺盛，但是正是这种安逸的环境恰恰如"温水煮青蛙"一样，会使得企业失去斗志，失去居安思危与勇于开拓的精神。国内市场已处于饱和状态，开拓新的市场才会使得企业获得可持续的利润增长，国际市场是必争之地，企业必须培养自身国际化思维，制定全球化市场战略，加快"走出去"的步伐。

4.5.2　加强海外投资力度，合理选择投资区位

加快"走出去"的步伐，加大对外投资的力度。利用中国的比较优势与竞争优势，在国际市场中选择最佳区位进行投资，使得资金投得出去，利润收得回来。科学合理规划发展战略，对备选区位进行深度调研，做到"钱花在刀刃上"。

4.5.3　积极融入"一带一路"经济带，迅速进入国际市场

企业应该以"一带一路"倡议为核心依托，一方面，融入国家整体战略之内，为国家做出自身应做的贡献；另一方面，借势"一带一路"经济带，可以快速进入参与国市场，并在合作国进行能源资源类行业投资。这不仅有利于中国资源能源类企业积累国际市场布局经验，另外也会给东道国带来福利效应，实现共赢。

4.5.4　加强新能源的开发与研究力度，做到与时俱进

传统的煤炭矿石等不可再生能源不仅资源有限，而且也会对环境带来负面影响。企业要想获得长久发展，必须将目光转移到新能源的开发与利用上，加大创新与科研力度。与世界大势同行，而非逆行。新能源的开发势在必行，

这也是解决中国资源能源类企业"走出去"困境和培养核心竞争力的核心所在。

4.5.5 坚持互惠互利合作共赢原则，兼顾新市场及东道国的利益

中国资源能源类企业应积极响应国家政策，坚持互惠互利、合作共赢的理念。一方面在国外开拓新市场，对外投资建立子公司，另一方面在东道国获得利润的同时，也要严格遵守东道国法律法规，节能减排，助力解决东道国就业问题，为东道国经济发展做出贡献。

4.5.6 带动上下游产业联动发展，形成规模经济优势

中国资源能源类企业在加快"走出去"的脚步的同时，也要注意与东道国相关上下游产业做到产业联动，或与中国相关上下游产业合作，一起建设国外市场。只有做到产业联动，才能获取规模经济效应，才能提高生产率，才能将更多的资源投入创新科研当中，才能在国际市场中获得竞争优势。

4.5.7 从单一投资模式向综合投资模式转变

中国能源企业对外投资模式的选择应采取循序渐进的方式，在以能源可获得性目标导向下，目前最佳选择是跨国并购模式。在资源、效益与风险的平衡中，能源海外投资应逐步向经济效益好且风险小的非股权投资模式过渡。在能源对外投资战略中，应从"多元化发展"转变为"集中发展核心业务"的板块业务投资，通过并购等方式实现产业的积聚效应，健全和完善行业上下游产业链，推动"项目增值＋项目并购"共同开展。在与老牌资源跨国集团进行合作的同时，与中小投资主体统筹协调，做强能源细分市场。中国能源企业通过与能源的消费国和生产国公司联手合作，使能源海外投资走向多边化。逐步实现能源企业进入发展方式转型和产业重组的新路径转移，推动跨国经营。

4.5.8 全面坚持"多元化"发展，营造优良的营商环境

推动能源行业中国有企业和有条件的民营企业、私营企业以及相关联的企业共同走出去。投资模式方面，采取特许经营、合资独资、控股、收购兼并、参股、技术转让等多种方式。加大投资区域的覆盖面，实现不同发展水平国家的全面发展。

对外投资管理机制。进一步完善中国国内的营商环境，更应进一步完善海外能源投资管理机制，建立健全相关法律法规，简化审批程序，建设服务型政府，为能源企业海外投资提供咨询、风险评估、保险等服务业务。能源类企业在进行海外直接投资中，尽可能减少政府的干预。此外，加强境外能源投资复合型跨国管理人才的培养，建立科学的人才培养机制对中国能源企业海外投资也有良好的促进作用。

4.5.9 坚持全球视野，继续增强国际能源合作

近期，中国出现了煤炭紧缺，油价飞涨的现象，因此，面对能源供给紧张问题，我们要以开放的世界眼光去看待问题，加大开展国际能源生产国和消费国之间的积极沟通力度。充分利用多边和双边领域的能源合作，加强宣传中国的能源政策，推动友好务实的务实合作，实现能源国之间的合作共赢。

4.5.10 尊重当地法律法规、文化宗教传统、开展互利合作

在开展海外能源投资的过程中，对行业文化、法律法规相关政策要充分熟悉，进入东道国，承担企业的社会责任，为当地发展带来积极影响，树立国际友好企业形象。

能源投资的去政治化。中国对外直接投资的发展在很大的程度上存在政治化色彩和意义，这也是外国政府和媒体诟病担忧之处，同时也是中国资源能源企业政治风险的主要来源。

投资主体结构上，要推动民营企业，改变中国国有企业为主的一贯投资特征，尤其是中国新能源电力民营企业对外投资。当前，中国光伏和风能产

业中民营企业居多，且生产能力也已经超过了国内需求，这两个行业进入国际市场进行对外投资是一种互利共赢的投资方式。从防范政治风险出发，改善能源领域国有企业的股权结构，重点转向民营化发展。

争取修正外国企业和政府对"中国威胁论"和对国有企业的错误认识，从目前的投资趋势来看，国企投资的目的并非是掠夺全球战略资产，而是为了开拓海外市场和学习先进技术。从认识角度而言，中国和西方国家都应该以非政治化的角度考虑中国能源企业海外投资行为。

4.5.11 完善防范和应对政治风险的法律机制

4.5.11.1 防范区域投资风险，制定高度本地化的战略决策

首先，我们应该加强防范区域性的投资风险，尽可能减少对高风险地区进行能源投资，比如西亚地区、北美地区以及非洲南部地区，并且尤其注意资源能源类投资风险远高于平均水平的国家，比如加纳和伊朗。对于澳大利亚、南美、东亚、欧洲等较低风险投资的地区，我们可以鼓励适当多地进行对外投资。除此之外，面对不同危险级别与类型的地区要进行详细调研，包括西亚地区的地缘政治风险、政府更迭风险、北美地区的政治干预风险，所以要尽可能地将资源能源企业投资风险与损失最小化。

其次，要制定高度本地化的战略决策。合理利用区位优势，并优化能源投资的区位结构。根据不同地区的不同投资特点做出因地制宜的战略。大洋洲、中西亚等能源蕴藏丰富的地区，要在保持现有的投资基础上争取稳步前进的投资补发，并将此作为中国能源投资支柱地区。当面对日、美、欧等发达地区的时候，充分发挥中国的资源优势，从国内风能、成本优势、光伏产业出发，逐渐进入和扩张企业市场规模，实现成本最小化、利润最大化。在非洲等基建条件相对落后的国家，我们可以在当地大力兴修电力设施，推动周边国家的基建发展，又有可能改善当地居民的生活条件，提高中国的国际形象和影响力，因此也可以借此市场开拓发展当地的能源市场。

4.5.11.2 加大自主创新投入，提高自主创新能力

为应对技术壁垒，从自身出发能做的最本质的应对办法就是加大自主创

新的投入，提高自主创新能力。为此，从龙头企业开始，作为科研引领，加大科研资金的投入，提高企业的持续有效竞争力。不仅从核心技术抓起，产业链的前后端以及相关的配套企业也要同时加入创新的阵营之中，形成一条完整的创新性产业建设链条，为行业发展贡献力量。拥有自主创新能力的企业立足自身，充分利用人才、资金和技术等资源，在自身的优势领域进一步加大自主创新投入，不断提升企业在行业中的地位。但是需要注意的是，新能源产业的创新行为不是简单地追求研发资金的投入量，还需要提高研发投入质的水平，以避免出现传统工业简单粗放式增长、不能形成产业核心竞争力的局面。

4.5.11.3　建立政治方面风险评估机制

中国能源企业在对其能源领域进行投资时必须先了解东道国的政治经济形势和行业投资环境，否则容易因缺乏科学、权威以及全面的风险评估，做出不利于投资项目运作的决策，导致对政治风险无法提前预防和有效控制，对中国而言，海外能源投资基本是国有企业，开展海外投资使用的项目资金都是国有资本，为防止国有资产遭遇损失。鉴于这类风险评估有很强的技术性和专业性要求，仅仅依靠能源投资企业本身的力量是不够的，而且从资源优化配置的角度来看也不科学，最好成立全国性的专门机构来完成一系列风险评估工作。中国要构建的海外能源投资政治风险预警机制，应包括以下几部分：监测、识别、分析、警报及排除警报，以及收集反馈信息。

对于"一带一路"沿线上能源资源丰富且可供中国进行海外投资的国家，可以由海外能源投资风险评估机构进行调查评估，主要需要对拟投资国家的政治经济体制的状况、国内党派纷争与执政理念和对外来投资的态度、中国政府与其国家政府的关系、可能出现的政治风险的类型及其出现概率、国家政府处理应急事件的综合能力等进行综合性专业评估，去粗取精，剔除不适合能源投资的国家。对适合开展能源投资的国家，可以评价其投资价值，为投资规模的决策提供参考。风险评估机构可以通过运行过程中的经验积累逐渐完善海外能源投资风险评估预警机制。通过海外能源投资风险的预警机制对海外能源投资遭遇的政治风险进行监控和跟踪，能够及时发现并排除海外能源投资政治风险，有效降低其造成的损失。

4.6 中国资源能源类企业对外直接投资的趋势

当前，国际环境格局面临重大挑战，随着能源供需地缘格局的差异化和化石能源需求的不断增长，环境污染成为全球关注的一项重大问题，全球气候环境变化也将成为世界共同面临的严峻挑战。因此，在这样的时代背景下，习近平同志提出的"一带一路"倡议与"人类命运共同体"概念相互促进共同实现绿色环境背景下的能源发展。过去几年，中国能源行业在"走出去"的道路上不断前进，据报告，2018年，中国能源投资尤其是油气和煤炭的支出增加显著，并且中国的能源投资达到了世界第一位。"一带一路"政策的实施使中国的能源产业跨国发展有了明显的提升。中国对"一带一路"的沿线国家直接投资总额呈现逐年提高趋势，石油和天然气等能源的进口也在不断增加。目前，中国对外能源的投资呈现规模扩大、效率提升、投资集中等趋势。中国对沿线国家的能源投资水平高于非沿线国家的能源投资水平，其中，投资总额高非沿线国家的11.27%，投资次数高非沿线国家的16.04%（见图4-14）。中国的能源企业对外承跨国并购不断增加，相较于绿地投资，并购占比更大。

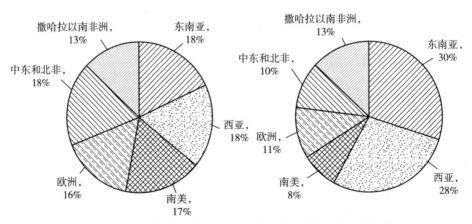

图4-14 2014~2018年中国企业对"一带一路"沿线国家各地区
能源投资结构

资料来源：中国石油天然气集团年报.

中国资源能源类企业要从自然优势的基础上，充分展现自身技能，一直处于稳步上升的趋势的能源投资领域正在不断推动能源技术进步，提高可持续能源利用率。由于能源需求的增加，能源投资一直处于稳步发展状态。中国在采矿和电力能源上的发展进步迅速。氢能源领域，中国从20世纪20年代末就开始了对氢能源的开发工作，如今已经做到在多方面渠道提取氢能源并对氢能源加以合理利用与处理。氢能源的开发，汽车产业是受影响最大的。风能与氢能源的发展推动中国能源发展前进一大步。

大比例集中在开发和维护能源设施领域，剩余投向提高能效方面。中国资源能源类企业对外直接投资的发展过程在未来的几十年将从能效方向重点发展。中国未来的能源发展将在油气投资方面占据更高比重，原因主要是非常规燃气的发展迅速，投资力度大；再者，中国在油气储存和管道建设方面仍然需要加大投资力度。

能源类投资重点由传统能源逐步转向新能源。随着气候环境的变化，资源能源企业还应该将投资发展重点偏向新能源领域，为减少碳排放，提升低碳能效，政府和企业应当调整资金投入比，将投资比重从重化石能源向清洁能源倾斜，使可再生能源发挥好可持续发展的作用。据数据统计，在"一带一路"倡议下的投资发展中，太阳能、水力发电以及风能在中国的海外投资中国高达57%，剩下的则是煤炭、天然气和石油。2021年，风能和太阳能项目相比2019年增长了8.5%。据中国能源水平发展政策估计，中国预计在2030年之前达到碳峰值，并且将于2060年以前实现碳中和，这也显示了中国在能源资源类行业发展的主要方向。因此中国的海外资源投资将偏向清洁和低碳领域，否则中国就不会在全球气候领袖中实现稳定地位和长久发展。

本章参考文献

［1］张天诏. 浅谈我国能源利用现状及发展趋势［J］. 国土与自然资源研究，2021（5）：76－78.

［2］韩明磊. 我国新能源企业对外直接投资区位选择研究［D］. 沈阳：辽宁大学，2016.

［3］梁莹. 中国能源企业对外投资现状与提升路径［J］. 对外经贸实务，2015（6）：77－80.

［4］伍叶露，邵万钦. 全球新能源投资情况及影响因素分析［J］. 国际

石油经济，2021（4）：1－11.

[5] 周问雪. 全球能源未来发展的五个趋势 [J]. 新能源经贸观察，2018（11）：28－31.

[6] 杨博文. 能源转型中未来主力能源发展方向探析 [J]. 能源与节能，2020（6）：49－50.

[7] 谢飞. 中国与"一带一路"沿线国家能源投资与合作 [J]. 北方经济，2021（5）：25－28.

[8] 王艺伟. 中国能源业对"一带一路"沿线国家直接投资的区位选择研究 [D]. 吉林：吉林财经大学，2019.

[9] 崔荣国，郭娟，程立海，张迎新，刘伟. 全球清洁能源发展现状与趋势分析 [J]. 地球学报，2021（2）：179－186.

[10] 刘建国，朱跃中. 全球能源资源版图变化趋势及启示 [J]. 当代石油石化，2021，29（3）：8－11.

[11] 秦丹. 全球新能源市场获得长足发展 [J]. 中国石化，2021（2）：38－40.

[12] 赵曼彤. 中国采矿业企业对外直接投资问题的研究 [D]. 北京：对外经济贸易大学，2017.

[13] 涂颖洁. 中国资源型企业的对外直接投资模式分析与案例研究 [D]. 2014. 湖南大学，MAthesis.

[14] 方正. 我国资源型企业对外直接投资壁垒及应对策略研究 [D]. 信阳：信阳师范学院，2015.

[15] 谈飞，赵莹，王豹. 制度因素对我国能源类企业对外直接投资区位选择的影响——基于"一带一路"倡议背景 [J]. 资源开发与市场，2018，34（8）：1139－1144.

[16] 刘琬. 中国能源企业对外直接投资区位选择影响因素研究 [D]. 武汉：湖北大学，2018.

[17] 周文娟，翟玉胜. 中国能源企业海外投资模式研究 [J]. 河南社会科学，2016，24（10）：45－55，123.

[18] 张宁. 中国企业海外能源投资的条件、模式与促进体系研究 [J]. 中外能源，2014（2）：1－7.

[19] 张建刚. 中国能源行业对外直接投资发展对策与建议 [J]. 国际贸易，2011（4）：17－20.

[20] 魏玉君.“一带一路”战略下我国海外能源投资法律保护困境及对策研究 [D]. 广州：广东财经大学，2017.

[21] 李曦晨. 中国对外能源投资的特征与风险 [D]. 北京：中国社会科学院研究生院，2017.

[22] 王汉. 新能源产业发展中的问题与对策分析 [J]. 电子技术，2021，50（10）：40-41.

[23] 肖建忠，肖雨彤，施文雨.“一带一路”倡议对沿线国家能源投资的促进效应：基于中国企业对外投资数据的三重差分检验 [J]. 世界经济研究，2021（7）：107-119，137.

[24] 魏金飞. 新能源经济中风险投资现状及发展对策探究 [J]. 环渤海经济瞭望，2020（4）：46-47.

[25] 彭顺昌. 芬兰的国家创新体系及成功之处 [J]. 杭州科技，2012（5）：60-62.

[26] 史丹，杨丹辉. 我国新能源产业国际分工中的地位及提升对策 [J]. 中外能源，2012，17（8）：29-35.

[27] Buckley, P. J., Cleggz J. & Cross A., Liu X. et. al. The Determinants of Chinese Outward Foreign Direct Investment [J]. Journal of International Business Studies, 2017, 38: 499-518.

[28] Fujita, M., Krugman, P. R. & Venables, A. J. The Spatial Economy: Cities, Regions, and International Trade, 1999.

[29] 张春萍. 中国对外直接投资的贸易效应研究 [J]. 数量经济技术经济研究，2012，29（6）：74-85.

[30] 李玥玥. 我国对东盟直接投资的贸易效应研究 [D]. 北京：外交学院，2014.

[31] 王东炜. 中国对“一带一路”沿线国家直接投资的贸易效应研究 [D]. 上海：上海社会科学院，2019.

[32] 王硕，殷凤. 集聚效应对服务业 FDI 区位选择的影响：基于产业维度的再分解与测度 [J]. 世界经济研究，2021，334（12）：103-115，134.

[33] 徐美娜，夏温平. 数字跨国公司对外投资的进入与扩张决定：平台型数字企业集聚的分析视角 [J]. 世界经济研究，2021，334（12）：68-85，133.

［34］屈小娥，赵昱钧，王晓芳．我国对"一带一路"沿线国家 OFDI 是否促进了绿色发展——基于制度环境和吸收能力视角的实证检验［J］．国际经贸探索，2022，38（6）：89－102．

［35］谢伶筠，吴盼盼．"一带一路"背景下我国企业"走出去"战略分析［J］．老字号品牌营销，2022（11）：169－171．

［36］张爽．中国对外投资合作发展趋势研究［J］．对外经贸，2022，336（6）：14－18．

［37］赵玉娟．浅析中国对外直接投资企业综合国际竞争优势的构成［J］．当代财经，2003（2）：70－72．

［38］董艳，张大永，蔡栋梁．走进非洲：中国对非洲投资决定因素实证研究［J］．经济学（季刊），2011（1）．

［39］洪联英，刘解龙．中国对外直接投资为何增而不强：微观生产组织控制视角的分析［J］．财贸经济，2011（10）．

［40］世界能源中国展望课题组．世界能源中国展望（2018～2019年）［M］．北京社会科学文献出版社，2019．

［41］［美］林伯强主编．中国能源发展报告 2020［M］．北京：北京大学出版社，2020．

第 5 章

中国制造业企业对外直接投资

　　中国自 2000 年提出"走出去"战略以来，对外直接投资不断增长。尤其是 2013 年提出了"一带一路"倡议，更加有助于推进中国企业开展对外投资。2003 年，中国对外直接投资存量仅仅为 332 亿美元，到 2020 年，中国对外直接投资年末存量达到 2.58 万亿美元，是中国 2003 年对外直接投资存量的 77.7 倍，并且成为世界第三大对外直接投资国。2015 年，中国对外直接投资步入新的阶段，2003 年，对外直接投资流量由 28.5 亿美元增长至 1 456.7 亿美元，首次处于世界第二位。2020 年，中国对外直接投资流量为 1 537.1 亿美元，在"一带一路"倡议实施推动下，中国对外直接投资持续保持平稳健康的发展。

　　制造业对外直接投资有助于拓宽自身发展空间、优化产业升级和国内资源的有效配置，提高中国经济在国际上的竞争力，但是从当前中国制造业在全球价值链的位置上来看，中国依旧处在价值链的低端位置，代表着一直以来中国都只是制造业大国，而非强国，不利于中国制造业的进一步发展。那么，中国制造业在"一带一路"倡议下对外投资的绩效及发展趋势值得关注。目前学者们对制造业对外直接投资的研究主要集中于区位选择、动机、影响因素等方面，关于制造业企业对外直接投资的绩效分析相对不多。因此，有必要不断跟踪分析中国制造业对外直接投资的效益，以便在"一带一路"倡议的不断推进实施中，提高制造业企业对外直接投资的效益，为此本章研究中国制造业对外直接投资的绩效具有积极的现实意义，首先，通过构建中国制造业对外直接投资的绩效评价指标体系，有利于形成和完善针对制造业企业对外直接投资效益的评价标准，掌握制造业企业对外直接投资的发展状况，厘清制造业企业绩效的变动情况，有助于探索提升中国制造业对外直接投资绩效的措施，为制造业企业进行新的对外直接投资提供决策参考。其次，通过跟踪研究中国制造业企业对外直接投资效益，有利于进一步掌握和了解中国制造业对外直接投资的发展状况和发展趋势，有利于针对性地指导今后不断"走出去"的制造业企业对外直接投资行为，提高其对外直接投资效益。

5.1 全球制造业的现状特点与趋势

自 20 世纪六七十年代起，在全球化背景下，发达国家制造商将劳动密集型制造业转移到发展中国家，充分利用当地劳动力和低价的原材料降低生产成本，而发达国家本身则专注于发展资本和技术密集型制造业。随着时间推移，在生产实践中发展中国家生产技术水平得到了大幅提高，在技术进步过程中，一些发达发展中国家的制造业已经从劳动密集型逐步发展到资本密集型。

在这样的全球制造业的发展形势下，发达国家开始意识到制造业实体强国的重要性，开始注重中高端制造业的发展。发达国家制造业开始回流，企图再次占领制造业强国的地位。进入 21 世纪第二个十年，这一趋势正变得更加明显。尤其是在美国次贷危机后，全球主要制造业强国纷纷意识到实体经济之于大国经济的重要意义。作为当代实体经济最重要的表现形式，先进制造业的发展受到了世界各国前所未有的重视和大力支持。在世界主要经济体间制造业竞争越来越激烈的国际环境下，谁能抢占先进制造业制高点，获得技术和标准领跑地位，将直接决定各国未来的地位。在这种情势下，各制造业强国政府纷纷发力助推本国制造业产业升级，抢占技术和标准制高点，以期成为未来制造业产业价值链中的最大获利者。

5.1.1 全球制造业增加值持续上升但占比全球 GDP 呈波动态势

由图 5 - 1 可看出，自 1997 年以来，制造业增加值占全球 GDP 的百分比波动起伏。其中 1997 ~ 2003 年制造业增加值呈现下降趋势，从 1997 年制造业增加值占全球 GDP 的 17.4% 逐年下降至 2003 年的 15.8%。究其原因，世界制造业的结构正在发生变化。欧洲发达国家的劳动力从制造业逐渐转移至第一产业和第三产业。产业结构的转变，去工业化的浪潮席卷欧美发达国家，此时它们主要集中于从事金融、科技等高附加值的行业。制造业的主力转向新兴国家，2004 年制造业增加值占全球 GDP 比重猛升，成为近 20 多年最高位，达到 18% 的比重。而后制造业恢复以往持续走低的情形。2019 年达到最低值 15.6%。由此可见，各国正在经历产业结构升级，但由图 5－2 可知，1997～2020 年制造业增加值上升起伏不大比较稳定。1997 年制造业增加值虽然仅仅有 6 万亿美元，到 2020 年增加值为 13.5 万亿美元，近 20 多年增长了 1 倍多。可见制造业的规模和增加值一直在逐渐上涨，只是其上涨增幅有所降低，制造业增加值占全球 GDP 百分比下降。

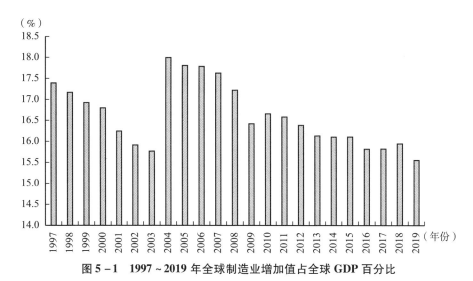

图 5－1　1997～2019 年全球制造业增加值占全球 GDP 百分比

资料来源：世界银行．https：//data. worldbank. org. cn/．

图 5－2　1997～2020 年全球制造业增加值

资料来源：世界银行．https：//data. worldbank. org. cn/．

5.1.2 国家差异导致全球制造业产业链高低两端分布明显

自21世纪开始，世界制造业在全球范围内不同收入水平国家的增加值多有不同，但大体可以看出，制造业产业的增加值主要阵营由高收入国家转向中等收入国家。这一变化合乎逻辑，与产品生命周期理论不谋而合，是其合理印证。从表5-1可以看出，制造业增加值基本分为两部分，即由高收入和中等收入国家组成。其中，高收入占74.1%，中等收入占25.3%，其中的中高收入国家占中等收入国家的绝大部分，占19.5%。在之后的10年，各占比也出现了较大改变。2015年，高收入国家制造业增加值下降20%，降至54.1%。与此同时，中等收入国家制造业上升至44.4%。根据2019年数据可看出，高收入国家制造业增加值占比趋于平稳，占比为52.8%。中等收入国家增加值占比为45.6%。其中最不发达国家和低收入国家的占比并没有大幅度上升，占比也仅仅从2005年的0.4%和0.2%上升到2019年的1.1%和0.4%，其增幅显而易见。但是目前，绝大多数低收入国家和最不发达国家在制造业产业链上仍处于最低端，为制造业强国供应工业原材料和低级工业产品，由于科技实力同发达国家相差悬殊，在可预见的长期时间范围内，根本无力挑战制造业强国在高端产品领域的垄断地位。

表5-1　　　　　　　　不同收入水平国家的制造业增加值占比　　　　单位：%

国家类型	2005 年	2008 年	2010 年	2015 年	2016 年	2017 年	2018 年	2019 年	2020 年
高收入国家	74.1	65.2	60.9	54.1	54.7	53.5	53.0	52.8	—
最不发达国家	0.4	0.6	0.7	0.8	0.9	1.0	1.0	1.1	—
低收入国家	0.2	0.2	0.3	0.3	0.3	0.3	0.3	0.4	0.4
中等收入国家	25.3	34.2	38.4	44.4	43.7	45.0	45.4	45.6	45.8
中低等收入国家	5.8	7.3	8.1	8.0	8.3	8.3	8.0	8.2	8.1
中高等收入国家	19.5	26.8	30.3	36.3	35.4	36.6	37.4	37.4	37.7

资料来源：世界银行. https：//data. worldbank. org. cn/.

5.1.3 全球制造业未来趋势

学术界普遍认为，全球在经历了机械化、电力、信息化三大革命之后，现代工业继而即将迎来第四次工业革命。这是一次以智能制造为主体的革命，这次工业革命的主题是智能化。领导了历次工业革命的欧美发达国家今天显然已是制造业强国，其中，美国和德国事实上已经成为第三次工业革命时代制造业的领头羊，尤其是美国。作为世界上综合科技发展水平最高的国家，美国拥有数量众多的世界一流制造业企业，掌握着众多他国无法企及的尖端技术，这些跨国企业的经营范围几乎涵盖了制造业所有领域。同时，美国是全球信息技术革命发展的起始国，掌握着世界上最强大的信息技术和人工智能技术。德国作为欧洲制造业强国典型代表，其数量众多的高端制造业企业拥有储备雄厚的技术实力，它们在机械制造领域和自动化生产领域更是拥有强大竞争力。

近年来，随着以中国、韩国为代表的东亚国家在制造业领域迅速崛起，美国、德国、日本等传统制造业强国在中高端和低端制造业领域已经逐渐丧失成本和技术优势，其技术优势已经退缩到高尖端制造业和关键零配件制造领域内。而对于传统制造业强国来说，保持技术垄断优势，并利用尖端技术将产业提升到更高层面以拉开同中国等国的差距变得迫不及待。同时，随着以中国为代表的新兴经济体制造业劳动力成本逐年快速提高，以及高新技术普及使得高精密度自动化生产设备价格迅速降低，制造业强国在本国扩大自动化技术运用规模和范围以解决本国劳动力成本过高问题正变得越来越具有吸引力，将部分中高端制造业迁回本国，既可以提高自身中高端制造业竞争实力，还可以扩大本国工业规模、解决本国就业问题等现实问题。因此，传统制造业强国中技术实力最为强大、产业升级需求最为迫切的美国和德国率先进行制造业产业升级，向制造业更高水准迈进，并不让人感到惊奇。

运用新技术降低成本以提高本国制造业产品价格竞争力和运用新商业模式以提高单位资本回报率是第四次工业革命的核心目标。美国和德国掌握着目前全球最为先进的制造业相关技术和最为前卫的商业模式，面向未来，美德正在将一系列新技术和新商业模式应用到制造业中，以追求更低生产成本和更高单位资本回报率。

5.2　中国制造业对外直接投资现状与特点

5.2.1　中国制造业对外直接投资发展规模持续稳步增长

距离中国在海外设立第一家境外企业已有 40 多年。事实上，21 世纪以前，中国对外直接投资的数量甚少，主要是为了吸引外资。进入 21 世纪后，随着中国加入"世界贸易组织"和政府政策的支持为中国提供了发展机遇。由此，我们从 2003 年开始分析中国制造业对外直接投资的发展和趋势。改革开放以来，中国制造业增长速度赶超世界平均增长速度，取得世界瞩目的成就。

对于制造业而言，从图 5-3 可以看出，2003 年，中国制造业流入外资只有 6.2 亿美元，到 2020 年增长至 258.4 亿美元，为 2003 年的 41.7 倍。中国制造业对外直接投资存量也由 2003 年的 20.7 亿美元上升到 2020 年的 2 778.7 亿美元，占中国全部行业对外直接投资的比例由 6.2% 增至 10.8%。如图 5-4 所示，从流量上来看，从 2003 年起，中国生产的外商直接投资总体情况不稳定，占比呈倒"U"型曲线。2008 年，金融危机全球经济不景气，制造业对外直接投资同比下降 17%，中国快速增长，开始显示出强大的生命力。2010 年中国制造业增加值在全球制造业对外直接投资国家中的排名超越美国位居第一。2013 年欧美等国"再工业化"的战略影响，制造业对外直接投资下降。2015 年，中国积极推进"一带一路"倡议进程，与沿线国家投资合作更加积极，制造业外商直接投资规模日益壮大。流量连续三年保持增长，海外经营，占全年总流量的 18.6%。2018 年，投资规模增速开始放缓，朝着稳定的态势发展。

如图 5-4 所示，对外直接投资存量方面，2008 年中国制造业对外直接投资存量仅为 96.6 亿美元，增速十分缓慢。2015 年，中国加快推进"一带一路"，制造业外商直接投资存量实现显著增长。截至 2020 年，相较于 2019 年末增加了 777.3 亿美元。但是需要注意的是，中国制造业虽然在对外直接投资行业里占据着重要地位，存量更是突破千亿美元，但是制造业投资规模未达到历年总额的 10%。总体来说，从综合实力上看，中国制造业与欧美等发达国家的整体实力还有很远的差距。

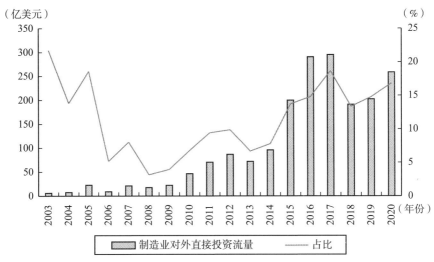

图 5 - 3 2003 ~ 2020 年中国制造业对外直接投资流量及其在对外直接投资中占比
资料来源：根据 2003 ~ 2020 年中国对外直接投资统计公报整理所得。

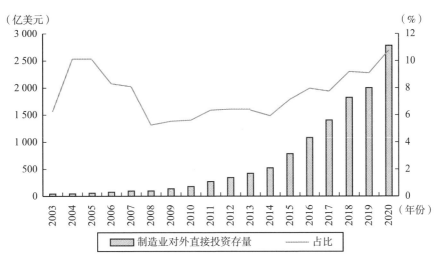

图 5 - 4 2003 ~ 2020 年中国制造业对外直接投资存量及其在对外直接投资中占比
资料来源：根据 2003 ~ 2020 年中国对外直接投资统计公报整理所得。

5.2.2 中国制造业对外直接投资地区主要分布东盟、欧盟和美国

从投资地区来看，中国制造业对外直接投资主要分布在东盟、欧盟和美国。自 2013 年起，制造业除了向美国和欧盟等发达国家进行对外直接投资，

也在东盟地区国家投资。到2015年，美国以绝对优势超过欧盟和东盟成为中国制造业对外直接投资的最大流向国，达到40.08亿美元。由图5-5可以看出，2011~2020年，对美国直接投资中，制造业规模从7.81亿美元增加到45.53亿美元。对欧盟直接投资中，制造业规模从6.47亿美元增加到31.11亿美元，占中国对欧盟直接投资中的比重从8.56%提高到30.8%。对东盟直接投资中，制造业规模从2011年5.69亿美元增加到2020年的63.38亿美元，达到历年来的最高值，占中国对东盟直接投资的比重拥有先天区位优势，并且东南亚地区的生产要素成本相对较低。由于中国劳动力以及其他生产要素价格的上涨，国内制造业生产成本迅速增加。为了开拓全球市场，获取国际资源以及优化全球资源配置，中国越来越多的制造业企业逐渐转向发达国家进行对外投资。中国制造业向欧盟国家进行对外直接投资主要流向荷兰、法国、德国等地。发达国家拥有着全球顶尖的技术，中国投资这些国家，主要是因为它们可以使中国的制造业有广阔的发展空间，可以更好地开拓发达国家的市场，得到先进的技术和管理经验并建设本国的相关产业。

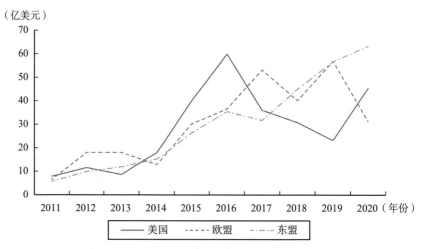

图5-5　中国对美国、欧盟和东盟直接投资的制造业规模及其比重

资料来源：根据2003~2020年中国对外直接投资统计公报整理所得。

5.2.3　中国制造业对外直接投资的行业分布

从中国对外直接投资的行业分布来看，投资领域相对集中，并且态势逐渐明显。截至2020年，中国虽然包括了18个行业门类，但大部分的投资都流向四大领域，其中，制造业位居第二位。从中国外商直接投资的涉猎行业来看投资领域相对集中，并且态势逐渐明显。由图 5-6 可以看出，2020 年，中国制造业投向金额最多的行业为汽车制造业，对外直接投资流量达到 47.2 亿美元，是位居第二位的医药制造业投资规模的 1.3 倍。此外，专用设备制造业的流量也增长至 24.6 亿美元。

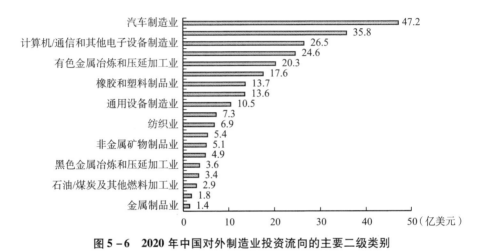

图 5-6 2020 年中国对外制造业投资流向的主要二级类别

资料来源：2020 年中国对外直接投资统计公报．

中国制造业对外直接投资类别相对完备，中国制造业下的每一个细分种类几乎都进行过对外直接投资活动。对外直接投资初期，它们中的大多数集中于制药业、纺织业、通信、计算机和其他电子设备的生产行业。到 2018 年，重点发展汽车业、机械装备业、有色金属冶炼加工业、金属及非金属制品行业等，行业分布日益广泛。

根据中国企业对外直接投资的行业分布，2012~2020 年，制造业不断发展，逐渐成为中国第二大对外投资行业，仅次于批发和零售业，2020 年跃居至第一位。如表 5-2 所示，2012 年，中国境外制造业数量达到 5 620 家，占全部境外企业的 25.7%。截至 2020 年末，中国境外制造业数量上升至 8 904 家，占全部境外企业数量的 31.9%，中国发展制造业企业进行对外直接投资的数量一直在不断增加。尽管中国一直都在加快制造业发展步伐，但制造业依旧低于全球制造业价值链的平均水平，和发达国家相比，高科技制造企业的覆盖范围仍然较低。除了具备制造成本的优势之外，在价值链附加值高的部分均未有优势，对外直接投资的产业布局需要进一步优化。随着中国制造业细分行业逐步多样化，企业对制造业行业的对外直接投资也会越发丰富。除此之外，中国制造业行业的选择也会逐渐过渡到高科技产业。

表5-2 2012~2020年中国境外制造业数量及占比

年份	数量（起）	占比（%）
2012	5 620	25.7
2013	5 630	22.1
2014	6 105	20.6
2015	6 608	21.4
2016	7 721	20.8
2017	8 056	20.5
2018	8 577	20.0
2019	8 630	19.7
2020	8 757	19.6

资料来源：2020年中国对外直接投资统计公报.

5.2.4 中国制造业对外直接投资的方式以海外并购为主

中国制造业海外并购规模持续扩大。中国企业刚开始进入全球市场时，投资方式主要是在东道国建设工厂，以达到开拓市场和获取资源的目标，仅有少数的大型公司选择海外并购的方式。当前，中国制造业"走出去"的方式由原来的绿地投资已经转向跨国并购，跨国并购逐渐成为重要方式。制造业发展一直以来都是中国开展海外并购的重点行业，中国制造业加快实施全球发展步伐，海外并购规模逐渐扩大。海外并购不仅能够缩短建设工厂的时间和金钱，还能促进企业运作。与此同时，还能获取被并购的企业资源，快速进入国际市场。海外并购具有成本低、风险低、效率高的特点，因此，国内企业开始逐渐进行海外并购。中国制造业进行海外并购大部分都是以技术寻求型为目的，并购的企业基本都位于美国和欧洲等发达国家地区，大多是高技术的装备制造业。

中国制造业海外并购不论是并购数量还是并购金额，都表现出持续增长的态势。如表 5 - 3 所示，2013 年，中国制造业的海外并购交易额为 73.2 亿美元，占海外并购交易总额的 13.8%，发生 129 宗并购。2017 年，制造业并购数量达到 163 起，金额 607.2 亿美元。截至 2020 年，中国制造业开展海外并购活动 152 起，并购交易额 69.7 亿美元。中国制造业并购近几年逐年减少，由此说明中国制造业正稳步发展。

表 5 - 3 　　　　　　　　中国制造业海外并购变化

数量（起）	金额（亿美元）	金额占比（%）
129	73.2	13.8
167	118.8	20.9
131	137.2	25.2
200	301.1	22.3
163	607.2	50.8
162	329.1	44.3
179	142.7	41.6
152	69.7	24.7

资料来源：2020 年中国对外直接投资统计公报.

5.2.5 中国制造业对外直接投资主体结构不断优化

长期以来，国有企业发展都是中国经济对外直接投资的主要力量，非国有企业由于存在规模太小或者能力较弱等一系列问题，并不能与大型跨国公司相匹敌。但是从近几年的发展趋势来看，民营企业逐渐崛起并发展迅速，成为对外直接投资活动中至关重要组成部分。

根据图 5 - 7 可以看出，2006 年，国有企业的占比高达 81.0%，但是截至 2020 年底，国有企业的占比则下降到 46.3%。而民营企业由 2006 年的 19.0% 上升到 2020 年的 53.7%，为 2006 年的 2.83 倍，这表明中国对外直接投资的主体结构不断优化，民营企业的经济实力和投资水平得到不断提升，制造业企业作为中国对外直接投资发展最快的行业之一。随着中国对外直接投资政策的逐渐开放，鼓励民营企业开展灵活的对外直接投资活动，逐步体现出非国有企业的新生力量。

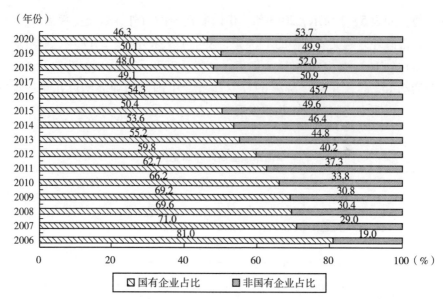

图 5 – 7　2006～2020 年中国国有企业和非国有企业存量占比情况

资料来源：2020 年中国对外直接投资统计公报.

5.3　中国制造业对外直接投资面临的问题

5.3.1　对外直接投资规模占比较低

由表 5 – 4 可以发现，中国制造业的对外直接投资份额仍然很低。从流量占比来看，尽管 2013 年以来占比呈逐年增长趋势，其中 2017 年中国制造业对外直接投资流量占比为 18.6%，近十年最高，但与 2003 年 21.8% 的占比份额相比仍存在差距，而之后两年又有所下降。但从存量占比来看，自 2005 年以后，制造业对外直接投资占比始终没有低于 10%。

表 5 – 4　　　　　　2003～2019 年中国制造业对外直接投资规模

年份	流量（亿美元）	占比（%）	存量（亿美元）	占比（%）
2003	6.2	21.8	20.7	6.2
2004	7.6	13.7	45.4	10.1

年份	流量（亿美元）	占比（%）	存量（亿美元）	占比（%）
2005	22.8	18.6	57.7	10.1
2006	9.1	4.2	75.3	8.3
2007	21.3	8.0	95.4	8.1
2008	17.7	3.2	96.6	5.3
2009	22.4	4.0	135.9	5.5
2010	46.6	6.8	178.0	5.6
2011	70.4	9.4	269.6	6.3
2012	86.7	9.9	341.4	6.4
2013	72.0	6.7	419.8	6.4
2014	95.8	7.8	523.5	5.9
2015	199.9	13.7	785.3	7.1
2016	290.5	14.8	1 081.1	8.0
2017	295.1	18.6	1 403.0	7.6
2018	191.1	13.4	1 823.1	9.2
2019	202.4	14.8	2 001.4	9.1

资料来源：国家统计局.

从 2001 年中国加入 WTO 起，国际市场上出现更多的跨国公司进行交易，中国制造业企业对外直接投资由此发展起来，但 2008 年全球金融危机减弱了这一趋势，削减了制造业对外直接投资势头，投资流量由 2007 年的 21.3 亿美元下跌至 2008 年的 17.7 亿美元，此后经过调整，基本保持稳定增长，流量于 2015 年达到大约 200 亿美元，但金融危机后，流量占比始终没有超过20%，存量始终没有超过 10%。

5.3.2　对外直接投资区位分布过于集中

中国制造业对外直接投资的地区过于集中。与发达国家相比，在高附加值的研发环节还有很大的提升空间，对外直接投资产业分布格局还需要进一步改进。特别是加入东盟后，对外直接投资的势头更为强劲，从图 5 - 8 可以看出，2010 ~ 2018 年，中国对东盟制造业投资，无论是对外直接投资流量，还是对外直接投资存量总体都保持了持续扩大的态势。其中，对外直接投资流量除 2017 年有小幅度回落，一直保持稳健增加态势，对外直接投资存量从2014 年起飞速上涨，在 2018 年突破 2 000 000 万美元。

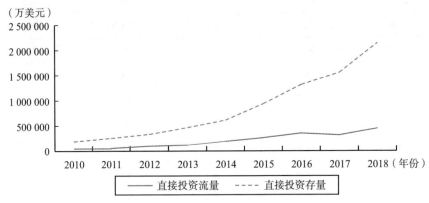

图 5 - 8　2010 ~ 2018 年中国对东盟制造业投资规模

资料来源：2010 ~ 2018 年中国对东盟制造业直接投资研究.

　　然而，集中投资于同一地区容易产生同质企业在相同地区恶性竞争现象，将减少企业的经济收入，不利于企业之间进行合作，也不利于制造业对外直接投资的稳步发展。

　　首先，投资区位过度集中于亚洲国家（地区）。当前全球 70% 的区域被中国制造业投资涵盖，亚洲的覆盖率高达 91%。2019 年，中国制造业对外直接投资存量为 202.4 亿美元，对东盟国家和香港的投资存量达 985 亿美元，包揽将近一半的投资存量。

　　其次，区位投资信息系统落后。中国目前的区位投资信息系统不完善，无法提供及时完整的信息。能够向对外直接投资企业提供信息咨询服务的机构不多，企业获取东道国真实区位信息难度增加，扩大了投资失败的风险，出现众多投资失败的项目。

　　最后，制造业对发达国家直接投资较少。2019 年中国制造业对欧美发达国家的对外直接投资流量为 66.15 亿美元，仅为总量的 32.75%。这在一定程度上使中国制造业的战略发展受到束缚，最重要的是对国内企业学习利用世界先进技术、提升自身创新竞争力产生了负面影响，不利于实现工业生产结构的改善和现代化。

5.3.3 同比欧美对外投资政策不够健全

金融危机爆发后，发达国家逐渐掀起了建设制造业大国的热潮。欧美发达国家采取了相应措施振兴国内制造业，对中国制造业环境产生了负面影响。与欧洲和美国相比，中国制造业方面的投资政策还需要进一步建立健全。美国提供了政策指导，创造了制造业发展环境。先后发布《振兴美国制造业框架》《制造业促进法》《2016 年美国国家制造业创新网络战略计划》等文件，加强"产、学、研"结合，推动先进技术的研发和应用。中国应进一步明确制造业发展目标，重视制造业在人才、技术、金融等方面的发展，加强立法和政策。

5.3.4 中国制造业的整体技术与管理水平不足

中国制造业技术的提高需要得到重视，自主研发能力不强。制造业创新体系不完善，研发投入低，研发人才培养重视程度不高。在整个产业链中，由于缺乏绝对的技术优势，许多企业在国际分工中只充当装配商，利润大部分由跨国公司获得。目前，外资投入在中国制造业中占很大比重，但是很多生产没有研发核心技术，中国 90% 的外资经济高度集中在制造业上，中国制造业的整体管理体系不完善，高级管理人员和熟练工人的缺乏也是困扰制造企业的一个主要问题。

5.3.5 发达国家投资壁垒对中国对外投资具有不利影响

发达国家对中国设置贸易壁垒。华为多次未能收购美国企业，就是因为它受到了美国投资审查委员会的阻挠。美国因为掌握核心工业生产技术，进行技术垄断，以保护知识产权为噱头，限制其他国家对本国高新技术产业的进口和投资。对于这类受到贸易壁垒影响的制造业企业来讲，如何绕过这些贸易壁垒，通过对外直接投资来提高国际竞争力，寻求企业新的发展空间显得尤其重要。

5.3.6 跨国经营的信息不对称加大了投资决策成本

在陌生的经营环境中，新进入的制造业企业往往对当地的政治、经济、法律、文化等不熟悉。信息不对称性使这些公司收集信息的成本提高，进而提高运营成本，甚至导致跨国经营的失败。而新进入的企业由于缺乏国际经验，当面临投资决策时，无法借助以往投资中的经验、教训，总结投资技巧，很难迅速准确地锁定投资目标，进入东道国市场。

5.4 中国制造业企业对外直接投资绩效实证分析

5.4.1 文献述评

中国制造业企业对外直接投资绩效分析，国内外有关研究主要从三个方面进行：其一是对外直接投资的绩效研究；其二是制造业对外直接投资的绩效研究；其三是对外直接投资的绩效评价体系及方法。

5.4.1.1 对外直接投资绩效研究

关于对外直接投资绩效研究的结论并不相同：（1）对外直接投资降低了企业的绩效；（2）对外直接投资提高了企业的绩效；（3）对外直接投资对企业绩效的影响是波动变化的，部分先上升后下降，部分先下降后上升。

（1）对外直接投资改善公司经营绩效。班博（2009）运用区位选择理论，得出中国制造业企业在发展中国家的对外直接投资的经营绩效更优，而在发达国家的对外直接投资获得的市场价值更大。王方方、陈恩（2012）对广东省 2003~2009 年进行对外直接投资的公司进行实证研究，结果表明对外直接投资对提高企业的生产率有正面作用。杨极（2019）利用 2013~2017 年进行对外直接投资（对外直接投资）的上市公司数据，通过实证分析，发现对外直接投资对于提高公司经营绩效有正面影响。

（2）对外直接投资降低企业绩效。章丽群、刘彬（2012）通过事件研究法研究表明，跨国并购不能显著提升公司财务绩效。曹荣鹏（2015）研究结论表明，对外直接投资的财务绩效指标在五年内先下降后上升，呈"V"型，最终低于投资前的绩效水平。陈利莹（2017）分析了 2005～2013 年中国民营上市企业的 19 起跨国并购案例，发现跨国并购在短期内使得企业绩效出现负增长状况。

（3）对外直接投资的企业绩效还会经历先上升后下降，或者先下降后上升的过程。比米什（Beamish，2001）通过研究进行对外投资企业的海外资本积累，发现进行对外直接投资的公司经营绩效先下降后上升，呈现"U"型关系。林莎（2009）通过对 2002～2005 年中国上市公司的海外投资进行分析，发现企业的经营绩效在长期内不具备可持续性，整体上是先上升后下降的趋势。余鹏翼、李善民（2013）研究了进行对外直接投资的 103 家 A 股上市公司，结果得出短期内对外直接投资能够提升公司价值和经营绩效，但长期来说并没有对价值的提升有很明显影响。左晓慧、李唯昊（2016）通过 2009～2014 年进行海外并购的企业经营绩效进行研究，结果表明，企业绩效在并购后先上升后下降，呈现出倒"U"型关系。

5.4.1.2　关于制造业对外直接投资的绩效研究

关于对制造业对外直接投资的相关研究，因为不同学者的研究层面和研究方向不同，从而结论也并非一致。卡斯特拉尼等（Castellani et al.，2008）以 1998～2004 年进行对外直接投资的意大利 108 家制造业企业作为样本数据，研究结论表明，对中东欧国家进行对外投资的企业生产率得到明显提升。朱召平（2018）通过构建模型分析 2005～2016 年 30 个省的面板数据，实证结果表明，中国公司对外直接投资对于提升制造业结构水平有帮助，长期来看利大于弊。龙志军（2011）研究了 2006 年中国发生对外直接投资的 96 家公司。发现并购对不同行业公司的影响不同，仅能提升一部分具有垄断性质、较小市场需求弹性的制造业上市企业的绩效，竞争性强的企业绩效并不会因为对外投资而得到改善。

5.4.1.3　关于对外直接投资绩效评价方法研究

关于企业的经营绩效，诸多学者利用会计指标法并结合数理统计法进行研究，其方法比较多样化，具体包括因子分析法、数据包络分析法（DEA）、倾向得分匹配法等。其中，因子分析法已经成为国内学者们研究对外直接投资绩效的一种常用方法。

曹荣鹏（2015）运用数据包络分析法和因子分析法对2007～2009年中国61家A股上市公司进行了经营绩效分析，得出制造业对外直接投资的经营绩效不如非制造业企业。刘晓丹和衣长军（2017）利用倾向得分匹配法分析了中国2005～2010年进行对外直接投资的绩效评价，检验结果显示，对外直接投资活动对于提高公司的生产效率和财务绩效会有一定的滞后性。孙缘（2018）运用因子分析法对中国2013年159家进行对外直接投资的A股上市公司进行研究，研究发现由于企业在投资后短期内需要适应并调整，因此通常经营绩效会呈现先降低后改善的情况，最终实现长期价值。周嘉琪（2020）采用因子分析法对中国2013～2015年35家进行制造业对外直接投资的上市公司进行财务绩效分析，研究表明，上市公司对外直接投资短期内对公司经营绩效有明显改善，但长期没有显著影响。毛娜薇（2020）运用数据包络分析法对2011～2015年中国发生跨国并购交易的65家上市公司进行研究，发现公司对外直接投资的经营绩效呈现"V"型趋势，短期内对收益有负面影响，而长期会提高绩效。

对于中国制造业企业进行对外直接投资的现有文献，通过选取不同时间段、不同规模、不同投资区位以及不同的研究方法等，对制造业企业对外直接投资的经营绩效进行实证分析，研究结论不尽相同，一些学者通过实证分析得出结论，认为对外直接投资能够改善企业经营绩效，帮助其获得国际竞争优势，一些学者研究结论表明，进行对外直接投资会降低企业收益，且长期不会改变，而一部分研究表明，对外直接投资对经营绩效的影响先是负面的，长期来说会提升经营绩效。对不同类型不同规模的制造业企业，以及投资的区位选择，其收益不尽相同，因此不同类型不同规模的企业在选择对外直接投资时应具体分析。另外，在梳理文献的过程中发现，一些文献对制造业对外直接投资进行研究时，选择的时间跨度相对较小，而公司的成长和发展周期可能要几年甚至几十年才能看到效果，而目前的研究并没有一个较长的时间跨度来对该问题进行实证分析，这是此类研究的缺点。

5.4.2　实证分析过程

5.4.2.1　绩效评价方法选择

根据已有的研究成果，目前最普遍采用的对外直接投资绩效评价方法为事件研究法和会计指标法。事件研究法，是指通过观察股价变化，研究上市公司对外直接投资时间发生前后的二级市场股价变化，但其所判断的通常是短期影响；会计指标法是通过研究公司财务数据和相关指标，对公司在对外直接投资前后的财务指标进行测算及对比，是研究企业长期绩效的方法。由于目前中国股票市场发展并不成熟，采用事件研究法误差较大，因此这里主要采用会计指标法构建绩效评价体系。

5.4.2.2 样本选取与资料来源

2013 年"一带一路"倡议提出后，中国企业积极响应，大力开展对外投资战略。本书主要探究制造业上市公司对外直接投资绩效，基于 2013 年"一带一路"倡议首次提出后制造业对外直接投资事件，将投资前一年、投资当年至投资后七年作为研究跨度。通过查阅 2012～2020 年中国制造业上市公司对外直接投资案例，筛选出 20 家符合条件的制造业上市公司对外投资案例作为研究样本，并选取了十个能够综合反映公司对外直接投资发展潜力、营运能力、盈利能力、偿债能力的财务指标。本节资料来源于 Wind 金融终端及各公司年报。

5.4.2.3 指标选择及状况分析

1. 指标选择

本书同时选取了相对财务指标和绝对财务指标，综合反映制造业上市公司对外直接投资经营绩效。相对财务指标包括三类：第一类是表示公司盈利能力的总资产净利率、净资产收益率；第二类是表示公司营运能力的存货周转率、总资产周转率；第三类是表示公司偿债能力的流动比率、资产负债率。绝对财务指标包括总资产、净利润、营业收入和每股收益，能够直观反映公司规模和对外投资发展潜力。本书选取的财务指标如表 5－5 所示。

表 5－5　　　　　　　　　　财务指标名称

指标名称	英文缩写
总资产净利率	Roa
净资产收益率	Roe
每股收益	Eps_Basic

续表

指标名称	英文缩写
存货周转率	Invturn
总资产周转率	Assetsturn
流动比率	Current
资产负债率	Debttoassets
总资产	Wgsd_Assets
净利润	Net_Profit
营业收入	Oper_Rev

2. 状况分析

从表5-6可以看出，总资产收益率和净资产收益率在投资后一年有明显增长，但总资产收益率在其后处于缓慢下降的趋势，而净资产收益率处于波动状态；存货周转率和总资产周转率在投资后2~3年有明显增长，3年后（即2016年后）下降，后又缓慢上升；流动比率在投资后有轻微波动；资产负债率在投资后有明显上升，并持续保持在较高范围内；每股收益、总资产、净利润和营业收入明显逐年升高。总的来说，中国制造业企业响应"一带一路"倡议开启对外直接投资后，盈利能力和营运能力短期来看虽然有所下降，但具有长远的发展潜力，偿债能力也明显提高。上述结论仅就财务指标进行描述性分析，较为片面，因此还需要进行因子分析，以便更加科学地探索样本企业对外投资的长期绩效。

表5-6　　　　　　　　　　财务指标均值统计表

年份	Roa	Roe	Eps_Basic	Invturn	Assetsturn
2012	13.235	22.282	0.744	5.164	1.126
2013	10.960	19.962	0.789	5.376	1.066
2014	11.545	21.650	1.070	6.228	1.106
2015	10.561	23.823	0.860	6.321	1.067
2016	10.706	19.671	0.974	6.100	0.961
2017	10.630	21.038	1.302	5.903	0.955
2018	10.455	18.826	1.419	5.968	0.974

续表

年份	Roa	Roe	Eps_Basic	Invturn	Assetsturn
2019	12.463	23.417	1.958	6.095	0.947
2020	10.973	20.217	1.999	5.713	0.841

年份	Current	Debttoassets	Wgsd_Assets	Net_Profit	Oper_Rev
2012	2.786	39.527	3.53E+10	1.8E+09	3E+10
2013	2.577	39.527	3.89E+10	2.48E+09	3.31E+10
2014	2.461	48.384	4.84E+10	3.26E+09	3.94E+10
2015	2.013	49.213	5.97E+10	3.27E+09	4.49E+10
2016	2.167	48.479	7.43E+10	3.6E+09	4.99E+10
2017	1.973	48.467	8.5E+10	5.62E+09	6.13E+10

资料来源：国泰安数据库.

5.4.2.4 因子分析过程

本节运用 Stata16 对筛选出的 20 家样本企业依据投资前一年、投资当年、投资后第 1 年至第 7 年进行因子分析。由于每年的因子分析过程是相同的，所以选取 2015 年样本企业投资为例，说明因子分析的具体过程。

1. Bartlett 球形检验与 KMO 检验

Bartlett 球形检验 P 值为 0，则拒绝假设，说明各个变量能够独立携带一些信息，因子分析法可以进行下去。KMO 检验是为了检验变量之间相关系数的大小。一般来说，KMO 超过 0.5 就表示相关性强，超过得越多相关性越强。表 5-7 中 KMO 值为 0.543，因此可以进行分析。

表5-7 **Bartlett 与 KMO 检验**

Bartlett 球形检验 p 值	0.000
KMO 检验	0.543

2. 提取主成分因子

可行性分析通过后，要对样本数据进行成分分析。以 2015 年的样本为例，用主成分因子法对 10 个变量进行降维。表 5-8 输出了 10 个因子，4 个因子特征值在 1 以上，特征值越大，说明因子所携带的信息越多。2015 年的样本数据 4 个公因子累计贡献率为 86.7%。

表 5-8　　　　　　　　　　　　　主成分因子表

Factor	Eigenvalue	Difference	Proportion	Cumulative
Factor1	3.592	1.402	0.359	0.359
Factor2	2.190	0.431	0.219	0.578
Factor3	1.760	0.632	0.176	0.754
Factor4	1.128	0.314	0.113	0.867
Factor5	0.814	0.601	0.081	0.948
Factor6	0.213	0.024	0.021	0.970
Factor7	0.189	0.120	0.019	0.989
Factor8	0.070	0.045	0.007	0.996
Factor9	0.024	0.006	0.002	0.998
Factor10	0.019	.	0.002	1.000

图 5-9 是样本公司 2015 年参与对外直接投资的碎石图，图中可以更清晰地看到特征值大于 1 的公因子个数有 4 个，从第 5 个因子开始特征值小于 1，从第 6 个因子开始特征值缓慢下降到 0。那么就可以认为前 4 个公因子可以相对全面地解释原有变量，因此提取前 4 个公因子是合理的。

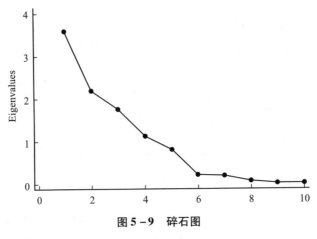

图 5-9　碎石图

资料来源：笔者自绘．

3. 因子旋转

将4个主成分因子输出，它们分别代表对不同变量所携带的信息。表5-9说明了4个因子对所选取的10个变量的解释程度，"Uniqueness"一列代表变量没有被解释的程度，约在0.02~0.33，说明解释程度最高达到97.8%，最低为67%，只有33%的信息没有被解释。这进一步证明了主成分因子对10个变量的解释程度较高。

表5-9 主成分因子矩阵

Variable	Factor1	Factor2	Factor3	Factor4	Uniqueness
Roa	-0.718	-0.197	0.553	0.128	0.124
Roe	-0.293	0.275	0.535	0.717	0.038
Eps_Basic	-0.222	-0.208	0.731	-0.207	0.330
Invturn	0.039	0.758	0.293	-0.500	0.089
Assetsturn	-0.210	0.726	0.329	-0.283	0.241
Current	-0.601	-0.602	0.114	-0.107	0.252
Debttoassets	0.645	0.558	0.067	0.444	0.072
Wgsd_Assets	0.905	-0.284	0.219	-0.021	0.053
Net_Profit	0.711	-0.362	0.572	-0.122	0.022
Oper_Rev	0.892	-0.216	0.217	-0.033	0.110

为了避免四个主成分因子有相互重叠的信息，只有使它们携带信息的重叠部分而造成的冗余比较小，才能最大化因子对变量的解释程度。已经提取出的主成分因子代表4个向量，如果各个向量之间的夹角程度越接近90度说明因子之间的重叠部分越少。于是对因子进行正交旋转。旋转后的矩阵见表5-10。

表5-10 旋转后的主成分因子矩阵

Variable	Factor1	Factor2	Factor3	Factor4
Roa	-0.214	0.710	0.040	0.570
Roe	-0.114	-0.050	0.037	0.972
Eps_Basic	0.303	0.636	0.271	0.316
Invturn	-0.019	-0.131	0.944	-0.050

续表

Variable	Factor1	Factor2	Factor3	Factor4
Assetsturn	− 0. 205	− 0. 039	0. 826	0. 183
Current	− 0. 192	0. 784	− 0. 310	0. 024
Debttoassets	0. 300	− 0. 844	0. 166	0. 313
Wgsd_Assets	0. 914	− 0. 268	− 0. 138	− 0. 148
Net_Profit	0. 986	0. 078	0. 013	0. 028
Oper_Rev	0. 881	− 0. 295	− 0. 082	− 0. 143

旋转后发现因子1对总资产、净利润、营业收入的解释能力较强，它们主要表示制造业上市公司的发展潜力，于是把因子1叫作发展潜力因子；因子2对总资产净利率、每股收益、流动比率、资产负债率解释能力较强，这四个指标表示制造业上市公司盈利能力和偿债能力，于是把因子2叫作盈利和偿债能力因子；因子3对存货周转率、总资产周转率解释较强，主要表示制造业上市公司的营运能力，于是把因子3叫作营运能力因子；因子4对净资产收益率解释较强，净资产收益率表示股东权益收益水平，于是将因子4定义为股东收益因子。

4. 计算因子得分

因子得分系数矩阵见表5－11。

表5－11　　　　　　　　　　因子得分系数矩阵

Variable	Factor1	Factor2	Factor3	Factor4
Roa	0. 028	0. 253	0. 009	0. 308
Roe	− 0. 013	− 0. 152	− 0. 130	0. 692
Eps_Basic	0. 221	0. 337	0. 205	0. 120
Invturn	0. 026	0. 044	0. 563	− 0. 157
Assetsturn	− 0. 032	0. 025	0. 458	0. 009
Current	0. 007	0. 319	− 0. 115	− 0. 040
Debttoassets	0. 032	− 0. 392	− 0. 021	0. 313
Wgsd_Assets	0. 306	− 0. 014	− 0. 042	− 0. 021
Net_Profit	0. 391	0. 157	0. 065	0. 045
Oper_Rev	0. 293	− 0. 026	− 0. 014	− 0. 023

还是以 2015 年对外投资样本数据为例，根据以上的因子分析计算出因子成分得分系数矩阵，然后根据成分得分系数矩阵中每个因子的得分计算出各个公共因子的综合得分。具体的计算步骤如下：因子得分矩阵中，发展潜力因子为 F_1，盈利和偿债能力因子为 F_2，营运能力因子为 F_3，股东收益能力因子为 F_4。每个指标的成分得分系数如表 5-7 所示，得出因子得分函数：

$$F_1 = 0.028 \times Roa - 0.013 \times Roe + 0.221 \times Eps\_Basic + 0.026 \times Invturn$$
$$- 0.032 \times Assetsturn + 0.007 \times Current + 0.306 \times Debttoassets$$
$$+ 0.032 \times Wgsd\_Assets + 0.391 \times Net\_Profit + 0.293 \times Oper\_Rev \quad (1)$$

$$F_2 = 0.253 \times Roa - 0.152 \times Roe + 0.337 \times Eps\_Basic + 0.044 \times Invturn$$
$$+ 0.025 \times Assetsturn + 0.319 \times Current - 0.392 \times Debttoassets$$
$$- 0.014 \times Wgsd\_Assets + 0.157 \times Net\_Profit - 0.026 \times Oper\_Rev \quad (2)$$

$$F_3 = 0.009 \times Roa - 0.130 \times Roe + 0.205 \times Eps\_Basic + 0.563 \times Invturn$$
$$+ 0.458 \times Assetsturn - 0.115 \times Current - 0.021 \times Debttoassets$$
$$- 0.042 \times Wgsd\_Assets + 0.065 \times Net\_Profit - 0.014 \times Oper\_Rev \quad (3)$$

$$F_4 = 0.308 \times Roa + 0.692 \times Roe + 0.120 \times Eps\_Basic - 0.157 \times Invturn$$
$$+ 0.009 \times Assetsturn - 0.040 \times Current + 0.313 \times Debttoassets$$
$$- 0.021 \times Wgsd\_Assets + 0.045 \times Net\_Profit - 0.023 \times Oper\_Rev \quad (4)$$

根据上述函数可以计算出每个公因子得分，再乘上旋转后的主成分因子表（见表 5-8）中每个公因子的权重，加总除以累计贡献率，可以计算出综合绩效。具体公式如下：

$$F = (0.2902F_1 + 0.2422F_2 + 0.18F_3 + 0.1547F_4)/0.867 \quad (5)$$

旋转后的主成分因子表如表 5-12 所示

表 5-12 旋转后的主成分因子表

因子	Variance	Difference	Proportion	Cumulative
Factor1	2.90187	0.47967	0.2902	0.2902
Factor2	2.42220	0.62254	0.2422	0.5324
Factor3	1.79967	0.25310	0.1800	0.7124
Factor4	1.54657	—	0.1547	0.8670

同理，其他年份综合绩效的计算方法与 2015 年计算方法相同，由此可以得出 20 家样本公司各年综合绩效得分，如表 5-13 所示。

表 5-13

样本公司各年综合绩效得分表

序号	证券代码	2012 年	2013 年	2014 年	2015 年	2016 年	2017 年	2018 年	2019 年	2020 年
1	000063	-0.2997	-0.0765	-0.3799	-0.1855	-0.6250	0.0701	-1.4013	-0.5505	-0.6943
2	000100	0.0835	0.0922	-0.0455	-0.3027	0.0301	-0.0588	-0.3497	-0.6877	-0.5685
3	000338	0.2793	0.2462	0.2412	-0.5550	0.0338	0.4047	0.1175	-0.1166	-0.2130
4	000651	1.1444	1.3091	1.4836	1.1053	1.2346	1.3758	1.0469	0.6664	0.2799
5	000708	-0.2690	-0.3893	-0.5111	-0.4462	-0.4044	-0.2717	-0.1917	0.1258	-0.2413
6	000938	0.0401	-0.0141	-0.1548	-0.1080	-0.1174	-0.3589	-0.2671	-0.4956	-0.5038
7	002236	-0.0355	0.0767	-0.1269	-0.0102	-0.2917	-0.1656	-0.2348	-0.3903	-0.2712
8	002415	-0.1307	0.1032	0.4176	0.6149	0.1836	0.0753	0.3052	0.0765	0.1446
9	002475	-0.2640	-0.2710	-0.3708	-0.2629	-0.4078	-0.3413	-0.2495	-0.2336	0.1144
10	002841	0.6680	0.5829	0.6600	0.5067	1.2498	0.4820	0.2015	0.0889	0.2876
11	002938	—	—	-0.3428	-0.0173	-0.2048	-0.1190	-0.0636	-0.2103	-0.1723
12	300003	-0.5970	-0.3965	-0.5166	-0.5166	-0.7788	-0.6112	-0.4829	-0.5755	-0.5145
13	300750	—	—	-0.8446	-0.1456	0.1607	-0.1253	-0.3184	-0.4565	-0.4842
14	300760	—	—	-0.3624	-0.4213	-0.0836	0.3290	0.3166	0.1929	0.5227
15	600031	0.3623	-0.1518	-0.8842	-1.0761	-0.7634	-0.4905	-0.1845	-0.0531	0.2090
16	600276	-0.3135	-0.0292	-0.0124	0.3319	-0.7078	-0.9078	0.1179	0.2044	0.3429
17	600585	0.4379	0.5752	0.5880	0.4968	0.2341	0.3823	1.6275	1.8366	2.0086
18	600690	0.7092	0.6600	0.4859	0.1108	0.5079	0.5076	0.0922	-0.0709	-0.1745
19	601766	0.3831	0.1734	-0.0681	0.6449	0.7793	0.2827	0.0130	-0.1726	-0.3942
20	603160	0.5956	0.5179	0.7438	0.2362	-0.0291	-0.4592	-0.0946	0.8218	0.3221

注：证券代码为 002938、300750、300760 三家公司 14 年上市，缺失的综合绩效得分不影响实证结果。

5.4.3　实证结果分析

根据表 5 - 14 可知，样本公司对外直接投资综合绩效呈现上下波动趋势。对外直接投资当年综合绩效均值高于投资前 1 年，说明市场预期看好。但是，如果不考虑 2020 年新冠肺炎疫情对经济下行造成的巨大压力，综合绩效均值在投资后第 2 年降到期间最低，说明对外直接投资对样本公司短期内没有真正的提升。投资后五年均值达到最高，说明对外直接投资不能只看短期，而是一个长期的过程。另外，从最大值来看，公司综合绩效最大值逐年递增，说明公司在不断突破综合绩效得分上限，具有长远发展的潜力。

表 5 - 14　　　　　　　　　　综合绩效描述性统计表

年份	样本量	均值	方差	最小值	最大值
2012	17	0.1643517	0.462028	- 0.59696	1.144382
2013	17	0.1769651	0.4390155	- 0.3965488	1.309105
2014	20	- 2.00e - 08	0.5896097	- 0.884167	1.483645
2015	20	3.00e - 08	0.5147963	- 1.07609	1.105262
2016	20	1.00e - 08	0.5906049	- 0.7788115	1.249784
2017	20	1.50e - 08	0.5089024	- 0.9078342	1.375793
2018	20	5.00e - 08	0.594191	- 1.401297	1.627519
2019	20	1.50e - 08	0.5833097	- 0.6877084	1.836601
2020	20	- 3.00e - 08	0.5946454	- 0.6942765	2.008564

经过描述性分析后，继续对综合得分进行差值分析。用两个年份综合得分相减，得到差值结果如表 5 - 15 所示。2013 ~ 2012 年差值均值为正，说明样本公司对外投资后综合绩效要高于投资前的综合绩效。投资后，除了投资第 1 年未在短期内看到积极影响外，其余年份差值都是正数，说明投资第 1 年后样本公司的绩效因对外直接投资得到改善。其中，2018 ~ 2017 年差值最高，说明对外直接投资在第五年时效果最显著。2020 ~ 2019 年差值为负，归因于新冠肺炎疫情的影响，后疫情时代制造业对外投资情况有待长期观察。

表 5 – 15 综合得分差值

年份差值	2013 ~ 2012 年	2014 ~ 2013 年	2015 ~ 2014 年	2015 ~ 2015 年
均值	2. 23E – 01	– 3. 03E – 01	5. 00E – 08	4. 00E – 08
年份差值	2017 ~ 2016 年	2018 ~ 2017 年	2019 ~ 2018 年	2020 ~ 2019 年
均值	5. 00E – 09	6. 50E – 08	3. 50E – 08	– 4. 50E – 08

综上所述，中国对外投资特别是制造业对外投资，短期内抛开预期作用，对外直接投资会有一段整合适应的时间。前期需要耗费大量的资本和时间用来购买原材料、建厂、培养海外员工等，成本提高的同时利润没有相应增长，企业绩效就会下降。当企业整合基本完成，规模扩张会使企业绩效得以迅速提升。因此制造业上市公司在进行对外直接投资时，要充分考虑长期效益，逐渐形成稳步发展的趋势。

5.4.4 实证研究不足

对样本公司的挑选依据仅根据财务数据披露是否完全、规模大小来挑选，缺乏其他筛选依据，如没有考虑企业间是否有关联交易；没有对制造业行业分区域研究，而是对挑选的 20 家制造业上市公司进行整体研究。不同制造业行业对外直接投资情况不同，还需进一步分析得出行业结论；没有对制造业对外投资区域进行划分，中国制造业对外直接投资地区主要是美国、东盟、欧盟，而单个企业对外直接投资路径本就复杂多样，同一公司在同一年对外直接投资事件需调查得非常完备，才能进行区域的分类。而本书主要搜集的是具有代表性的部分投资案例，缺乏全面性。

5.5 中国制造业企业对外直接投资案例分析——动力电池行业

5.5.1 全球动力电池行业现状

随着中、欧、日、韩、美等国家和地区大力发展新能源汽车，新能源汽车的销量快速增长，但汽车的续航与安全受动力电池影响，所以世界对动力电池的需要量增高。在 2021 年前 8 个月，世界共 162GWh 新能源汽车装机量，其中宁德时代装的机量最高，已达到 49.1GWh，位于第二、第三位的分别是 LG 化学与松下，分别为 39.7GWh 与 21.5GWh。图 5 – 10 中，宁德时代、LG 化学、松下、比亚迪四家公司占据世界锂电行业的 70% 以上，宁德时代在其中占比最多。中国已成为世界新能源电池方面的"领头羊"，中国共有 6 家动力电池企业在 2020 年的全球排名中位于前 10，其中宁德时代居于榜首（见图 5 – 11、图 5 – 12）。

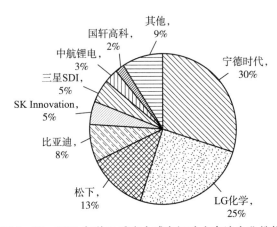

图 5 – 10　2021 年前三季度全球市场动力电池企业份额

资料来源：OFweek 锂电网.

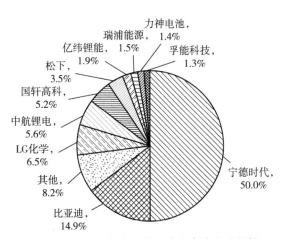

图 5 – 11　2020 年全国市场动力电池企业份额

资料来源：中国化学与物理电源行业协会，SNE Research.

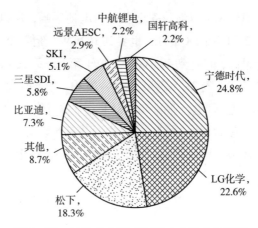

图 5 - 12　2020 年全球市场动力电池企业份额

资料来源：中国化学与物理电源行业协会 . SNE Research.

5.5.2　宁德时代公司介绍

5.5.2.1　公司发展现状

关于宁德时代，1999 年组建的 ATL 是它最初的组织机构，经过整改后在 2011 年重组成立了 CATL，并在 2018 年上市。该公司主要发展方向就是为世界各国提供动力电池系统，在新能源汽车上的应用就是其动力系统与储能系统。目前，宁德时代的生产服务体系已经很完备了，并通过创新电池技术，减少人们对化石燃料的使用，努力实现可持续发展的目标①。公司的核心技术优势在于电池的材料、系统、回收等关键领域，且公司拥有的高比能、长寿命、超快充、真安全、自控温、智能管理等新技术做到了电池使用性能好、时间长、安全系数高且智能化管理，大大提升了使用体验。早在 4 年前，宁德时代就发展成为世界领先的企业。

宁德时代仅通过 10 年的时间就发展壮大成了世界新能源领域的王牌企业，数据显示，2020 年中国有一半以上的汽车厂商选择了宁德时代的电池，并且其拿下了世界市场 25% 以上的份额，已超过松下、比亚迪等成为新的世界上最大的动力电池供应商，LG 化学与松下紧随其后，并与特斯拉、奔驰、

---

①　中国网 . 宁德时代研发无钴电池专家：两三年内无法完全去钴 .

宝马、蔚来汽车等汽车领域优质企业建立了长期的深入合作关系，在自身锂电池技术和良好的声誉背景双重驱动下，提升自己的市场地位，扩大市场份额。由工信部 2020 年的数据可知，有一半以上的新能源汽车公司选择与宁德时代合作，总共 6 800 款新能源汽车车型中有 3 400 多款选择了宁德时代的动力电池。

宁德时代通过产业链的整合，形成了成本和技术上的国际竞争优势，构建了企业长期发展的护城河。其不仅在锂离子电池方面占有极大的市场份额，也不断提升在储能系统上的应用，以及进行钠离子电池的研发[①]。从宁德时代 2020 年的年报也可以预测宁德时代未来会有更广阔的市场份额和利润空间（见图 5 - 13）。

图 5 - 13　宁德时代发展历程

资料来源：宁德时代官网．

5.5.2.2　海外投资现状

在 2017 年之前，宁德时代开展的海外投资项目主要是为了满足研发与销售方面的需求，进而扩大世界市场份额以及在世界市场的排名。由于自身技术优势及全球提倡新能源，减少碳排放政策的实施，宁德时代已在全球市场中处于领先位置。据世界动力电池行业相关数据可知，在 2017 年宁德时代就已经是全球排名第一的供应商了。

宁德时代的海外投资项目的主要形式是控股子公司。其中德国时代新能源科技公司、法国时代新能源科技公司、美国时代新能源科技有限公司以及日本时代新能源科技株式会社都是主打研发与销售，这些公司的在研发方面的投入占公司总收入的比例已经超过 8%。除此之外，在 2017 年宁德时代在

---

① 赵天宇．钠离子电池入局动力电池"三国杀"［N］．北京科技报，2021 - 08 - 23（006）．

加拿大创办的加拿大时代新能源科技有限公司以及后续的卢森堡时代新能源科技有限公司都是主打投资方向。在英属维尔京群岛建立的时代瑞鼎发展有限公司是以服务业为主，而建于美国的子公司，主要发展制造业。上述子公司都是其100%控股的子公司，宁德时代在印度尼西亚还有控股比例为70%的印尼普青循环科技有限公司，是利用当地的劳动力方面的优势，发展制造业。

　　除通过控股子公司外，宁德时代也通过其他渠道来打开自己的全球市场。在2018年，宁德时代就在德国进行了锂电池工厂建设以及智能制造技术的相关产品研发，利用当地完善的基础设施，深化与欧洲企业的合作，更加贴近欧洲客户，逐步发展欧洲市场。自此次在德国的投资后，宁德时代逐步在欧洲展开投资，在2019年开展欧洲工厂项目，该项目以高科技为核心，目的是打造本土锂电池供应链。之后与德国莱茵TUV集团合作，业务涉及生产、人员、安全等方面的培训（见图5-14）。

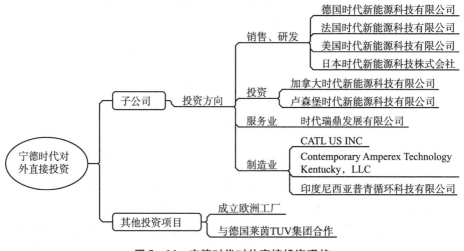

图5-14　宁德时代对外直接投资现状

资料来源：宁德时代官网.

5.5.3　动力电池同行业比较

5.5.3.1　行业发展历程

动力锂电池经过了三个阶段的发展。第一阶段是20世纪90年代到2000

年。这一阶段,在全球锂离子电池市场主要是松下和索尼占比较重,这两家企业都是日企,通过其先进的专利技术和率先进入市场的优势,成功拿到市场90%的份额。第二阶段是进入21世纪的前十年。这一阶段,通过借鉴其他国家的先进技术,LG化学和SDI也开始在这方面加大投入,并通过遍布全球的上下游供应链来降低电池的制造成本,成功跻身电池行业前列,打破了日企在韩国市场的垄断局面;同时期,中国的光宇、比亚迪、力神和ATL生产的锂离子电池也凭借低廉的成本进入国际市场,并扩大市场份额。在这个阶段,虽然日企仍然保持了其原有的行业地位,但其在电池市场上的规模优势已经不明显了,而中国和韩国通过全球供应链获得的低成本优势以及优质的下游客户成功成为电池行业的另两大巨头,从而形成了三足鼎立的格局(见图5-15)。

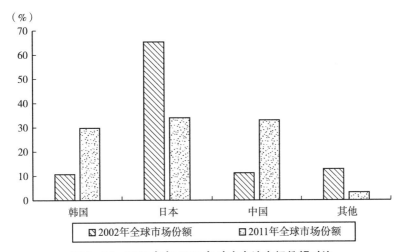

图 5 – 15   2002 年与 2011 年动力电池市场份额对比

资料来源:OFweek 锂电网.

第三阶段是2011年到现在。中国企业凭借价格优势以及多年来行业积累及政府的大力支持快速发展。而日本的市场份额不断被中韩占领。韩国和日本的市场份额在第三阶段呈下降趋势,分别在全球排行第二位和第三位。由表5-16可知,近5年全球市场份额主要由松下、比亚迪、LG化学与宁德时代占领。

表 5 – 16   近 5 年全球动力电池企业销量排行榜 TOP10

排名	2016 年	2017 年	2018 年	2019 年	2020 年
1	松下	宁德时代	宁德时代	宁德时代	宁德时代
2	比亚迪	松下	松下	松下	LG 化学
3	宁德时代	比亚迪	比亚迪	LG 化学	松下
4	沃特玛	沃特玛	LG 化学	比亚迪	比亚迪
5	LG 化学	LG 化学	三星 SDI	三星 SDI	三星 SDI
6	国轩高科	国轩高科	国轩高科	远景 AESC	SKI
7	力神	三星 SDI	远景 AESC	国轩高科	中航锂电
8	比克	北京国能	孚能科技	力神	远景 AESC
9	三星 SDI	比克	力神	亿纬锂能	国轩高科
10	中航锂电	孚能科技	比克	SKI	亿纬锂能

资料来源：中商产业研究院整理.

5.5.3.2　与行业 top3 企业的对比

成立于 1995 年的比亚迪公司主要生产磷酸铁锂电池，此外公司也在发展汽车业务。该公司一直致力于研究磷酸铁锂电池，因此在这方面有着其他企业无法比拟的技术优势。目前比亚迪 e6 的续航水平已提高到 400 公里，同时比亚迪的磷酸铁锂电池技术还拥有高电压、高体积密度、高循环寿命、高安全性及低成本等优势。但是，由于该电池本身的结构问题，使其无法在北方如此低温的环境中发挥出最佳的性能；此外，受化学特性限制，该电池的能量密度已经到达了峰值，未来没有很大的提升空间。而宁德时代的主要研究方向为三元锂电池，已成功研发出能量密度为 250Wh/kg 的电池，该数据远大于磷酸铁锂电池。对比发现，宁德时代的三元锂电池相较磷酸铁锂电池在技术成熟度方面有较大的竞争优势。

由于松下电器属于大集团中的一个小分支，这个小业务的营收仅占 9% 左右，为集团带来的收益也只有 1%，集团并不重视公司的电池业务。因此其在新能源电池的研发方面一直处于落后状态，缺乏相应的资源倾斜，虽然在其原有的技术上已达到极致，但在新能源电池方面却并不如新兴起的 LG 化学和宁德时代。

LG 化学在 2016 年的年度报告中第一次展示了其动力电池在研发支出的

占比，大约为 50% 以上，估算得到其动力电池研发支出为 8 亿~9 亿元。同年，宁德时代在研发上的支出达到 11.3 亿元，研发费用率为 7.6%，且这一数字仍在不断增长（见图 5-16）。

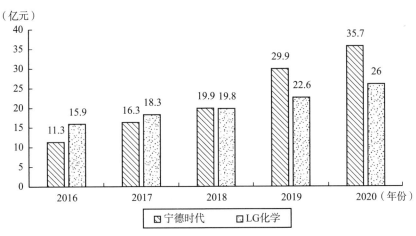

图 5-16　宁德时代和 LG 化学研发支出（2015~2020 年）

资料来源：宁德时代年报，LG 年报．

松下的供给来源主要是其国内的企业，供应体系整体相对封闭且稳定；且其下游客户单一，深度绑定特斯拉。LG 化学的供应商是全球采购，部分正极材料自供，通过合资或者合作的方式保证了原材料的供应。其下游客户分布较为分散，且覆盖面广，覆盖了美国、韩国、中国及欧洲。宁德时代在上游供应链的布局上多样，包含锂、钴、镍等稀缺资源的供应商以及正负极材料的供应商等，完善的产业链布局可保证其原材料充足的供应，并在一定程度上可帮助其获得成本优势。在下游客户方面，与其他企业对比，宁德时代的客户数量及客户类型多样且客户覆盖面广，不止与国内企业合作，也与海外的宝马、大众、丰田、特斯拉等跨国汽车签订战略合作协议。

高额的研发投入，完整的产业链布局，广泛的客户群体以及与车企的深度合作构成了宁德时代的护城河，帮助公司在世界动力电池市场上拿下较大的市场份额。

5.5.4 海外投资动因

5.5.4.1 国家政策支持

中国政府早就提出了关于锂离子的工作方向，最初"863 计划"中便把研究开发锂离子电池列为关键项目[①]。而宁德时代主打的是新能源应用，这与全球提倡的节能环保息息相关。由于低碳发展世界发展的趋势，各国都在朝着这个方向努力，提出了禁售燃油车的政策，并公布了具体的时间计划，对此许多汽车企业开始转向电池系统。由于政策支持、人们消费理念的转变以及新能源技术的不断完善，使得市场占有率不断提升。目前，在国内也颁布了一些鼓励新能源发展的政策，例如，消费者购买新能源汽车可获得补贴[②]，并在汽车行业设立激励机制，推动新能源产业发展，此外，在中国最新颁布的民法典中也明确提出了绿色发展理念[③]。

5.5.4.2 全球市场布局

宁德时代的全球投资中，欧洲市场占比较多，其中德国为其主要投资国家。德国属于工业领域的强国，尤其是在汽车领域拥有巨大的优势，宁德时代利用其在技术密集型产业方面的领先地位，在德国建立生产与研发基地，除打开欧洲市场外不断提高技术，通过与宝马、沃尔沃、大众等老牌汽车企业合作达到双赢。除此之外，欧洲工厂概念，更是市场不断延伸的标准，在充分利用德国在汽车行业的技术同时也弥补了德国在锂电池制造方面的空白。因此，宁德时代借助于欧洲的汽车文化，更好地服务于欧洲市场，更好地服务于汽车电动化，符合公司打造全球供应商的定位，也为公司在全球市场的发展奠定基础。除去欧洲市场，宁德时代也在日本、美国等地投资设厂，在这些发达国家设立销售与研发中心，而在印度尼西亚设立制造中心，是充分利用当地优势，进行产业布局。

---

① 兰凤崇，郭慧，黄维军，陈吉清，邱泽鑫. 锂离子动力电池专利信息分析 [J]. 科技管理研究，2015，35（14）：125 – 130，147.

② 陆明轩. 新能源汽车发展现状及未来趋势 [J]. 合作经济与科技，2021（24）：28 – 29.

③ 汪劲. 论中国环境法典框架体系的构建和创新——以中国民法典框架体系为鉴 [J]. 当代法学，2021，35（6）：18 – 30.

5.5.4.3 增强技术创新能力

目前，四合一的创新体系成为宁德时代的主要体系，包括材料、系统结构、制造及商业模式四个方面。尤其是宁德时代十年来的发展布局，多数选择在传统的汽车强国——德国进行投资，正是利用当地先进技术，增强创新能力的体现。而且宁德时代还拥有领先于世界的电压、储能方面的技术，宁德时代通过将新的动力技术带到德国等欧洲国家，继而研发出欧洲本土的动力电池系统；这不仅扩大了宁德时代的发展领域，还对其技术发展带来了挑战，进而引发技术创新[①]。而且，与宁德时代竞争的松下、比亚迪等公司也在加强技术创新，若宁德时代要保持全球领先地位，就必须要进行全球布局，提高自己的技术创新能力。

5.5.5 挑 战

5.5.5.1 竞争对手不断创新

以前比亚迪电池的续航与电池能量密度都是弱项，因此在市场份额方面落后于宁德时代。但就在 2020 年，比亚迪技术得到了巨大提升，发明了刀片电池，这些问题已不复存在。刀片电池的特点是它可在充分保证安全性的同时解决能量密度的问题，达到了续航时间长、稳定性高、安全性好三合一的效果。就在 2020 年比亚迪召开发布会当天，对三种电池分别进行了测试，实验方法选择的是行业内公认的有关电池安全问题的最严格的针刺穿透测试，这使得比亚迪电池的市场影响力大幅提升。之后比亚迪的刀片电池受到各大汽车厂商的支持并开始外供，一汽、丰田、奥迪中国、戴姆勒等都已经在导入比亚迪的刀片电池方案。随着刀片电池的问世和量产，宁德时代在技术方面的压力越来越大，宁德时代应努力创新技术，争取早日拿出更加优化的产品。

作为与宁德时代分庭抗礼的另一方，据韩国媒体报道，LG 化学正在对 NCMA 四元电池进行测试，一旦测试通过，便会与特斯拉开展深入合作，并

---

① 李允超，宋华伟，马洪涛，王宝玉，薛福. 储能技术发展现状研究［J］. 发电与空调，2017，38（4）：55 – 61.

将该电池用于特斯拉 Model Y。NCMA 电池最大的优势是它的四元特性，其中，四元是指利用镍、锰、钴、铝四种材料，用这四种元素做正极，相比以往的三元电池，钴的含量大大降低约 70%，转而使用镍元素，提升镍的含量，而对于镍含量的增加，铝元素就变得特别重要，它是用来解决汽车续航与稳定性问题的关键元素。相比宁德时代的电池，四元电池的优势在于其成本与安全性方面，由于其中价格最高的钴元素被镍替代，所以其成本大大降低。此外，该电池容量大，可以续航 664 公里。因此宁德时代在材料选取功能优化上还需要进一步提升，加剧了其在全球市场的竞争压力。

5.5.5.2　原材料价格上涨

原材料价格昂贵是一直困扰宁德时代的难题，为此，宁德时代通常选择与上游原材料供应商签订长期供货协议，从而获取原材料稳定的来源。然而，由于需求不断提升，导致原材料供不应求，因此供应商为获得最大收益，更倾向于短期协议。特别是自 2020 年以来，新冠肺炎疫情给原材料供应商带来了严重的影响，导致国内原材料不足，且无法依靠进口补充欠缺，供应紧张。而且，原材料市场价格的不断上涨给也给宁德时代带来不小的压力。

5.5.6　应对措施

5.5.6.1　加深锂电池全产业链布局

宁德时代要完成其全球发展的战略，除了加强锂电池相关的技术创新之外，还应结合其发展特点，进行全球产业布局。这主要集中于其在下游产业的布局，宁德时代应完善其发展布局，建立电池回收、换电以及充电站等产业，打造完整的产业系统，打破靠电池完成营收目标的现状，形成一个全面多元的产业格局。

5.5.6.2　研发钠电池以解决原材料稀缺

锂资源在中国属于稀缺资源，仅占世界全部锂资源的 5.93%，而且绝大部分都位于青藏高原、四川西部等自然条件恶劣的地方，开采难度大；钴元素的储量则更低，仅占 1%，即中国绝大多数钴是依靠进口。钠的储备量仅占全球的 2.8%，而锂仅占 0.0065%，且锂电池阴极所必需的钴元素也只占

0.001%，这表示钠资源是可使用的丰富资源，且在全球范围内分布广泛，不会出现供给短缺的情况。为杜绝"卡脖子"现象的发生，中国就不能依赖稀有金属作为主要材料。

目前宁德时代在钠离子电池研究方面已突破了核心技术，预计在 2023 年实现第一代钠离子电池的大规模商业化。而且生产钠离子电池只需要在现有锂离子电池生产的基础上稍加改造即可，产业化进程会大幅提速。此外，宁德时代也提出了具有开拓性质的电池混搭技术，通过优秀的电池管理系统逻辑，完美控制钠电池和锂电池的放电水平。通过使用两种电池搭配，不仅弥补了之前电池方面的不足，同时也集中了这两种电池的优点，使其可大规模商用。

5.5.6.3　发展储能业务

各国正在改变新能源发展方向，逐渐转向风电、光伏发电，而这其中首先要解决的就是供电不稳的问题，储能就是解决这些问题的关键，并且还可做到安全供应[1]。国家公布的一项政策表明了储能需求全面扩张。而宁德时代的储能行业从 2018 年就开始了，又一次走在了时代的前列。

宁德时代首先与国家电网在开发资源方面进行合作，接着与科士达合作，进入储能系统市场，并与星云股份公司成立合资公司来研发 BMS（电池管理系统）。最后，通过与永福股份、中华煤气分别成立合资公司来实现储能产业的协同效应。通过观察宁德时代的发展布局，可得出该公司正朝着上中下游全覆盖的产业体系的方向发展。

5.6　中国制造业对外直接投资——电子装备制造业

5.6.1　概念界定及现状分析

5.6.1.1　概念界定

作为极具科技含量的计算机等各类电子装备制造业在中国制造业中具有

---

① 郑建华. 储能行业战略研究［J］. 机械制造，2018，56（10）：1-8.

极高的地位，是典型的技术密集型和资本密集型产业。作为制造业门类下的二类级别，计算机、通信和其他电子装备制造业共涵盖了9个中类下的36个小类①（见图5–17、表5–17）。

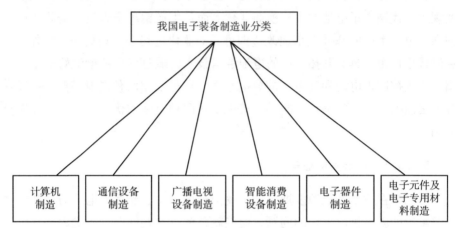

图5–17　中国电子装备制造业分类

资料来源：中国国家统计局2017年《国民经济行业分类》。

表5–17　　　　　　　　　电子及通信设备制造业的产品分类明细

SITC Rev. 3 码	产品明细
752	自动数据处理机及其部件 Automatic data processing machines and units thereof
761	电视接收器 Television receivers
762	广播接收器 Radio-broadcast receivers
763	录音机或复制品；电视图像和声音录音机 Sound recorders or reproducers；television image and sound recorders
764	电信设备、网元和配件以及76大类下的网元及配件 Telecommunications equipment，nes，and parts，nes，and accessories of 76

资料来源：根据李小平、周记顺、王树柏（2015）的研究成果整理。

---

① 资料来源：中国国家统计局2017年《国民经济行业分类》。

计算机等各类电子装备制造业具有极高的科技水平，是典型的技术密集型和资本密集型产业，其产值占高新技术总产值的 50% 以上，对中国经济的发展具有重要的促进作用，根据联合国贸易统计数据库（UN Comtrade）统计，2008 年，中国电子通信设备制造业出口规模为 2 802.25 亿美元，占中国制造业出口额的 21.5%。2018 年，中国电子和通信设备制造业出口达到 4 254.91 亿美元（见表 5 - 18），平均每年增长 4.5%。由图 5 - 18 可得，2016 ~ 2020 年中国电子及通信设备制造业出口态势平稳，年均出口额为 4 100 亿美元，但中国该领域的制造业发展起步较晚。大多数企业仍处在全球价值链低附加值部分来进行加工制造和出口贸易，产品创新、技术研发和品牌营销等方面均有待提高，该产业在中国呈现出劳动密集型的特征，中国在该行业中长期扮演了加工装配的角色，而这种加工装配的地位近年来也受到了来自东南亚如越南、印度等国家的挑战，相对于中国，这些国家有着更低廉的劳动力，这要求中国急需优化电子设备制造业的产业结构，急需中国相关领域的企业进行产业升级，加强自身硬实力，增强整个行业的水平，改变该产业展现出的劳动密集特征。

表 5 - 18　　　　　2016 ~ 2020 年中国电子及通信设备制造业总出口

	2016 年	2017 年	2018 年	2019 年	2020 年	合计
对外出口额（亿美元）	4 047.51	3 903.35	4 254.91	4 019.76	4 275.00	20 500.53

资料来源：联合国贸易统计数据库（UN Comtrade），统计名录为 SITC Rev. 3 体系下的 752、761、762、763 和 764 组合。

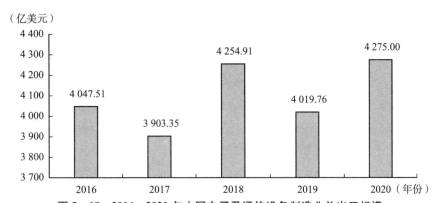

图 5 - 18　2016 ~ 2020 年中国电子及通信设备制造业总出口规模

资料来源：联合国贸易统计数据库（UN Comtrade），统计名录为 SITC Rev. 3 体系下的 752、761、762、763 和 764 组合。

5.6.1.2 历年中国电子装备制造业对外直接投资的现状分析

通过分析表5-19以及图5-19，我们可以看到自2016年开始，中国各类电子装备制造业的对外直接投资流量逐年减少，整体呈现下降趋势，在制造业中所占的比例也逐年减少，最低时只有9.65%，由此预见未来发展趋向，计算机、通信和其他电子装备制造业对外直接投资的流量可能会随着中国整体对外直接投资流量的增长而增加，但在中国制造业对外直接投资的流量中所占的比例可能会越来越少。

表5-19　　2016~2020年电子装备制造业对外直接投资流量及所占比例

项目	2016年	2017年	2018年	2020年	合计
对外直接投资流量（亿美元）	39.28	28.5	23.7	26.5	117.98
占制造业比例（%）	13.52	9.65	12.40	10.25	

资料来源：2016~2020年《中国对外直接投资统计公报》，2019年《中国对外直接投资统计公报》中未显示电子装备制造业对外直接投资流量。

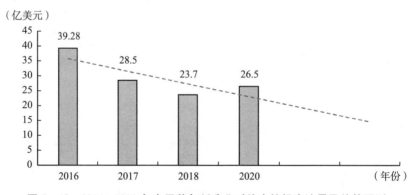

图5-19　2016~2020年电子装备制造业对外直接投资流量及趋势预测

资料来源：2016~2020年《中国对外直接投资统计公报》，2019年《中国对外直接投资统计公报》中未显示电子装备制造业对外直接投资流量。

5.6.1.3 管理建议

1. 企业层面

（1）提高企业生产率水平。企业生产率是企业综合实力的体现，也是衡量企业能否在国际市场中占有一席之地的重要标准。行业投资规模的扩大，离不开行业内企业的发展水平，只有当各行业内的企业的总体水平提升后，才能提升行业整体的投资规模。一方面，要加强对新科技的渴望及投入，只有当技术进步时，企业才能有更好的效益，才能在激烈的国际竞争中处于上风；另一方面，重视人才培养，建立和完善人才引进和培训的相关机制，加大人力资本投入，提升技术型和管理型人才储备规模。

（2）明确自身优势和产业选择。不同细分行业的企业在进行对外直接投资决策时，应当"对症下药"，科学评估自身具有的优势和特点，同时将自身优势与国家、国际的战略发展相结合。寻找适合自身的国家或地区进行投资，发挥自身的企业竞争优势。

（3）注重对外投资风险防范。投资风险贯穿在企业开展对外投资的全过程中，包括政治风险、经济风险和文化整合风险等。中国在对外投资等相关领域发展时间仍然相对较短，对于投资风险的识别和化解能力相对不足。投资风险的防范和应对是一项系统性工程，须调动国家、社会和企业等多方面主体共同参与。对企业而言，应当在事前、事中和事后做好全方位防控。首先，重视境外投资尽职调查，对企业经营管理能力、资金调配实力等自身情况进行充分客观的评估，对东道国政治、经济、社会、法律、文化等状况，拟投资行业的发展现状和市场竞争结构等做详细调查。其次，投资项目存续期间，应当重视本土化经营，尊重当地社会文化风俗和法律制度，加强与当地各方的沟通和交流，积极履行社会责任，协调与工会组织的关系。

2. 政府层面

（1）政府的政策支持应因势利导。与发达国家企业出于自发行为进行国际投资不同，中国政府在对外投资的过程中扮演着极其重要的角色，政府在作为政策的制定者的同时，也参与在对外投资的活动中。因此，作为投资活动的亲历者，政府对投资活动中出现的问题有着更敏锐的感知，这也方便了政府制定相关措施，积极地、正确地引导中国企业进入全球化的市场。同时，不同行业的企业具有不同的投资特点，政策的制定应当因行施策，引导各行业科学投资合理布局。

（2）政府参与应当更加市场化。近年来，全球经济一体化进程不断加深的同时，逆全球化思潮也在兴起。中国对外直接投资屡屡因非商业原因遭到东道国的曲解，尤其是国有企业主导的跨境投资，往往因其背后的政府支持引起东道国的疑虑，导致对外直接投资项目进展困难。因此，政府参与其中的方式应当更加市场化，相比于通过行政手段直接参与国际市场，政府应当致力于为跨境企业创造更好的经济环境和国际化经营条件，着力培养企业形成自身的竞争优势。

（3）推动要素市场改革。在改革开放过程中，为了吸引投资，解决就业问题，实现经济增长，各级地方政府通过行政手段对外干预资本、劳动力、土地等要素的分配和价格。导致要素价格不能正确反映要素稀缺程度，这极其不利于生产要素的自由流动，而且会对要素的配置速度产生影响。虽然要素价格扭曲通过导致产能过剩等方式提高企业对外直接投资的动力，但其在长期会抑制企业生产率，对中国的经济转型升级造成不利影响，也不利于中国经济发展质量的提高。因此，及时地对中国要素市场进行改革，提高生产率，有利于中国对外投资的长期发展。可以从金融，利率，减少政府的干预，减少资本要素价格扭曲；加快城镇建设，加快户籍和证件制度改革，加快城乡活动和地区间活动，增加工会活动，加大工会自建力度，提高工会在平等基础上进行谈判和谈判的能力，减少劳动力市场的扭曲；加快土地市场改革，完善土地供应体系和流转体系的建设，严厉打击企业寻租行为避免政企合谋，降低土地市场扭曲。

5.7 中国制造业对外直接投资——汽车制造业

5.7.1 中国制造业对外直接投资趋势分析

从整体来看（见图 5-20），中国对外直接投资总额从 2006~2016 年增长势头强劲，在 2016 年达到顶峰；2017~2021 年对外直接投资总额相较 2016 年低，且有波动趋势。

自 2016 年底到 2017 年初，为了防范短期内对外投资增速过快带来风险，中国政府在政策层面有所收紧，商务部对对外直接投资加强了真实性、合规性审查，引导企业审慎理性地投资，进一步规范中国企业对外投资的行为，防范中国企业可能在国际投资环境中遇到的不稳定风险，确保对外投资健康

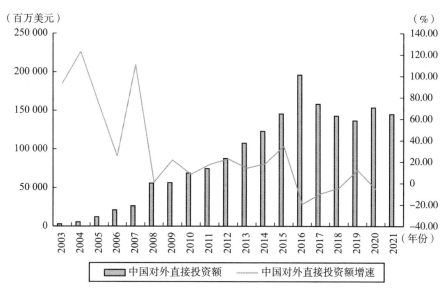

图 5-20　2006~2021 年中国对外直接投资额及其增速

资料来源：商务部.

平稳的运行①。2017 年 6 月，党通过《关于改进境外企业和对外投资安全工作的若干意见》，在国家安全体系建设的总体框架下，建立统一高效的境外企业和对外投资安全保护体系②。因此，虽然中国的对外直接投资总额下降，但对外直接投资的结构更加合理，安全性更高。

2018~2019 年，受到中美贸易摩擦、逆全球化思潮和贸易保护主义的影响，世界经济增长动力不足，中国在此期间对外直接投资呈降低趋势③。

2020~2021 年受疫情影响，中国对外直接投资总额有所下滑。

从制造业来看（见图 5-21），中国制造业对外直接投资额整体趋势与中国对外直接投资总额相同。从 2003~2017 年呈增长趋势，其中，2015~2016 年迅速增长，在 2017 年达到顶峰；2018~2021 年制造业对外直接投资总额相较 2017 年低，波动较大。

---

① 王辉耀，苗绿，全球化智库（CCG），西南财经大学发展研究院主编. 企业国际化蓝皮书：中国企业全球化报告（2020）. 2020.

② 中华人民共和国商务部. 中企"出海"：行稳方可致远［EB/OL］. http：//gpj. mofcom. gov. cn/article/zuixindt/201707/20170702611283. shtml，2017-07-18.

③ 王永中，周学智. 中美贸易摩擦与中国制造业对外投资走势［J］. 经济纵横，2021（2）：61-70. DOI：10. 16528/j. cnki. 22-1054/f. 202102061.

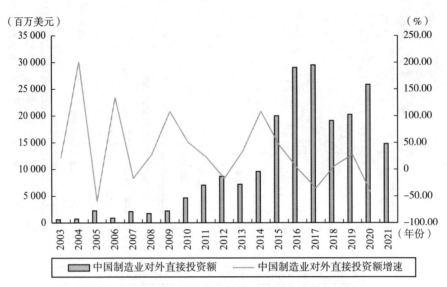

图 5 – 21　2003 ~ 2021 年中国制造业对外直接投资额

资料来源：商务部.

从 2003 ~ 2017 年，中国制造业对外直接投资额在 2005 年有起伏，主要原因是受到了"联想并购 IBM 个人电脑业务的影响"。

2013 年，中国首次提出而"一带一路"倡议，2015 ~ 2016 年，中国制造业对外直接投资额快速上升；随着推进"一带一路"建设进入深水区和攻坚期，2017 年中国制造业对外直接投资增长势头疲软，2018 年有所下降。

2020 ~ 2021 年受疫情影响，中国制造业对外直接投资额有所下滑。

从中国制造业对外直接投资额占比情况来看（见图 5 – 22、表 5 – 20），可把 2003 ~ 2021 年中国制造业对外直接投资大致分为三个阶段。

第一阶段：2003 ~ 2005 年，中国制造业对外直接投资相对总额占比水平较高，平均为 18.08% 。

第二阶段：2006 ~ 2014 年，中国制造业对外直接投资相对总额占比水平较低，平均为 6.66% 。第二阶段相对第一阶段制造业对外直接投资占比下降，原因是中国的对外直接投资额产业结构更加合理，且在此期间制造业对外直接投资额呈上升趋势，因此中国制造业对外直接投资水平不能被认为是下降的。

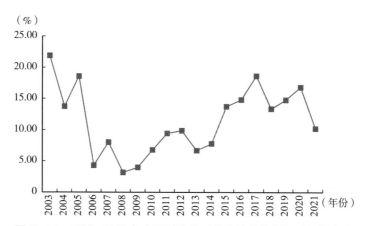

图 5 - 22 2003 ~ 2021 年中国制造业对外直接投资额相对总额占比

资料来源：商务部.

表 5 - 20 　　　　2003 ~ 2021 年中国制造业对外直接投资额相对总额占比

	2003 年	2004 年	2005 年	平均占比（%）
占比（%）	21.90	13.74	18.60	18.08

	2006 年	2007 年	2008 年	2009 年	2010 年	2011 年	2012 年	2013 年	2014 年	平均占比（%）
占比（%）	4.28	8.02	3.16	3.96	6.78	9.43	9.87	6.67	7.78	6.66

	2015 年	2016 年	2017 年	2018 年	2019 年	2020 年	2021 年	平均占比（%）
占比（%）	13.72	14.81	18.64	13.36	14.79	16.81	10.19	14.62

资料来源：商务部.

　　第三阶段：2015 ~ 2021 年，中国制造业对外直接投资相对总额占比水平较高，平均为 14.62% 。受到"一带一路"倡议的影响中国制造业对外直接投资占比整体变高，又因疫情等原因呈波动趋势。

5.7.2 中国汽车产业对外直接投资在制造业对外直接投资中的地位

　　自 2015 年起，中国国家统计局的统计数据中才出现有关汽车制造业对外直接投资的统计数据（见图 5 - 23）。在中国制造业对外直接投资中，汽车制造业对外直接投资占比在 2017 年下降了 4% 左右，2019 年下降了 6% 左右。2016～2020 年中国汽车制造业相对制造业对外直接投资额占比平均值为 17.21%，在制造业对外直接投资中占比很高。

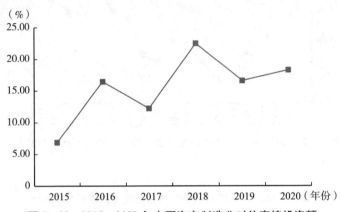

图 5 – 23　2015～2020 年中国汽车制造业对外直接投资额
相对制造业对外直接投资额占比

资料来源：国家统计局.

　　2017 年汽车制造业对外直接投资占比下降的原因可能与 2016 年底到 2017 年初商务部对对外直接投资加强了真实性、合规性审查有关。2019 年汽车制造业对外直接投资占比下降的原因可能与中美贸易摩擦、逆全球化思潮和贸易保护主义以及"一带一路"建设进入深水区和攻坚期有关[1]。

　　总体而言，中国汽车制造业对外直接投资是中国制造业对外直接投资中不可或缺的一部分。

　　中国汽车制造业对外直接投资本身而言（见图 5 – 24），在经历 2016 年的迅猛增长后，2017～2020 年中国汽车制造业增速稳定在 3.33% 左右。

5.7.3　中国主要汽车企业对外直接投资实例分析

　　由于缺乏在中国汽车制造业对外直接投资方面的官方数据统计，本节根据销售量情况，选取了中国十大主要汽车品牌，以这十大中国汽车品牌代表

---

　　①　王永中，周学智. 中美贸易摩擦与中国制造业对外投资走势［J］. 经济纵横，2021（2）：61 – 70.

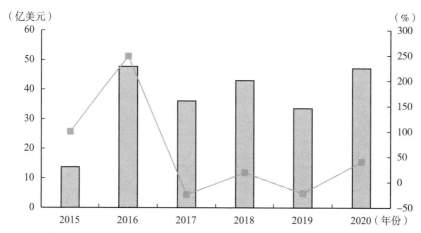

图 5 - 24　2015 ~ 2020 年中国汽车制造业对外直接投资额及增速

资料来源：国家统计局．

中国汽车企业的市场行为。据中国汽车工业协会统计分析，2020 年 1 ~ 11
月，中国十大主要汽车品牌占中国品牌汽车销售总量的 85.07% ，① 因此中国
十大主要汽车品牌能够代表中国主要汽车企业的市场行为。

2015 ~ 2021 年，根据汽车工业协会及各汽车企业官网公开数据统计出
的中国主要汽车品牌销售量，对中国汽车品牌销量前十进行排序（见
表 5 - 21）。如果忽略这十家以外的中国汽车品牌，根据 2015 ~ 2021 年中国
主要汽车品牌销售量占比（见图 5 - 25），可以看到上汽集团、东风公司、一
汽集团这三家车企平均销量占中国主要汽车品牌销售量的 50% 。由于目前缺
乏官方权威数据，所以，以这三家车企为例研究中国汽车制造业在对外直接
投资中的表现。

表 5 - 21　　　　　　2015 ~ 2021 年中国主要汽车品牌整车销售量排名　　　　单位：万辆

排名	品牌	2015 年	2016 年	2017 年	2018 年	2019 年	2020 年	2021 年	均值
1	上汽	590.19	648.9	693.01	705.17	623	560	581	628.7529
2	东风	387.25	427.6	412.06	303.21	293.2	286.83	277.51	341.0943
3	一汽	284.39	310.6	334.6	341.84	345.9	370.6	350.1	334.0614

① 资料来源：汽车工业协会．

续表

排名	品牌	2015年	2016年	2017年	2018年	2019年	2020年	2021年	均值
4	长安	277.65	306.34	287.24	213.78	175.99	200.36	230.1	241.6371
5	北汽	248.9	284.7	251.3	240.2	226	116.9	103.1	210.1571
6	广汽	129.97	165	200.1	214.79	206.22	204.4	214.4	190.6971
7	吉利	50.99	76.59	124.71	150.08	136.16	132.02	132.8	114.7643
8	长城	85	107.45	107.02	105.3	106.33	111.16	128.1	107.1943
9	奇瑞	55.05	70.47	68	75.27	74.53	73	96.19	73.21571
10	比亚迪	45.54	42.2	51.24	52.07	46.14	41.63	73	50.26

注：由于中国十大汽车品牌销售额不全部来自整车销售，故此仅以整车销售量对中国十大汽车品牌进行销售量排序。

资料来源：汽车工业协会．各汽车企业官网公开数据整理．

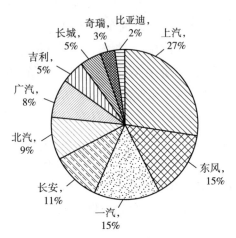

图 5 - 25 2015~2021 年中国主要汽车品牌销售量比例

资料来源：汽车工业协会．各汽车企业官网公开数据整理．

5.7.3.1 上汽集团

上汽集团是中国 A 股市场最大的汽车上市公司，是中国最早引入外资进行合资合作的汽车企业，在中国汽车市场连续多年保持领先优势。2002 年 10 月，上汽集团首次开展对外投资并购①。

---

① 刘刚．中国汽车企业对外直接投资研究［D］．长春：吉林大学，2018.

根据上汽集团官方披露的信息（见表 5 - 22），上汽集团全球自主研发布局涉及英、美、以色列，其中以色列特拉维夫是亚洲、非洲、欧洲的结合点。英美汽车技术在世界范围榜上有名，2022 年，KPMG 发布的 *International 2020 Autonomous Vehicles Readiness Index* 显示，以色列在世界自动驾驶创新度中排名世界第一①。

表 5 - 22 　　　　　　　上汽集团全球自主研发基地地理布局

序号	地理位置	名称	序号	地理位置	名称
1	中国南京	南京技术中心	6	英国伦敦	英国技术中心
2	中国南京	南京汽车工程研究院	7	美国硅谷	创新中心
3	中国上海	上汽技术中心	8	韩国双龙	汽车技术研究中心
4	中国上海	上汽集团创新研究开发总院	9	以色列特拉维夫	创新中心
5	中国上海	商用车技术中心			

资料来源：上汽集团年度社会责任报告.

根据上汽集团官方披露的信息（见表 5 - 23），上汽集团全球营销服务类布局涉及北美洲、南美洲、欧洲、亚洲、非洲、大洋洲。上汽集团全球生产制造类布局集中在东南亚地区。

表 5 - 23 　　　　上汽集团全球营销服务、生产制造基地国际地理布局

营销服务类							
序号	地理位置	名称	成立年份	序号	地理位置	名称	成立年份
1	上海自贸区	上汽国际	2018	9	圣地亚哥	上汽南美	2015
2	底特律	上汽北美	1994	10	罗安达	上汽安哥拉	2019
3	墨西哥城	上汽墨西哥	2020	11	约翰内斯堡	上汽南非	2012
4	伦敦	上汽英国销售公司	2015 年前	12	开罗	上汽埃及	2016
5	欧洲	上汽欧洲	2015 年前	13	雅加达	上汽印尼销售公司	2016
6	利雅得	上汽中东	2016	14	悉尼	上汽澳大利亚	2020
7	迪拜	上汽中东	2015 年前	15	曼谷	上汽泰国销售公司	2016
8	吉隆坡	上汽马来西亚	2020				

---

① 毕马威会计师事务所（KPMG）. International 2020 Autonomous Vehicles Readiness Index［EB/OL］. 2021. https：//assets. kpmg/content/dam/kpmg/xx/pdf/2020/07/2020 – autonomous-vehicles-readiness-index. pdf.

续表

生产制造类							
序号	地理位置	名称	成立年份	序号	地理位置	名称	成立年份
1	拉合尔	上汽巴基斯坦 KD 公司	2020	3	罗勇	上汽泰国基地	2021
2	新德里	上汽印度基地	2017	4	雅加达	上汽印尼公司	2016

注：标注"2015 年前"的公司成立年份在官网上没有明确说明，但根据上汽集团 2015 年社会责任报告可知这些公司在 2015 年前成立。

资料来源：上汽集团年度社会责任报告.

5. 7. 3. 2 东风公司

东风汽车的前身是原第二汽车制造厂，始建于 1969 年。2006 年 3 月，东风汽车成立了海外事业部，专门构建了明确的国际化发展组织机构之后，陆续在巴基斯坦、越南、泰国、马来西亚、伊朗、埃及及乌克兰等国建立了散件组装工厂[①]。

根据东风集团官方披露的信息，东风集团分别在瑞典和法国设立了海外研发基地。生产基地主要分布在北非、中东、印度尼西亚。全球营销服务类布局主要在亚洲、非洲、南美洲。

2006 年 3 月，东风汽车成立了海外事业部，专门构建了明确的国际化发展组织机构之后，陆续在巴基斯坦、越南、泰国、马来西亚、伊朗、埃及及乌克兰等国建立了散件组装工厂。2011 年，东风汽车成立了海外第一家子公司——东风汽车俄罗斯有限公司，积极参与国际竞争，逐步推进海外事业发展。2012 年，东风汽车收购了瑞典 T Engineering 公司 70% 的股权，作为东风汽车在海外第一个研发基地，提供汽车电子控制方面先进的技术支持和服务。2014 年 3 月，东风汽车向标致雪铁龙集团入股 8 亿欧元，持股 14%，与法国政府和标致家族并列成为标致雪铁龙集团的第一大股东，与标致雪铁龙集团在国际业务、商品和技术协同等多方面开展战略合作，改变了中国汽车企业以单一资本并购融入全球市场的局面，开创了用国内产能开拓国际市场的合资公司先例，同时，在研发合作方面采取了对等方式进行研发和知识产权共享，对中国汽车企业对外直接投资提供了新的实践思路[②]。

---

①② 刘刚. 中国汽车企业对外直接投资研究［D］. 长春：吉林大学，2018.

5.7.3.3 一汽集团

一汽的建成，开创了新中国汽车工业的历史，1953 年奠基，1956 年建成投产并制造出新中国第一辆卡车。一汽集团于 1984 年开始海外事业，1992年启动对外直接投资，在坦桑尼亚合资建立了 CA141 解放卡车组装厂，这是一汽集团首次海外投资建厂①。

根据一汽集团官方披露的信息（如表 5-24 所示），上汽集团全球自主研发布局涉及中国、德国、奥地利。

表 5-24   一汽集团全球自主研发基地地理布局

序号	地理位置	名称	序号	地理位置	名称
1	中国北京	前瞻技术创新中心	6	中国无锡	重型发动机研发中心
2	中国天津	天津技术开发中心	7	中国南京	人工智能研发中心
3	中国长春	全球研发总部	8	德国慕尼黑	前瞻设计中心
4	中国大连	中轻型发动机研发中心	9	奥地利格拉兹	商用车前瞻设计中心
5	中国青岛	商用车研发中心	10	美国硅谷	人工智能技术中心

资料来源：中国一汽.2020 可持续发展报告.

中国一汽构建了"三国六地"全球研发格局。在长春组建全球研发总部，在北京组建了前瞻技术创新中心，在上海组建了新能源研发中心＋设计中心，在南京组建了人工智能研究中心，在德国慕尼黑组建了前瞻设计中心，在美国硅谷组建了人工智能技术中心。

中国一汽已与全球 78 个国家建立业务联系，整车出口产品涵盖红旗高端乘用车、奔腾乘用车、解放商用车等全系列产品，遍布东欧、拉美、东南亚、中东、非洲 5 大区域市场，并实现了对日本、挪威、迪拜等高端市场的产品突破。海外一级代理商数量超过 90 家，在南非、俄罗斯、坦桑尼亚等国家建立海外子公司自建营销渠道。在"一带一路"倡议指引下，中国一汽积极参与"一带一路"沿线市场建设，加快布局国际产能合作，在南非、巴基斯坦、墨西哥、俄罗斯等 14 个国家建有 16 个海外组装生产基地，形成了以

---

① 资料来源：一汽在中国.

"一带一路"实施路径为基础的东、南、西、北四条海外生产力布局。未来，中国一汽将继续把"走出去"战略与"一带一路"倡议深度融合，坚持加强合作，生态共赢发展，到2025年，充分覆盖"一带一路"沿线市场、持续深耕关键贸易市场、完善布局全球核心市场，逐步将海外业务打造成为中国一汽新的增长极①（见表5－25）。

表5－25　　　　　　　　　一汽集团全球生产制造基地地理布局

序号	地理位置	序号	地理位置
1	巴基斯坦	9	肯尼亚
2	南非	10	菲律宾
3	墨西哥	11	俄罗斯
4	坦桑尼亚	12	伊朗
5	尼日利亚	13	巴西
6	菲律宾	14	智利
7	越南	15	马来西亚
8	叙利亚	16	哈萨克斯坦

资料来源：中国一汽. 2020可持续发展报告.

根据上一汽集团官方披露的信息，一汽集团全球营销服务类布局涉及美洲、欧洲、亚洲、非洲、大洋洲。

5.7.4　中国汽车制造业对外直接投资特点

前文提及，上汽集团、东风公司、一汽集团这三家车企平均销量占中国主要汽车品牌销售量的50%。由于目前缺乏官方权威数据，所以，以这三家车企为例研究中国汽车制造业在对外直接投资中的投资特点。

5.7.4.1　不同管理要素的区位选择特点

1. 成本导向的生产地理布局

中国汽车产业对外直接投资的区位选择很大程度上受到了成本的影响。

---

① 资料来源：一汽在全球.

在成本方面，汽车主要消耗的原材料为铁矿石、铝土矿、天然橡胶以及在生产过程中需要耗费大量能源。而这些产品的对外依存度都较高（见表 5 - 26）。近十年来，铁矿石对外依存度平均值为 79.51%；天然橡胶对外依存度平均值为 66.15%；石油对外依存度平均值为 65.79%；铝土矿对外依存度平均值为 48.44%；天然气对外依存度平均值为 34.49%。另外，近年来中国劳动力成本上升，人口增长率下降。以上使得汽车产业在中国成本较高。

表 5 - 26　　　　**2010 ~ 2021 年汽车主要消耗的原材料对外依存度**

项目	2012 年	2013 年	2014 年	2015 年	2016 年	2017 年	2018 年	2019 年	2020 年	2021 年	平均值
石油	56.40	58.85	59.50	60.60	65.40	68.40	70.80	72.50	73.40	72.00	65.79
天然气	28.90	31.60	32.20	32.70	34.00	39.45	45.30	43.80	43.19	43.79	37.49
铁矿石	67.90	68.98	78.50	84.00	87.30	87.80	82.00	82.30	80.60	75.70	79.51
铝土矿	45.73	60.08	43.56	46.20	44.47	44.47	54.56				48.44
天然橡胶	73.28	74.55	75.43	76.94	76.57	51.73	75.91	75.46	44.81	36.81	66.15

资料来源：中国海关. 国家统计局.

根据国家统计局资料，调查向中国出口铁矿石的主要国家（见表 5 - 27）。在这些主要国家里，上汽集团的四个生产制造基地其中一个在印度，一汽集团的十六个生产制造基地其中两个分别在巴西和南非。

表 5 - 27　　　**中国三大汽车企业生产制造基地在铁矿石出口国设立情况**

序号	铁矿石出口国	设立数量（单位：个）		
		上汽集团	东风集团	一汽集团
1	澳大利亚			
2	巴西			1
3	南非			1
4	加拿大			
5	印度	1		
6	乌克兰			

资料来源：国家统计局. 汽车企业官网公开信息、年度报告.

根据国家统计局资料，调查向中国出口天然橡胶的主要国家（见表5-28）。在这些主要国家里，上汽集团的四个生产制造基地其中一个在泰国，一汽集团的十六个生产制造基地其中两个分别在越南和马来西亚。

表5-28　　　中国三大汽车企业生产制造基地在天然橡胶出口国设立情况

序号	天然橡胶出口国	设立数量（个）		
		上汽集团	东风集团	一汽集团
1	泰国	1		
2	越南			1
3	马来西亚			1
4	韩国			
5	日本			

资料来源：国家统计局. 汽车企业官网公开信息、年度报告.

根据全网公开信息显示，在劳动力成本低的国家中，上汽集团的四个生产制造基地其中一个在印度，东风集团的三个生产制造基地其中一个在印度尼西亚，一汽集团的十六个生产制造基地其中两个分别在越南和菲律宾（见表5-29）。

表5-29　　　中国三大汽车企业生产基地在劳动力成本低的国家设立情况

序号	劳动力成本低的国家	设立数量（个）		
		上汽集团	东风集团	一汽集团
1	越南			1
2	柬埔寨			
3	印度	1		
4	菲律宾			1
5	印度尼西亚		1	
6	泰国	1		

资料来源：全网公开资料整理. 各汽车企业官网公开信息、年度报告.

综上总述，中国汽车制造业在对外直接投资中成本因素会影响区位选择。

2. 技术导向的研发地理布局

中国汽车产业对外直接投资的区位选择很大程度上受到了技术的影响。

在技术方面，中国汽车技术世界排名较低。根据国务院办公厅颁布的文件《中国制造 2025》，中国制造业将逐步由"中国制造"向"中国智造"的过渡。在汽车制造业方面，尽管中国汽车企业加大了对科技的研发，增加了投资力度和对科技创新的重视程度，但由于国际竞争激烈，中国缺少基本技术和投资经验，尽管目前中国汽车制造业技术能力已有明显提升，但与国际发达工业体相比，在汽车技术方面差距仍然很大。据最新资料显示，2001年，中国汽车产业技术能力指数为世界先进水平的 20.75%；2013 年，中国汽车产业技术能力指数为世界先进水平的 37.5[①]。

根据全网公开信息显示，在汽车技术高的国家排名依次为德国、英国、美国、法国、意大利、日本、荷兰、瑞典、韩国、中国。其中，上汽集团的三个在海外的研发基地其中两个分别在英国和美国；东风集团的两个在海外的研发基地分别位于法国和瑞典；一汽集团的三个生产制造基地其中两个分别在德国和英国。

由以上数据可以得出，中国汽车制造业在对外直接投资中技术因素会影响区位选择（见表 5 - 30）。

表 5 - 30　　　　　中国三大汽车企业自主研发基地在汽车
技术较高国家的设立情况

序号	汽车技术国家排名	设立数量（个）		
		上汽集团	东风集团	上汽集团
1	德国（代表车：宝马等）			1
2	英国（代表车：劳斯莱斯等）	1		
3	美国（代表车：悍马、林肯等）	1		1
4	法国（代表车：布加迪）		1	
5	意大利（代表车：法拉利等）			
6	日本（代表车：莲花、雷克萨斯）			
7	荷兰（代表车：世爵）			

① 中国汽车工程学会. 中国汽车技术发展报告：2014 - 2015 年［M］. 北京：北京理工大学出版社，2015.

序号	汽车技术国家排名	设立数量（个）		
		上汽集团	东风集团	上汽集团
8	瑞典（代表车：沃尔沃）		1	
9	韩国（代表车：现代）			
10	中国（代表车：奇瑞、吉利、比亚迪）	1	1	1

资料来源：全网公开资料整理．各汽车企业官网公开信息、年度报告．

3. 政策导向的营销地理布局

中国汽车产业对外直接投资的区位选择很大程度上受到政策的影响。

以"一带一路"为例，调查中国三大汽车企业海外公司在"一带一路"国家设立情况①。

根据统计（见表 5-31），上汽集团有 11 个海外公司在"一带一路"国家设立，东风集团有 29 个海外公司在"一带一路"国家设立，一汽集团有 15 个海外公司在"一带一路"国家设立。其中在马来西亚、南非、巴基斯坦、智利这四个"一带一路"国家，中国三大汽车企业均设立了海外销售公司。其中，马来西亚自然资源丰富，天然橡胶、石油、天然气等汽车制造原材料充足，各领域制度完善，劳动力成本低；南非矿产资源、天然气资源丰富，基础设施、各领域制度完善，劳动力成本低；巴基斯坦石油、天然气资源丰富；智利矿产资源丰富，基础设施、各领域制度完善。

表 5-31　　　中国三大汽车企业销售经营基地在"一带一路"国家设立情况

序号	"一带一路"部分国家	设立数量（单位：个）		
		上汽集团	东风集团	上汽集团
1	马来西亚	1	1	1
2	印度尼西亚	2	1	
3	缅甸		1	
4	泰国	2	1	
5	越南		1	1

① 毛学锋．基于汽车制造业研究我国对外投资的动因、效益与风险［J］．科技经济市场，2021（6）：46-47．

续表

序号	"一带一路"部分国家	设立数量（单位：个）		
		上汽集团	东风集团	上汽集团
6	菲律宾		1	1
7	巴布亚新几内亚		1	
8	伊朗		1	1
9	伊拉克		1	
10	叙利亚			1
11	南非	1	1	1
12	埃及	1	1	
13	阿尔及利亚		1	
14	突尼斯		1	
15	莫桑比克		1	
16	尼日利亚		1	1
17	安哥拉	1	1	
18	利比亚		1	
19	苏丹		1	
20	坦桑尼亚		1	1
21	肯尼亚			1
22	津巴布韦		1	
23	以色列	1		
24	沙特阿拉伯	1		
25	阿拉伯联合酋长国	1		
26	印度	1	1	
27	巴基斯坦	1	1	
28	阿富汗伊斯兰共和国		1	
29	哈萨克斯坦		2	1
30	俄罗斯		2	1
31	巴西		1	1
32	智利	1	1	1
总计		14	29	15

资料来源：中国"一带一路"网．各汽车企业官网公开信息、年度报告．

由以上数据可以得出，中国汽车制造业在对外直接投资中政策因素会影响区位选择。

5.7.4.2 产品结构以乘用车和 SUV 车型为主

由于东风集团和一汽集团数据缺乏，在此仅以 2015 ~ 2021 年中国上汽集团分车型类别境外销量平均值占比探讨中国汽车制造业对外直接投资的产品结构（见表5 – 32）。根据图5 – 26 可以得出，SUV 销量占比最高，其次是基本乘用车，二者共占据海外市场84% 的销量。故此推断海外市场基本乘用车和 SUV 这两种车型更受欢迎。

表 5 – 32　　　　　　中国上汽集团分车型类别境外销量　　　　单位：辆

车型类别	2015 年	2016 年	2017 年	2018 年	2019 年	2020 年	2021 年	均值
基本乘用车	58 095	52 968	95 025	154 767	148 377	93 259	154 125	108 088
SUV	1 581	49 763	42 195	84 374	156 123	246 491	437 110	145 376.7
MPV	1 382	6 622	14 068	15 303	16 222	10 190	40 034	14 831.57
交叉型乘用车	16 182	11 804	9 557	8 046	9 004	11 174	18 413	12 025.71
客车	4 719	5 087	3 759	3 980	4 675	4 520	13 951	5 813
载货汽车	3 196	2 987	5 768	10 400	15 702	24 046	33 616	13 673.57

资料来源：上汽集团2015 ~ 2021 年年度报告.

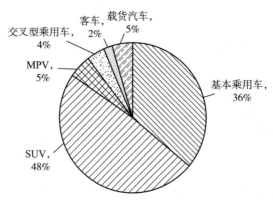

图 5 – 26　2015 ~ 2021 年中国上汽集团分车型类别境外销量平均值占比

资料来源：上汽集团2015 ~ 2021 年年度报告.

5.7.5 中国汽车制造业对外直接投资的弱 "本土化" 问题

中国汽车制造业对外直接投资以跨国并购为主[①]。但中国汽车制造业对外直接投资的发展并不是一帆风顺的，在这个过程中，也有许多投资失败的案例。下面以引发业界关注的上汽集团投资并购韩国双龙汽车为代表案例，揭示中国汽车制造业对外直接投资存在 "本土化" 不足问题。

韩国双龙汽车曾位列韩国现代、起亚、雷诺三星之后，作为韩国第四大汽车公司，其 SUV 产品在韩国中高端市场并占据了半壁江山。上汽集团参与韩国双龙汽车的并购，基本动因是拟结合双龙汽车的越野车技术和产品优势弥补上汽集团此方面的短板，在中国市场引入并扩大双龙汽车的销售份额，将上汽集团的自主品牌优势通过双龙汽车的渠道推广，实现双方优劣势互补发展。

2004 年 10 月，上汽集团收购获得韩国双龙集团 48.92% 的股权，后又增持至 51.3%[②]，并于 2006 年将其注入旗下上海汽车集团股份有限公司。然而，作为上汽集团首笔跨国控股企业并购，在并购后公司管理层缺少国际化管理经验，难以妥善处理与公司前高管及公司工会的关系、难以协调被控股企业技术所有权和研发团队的转让问题，上汽集团对双龙汽车的技术渴求被韩方理解为 "技术资源偷窃者"。在国外，工会地位较高。双龙汽车企业工会担心原有公司员工被裁员，组织了一系列的罢工活动。在韩国的劳工制度下，招人容易裁人难，公司工会这一系列负面行为严重影响了双龙汽车的经营业绩，产能 22 万辆的双龙 2008 年一年间只造出 8.1 万台车，仅占韩国汽车总产量的 2%，导致企业在 2009 年被迫进入 "回生程序"，最终由韩国中央法院接管了双龙汽车的经营管理，上汽集团完全失去了对双龙汽车的控制权，对韩国双龙的最初投资颗粒无收，在不到 5 年的时间产生了近 40 亿元人民币的投资损失。

上述案例中，上汽集团投资并购韩国双龙汽车失败主要是因为收购中隐藏了许多有关跨国企业文化冲突、技术之争、劳资纠纷等在国内市场不会遇到的问题，才最终导致了中国企业与被投资企业两败俱伤的局面。因此中国汽车制

---

① 刘刚. 中国汽车企业对外直接投资研究 ［D］. 长春：吉林大学，2018.

② 资料来源：公开数据整理。

造业在进行对外直接投资前要制定详细的对外直接投资策略，收集、整理、分析和研究拟投资地区的产业现状及相关环境，降低对外直接投资的风险。

5.7.6 对中国汽车制造业对外直接投资的建议

根据上述分析的中国三大汽车企业对外直接投资的区位布局情况、产品结构情况，以下给出中国汽车制造业对外直接投资的几点建议。在研发中心的区位选择方面，可以仿照中国三大汽车企业对外直接投资的区位布局情况，选择汽车研发技术较高的国家或地区，如德国、美国、英国等。在生产基地的区位选择方面，可以仿照中国三大汽车企业对外直接投资的区位布局情况，选择劳动力成本较低的国家或地区，如越南、印度、菲律宾等①。在营销公司的区位选择方面，可以根据中国的政策导向，选择"一带一路"国家等具有消费潜力的市场，如非洲、东南亚等地区。

除此之外，还要做好对外直接投资前的相关调研，对比国内外投资环境的差异，谨慎选择投资对象和详细制定投资计划，以全局视角思考并做出相应的战略安排，增强企业对外直接投资战略的科学性、针对性和有效性，降低战略实施过程中的不确定风险。

5.8 中国制造业对外直接投资对策

5.8.1 优化对外直接投资区位分布格局

中国制造业对外直接投资目标国家应分散开来，避免过度集中，实现目标国家向发达国家的逐步过渡，如美国和欧洲国家。在熟悉对外直接投资过程、获取一定经验后，中国制造业中部分行业可以尝试到发达国家进行对外直接投资。由于先进的技术对提高制造业企业收益至关重要，到发达国家进行对外直接投资不但可以优化中国制造业对外直接投资格局，而且可以引进

---

① 庞德良，刘刚. 中国汽车企业对外直接投资的区位选择 [J]. 当代经济研究，2018（8）：71－77.

先进技术，提高企业经济收益。

5.8.2　提升制造业在价值链中的位置

目前，中国制造业在全球价值链中处于低附加值的状态，为改善这一状况，这就需要中国积极推动研发行业的发展，加大相关行业的投资，从而打造自己的研发产品与技术，加强中国制造业在全球价值链中的地位。企业海外投资有效提升母国企业生产效率，所以要鼓励中国制造业企业在国际市场上发挥自身价值，积极学习引进先进技术。以本土企业为核心，突破价值链低端锁定，培育具有国际影响力的民族品牌成为提升中国企业海外投资效率的必经之路。中国企业只有在国际竞争中取得优势，积极参与全球化竞争，才能在全球价值链的分配中得到更高的回报。

5.8.3　建立完善的对外直接投资保障体系

考虑到中国制造业面对的对外直接投资环境较为严峻，国外投资环境与中国投资环境存在较大差异，这就要求中国相关部门建立更加完善的对外直接投资保障体系。中国相关部门可以从国内政策方面以及提供专业服务等方面对对外直接投资企业进行支持，从而保证企业在国外能够顺利进行对外直接投资相关活动，还需要完善对外直接投资法律法规。首先，可以借鉴国外发达国家的保险立法。合并后的法律形式一经确立，就可以使用单独立法来制定中国对外直接投资保险法。其次，还需要制定一系列适用于外资保险公司所在国的投资保险法律，以及关于保险投资者和保险类别准入的立法。

5.8.4　完善税收抵免办法与境外投资准备金政策

为了促进更多的制造企业走出国门，对境外投资取得的红利达到一定标准后给予间接信贷或多级信贷，尽量避免双重征税。建立海外投资储备制度。"走出去"不仅能够促进制造业企业发展，同时推动国民经济的发展，也顺应了经济全球化的背景。建议公共财政为外国投资设立适当的风险基金，促进越来越多的企业在国际市场上崭露头角。对符合资金标的跨国公司，应设置一定比例的资金专门用于其对外投资项目。

5.8.5 增强企业风险投资法制意识与创新意识

中国制造业在进行对外直接投资时要增强自身法制意识，正确把握不同风险，在投资经营过程中，充分调动自身的积极参与、提高创新意识与创造能力，树立全球竞争的战略意识，正确认识到投资、外资、海外市场等因素之间的密切关系。与发达国家相比，中国制造业对外投资的核心问题在于没有形成自身的创新体系，缺乏创造精神，应该鼓励国内企业提高创新技术的发展，例如，颁布鼓励创新的奖励政策。

5.8.6 完善金融服务体系

长期以来中国金融服务体系存在较大问题，仅仅依靠自有资金链去进行对外直接投资是相当受限的，对于规模大、订单多的项目，需要有完善的金融体系支持，为提高中国制造业企业在国际市场上的地位，应从以下几方面对金融服务体系进行完善：

一方面，按照国际惯例建立合适的国际贸易规则，与友好贸易往来的伙伴国制定一系列互利互惠政策，维持伙伴关系，促进双方的国际贸易发展。而对于国与国之间贸易政策的商定，也需要仔细商讨，认真落实。目前，中国已经与非洲、欧洲等国家建立起良好的贸易伙伴关系。

另一方面，加快金融产品的创新。新型金融产品的生产意味着新的外资吸引力，进而扩大中国对外直接投资规模，带来新的资金链条，更好地融入国际市场。同时，金融产品的创新也需要有中国商业银行监管，监管体系也要跟着创新，并提供创新海外投资。

5.9 中国制造业对外直接投资趋势

5.9.1 绿地投资较稳定增长

受 2020 年全球公共卫生突发事件影响，加之中美经贸摩擦的影响，全球经济并不乐观，然而，中国制造业的对外投资程度没有受到明显影响，绿地投资规模呈增长态势。2015～2019 年，中国绿地投资总体趋势为波动中生长，2015 年的 210 亿美元较 2014 年的 243 亿美元略有所下滑，2016 年与 2015 年持平，2017 年上涨到 316 亿美元，2018 年又有所回落，最后在 2019 年达到峰值 372 亿美元（见图 5－27）。

后疫情时代，中国制造业对外直接投资水平有所下降，但绿地投资水平有所提高，全球制造业的区域化、多区位性特征逐渐显现。

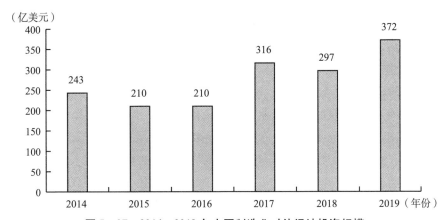

图 5－27　2014～2019 年中国制造业对外绿地投资规模

资料来源：对外直接投资．Intelligence.

5.9.2　并购数量高居不下

从并购数量来看，2013～2018 年制造业共并购 952 起，占比 34%；批发零售业并购 448 起，占 16%；322 家租赁和商业服务公司的合并和收购，占 10%；306 起信息传输和信息技术领域的并购，占比 9%；并购数量少于 100 起的行业共占比 13%。从各行业历年的并购数量变化趋势看，制造业一直位居各行业并购数量榜首，2016 年后，除制造业外，各行业并购数量差距逐渐缩小，但与制造业的差距逐渐增大（见图 5－28）。

如图 5－29 所示，中国制造业在 2014 年发生 167 起并购事件，并购数量居于首位，占当年中国跨国并购总金额 20.9%，2015 年，中国制造业跨国并购劲头很足，制造业跨国并购为 131 起，2016 年受英国脱欧等因素的影响，国际贸易情形依旧不太乐观，而中国的对外直接投资继续健康发展，由于

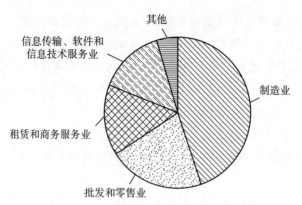

图 5－28　2013～2018 年中国主要行业并购构成

资料来源：中国制造业企业跨国并购对全要素生产率的影响研究．

"中国制造 2025"提案的发布，中国制造业在这一年并购交易数量高达为 200
起。2017 年中国政府加强对企业对外投资的审查，不同于 2016 年的高速增
长，2017 年，中国企业对外投资增长速度减缓，中国制造业跨境并购的数量
为 163 起，此时中国制造业已经成为全球跨国并购的重要力量。2018 年，中
国对外直接投资保持增长态势，制造业跨国并购有 162 起，2019 年为 179
起，说明中国制造业发展前景依然值得期待。

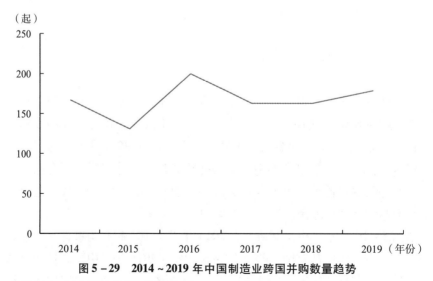

图 5－29　2014～2019 年中国制造业跨国并购数量趋势

资料来源：中国对外直接投资统计公报．

5.9.3 民营企业将成为跨国并购主力军

2001 年，中国加入 WTO，以促进国内经济发展，并使中国开始融入国际市场，中国跨国并购的企业数量得以增加，并购的数量和数量也有所增加，并购地区范围扩大，一些有实力的非国有企业走出国门通过跨国并购不断提升自身实力，其中民营企业的表现最为亮眼。

从近些年中国进行跨国并购的制造业企业性质来看，除个别年份外，民营企业已经超越国有企业成为制造业企业跨国并购的主力军。在存在跨国并购行为的所有制造业企业中，民营企业所占的比例高达 75.2%，而国有企业仅占 16.9%。在所有跨国并购事件中，非国有企业所占比例甚至高达 82.6%，其中民营企业占非国有企业的 91.6%。民营企业是促进中国经济发展和创新生产方面担任着不可或缺的角色，随着其自身实力的增强以及国家政策的鼓励，在未来的长时间内，民营企业不仅将在国内经济发展中扮演重要角色，也将一直担当跨国并购的主力军。

结　　论

本章围绕中国制造业企业对外直接投资这个主题，以分析全球及中国制造业对外直接投资的现状为基础，研究分析了中国制造业对外直接投资面临的问题并提出相应的对策。通过构建中国制造业对外直接投资绩效评价体系，并采用因子分析法对制造业上市公司的财务数据进行绩效分析，根据本章的相关分析和实证结果得出以下几个主要结论：

首先，中国制造业企业对外直接投资综合绩效呈现上下波动趋势。对外直接投资当年综合绩效均值高于投资前一年，说明市场预期看好。但是，如果不考虑 2020 年新冠肺炎疫情对经济下行造成的巨大压力，综合绩效均值在投资后第 2 年降到期间最低，说明对外直接投资对样本公司短期内没有真正的提升。

其次，投资后 5 年均值达到最高，说明对外直接投资不能只看短期，而是一个长期的过程。另外，从最大值来看，公司综合绩效最大值逐年递增，说明公司在不断突破综合绩效得分上限，具有长远发展的潜力。

最后，以宁德时代为背景对中国制造业企业对外投资进行案例分析。政府应该向制造业企业进行对外直接投资提供财政支持和制度保障，制定和完善相关法律和规章制度，提高自主创新能力，继续迈向价值链高端。同时，企业要加强自主创新研发能力，提升高层次人才的培养，塑造中国制造业企业的专业技术优势，从而通过对外直接投资来提高企业经营绩效。

本章参考文献

［1］王志凯，卢阳阳．中国企业对外直接投资与本国就业增长研究［J］．上海交通大学学报：哲学社会科学版，2020，28（4）：13.

［2］李晓华．制造业全球产业格局演变趋势与中国应对策略［J］．财经问题研究，2021（1）：12.

［3］穆朗峰．制造业产业升级背景下制造业企业进入壁垒及其突破问题研究［D］．北京：中共中央党校，2019.

［4］余东华．新工业革命时代全球制造业发展新趋势及对中国的影响［J］．天津社会科学，2019（2）：13.

［5］尹希文．我国制造业企业对外直接投资影响技术创新的模式及案例分析［D］．长沙：湖南大学，2019.

［6］王晓聪．我国对外直接投资对制造业价值链升级的实证研究［J］．环渤海经济瞭望，2020（11）：2.

［7］郭进．全球智能制造业发展现状，趋势与启示［J］．经济研究参考，2020（5）：12.

［8］李晓华．李晓华：全球制造业格局演变与我国的应对之策［J］．经济研究信息，2021（2）：3.

［9］周嘉琪．中国制造业对外直接投资的绩效研究［D］．保定：河北大学，2020.

［10］樊硕．浅析制造业的现状与未来发展［J］．天津经济，2016（6）：3.

［11］邓丽娜．国际技术溢出对中国制造业产业结构升级影响的实证研究［J］．河北经贸大学学报，2014，35（4）：5.

［12］吴娜．对外直接投资对我国制造业产业结构升级影响研究［D］．

无锡：江南大学，2019.

[13] 杨雅琳. 中国制造业对外直接投资现状及对策研究 [J]. 全国流通经济，2019（5）：28 – 29.

[14] 王恕立，卢平. 中国制造业对外直接投资的 SWOT 分析及对策 [J]. 武汉理工大学学报（信息与管理工程版），2009，31（2）：329 – 332.

[15] 王静. 中国制造业企业跨国并购对全要素生产率的影响研究 [D]. 济南：山东财经大学，2021.

[16] 班博. 中国企业对外直接投资的区位选择及其投资绩效的实证研究 [J]. 东岳论丛，2009，30（5）：168 – 172.

[17] 陈恩，王方方，扶涛. 企业生产率与中国对外直接投资相关性研究——基于省际动态面板模型的实证分析 [J]. 经济问题，2012（1）：58 – 63.

[18] 杨极. 中国企业对外直接投资的经营绩效研究 [D]. 镇江：江苏大学，2019.

[19] 章丽群，刘彬. 我国上市公司跨国并购财富绩效研究 [J]. 经济纵横，2012（11）：52 – 55.

[20] 曹荣鹏. 中国企业对外直接投资绩效研究 [D]. 泉州：华侨大学，2015.

[21] 陈利莹. 我国民营企业跨国并购问题研究 [D]. 保定：河北大学，2017.

[22] Lu J. W. , Beamish P. W. SME internationalization and performance：Growth vs. Profitability [J]. Journal of International Entrepreneurship，2006，4（1）：27 – 48.

[23] 林莎. 我国上市企业对外投资绩效的实证研究 [J]. 国际商务（对外经济贸易大学学报），2009（4）：47 – 53.

[24] 余鹏翼，李善民. 国内上市公司并购融资偏好因素研究——基于国内并购与海外并购对比分析 [J]. 经济与管理研究，2013（11）：58 – 66.

[25] D. Castellani, Mariotti I. , Piscitello L. The impact of outward investments on parent company's employment and skill composition：Evidence from the Italian case [J]. Structural Change & Economic Dynamics，2008，19（1）：81 – 94.

[26] 朱召平. 我国对外直接投资对制造业结构升级的影响研究 [D]. 南昌：江西财经大学，2018.

[27] 龙志军. 中国制造业上市公司并购绩效评价及影响因素研究 [D]. 大连: 大连海事大学, 2011.

[28] 曹荣鹏. 中国企业对外直接投资绩效研究 [D]. 泉州: 华侨大学, 2015.

[29] 刘晓丹, 衣长军. 中国对外直接投资微观绩效研究——基于 PSM 的实证分析 [J]. 世界经济研究, 2017 (3): 68 - 77, 135.

[30] 孙缘. 我国对外直接投资企业的经营绩效及影响因素研究 [D]. 华南理工大学, 2018.

[31] 周嘉琪. 中国制造业对外直接投资的绩效研究 [D]. 河北大学, 2020.

[32] 毛娜薇. 我国制造业企业对外直接投资经营绩效评价 [D]. 江西财经大学, 2020.

[33] 中国网. 宁德时代研发无钴电池专家: 两三年内无法完全去钴

[34] 赵天宇. 钠离子电池入局动力电池"三国杀" [N]. 北京科技报, 2021 - 08 - 23 (006).

[35] 兰凤崇, 郭慧, 黄维军, 陈吉清, 邱泽鑫. 锂离子动力电池专利信息分析 [J]. 科技管理研究, 2015, 35 (14): 125 - 130, 147.

[36] 陆明轩. 新能源汽车发展现状及未来趋势 [J]. 合作经济与科技, 2021 (24): 28 - 29, 2021 (24): 009.

[37] 汪劲. 论中国环境法典框架体系的构建和创新——以中国民法典框架体系为鉴 [J]. 当代法学, 2021, 35 (6): 18 - 30.

[38] 李允超, 宋华伟, 马洪涛, 王宝玉, 薛福. 储能技术发展现状研究 [J]. 发电与空调, 2017, 38 (4): 55 - 61.

[39] 郑建华. 储能行业战略研究 [J]. 机械制造, 2018, 56 (10): 1 - 8.

[40] 朱琳. 我国对外直接投资的行业分布及影响因素研究 [D]. 上海社会科学院, 2021.

[41] 杨挺, 陈兆源, 李彦彬. 展望 2022 年中国对外直接投资趋势 [J]. 国际经济合作, 2022 (1): 21 - 29.

[42] 中华人民共和国商务部, 国家统计局, 国家外汇管理局. 2020 年度中国对外直接投资统计公报 [M]. 北京: 中国商务出版社, 2021.

[43] 中国国家统计局. 2017 年《国民经济行业分类》.

[44] 颜振. "一带一路"沿线国家贸易便利化与电子及通讯设备制造业

出口研究［D］. 南昌大学, 2021.

［45］李小平, 周记顺, 王树柏. 中国制造业出口复杂度的提升和制造业增长［J］. 世界经济, 2015, 38 (2): 31 - 57.

［46］王一凡. 浅析我国对外直接投资的产业结构［J］. 经济论坛, 2006 (9): 43 - 47.

［47］王辉耀, 苗绿. 全球化智库 (CCG), 西南财经大学发展研究院主编. 企业国际化蓝皮书: 中国企业全球化报告 (2020), 2020.

［48］中华人民共和国商务部. 中企 "出海": 行稳方可致远［EB/OL］. (2017 - 07 - 18). http: //gpj. mofcom. gov. cn/article/zuixindt/201707/2017070 2611283. shtml.

［49］王永中, 周学智. 中美贸易摩擦与中国制造业对外投资走势［J］. 经济纵横, 2021 (2): 61 - 0.

［50］毕马威会计师事务所 (KPMG). International 2020 Autonomous Vehicles Readiness Index［EB/OL］. 2021. https: //assets. kpmg/content/dam/kpmg/ xx/pdf/2020/07/2020 - autonomous-vehicles-readiness-index. pdf.

［51］刘刚. 中国汽车企业对外直接投资研究［D］. 吉林大学, 2018.

［52］中国一汽. 中国一汽 2020 可持续发展报告.［EB/OL］. 2021. http: //www. faw. com. cn/public/pdf. html? file = /fawcn/resource/cms/article/ 376127/5405449/2020% E5% 8F% AF% E6% 8C% 81% E7% BB% AD% E5% 8F% 91% E5% B1% 95% E6% 8A% A5% E5% 91% 8A. pdf.

［53］中国汽车工程学会. 中国汽车技术发展报告: 2014 - 2015 年［M］. 北京: 北京理工大学出版社, 2015.

［54］毛学锋. 基于汽车制造业研究我国对外投资的动因、效益与风险［J］. 科技经济市场, 2021 (6): 46 - 47.

［55］庞德良, 刘刚. 中国汽车企业对外直接投资的区位选择［J］. 当代经济研究, 2018 (8): 71 - 77.

第6章

中国服务业企业对外直接投资

随着全球性的经济产业融合及产业联动升级，中国服务业对外直接投资发展速度很快，但其形成规模相对较晚。对外直接投资的方式主要是投资开设新的服务业企业。随着中国全面深化改革，加快现代服务体系的建立，中国服务业结构及规模获得快速突破性发展。本章研究探讨了中国服务企业对外直接投资的现状和特点，然后进行了服务业的绩效实证研究和中国服务业企业对外直接投资案例分析，分别进行深入研究，提出问题的相关对策及趋势，从更深刻层次上探讨服务业企业的对外直接投资状况，并得出相关结论。通过从行业和企业角度对中国服务业进行探讨，有利于补充相关产业理论及对外直接投资的理论体系，为中国服务业企业对外直接投资的实践活动提供理论参考。

服务业的经济活动在早期以为国内的消费者提供服务为主，其对外投资活动开始较晚。近些年随着世界经济的发展、全球化进程的推进，服务业迅猛发展，在投资区域、投资行业等方面形成一定特征。当前国内外学者对服务业企业对外直接投资的研究较为深入，大多对服务业贸易特点，直接投资模式，未来发展趋势进行深入研究，集中于对投资规模变化，区域特征以及模式转变的研究。本章以中国服务业对外直接投资为主题，尤其是当前中国服务业占国内生产总值的比重达到54.5%，在一些一线城市服务业占比甚至超过80%，因此在服务业如此迅速发展的背景下，具有重要参考意义。

6.1 全球服务业及其对外直接投资现状特点及趋势

6.1.1 全球服务业成为世界经济增长的巨大动力

从原始社会出现的原始祭祀可知，在那时服务业便已经以这一形式存在了。虽然服务业存在较早，但其在国家发展中的地位一直低于农业和工业，其不被认为是生产制造性产业，而是为这些生产制造产业提供服务的附属部门。直到三大产业被明确划分，其定义被明确提出，各国逐渐开始重视服务业的发展。2021年董小君及郭晓婧通过研究发现，从20世纪四五十年代以来，科学技术的不断变革创新，全球化范围的不断扩大，出现了大量的跨国企业，全球物流运输业以及互联网技术的进步，才得以繁荣发展。服务业在一国经济发展中逐渐占据中流砥柱的地位，成为衡量一国经济发展水平的重要指标之一。

2019年，杨玉英与任安娱通过相关研究发现，从1960年开始，全球经济发展和贸易往来的重心开始向服务业和服务贸易转移。根据图6-1分析可知，服务业的增长值在各国GDP中所占的比重呈不断上升趋势，这与各国政府重视和服务业自身特点密不可分。虽然中国、印度等发展中国家服务业兴起较早，但其不论是发展程度还是增长速度均与美国、日本和德国等发达国家存在一定差距。美日德等发达国家有着良好的服务业基础，雄厚的资金支持使得其服务业增加值在GDP中占比达到50%以上，且这一数字比例在逐年上升，美国同类指标更是达到80%。2019年，澳门服务业增长值在GDP中占比为94.04%，位居全球第一。从世界总体来看，2019年服务业增长值在GDP中占比达到了65.04%，这说明服务业的发展已经成为世界经济的增长的巨大推动力，促进各国经济的进一步发展和提升（王晓红、李勇坚，2016）。

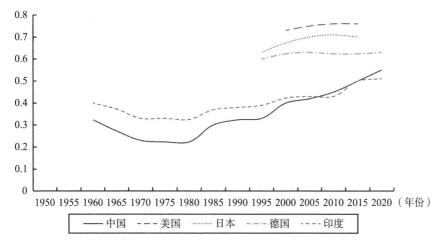

图6-1 世界主要国家服务业增加值占GDP比重走势

资料来源：UNCTAD.

根据服务业的定义我们可知，服务业是一个大的集合产业，其涵盖范围广泛，子行业种类众多，大多只要涉及提供服务或是生产均属于服务业产业，而对于服务业的界定也有不同的标准。如表6-1所示，按照国际标准产业分类4.0版本，以下15个行业均属于服务业范畴。

表6-1　　　　　　　　　国际标准产业分类 ISIC/4.0—服务业

门类	行业名称	门类	行业名称
G	批发和零售业 汽车和摩托车修理	O	公共管理与国防； 强制性社会保障
H	运输和储存	P	教育
I	食宿服务活动	Q	人体健康和社会工作
J	信息和通信	R	艺术、娱乐和文体活动
K	金融和保险活动	S	其他服务活动 家庭作为雇主的活动；
L	房地产活动	T	家庭自用、未加区分的物品生产和服务活动
M	专业科学和技术活动	U	国际组织和机构的活动
N	行政和辅助活动		

资料来源：UNCTAD.

6.1.2　全球服务贸易取得较大增长

由图6-2我们可以看出，2005～2019年，世界的服务贸易取得了较大的增长，在进出口领域也有着相较于其他行业的明显增速，已成为世界贸易中不可或缺的一部分，这充分说明全球服务贸易作为新兴产业的先驱，已经在世界经济贸易中逐渐赶超货物贸易，站在经济发展地位的前列。而从图中可以看出在2020年服务贸易的进出口额度有所下降，这主要是因为受疫情的影响，全球服务贸易进出口额均有明显下降。

6.1.3　全球服务业对外直接投资逐渐超越制造业同类

20世纪90年代后半期，随着对外直接投资的兴起，服务行业FDI也相应地增长，GATS的签署更加促进了服务业FDI的发展。从1990年开始以来，

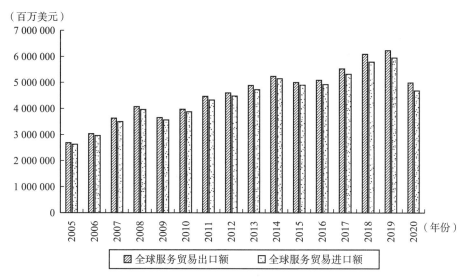

图 6-2 2005~2020 年全球服务贸易进出口额

资料来源：UNCTAD.

服务业的对外直接投资比重开始逐渐超越制造业，这充分说明服务业已经取代制造业，成为 FDI 结构中的主流（付强，2010）。根据《世界投资报告》分析可知，如图 6-3 所示，2012~2020 年，全球服务业的对外直接投资总额持续增长。从投资方式来看，绿地运营和跨国并购虽然均为对外投资的主要方式，但从图中可以明显看出，绿地投资还仍是全球服务业对外投资的主要方式。

图 6-3 2012~2020 年按投资方式划分全球服务业投资额

资料来源：2012~2020 年世界投资报告.

6.1.4 各大洲主要投资的行业结构均服务业占比较高

不同地区中国投资的行业有所差距，但整体来看，中国对各地区的投资的行业都存在高度集中的特点，前五大行业的投资占比均超过70%（见表6-2）。

表6-2　　　　　　　　各大洲对外直接投资前5名的行业

地区	行业	存量（亿美元）	占比（%）	地区	行业	存量（亿美元）	占比（%）
亚洲	租赁和商务服务业	6 694.8	40.7	拉丁美洲	信息传输/软件和信息技术服务业	2 371.2	33.1
	批发和零售业	2 500.1	15.22		租赁和商务服务业	1 339.0	17.5
	金融业	1 929.4	11.7		批发和零售业	786.3	14.8
	制造业	1 619.9	9.8		制造业	402.5	10.0
	采矿业	865.2	5.3		科学研究和技术服务业	371.7	5.5
	小计	13 609.4	82.7		小计	5 270.7	83.7
非洲	建筑业	151.5	34.9	北美洲	制造业	265.8	26.6
	采矿业	89.4	20.6		采矿业	149.9	15.0
	制造业	61.3	14.1		金融业	139.7	14.0
	金融业	41.4	9.6		信息传输/软件和信息技术服务业	95.7	9.6
	租赁和商务服务业	23.5	5.4		租赁和商务服务业	86.6	8.6
	小计	367.1	84.6		小计	737.7	73.8
欧洲	制造业	405.6	33.1	大洋洲	采矿业	175.1	43.6
	采矿业	214.3	17.5		租赁和商务服务业	50.7	12.6
	金融业	181.2	14.8		金融业	41.2	10.3
	租赁和商务服务业	121.2	10.0		房地产业	34.1	8.5
	批发和零售业	67.9	5.5		制造业	23.6	5.9
	小计	990.9	80.9		小计	324.7	80.9

资料来源：商务部.

6.1.5 发展速度快，比重不断升高

结合上述分析可知，服务业已经成为各国在经济发展中最重要的一环，各国服务业发展速度迅猛，发达国家服务业的增速这一占比更是在六成以上，而发展中国家虽较低于发达国家，但也仍保持在40%~60%。2008年，对于发展中国家来说，服务业的发展呈现出良好的态势，未来具有较大上升空间，也将成为未来全球服务业持续上升的拉动力量。与此同时，服务业的跨国投资也呈现迅速增长的特点。

6.1.6 在全球范围内发展不平衡

当今世界服务业的发展存在着巨大的不平衡，各国之间的服务贸易水平有着显著的差距。刘雷研究发现，2017年从国家类型来看，服务业的发展多以发达国家为主体，而除了像中国这样经济发展态势较好的发展中国家，其他发展中国家无论是在服务贸易进出口，还是服务贸易的对外投资均与发达国家有所差距。韩玉军与陈华超认为，2016年从服务业结构来看，发达国家的服务贸易多为金融、信息等技术密集性产业，而发展中国家则多为传统服务业，集中在运输和旅游这类劳动密集型产业。

6.1.7 内部结构不断升级完善

服务业的发展历程大致经历了两个阶段，第一个阶段是由传统方式的服务向现代化服务的过渡，而第二阶段则是由现代化服务向更高层次的知识型过渡。但无论在哪一阶段，服务内容和服务的质量都发生了很大改变。科技的进步、生产力的提高、社会分工的精细化和市场化，都促使服务业自身劳动生产率以及提供服务的质量有了显著提高。服务业内部结构也在不断升级完善，原来作为传统服务业的劳动密集型行业开始纷纷采用机器设备，从而提高自身的工作效率，扩大自己的经营规模，获得赚取更高利润的途径。

6.1.8 数字服务业成为经济发展的新引擎

在疫情时代下，世界各个行业均受到不同程度的打击，服务业也势必受

到疫情的影响而产生波动。因此在这种情况下，采用线上这种无接触式服务普遍有了空前的发展，成为各国经济增长新媒介。加之，近些年来，信息全球化的发展，科学技术水平的提高，全球数字经济向服务业渗透的趋势明显，数字技术也促使服务贸易新模式、新业态不断涌现且蓬勃发展，在电子商务、线上教育等方面有着显著的体系，因此未来服务业对外直接投资也将集中于这些数字产业。

6.1.9　服务业与制造业日趋融合

制造业和服务业的融合对未来经济发展有着重要意义。近些年来，服务业逐渐开始在制造业中占据明显较高的地位，这表现为许多的电子产品出售，会伴随着相应的服务，例如在技术支持、售后提供帮助等方面。而这些得益于电子信息技术的蓬勃发展，是服务业能够渗透进制造产品的过程中，并且在一定程度上还能促进相关制成品的创新。

6.2　中国服务业企业对外直接投资的现状与特点

6.2.1　中国服务业对外直接投资逐步走上快车道

2007～2020年中国服务业对外直接投资流量如图6－4所示。

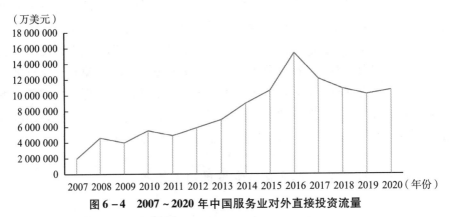

图6－4　2007～2020年中国服务业对外直接投资流量

资料来源：根据中国国家统计局数据整理.

中国服务业对外直接投资的发展经历了以下几个时期：

第一个时期，初始形成时期（2003~2007 年）。2003 年中国加入 WTO，随后开始加强与成员国之间投资贸易活动，之后提出的"走出去"战略加快了中国服务业企业对外投资活动的步伐，开始形成服务业对外直接投资的初步规模。这一阶段的对外投资额较低，不高于 200 亿美元。

第二个时期，调整适应时期（2008~2011 年）。2008 年全球性的经济危机来临后，中国开始转变经济发展方式，大力促进服务业发展，其后中国服务业企业对此做出迅速反应，及时调整，适应贸易环境变化，中国服务业对外投资额在这一阶段呈现出一定程度的轻微波动，由 2008 年的 559.08 亿美元经过轻微波动到 2011 年的 746.4 亿美元，在调整中实现了适度增长。

第三个时期，快速增长时期（2012~2016 年）。2013 年，中国提出了对世界经济格局发展具有重要意义的"一带一路"倡议，中国对沿线相关国家的贸易投资活动开始迎来新的高峰，同时随着产业结构调整，中国服务业企业对沿线国家的直接投资活动获得更加有利的机会，主要方式以投资新建企业为主，中国服务业对外直接投资流量由 2012 年的 878.04 亿美元快速增长至 2016 年的 1 961.49 亿美元，迎来最大的增长区间。

第四个时期，产业结构优化期（2017 年至今）。随着中国提出调整产业结构，注重对经济发展质量的提升，以科技密集型产业为主的一批现代服务业获得迅速发展，一些新兴服务业如：人工智能和数字经济发展为服务业发展注入了新活力，同时受国际"单边保护主义"势力的影响，受到包括行业限制，贸易壁垒在内的约束，投资规模有所下降，由 2017 年的 1 582.88 亿美元下降到 2020 年的 1 068 亿美元。

6.2.2 中国对外直接投资规模持续增长但受疫情因素影响减缓

随着对外开放战略的实施，对外直接投资流量规模发展迅速，如图 6-4 所示，2007~2019 年中国对外直接投资总体呈现出快速增长之势，其中 2007~2008 年为稳定增长阶段，这一方面得益于中国 2003 年加入 WTO，与成员国间的投资活动明显增加，另一方面是由于中国大力推动国产产品走向世界，在许多行业开始加强与世界各国合作，但这一阶段主要以制造业和建筑业等基础建设投资为主，到 2007 年更是首次突破了 300 亿美元大关，2008~2016 年，迎来最快增长时期，信息技术等新兴服务业发展，交通设施建设的快速发展，相关对外投资活动也相应增加。2016 年至今是中国对外直接投资结构优化时期，这一时期，受国际环境变化以及疫情冲击，投资额较之前略有下降，同时，许多新兴服务业获得发展机会，得益于开放中的技术交流与投资支持。2013 年，中国服务业对国民生产总值的贡献首次居首，之后，持续 8 年成为对国民经济发展贡献率最大的产业。2020 年，对服务业的对外直接投资超过 70%。通过服务业对外直接投资，中国服务业可在全球配置资源、拓展国际市场、参与国际竞争，推进中国服务业结构优化升级，以期形成新的竞争优势。这必将对中国制造业转型升级、产业结构优化和经济高质量发展起到重要的助推作用。

受 2020 年以来的新冠肺炎疫情严重冲击，世界经济萎缩 3.3%，自 2009 年以来实现初次负增长，外国直接投资较上年减少近 40%。2020 年也是对中国影响较大的一年，在有关部门贯彻落实党中央、国务院决策部署，统筹推进境外企业项目人员疫情防控和对外投资建设，2020 年中国对外直接投资流量 1 537.1 亿美元，同比增长 12.3%，流量规模第一次位居全球首位（见图 6 - 5）。

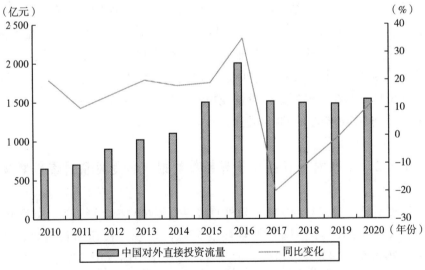

图 6 - 5　2010 ~ 2020 年中国对外投资净额及增幅

资料来源：商务部.

6.2.3 中国服务业对外直接投资已成为总对外直接投资主力

2020 年末，中国对外投资存量的 78.61% 集中在第三产业（即服务业），金额为 20 287.1 亿美元；第二产业为 5 398 亿美元，占中国对外直接投资存量的 20.92%；第一产业为 121.5 亿美元，占中国对外投资存量的 0.47%（见图 6 - 6）。

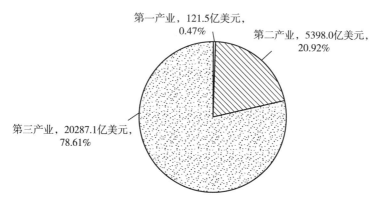

图 6 - 6　2020 年末中国对外直接投资存量按三次产业分类构成

资料来源：商务部.

6.2.4 按国民经济分类行业来看中国服务业以租赁商务服务业占比居首位

2020 年末，中国对外直接投资涵盖了国民经济所有行业类别，存量规模上千亿美元的行业有 6 个，分别是租赁和商务服务业、批发和零售业、金融业等 6 个行业，6 个行业存量合计 21 986.7 亿美元，占中国对外投资存量的 85.2%。

6.2.5 租赁和商务服务位居中国对外直接投资业态首位

2020 年，中国对外直接投资覆盖了国民经济的 18 个行业类型。其中租赁和商业服务业、制造业、批发零售业和金融业投资超过 100 亿美元。租赁和商业服务业排名第一，制造业排名第二（见图 6 - 7）。

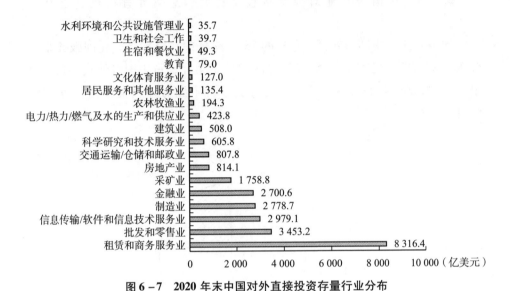

图 6 - 7　2020 年末中国对外直接投资存量行业分布

资料来源：商务部．

　　租赁和商务服务投资 387.2 亿美元，同比减少 7.5%，占全年总流量的 25.2%。投资主要分布在中国香港、开曼群岛、英属维尔京群岛、新加坡、澳大利亚、德国、卢森堡等国家（地区）。制造业 258.4 亿美元，同比增长 27.7%，占 16.7%。主要有汽车制造、医药制造、计算机和通信等电子设备制造、特种设备制造、有色金属冶炼轧制加工、其他制造、塑料制品、化工原料及化学品、通用设备制造、电机及机械制造业、纺织业、纸张及纸制品业、非金属矿产、食品制造业、黑色金属冶炼业、纺织服装/服装制造业等。其中，设备制造业投资 119 亿美元，同比增长 89.8%。占制造业投资的 46.1%（见图 6 - 8）。

6.2.6　投资的流量地区构成及主要经济体

　　如表 6 - 3 所示，2020 年，中国企业对外直接投资的主要经济体有以上 6 个，从流量来看，对中国香港的投资所占比重最大，达到 58%，投资金额达到 891.46 亿美元，也是近年来的最大金额，对俄罗斯联邦投资所占比重最小，仅为0.4%，投资金额为5.70亿美元，其中对美国和东盟投资增速最大，对东盟投资160.63亿美元，对澳大利亚投资同比下降42.5%（见图6-9）。

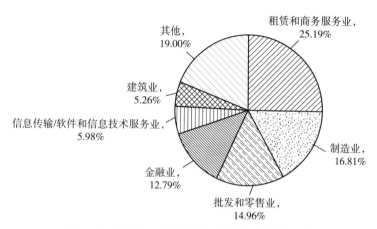

图6-8 2020年中国对外直接投资流量业态结构

资料来源：国家统计局.

表6-3 **2020年中国对主要经济体投资情况**

经济体	流量			存量	
	金额（亿美元）	同比（%）	比重（%）	金额（亿美元）	比重（%）
中国香港	891.46	-1.6	58	14 385.31	55.7
东盟	160.63	23.3	10.4	1 276.13	4.9
欧盟	100.99	5.2	6.5	830.16	3.2
美国	60.19	58.1	3.9	800.48	3.1
澳大利亚	11.99	-42.5	0.8	344.39	1.3
俄罗斯联邦	5.70		0.4	120.71	0.5
合计	1 230.96	2.8	80.1	17 757.17	68.7

资料来源：根据《2020年中国对外直接投资公报》整理。

如图6-9所示，从中国企业对外投资的区域来看，对亚洲地区投资所占比重最大达到73%，直接投资金额1 123.4亿美元，这一方面是由于中国加强与周边国家贸易，部分劳动密集型行业对亚洲一些劳动力丰富国家投资新建企业，对大洋洲投资所占比重最小为 0.9%，投资金额为 14.5 亿美元，对拉丁美洲的直接投资增幅最大，同比增长 160.7%，对大洋洲的直接投资今年下降 30.3%，而对各大洲的总直接投资总额达到近年最高水平，达到153.71 美元，年增长 12.3%，总体情况较为乐观。

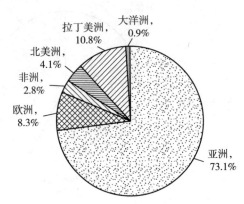

图 6 - 9　2020 年中国对外直接投资区域分布

资料来源：根据《2020 年中国对外直接投资统计公报》整理。

6.2.7　投资企业分布结构逐渐改善

中国对外直接投资的企业构成具有鲜明特点。目前，中国在对对外直接投资企业的研究中普遍将企业分为国有企业和非国有企业，这是根据中国特色社会主义市场经济体制的特点来进行划分，如表 6 - 4 所示，2006～2020年，在中国所有参与对外直接投资的企业中，非国有类型的企业的对外直接投资活动逐渐增加，2017 年，参与对外直接投资活动的非国有企业总数首次超过了国有企业，参与对外直接投资活动的非国有企业比重从 2006 年的19% 迅速增加，2020 年非国有企业占比 53.7%。这也是由于中国市场经济的改革，激活了市场，使得一些民营企业在对外贸易中迎来了飞速发展。

表 6 - 4　　　　2006～2020 年中国对外直接投资企业占比　　　　单位：%

年份	国有企业占比	非国有企业占比
2006	81	19
2007	71	29

续表

年份	国有企业占比	非国有企业占比
2008	69.6	30.4
2009	69.2	30.8
2010	66.2	33.8
2011	62.7	37.3
2012	59.8	40.2
2013	55.2	44.8
2014	53.6	46.3
2015	50.4	49.6
2016	54.3	45.7
2017	49.1	50.9
2018	48	52
2019	50.1	49.9
2020	46.2	53.7

资料来源：根据《2020 年中国对外直接投资统计公报》整理。

批发和零售业企业以及租赁和商务服务业企业在中国服务业对外直接投资活动中占比最大（见表 6-5），这两个行业一直以来也都是中国服务业对外直接投资的集中领域，投资批发和零售业的企业数量最多，共有 6 665 家，占比 23.9%，租赁和商务服务业行业的企业对外直接投资者有 3 557 家，占比 12.8%，投资这两个行业的企业总占比 36.7%，科技密集型产业如科学研究和技术服务业和信息类服务业企业投资者占比较少，两个行业合计占比仅为 13.1%，对住宿和餐饮业投资的企业占比最少，仅占 1%，这体现出中国当前服务业企业对外直接投资活动中，投资企业分布结构的不合理，对外直接投资企业多集中于技术要素含量较少的传统服务业，投资现代服务业的企业所占比重过少。

表 6-5 2020 年中国境内投资者主要服务业企业构成情况

行业	数量（家）	比重（%）
批发和零售业	6 665	23.9
租赁和商务服务业	3 557	12.8

行业	数量（家）	比重（%）
信息传输/软件和信息技术服务业	2 281	8.2
科学研究和技术服务业	1 082	3.9
居民服务/修理和其他服务业	478	1.7
文化/体育和娱乐业	385	1.4
住宿和餐饮业	266	1.0
房地产业	590	2.1
交通运输/仓储和邮政业	662	2.4
合计	15 966	57.4

资料来源：根据《2020 年中国对外直接投资统计公报》整理。

6.2.8 中国服务业对外直接投资额流向

2020 年中国对外直接投资流量行业分布情况如表 6-6 所示。

表 6-6　　　　　2020 年中国对外直接投资流量行业分布情况

行业	流量（亿美元）	同比（%）	比重（%）
租赁和商务服务业	387.2	-7.5	25.2
批发和零售业	230	18.3	15
金融业	196.5	-1.5	12.8
信息传输/软件和信息技术服务业	91.9	67.7	6
交通运输/仓储和邮政业	62.3	60.6	4
房地产业	51.9	51.8	3.4
科学研究和技术服务业	37.3	8.7	2.4
居民服务/修理和其他服务业	21.6	29.3	1.4
卫生和社会工作	6.3	178.3	0.4
水利/环境和公共设施管理业	1.6	-40.7	0.1
教育	1.3	-80.0	0.1
住宿和餐饮业	1.2	-80.0	0.1
文化/体育和娱乐业	-21.3	0.0	-1.4

资料来源：根据《2020 年中国对外直接投资统计公报》整理。

在 2020 年中国服务业对外直接投资额流向的各个行业中，由于近年来商务环境的改善以及"中国制造"的品牌效应，众多"中国制造"走向海外市场，批发和零售业占比达到 15%，同比增加 18.3%，众多优质农副食品以及制造厂商投资海外，投资于租赁和商务服务业的金额为 387.2 亿美元，为所有服务业投资行业中比重最高，这一方面是其具有较好的投资基础，另一方面是由于其投资回报较高，形成了一定规模。金融业一直受到许多对外投资者的青睐，许多金融机构投资设立海外金融服务机构，这一方面是由于中国许多企业在海外对金融服务的需要，另一方面是由于人民币国际化趋势以及金融走出去的需要，使得金融业对外投资形成规模经济，2020 年，金融业对外直接投资为 196.5 亿美元，占比 12.8%，但同时，投资流向技术密集型科技新型服务业的金额较少，流向科学研究和信息行业等现代服务业的投资较少，而实现产业升级以及高质量经济发展必须要依靠科技和创新能力提升，同时，我们也看到，受近年疫情的影响，对文化体育和娱乐业以及住宿和餐饮业的投资活动受到巨大冲击，而由于中国防疫的巨大成果以及高水平的卫生医疗条件，卫生和社会工作服务业对外直接投资流量同比增长 178.3%，占比 0.4%，相比去年有所提升。

6.3 中国服务业对外直接投资存在的问题

随着中国对外直接投资发展的日新月异，相关产业水平的提升，服务业也在蓬勃的发展，现今已经占据了中国"走出去"的支柱性产业。但是，随着大国之间的贸易争端、国际体系的不完善，以及地区保护主义、逆全球化声音的此起彼伏，使得服务业在参与对外直接投资过程中涌现出许多来自国际和国内的问题。而针对这些问题的相应解决方案，则是影响未来中国产业升级和扩大对外投资进程的关键。

6.3.1 服务业受到来自世界环境改变的冲击

早在 20 世纪 90 年代，WTO 就在乌拉圭回合谈判之时促成了《服务贸易总协定》（GATS），为之后的服务贸易发展建立了一个良好的基础。而发达国家很早就完成了本国的服务产业的升级，并在世界范围内的行业形成了绝对优势，且多以技术和资本密集型的服务为主导。因此发达国家现今正在形成一种以本国规则为标准的趋势，希望借此来推动 WTO 促成新的世界贸易规则，这就极大阻碍了中国在内的其他国家在服务贸易上的发展。

近年来，以美国为代表的霸权主义盛行，屡次三番对中国采取不正当的贸易保护政策，不仅带给中国投资增长的消极影响，同时也影响了世界的经济增长，同时对于服务业随着中美贸易的摩擦也势必会造成不小的影响。

如今区域合作和谈判趋势在明显增加，像是中国一直所倡导的"一带一路"，或是在 2020 年所正式签订的《区域全面经济伙伴关系协定》（RCEP），以及如今在不断壮大的亚太经济合作组织（APEC）。但是许多区域合作组织仍将中国排除在外，尤其是以欧美地区的国家组织，像是北美自贸区协定（NAFTA）以及欧盟的诸多国家，这就导致中国在与其他国家进行贸易上有很大的壁垒，从而阻碍了服务贸易的发展。

欧美国家对中国之所以会对中国有如此多的限制，从国际层面来看，是因为贸易保护主义又在金融危机后兴起，以及在当前疫情下各国经济形势不振。从国家层面来看，最重要也是最根本的则是中国和欧美国家贸易的不平衡，和其他各个国家存在着巨大的贸易顺差，还有则是中国经济增速的飞跃，都为发达国家带来了竞争压力。而从产业层面来看，则是因为中国现今和欧美的发达国家产业趋同性在不断的增加，欧美国家会认为中国企业抢占各国本土公司的市场份额，往往就会限制中国的贸易，而较少与中国签订自由贸易的协定。因此，虽然在当前的经济形势是整体向好，但不可否认目前仍在国际环境上面临诸多阻碍。

6.3.2 服务业水平与发展不相匹配

从表 6-7 可以看出，中国服务业的双向投资发展阶段存在着较大的不匹配性，在中国服务业的 FDI 开始进入发展成长期时，服务业的对外直接投资才逐渐开始。而当服务业的 FDI 开始进行平稳增加阶段，要进行产业的转型与升级的时候，服务业的对外直接投资则进入了高速发展阶段，更是在 2015 年服务业的比重第一次越过了 50%。因此，这就造成了中国服务业的双向投资存在着较大的时间差异性，这会更加容易造成在国际收支上的失衡。并且中国服务业的对外投资相对于其他发达国家来讲，发展时间相对较短，这就导致很多企业其实在投资时并没有充分的准备，往往结果都是失败的。此外，服务业取得如此之快的发展速度与政府的扶持是紧密相连的，这就导致很多对外投资的企业其实只具有很小的竞争压力，而无法促进企业真正的发展，使得行业内的投资量往往都是虚高，没有形成真正具有规模的产业链。

表6-7 服务业双向投资发展阶段

发展阶段	第一阶段	第二阶段	第三阶段	第四阶段	第五阶段
服务业投资发展阶段名称	服务业发展起步期	服务业发展成长期	服务业发展成熟期	服务业发展繁荣期	服务业发展再工业化期
服务业FDI	少数且多为小额	成规模式流入	增长速度放缓	缓慢增长	外商直接投资增加
服务业对外直接投资	极少数	少数且多为小额	增长速度迅猛	成规模式流出	对外直接投资减少
服务业资本净流向	资本净流入	资本净流入且持续增加	平衡阶段	资本净流出且持续增加	平衡阶段

资料来源：根据《2020年中国对外直接投资统计公报》整理。

6.3.3 服务业对外投资存在区域风险

从图6-10可以看出，中国的对外直接投资还更多的是集中在亚洲地区，远超过第二位的拉丁美洲。在这其中服务贸易主要是区别于货物贸易，具有很大的无形性、常常是面对面进行生产和消费，且有很大的异质性。而亚洲国家与中国文化距离较小，大致有相同的文化背景，在进行贸易往来时能更加顺畅。其次亚洲国家与中国距离相对较近，少了很多运输和交通的成本，这种情况下极大地促进了中国和亚洲国家服务贸易的往来。此外，中国签订的一系列区域合作伙伴关系也多集中在亚洲地区，因而服务贸易的双向投资也会更加密切。

但与此同时，因为亚洲地区的大部分国家更多是发展中国家，因而在基础设施、法律完备和市场机制上还存在着诸多不健全，这就会导致企业在进行投资时带来由目标市场上政治和社会的不确定风险。其次，中国企业向其他亚洲地区进行对外直接投资时，还多倾向于进行初级要素的互补优势，而缺少了向欧美国家学习先进的管理经验和技术水平的机会，导致企业的相关技术升级和结构的转变还需要更加漫长的时间。

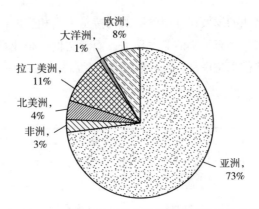

图6-10　2020年中国对外直接投资流量地区构成情况

资料来源：2020年度中国对外直接投资统计公报.

　　图6-10中占比第二位的则是拉丁美洲，这主要是由于中国的"一带一路"的建设重心以及在逐渐向拉丁美洲迁移。但拉丁美洲与亚洲大多数国家也具有相同的问题，在企业的对外投资中免不了会增加不可控的风险。正是因为存在着这种不平衡，必然会导致服务业的相关企业在参与投资时也发生相应的改变。不平衡的区域选择和投资布局，会导致行业之间形成恶性竞争，阻碍相关企业的发展和国家整体的计划。此外投资过分地集中在某一个国家或是地区，也极容易造成资源的过度使用和浪费，降低资源的利用率，从而影响整体利润水平。

6.3.4　国内服务业法律体系不健全

　　随着中国不断加深市场开放力度，"一带一路"的积极开展、双循环的稳步推进，企业会更多地参与国家竞争，进行对外直接投资。但是，中国相关法律制度还追赶不上发展的速度，在进行对外投资时会出现诸多关于法律的纠纷。目前，中国关于对外投资的法律条款主要来自2004年的《国务院关于投资体制改革的决定》，缺少一部关于服务业对外投资的法律条款细则，虽然还出台了相关的一些实施细则，但大致都是针对某一个服务领域，由此以金融业为主，而没有一部完整的关于服务业各个行业的细则。像是服务业中的旅游业或是电信行业，在这些领域中均存在着严重的法律欠缺。此外，在已有的法律条款中还存在着模糊不清的现象，没有对某一问题进行清晰的界定，这往往就会造成相互矛盾和冲突的问题。在进行贸易纠纷仲裁中也往往会因为自身法律的不健全，最终导致败诉并承担损失。

在法律相关中，服务业的管理制度也存在着不完善，许多管理部门大多都是分权负责，没有形成统一高效的处理问题的方法，出现部门交叉、职能交叉等问题，这就会导致服务业在对外投资时，会无形中增加许多时间成本上的流失和风险的增加。

6.3.5 国内服务业对外投资进入存在的风险

服务业对外直接投资的进入方式也与其他行业有着相似地方，更多的则是采取绿地运营或是并购的方式来进入东道国市场，谋求市场份额并赚取利润。但与此同时，企业在选择绿地运营还是并购时，往往也会承担着很多风险。当一个服务型企业选择绿地运营的方式进入当地市场的时候，首先面临的第一个问题就是筹建工作量大，建设周期相对较长，要求跨国企业的各方面能力相对较高，像是对公司的资金要求、管理经验等方面，这些都会阻碍企业获得快速发展的机会。在目标市场的开拓和发展中，也会出现企业的管理和东道国的管理不相适应的情况。最后企业还可能面临较高的由目标市场的政府和社会带来的不确定风险，从而导致企业利润受损。

在企业并购中，也会存在着类似的问题，首先最多的则是因为服务业特性，往往会对文化比较敏感，由于各个国家企业文化的不同，在整合过程中通常会遇到障碍。并且会因为达不到两个企业之间的协同效应，使得整体经营收入下降。此外在中国服务业企业参与并购的时候，通常会为被并购企业的资产支付较高的价格，这有可能是被并购公司本身所负担着的资产，也有可能是在并购前没有做好充足的调查，缺乏严密的审查。

所以当前中国服务型企业在进入其他国家的市场时，会存在着诸多的风险，这些风险影响着企业的收支情况以及整个行业的发展。

6.3.6 中国对外直接投资产业结构不平衡

从图6-11可以看出，租赁和商务服务业在对外直接投资中占据绝对的比重，2020中国对外投资总额达到了1 537.1亿美元，而服务业的对外投资合计则有 735.9 亿美元，比重占对外投资的 50% 以上，以上都说明了中国服务业占据了中国对外投资较高的比重。但同时从图 6-11 也可以看出，除了租赁和商务服务行业、金融业，其他像是软件和信息技术服务业、科学研究和技术服务业，以及居民服务和其他服务业都只占据了很小的份额。这就说明了中国服务业虽然在短时间得到了蓬勃发展，但产业发展的不平衡也愈加突出，尤其是在高端服务业上还存在着较多的欠缺。

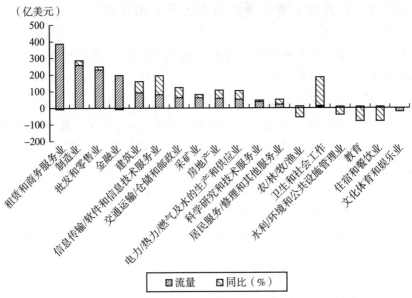

图 6-11 2020 年中国对外直接投资流量行业分布情况

资料来源：2020 年度中国对外直接投资统计公报.

　　服务业结构发展的不平衡，对进一步提升外投资的整体经营利润有很大的阻碍，会出现"头重身轻"的状况，就这使商务服务、金融业快速地发展，而其他领域根本追赶不上，拉大了服务行业内部的利润差距。从长期来看，就会阻碍中国经济的进一步转型升级，难以实现高质量的增长。

　　此外，由于结构的不平衡，会易导致在服务行业内的某几个企业形成垄断，从而占据市场上的绝大部分的要素和资源，使其他小型服务型企业很难成长起来，会出现虽然服务业占比很高，但却不是整体行业共同发展的问题。

6.3.7 服务业缺乏具有管理经验的人才

当服务业公司开拓海外市场时，往往都会因为没有适合的全球战略而导致企业错失发展的机会和效益提升的空间。这往往都是因为企业缺少真正的国际经验的管理人才，在新经济时代，人才的竞争对于企业来讲才是最为根本的保障。当今国际市场环境瞬息万变，有很多的不稳定因素，因而能够及时发现市场机会的跨国管理经验的人才，就显得越发重要。当一个企业能够吸收越多的高水平人才，企业的发展也会得到巨大的改善。

中国服务业发展数十年，最初多以外商投资为主，近 10 年才开始真正"走出去"。因而就会因为服务业的对外直接投资发展时间相对较短，企业很难吸引到优秀的跨国管理人才，不利于实现全球的经营战略。此外中国虽然一直在劳动力要素上具有比较优势，拥有丰富的劳动资源。但真正受过良好教育和培训，拥有较高的专业水平和国际视野的劳动力却很少，就这使得中国服务企业很缺乏这种优势。长期来看，会使后续的管理和研发能力进一步落后于发达国家的服务型企业，难以真正的成长。

6.4 中国服务业企业对外直接投资实证研究

目前，当前学者们主要集中于对服务业对外直接投资影响因素的研究（Dunning，1989；Kolstad and Villanger，2008），探究的是企业通过哪些路径来影响服务业对外直接投资的增减，从企业的性质、资本规模、人才储备等角度进行详细分析，缺少对服务业对外直接投资效果的研究。服务业企业的对外直接投资对于国内宏观经济环境以及服务贸易企业的生产效率等因素均有不同程度的影响，国内外学者基于已有的国际贸易理论对对外直接投资的影响方面做了多角度的论述研究。主要文献都在探究制造业对外直接投资对制造业企业生产率和创新产出等的影响，"重工轻商"的社会现象从实体经济发展延续到了学术研究当中。

对外直接投资可以使母国公司学习到许多先进的管理经验和技术成果，该现象往往存在于发展中国家对发达国家的对外直接投资过程中，但是关于该影响作用机制和效果需要进行充分的实证研究。田宗英和高越（2018）通过 VAR 模型进行了服务业企业对外直接投资的逆向技术溢出效应和服务贸易三元边际增长的实证研究。他们使用的数据是商务部2004~2015年度《境外投资企业（机构）名录》，是以时间序列衡量中国服务业企业对外直接投资程度。逆向技术溢出效应是指通过企业对外直接投资来获取东道国先进的研发技术借以增长母国企业的科研水平，提升产品综合竞争力，而服务贸易的三元边际增长概念主要源自戴翔（2013）对中国出口贸易生产率增长的划分，分为种类边际、价格边际以及数量边际。并且在前者基础上进行了服务业企业对外直接投资和服务贸易三元边际的灰色关联分析。从关联结果可以看出来，服务业企业对外直接投资与服务贸易的三元增长均是中度关联，并且对出口数量增长影响最大，对出口种类影响最小。这一点主要与中国服务业对外直接投资投资地区分布有关，中国现在绝大部分的对外直接投资都分布在技术发展不足的发展中国家，并且从行业角度来看，服务业投资主要集中于金融服务等技术含量较低的行业。

生产效率因素是企业生产经营过程中非常重要的衡量指标，虽然服务业企业的生产成果大都无法通过具体的产品生产量来体现，但是借鉴于国外学者关于服务业企业生产率计算的先进研究成果，韩沈超和徐珊（2020）对2004~2017年服务业行业的动态面板数据进行生产率分析计算来开展中国服务业企业对外直接投资对企业生产率影响的实证研究。

首先，从促进效用角度来看，基于鲍英尔（Baumol，1967）的理论假设，服务业的生产率发展有落后于制造业部门的倾向，因此导致了服务业部门相对生产成本的提高，而对于服务业来讲，最主要的成本就是劳动力的价格，迫于国内劳动力价格过高的困境，服务业企业可以通过对外直接投资寻找相对低价的劳动力和高效的管理方式技术经验，进而提升总体生产率。

其次，服务业对外直接投资对于企业生产率还存在着一定的抑制效果，根据田素华和王璇（2017）的研究表明，随着服务业不断增加对外直接投资，在一定时期内会造成母国资本集聚，但是因为国内劳动成本要素在短期内处于相对稳定的状态，因此会因为边际生产效率递减导致企业生产率的骤降。

最后，国外学者基于"新新贸易"理论分析，普遍认同生产率对于企业对外直接投资存在举足轻重的影响，故而有国内学者指出企业可能因为自身较高的生存效率而倾向于选择对外直接投资，而一些不如它们的企业往往采取出口贸易的形式，结合之前对外直接投资对企业生产率的促进和减弱作用，可以指明，这两者之间存在明显的相互作用。

基于以上三种影响机制，笔者提出了对应假设并在此基础上展开了实证研究。在后续实证过程中主要难点在于企业生产率的数据度量，笔者通过国外文献的研究总结出两种可行度较高的测量方法：方法一是新古典经济学理论中的索罗余值法（产出增长率扣除劳动与资本贡献率）；方法二是基于数据包络法的 Malmquist 指数法，此测算生产率方式的特点在于可以将全要素生产率结构性分解，进而明确各细分行业生产率的多角度分析。最终实证结果表明，服务业对外直接投资总体对企业生产率具有激励效果，有利于企业提升自我竞争力，对于生产性服务企业而言，这一方式可以有效增加企业的高科技人才储备，强化企业人力资源积累。

未来研究的有价值的方向是关于服务业对外直接投资对于发展中国家嵌入全球化贸易价值链的研究。服务型企业通过对外直接投资增加了自身高水平生产要素的积累如人才储备、技术经验等，进而破解当前中国大多数企业处于全球价值链底端的困境。目前，中国极力倡导经济高质量发展，对于中国"走出去"的这些服务企业的要求更是如此，充分利用好"一带一路"等对外经济窗口，增加服务业对外直接投资的投资额度的同时积极吸取发达国家的现金技术经验和人才管理方式。只有不断学习别人的长处，提高自身在国际分工中的地位，才能使自己的服务贸易拥有更广阔的全球市场和更光明的未来。

6.5　中国服务企业对外投资案例分析——国家电网

6.5.1　电力行业及国家电网背景、盈利情况

6.5.1.1　电力行业概况

中国电力行业主要有以下几大业务板块：火电、水电以及新能源。其中，以燃烧煤炭的方式火力发电是中国目前最主要的发电方式。2018～2019 年电力统计数据如表 6-8 所示，中国总体发电量相较于 2018 年增长 4.75%，其中火力发电量占比 68.88%。非化石能源发电量同比增长 10.61%，火力发电

同比增长仅 2.47%。种种迹象表明，中国电力行业发展也在逐步向着发达国家环保高效的方向靠拢。

表 6-8　　　　　　　　　中国 2018~2019 年电力统计数据概览

指标	单位	2019 年	2018 年	比上年增长（±、%）
一、发电量	亿千瓦时	73 269	69 947	4.75
水电	亿千瓦时	13 021	12 321	5.68
其中：抽水蓄能	亿千瓦时	319	329	-2.96
火电	亿千瓦时	50 465	49 249	2.47
其中：燃煤	亿千瓦时	45 538	44 829	1.58
燃气	亿千瓦时	2 325	2 155	7.89
燃油	亿千瓦时	13	15	-15.72
核电	亿千瓦时	3 487	2 950	18.23
风电	亿千瓦时	4 053	3 658	10.82
太阳能发电	亿千瓦时	2 240	1 769	26.60
其他	亿千瓦时	3	1	169.00

资料来源：中国电力统计年鉴 2020.

在疫情的冲击下，国际原材料市场的不稳定性加剧，同时还面临国家环保政策的日益收紧，电力企业进行新能源方向的发展已经迫在眉睫。2020 年对于中国和世界都是非常艰难的一年，新冠肺炎疫情的冲击给各行各业都带来了不小的冲击，而中国以火力发电为主的电力行业因为受到化石能源原材料价格上涨的影响较大。因而在 2021 年第三季度，各个省份出台相关规定，对企业的用电量进行了严格限制，早在 9 月 15 日江苏省便发布了高能耗企业限电令，相较于往年 12 月才开始的限电规定，此次限电来得更早，限得更狠。种种因素的共同作用下，使整体电力行业在这一阶段的表现都不尽如人意，大多数从事火力发电业务的上市公司都承受了财务上的损失，净利润率为负，而同期以新能源技术发电为主的企业的情况却截然相反。伴随着传统化石能源发电的式微和新能源技术的异军突起，各个电力公司都开始了自身的转型之路，国家电网作为中国年经营收入最高的国企早已走在了时代前列。

6.5.1.2 国家电网背景

国家电网有限公司自成立之初就被赋予了极高的责任感和使命感，电力行业作为现代社会的民生行业，与老百姓的生活水平息息相关。事实证明，国家电网完美履行了自身作为一家国企单位的使命担当，国家电网的电网建设工程几十年如一日，对待任何一个地方都一视同仁，覆盖了全国大多数的省份和地区，成功使得数以亿计生活在偏远地区的老百姓享受到电力带来的便捷生活。

同时，国家电网在带头执行国家制定的相关政策时还要保证自负盈亏的财务能力，因此，在国家不断调低电价以方便平民企业的政策导向下，国家电网不断拓展自身的业务范围，从新能源研发到金融服务投资，国家电网在一定程度上已经属于一家服务型企业，不同于归属于制造业范畴的传统电力行业，其已经完成了业务收入上的转型。虽然国家电网从事许多与自身主业相关度不高的业务，但这些业务的财务表现却相当出色，在近几年使得国家电网连续位列全球五百强公司的前三名席位，是国企中的楷模和典范。

6.5.1.3 国家电网盈利情况

国家电网在 2021 年第三季度底公布的财务报告显示，企业共实现营业总收入额 21 989 亿元人民币，相比于 2020 年同期增长了 10 个百分点，净利润达 421 亿元人民币，其中归属于母公司所有者的净利润为 409 亿元人民币。尽管电力主业依然处于亏损状态，但国家电网仍然通过其他业务的高额收入不断补贴其电力业务的发展。对标同期整个电力行业归母净利润却同比下降了 66.7%，营业成本同比增长 45.6%。由此可见，电力主业务的亏损不仅源于其承担中国西北边远地区的供电职责，而且受到整体大环境的深刻影响。

在诸多国家电网开展的其他业务中，对外直接投资无疑是其最重要的组成部分。在习近平主席"一带一路"的倡议下，国家电网身先士卒，在"一带一路"沿线的许多发展中国家都进行了对外直接投资，给当地的电网搭建和基础设施改善做出了不可磨灭的贡献的同时，也给自身带来了不菲的业务收入，树立了良好的企业国际形象。同时，国电还对其他国家的电网公司进行了很多权益投资。在巴西，国电收购了 12 家输电特许公司的全部股权；在澳大利亚，国电分别收购了南澳输电公司 46.46% 的股权和新加坡能源国际澳洲资产公司（SPIAA）60% 的股权。另外，国电的对外直接投资不仅仅局限于电网能源行业，而且渗透到了其他的热门金融服务行业如资管、保险、银行等。总体而言，国家电网的对外直接投资属于遍地开花，百花齐放的繁荣景象。

6.5.2　国家电网对外直接投资现状

6.5.2.1　国家电网对外直接投资规模

如图 6 – 12 所示，国家电网对外直接投资活动开始时期与中国服务业对外直接投资起步期大体一致，从 2001 年中国加入 WTO 开始，中国加强对电力行业"走出去"的大力支持，2003 年开始国家电网的对外直接投资形成一定的规模，在 2003 年之前由于投资额过低，一般不予探讨，2003～2020 年，国家电网的对外直接投资数额总体呈现出平稳增长的趋势，由 2003 年的 1 247 亿元增长到 2020 年的 6 018 亿元，总体增长了 5 倍多，其中，2006 年国家电网对外直接投资的增长率最大，达到了 42%，2018 年总体投资额有所下降，对外直接投资额为 4 673 亿元，下降了 12%，这是由于 2018 年中国全面深化改革，正处于对电网内部结构现代服务体系的深化改革期，此后 2018～

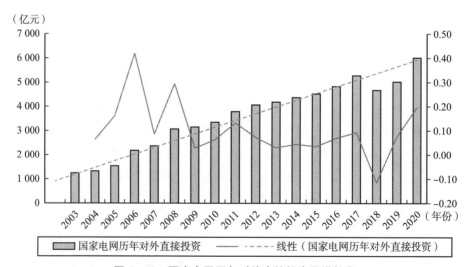

图 6 – 12　国家电网历年对外直接投资及增长率

资料来源：中国电力企业联合会.

2020 年，投资增长率逐年增长，总体的增长率波动较多，2003～2009 年处于国家电网对外直接投资的探索期，这一时期，增长率波动较大，2009～2017 年，由于前期投资经验积累，形成一定模式，这一时期增长率较为稳定，大概在 7% 左右，2018 年全面深化改革后，总体投资额随着结构优化，迎来快速发展期。

6.5.2.2 对外直接投资项目

2015～2020 年国家电网对外直接投资项目如表 6-9 所示。

表 6-9　　　　　　　　2015～2020 年国家电网对外直接投资项目

国家/地区	项目/公司名称	投资类型	规模
澳大利亚	太平洋水电公司	收购 100% 股权	89.9 万千瓦
	特拉格风电项目	收购 100% 股权	10.7 万千瓦
缅甸	伊江公司小其培电站	BOT	9.9 万千瓦
巴西	圣西芒水电公司	30 年特许经营权	171 万千瓦
马耳他	马耳他能源公司	参股 33.3%	
	德利马拉三期电厂	收购 90% 股权	14.9 万千瓦
巴基斯坦	卡拉奇电力公司	收购 66.3% 股权	
日本	上哈哎店里日本株式会社光伏项目	绿地项目	4.2 万千瓦
巴基斯坦	默拉直流项目	新建换流站	400 万千瓦

资料来源：国家电网官网.

2015～2020 年，国家电网对外直接投资项目主要有以上八个，随着"一带一路"倡议的支持，国家电网加强与沿线国家的投资合作，目前，2015 年国家电网以 100% 股权收购的形式，投资澳大利亚太平洋水电公司，总规模发电量有 89.9 万千瓦，随后又以同样投资方式投资特拉格风电项目，规模达到 10.7 万千瓦，随后以 BOT 方式投资缅甸，之后投资方式主要变化为参股投资，经营权年限获取，收购股权，到 2020 年开始以新建换流站，基础设施形式投资沿线国家，如巴基斯坦的默拉直流项目，总输电规模 400 万千瓦，为目前规模最大，同时，该换流站的建设，也解决了当地许多居民就业问题。

6.5.2.3　国家电网对外直接投资特点

电力能源作为保证一国生产生活正常运行的基础性能源，其重要性不言而喻。电力行业与其他行业不同，有着其特殊的行业特征和意义，其对外直接投资的规模、地区及安全性都受到国家的重点关注。电力行业对外直接投资需要母国和投资公司全面深入地做好前期调研，对东道国的政治稳定性、经济发展、文化特征和法律等多个方面进行评估，谨慎投资。国家电网是中国在电力行业的支柱企业，拥有着雄厚的经济实力，同时也是中国在参与世界电力行业竞争中的关键，其对外直接投资主要有以下几个特点：

1. 围绕"一个核心"

国家电网紧密地跟随着政治发展动态，积极响应国家相关政策，参与到"一带一路"的建设中。其对外直接投资项目也主要集中在"一带一路"沿线的国家和地区，积极推动与"一带一路"沿线国家的互联互通和国际合作。随着"一带一路"的建设与投资，国家电网在拉丁美洲、东南亚等九个国家和地区进行相应的对外投资，始终秉持着与对方合作共赢、携手前行的标准和原则，对进行投资国家的电力行业的发展提供帮助。

2. 推进"两个一体化"

"两个一体化"指投资、建设、运营一体化和技术、装备、标准一体化。

近年来，国家电网大力发展电网领域和新兴技术的融合，形成了多项在智能化电网方面的技术优势。同时，国家电网也在积极建设和运营中注重新能源和特高压的运用，从而形成在这些领域的优势。国家电网凭借着规模、资本、市场的优势，有着自身在电力行业丰富的市场和管理经验。利用这些在技术上的优势和经验，使得国家电网的对外投资已具备显著的特征。

3. 开展"三化"经营

"三化"经营，是指长期化、市场化、本土化经营。电力投资具有其独特的产业特征，投资周期长，投资项目多，投资规模大。因此，对于这种资本回收周期较长的项目，对外直接投资更应该慎重。需要充分结合东道国自身的发展特点，扎根在东道国，力求做到本土化经营，这样才能达到对外直接投资风险最低和成本最小。

4. 增强"四个力"

国家电网在东道国投资运营的项目均是关系当地经济社会发展的重要基础性项目，其一直将增强国家战略的服务力，国际业务发展的竞争力，国际业务的风险控制力,国家电网的品牌影响力作为对外直接投资的目标。国家电网已经在全球成立了十个办事处,其负责的事物主要为加强东道国与中国的交流与合作。国家电网的对外直接投资给电力行业树立了一个良好的典范,已然成为中国"走出去"的名片。

6.5.3 国家电网对外直接投资的主要风险

6.5.3.1 政治风险

军事冲突、政局突变等政治风险会直接导致该国经济环境的动荡,本国企业以及跨国企业都会遭遇冲击,而且短期内难以恢复。例如,国家电网在巴基斯坦的俾路支省建设港口和电站的时候就遭遇了伊朗恐怖分子的袭击,给此次投资造成了巨大损失。北美和欧洲则较为安全,2020 年欧洲国家新西兰的营商环境被评为全球最佳,但是在一定程度上英国脱欧可能会给欧洲的政治环境增加一部分风险。

6.5.3.2 资金流动风险

东道国的经济形势变化也会影响国家电网在该的投资利益,受新冠肺炎疫情全球蔓延的影响,一些国家经济持续低迷甚至出现了负增长,为了支持经济恢复,国家上调基准利率,高利率虽然能减轻财政负担,抑制通货膨胀,但同时国家电网在这些国家投资的融资成本和费用将会增加,投资收益也会下降。

6.5.3.3 法律风险

如果一国的法律多变,该国可能会频发法律诉讼事件,比如巴西每年大概有超过 1 亿件的法律纠纷案,加之巴西法院的运行效率低,毫不夸张地说可能需要 10 年才能解决一件普通的法律诉讼案。因此在法律体系不稳定的国家进行投资,牵扯进法律诉讼案的可能性较大,并且一旦发生,国家电网将蒙受巨大的资产损失。

6.5.3.4 生态风险

电力行业在焚烧化石燃料时会排放大量的 CO_2、SO_2 等气体,对东道国的生态环境造成极大的威胁，如果东道国以当地废气排放标准为由对国家电网做出极高的要求，一方面会增加与该国的法律纠纷，另一方面会直接限制企业的正常运营。绿色壁垒涉及企业方方面面，因此在进行对外直接投资时，要充分考虑该国的环境现状和法律规定。

6.5.4　国家电网对外直接投资的风险防范建议

6.5.4.1　吸收高水平的管理和创新人才

无论是对于任何企业来讲，人才的竞争永远是第一位的。国家电网虽然在全球员工数量位居第四，拥有着大量的劳动资源，根据 2020 年国家电网全口径用工总数统计，已到达 152 万人。但是真正的高水平人才依然匮乏。

对于高水平的跨国管理和创新人才的培养可以通过三方面：其一就是以企业为导向，开始在高等院校有选择有特定有方向地去培养相应的人才，使之在接受教育后能够直接投入工作岗位，也即外部自主培养高水平人才；其二便是内部自主培养高水平人才，通过企业内部选拔出具有潜力的人才，使其接受良好的培训，并安排到适当的管理岗位上；其三则是在国内市场或国际市场上直接吸收适合本公司的高水平人才，快速地使公司得到人才的补给。

除了人才的培养以外，企业自身也需要作出相应的调整。首要的就是要完善人力资源管理制度，根据不同的国际市场调整制度安排，从而构建出适合跨国人才发展的平台。其次就是要提高员工的福利制度，留住和吸引更多优秀的人才，这包括员工的保险制度、居所提供、生活质量的提高等方面。

6.5.4.2　提高对不同国家的文化认同

拥有对不同的文化了解，是促成国家合作的关键一步。要提高对文化差异的认识，不同国家的意识形态是影响一个企业长远发展的命脉。首要的也是最重要的就是要接受当地文化，这不仅仅是不排斥当地文化，而是要去融入。只有这样才能体现对当地市场的关心，提高当地人对企业的认同感，才更有可能进行下一步的合作磋商。其二就是要与对方建立良好的合作关系，让对方感受到来自企业的诚信，会有效地规避在商务谈判上的风险，并且更加容易促进交易的达成。其三则是雇用当地人来了解当地文化背景，而且还应在相应的管理岗位上安排国际人员，避免和当地人疏远。让本国员工和国际员工相互促进相互了解，有助于增加企业对不同环境的管理。

6.5.4.3 加强公共关系和东道国政府的关系

除了企业自身所在的行业内，像是国家电网这样的企业还应更多关注公众的反应。一个企业参与市场的过程中必然会与上下游的各类型的公司有着种种联系，因而无论是在生产经营还是市场营销过程中，都会存在着外部性。公众会对企业有不同的认知，这些对企业来讲可能是促进也有可能是阻碍。因而企业能做的就是要加强企业自身社会责任的提高，通过慈善、媒体或是一定的宣传，提升企业形象，消除潜在的不利影响。

与东道国政府的关系对企业来讲是更为重要的，因为往往一国一旦在政策上有所限制，那么企业是很难通过公平的手段进入这个市场的。从政府国际的角度来看，任何企业对外直接投资一定要能够带动本国经济和就业，否则政府一定会加以限制。因此企业要做的就是与东道国政府互利共赢，企业应该在下游产业的选取合作过程中，尽量选择当地企业，以带动东道国行业的发展。给予更多当地人就业的机会，向东道国提供一些相互交流、培训的机会，分享自身部分的技术，并且尽可能地承担公益事业和区域义务。只有这样，当地政府才可能放开对企业的管制，从而获得当地市场份额和工业利润。

6.5.4.4 降低外汇风险

国家电网在参与对外直接投资的过程中，会涉及很多币种的转化，这其中势必会发生外汇的波动，从而影响整体的经济利润。企业首要做的就是加强金融信息方面的时效性，及时关注外汇市场的变动，并且积极主动地做出调整。第二点则是在与其他国家进行并购或是贸易往来的过程中，尽可能地选择有利的计价货币，采取软硬货币交替使用的方式，能够最大限度地分摊外汇风险。最后则是要注重经营的多样化和融资的多样化，在参与全球竞争中，尽可能在不同国家不同市场进行合作，而不是仅仅盯着某一两个国家。当真正发生外汇风险时候，也能够因为在多个市场均有份额而降低损失。

6.6 中国传统服务业对外直接投资的现状问题及对策

6.6.1 中国传统服务业对外直接投资现状

6.6.1.1 中国传统服务业对外投资的发展过程

传统服务业，是指商业、修理、美发、餐饮对人体健康有推动和促进作用的行业；而现代服务业，则是指金融、保险、旅行、信息等行业。

近年来，全球经济发展缓慢，反全球化的趋势不断加剧，贸易摩擦时有发生。当前国际贸易规则正面临着重新构建的挑战，中国经济发展的外部环境也是一个复杂多变、动荡不安、不确定性因素不断增加的过程。与此同时，中国进入了一个崭新的发展时期，其要素禀赋与比较优势也随之产生了巨大的变化，以往的开放模式和方式已不能适应新时代中国经济高质量发展的要求，我们必须从"吸引外资"向"引进来"与"走出去"协调发展，向"开放"转变。与此同时，服务业展开势头快速，对国民经济的贡献也在逐年增加。如图6-13所示，2013年，服务业在国内生产总值中的份额第一次大于制造业，在过去的8年里，服务业一直是世界上最大的产业。其中超过七成投资流向了服务业，服务业对外直接投资已成为中国资本"走出去"的主力。通过中国传统服务业对外直接投资，中国传统服务业可在全球配置资源、拓展国际市场、参与国际竞争，从而晋升了中国服务业的生产率和国际竞争力。在这种背景下，把握中国传统服务业对外直接投资的结构演变特点、了解中国服务业对外直接投资的概况、效果、存在问题与决定因素，对于中国传统服务业发展是十分必要的。

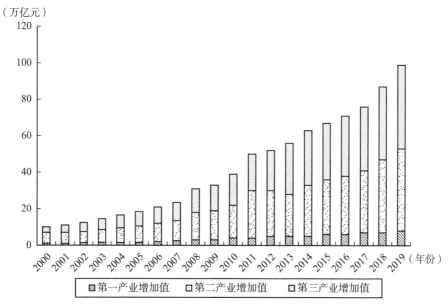

（万亿元）

图 6 - 13   2000 ~ 2020 年中国 GDP 总值及三次产业增加值

资料来源：赢商大数据，国家统计局 . 2000 ~ 2019 年，中城商业研究院 .

6.6.1.2　中国服务业对外直接投资在"走出去"倡议下增长趋势明显

自改革开放以来，我们在引进外资，学习和吸收外国技术、管理经验，提升企业技术质量等方面都取得了巨大的成绩。但中国的市场还没有完全成熟，因此，外资对中国的直接投资给中国的经济发展造成了积极的或消极的影响。然而我们也不能忽视发达国家在中国的技术溢出。发达国家的跨国企业在中国的技术含量很高，而且一直以来都是以独资为主，技术保密的要求非常严格。为了在全球范围内赢得市场中国的企业必须大力推行技术创新战略。目前，中国对于国际国与国之间的竞争或者合作已经具有了一定的基础条件。但是尽管在这种时刻，咱们也更应该意识到，在目前国内以及国际的种种态势下，还有很多问题有待解决。正如江泽民同志所说"我们必须明确地认识到，有些世界上的技术，无论多么先进都是无法购买的。"比较之下，鼓舞中国企业走出去，进行对外投资，才是最为高效的方法（见图 6 - 14）。

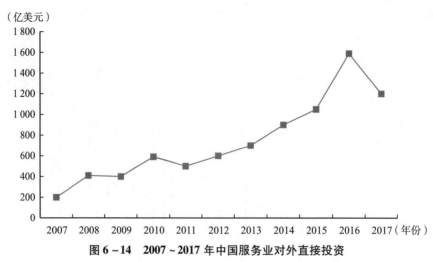

图 6 – 14　2007～2017 年中国服务业对外直接投资

资料来源：根据国家统计局数据绘制而得.

6.6.1.3　中国服务业间发展不平衡——传统服务业的对外直接投资

中国经济正处于转型晋级阶段，传统服务业也会在经济转型升级过程中得到提升和发展。中国传统服务业的发展受到中国经济基础发展较弱、经济体制改革和管理制度落后等因素的制约。随着中国服务业的发展壮大，各个行业都开始了对外直接投资。但是由于各个行业的发展基础和市场竞争力存在差异，中国服务业对外直接投资行业间发展并不平衡。从表 6 – 10 中可以看出，中国服务业对外直接投资的传统主力是商务服务业、批发和零售业、金融业。租赁和商务服务业所占份额基本维持在 40%～50%。这是因为国内广阔的消费市场、适宜的营商环境等因素使中国成为全球商务活动的重要聚集地。由此促进了中国租赁和商务服务企业的快速成长，它们将自己在激烈竞争中积累的经验输出到全世界，从而在环球价值链中扮演着不能或缺的角色。

由表 6 – 10 可以看出，如今服务业在经济浪潮中如鱼得水，像金融业，信息传输和计算机服务等现代服务业占据服务业整体对外直接投资很大的比重，而传统服务业的三大行业：饮食业，旅店业和商业，上升趋势并不明显且波动幅度较大。

近年来，在批发和零售领域的对外直接投资快速发展，比重多数都超过 20%。伴随着互联网经济的蓬勃发展，批发和零售业的新型业态不断涌现。

表6-10　2003~2018年中国服务业各行业对外直接投资所占比重

单位：%

年份	租赁和商务服务业	金融业	批发和零售业	信息传输、计算机服务和软件业	交通运输、仓储和邮政业	科学研究、技术服务和地质勘查业	房地产业	居民服务和其他服务业	住宿和餐饮业	文化、体育和娱乐业	教育	卫生、社会保障和社会福利业	水利、环境和公共设施管理业
2003	38.404	0	49.204	1.216	10.639	0.886	-1.788	0.289	0.117	0.14	0	0.019	0.873
2004	29.651	0	31.643	1.207	32.791	0.715	0.337	3.488	0.080	0.041	0	0	0.047
2005	60.939	0	27.871	0.182	7.113	1.597	1.426	0.774	0.093	0.002	0	0	0.002
2006	39.730	31.017	9.788	0.422	12.094	2.474	3.372	0.980	0.022	0.007	0.020	0.002	0.072
2007	28.658	8.535	33.752	1.553	20.778	1.553	4.643	0.389	0.049	0.026	0.046	0.004	0.014
2008	47.108	30.476	14.130	0.648	5.761	0.362	0.735	0.359	0.064	0.047	0.003	0	0.307
2009	51.480	21.951	15.428	0.699	5.199	1.951	2.359	0.673	0.239	0.215	0.041	0.013	0.523
2010	54.791	15.615	12.175	0.916	10.233	1.844	2.919	0.581	0.395	0.337	0.004	0.061	0.130
2011	52.405	12.427	21.136	1.590	5.249	1.447	4.042	0.673	0.239	0.215	0.041	0.013	0.523
2012	45.362	17.082	22.135	2.104	5.069	2.508	3.423	1.510	0.232	0.333	0.174	0.009	0.057
2013	39.226	21.892	21.235	2.031	4.795	2.598	5.73	1.637	0.119	0.451	0.0520	0.025	0.210
2014	41.017	17.730	20.370	3.530	4.649	1.858	7.355	1.840	0.273	0.578	0.015	0.171	0.614
2015	34.209	22.880	18.132	6.435	2.573	3.156	7.347	1.509	0.682	1.649	0.059	0.079	1.290
2016	42.727	9.691	13.571	12.120	1.090	2.753	9.903	3.523	1.056	2.513	0.185	0.316	0.550
2017	44.814	15.515	21.725	3.658	4.515	1.974	5.611	1.540	-0.153	0.218	0.110	0.291	0.181
2018	46.834	20.033	11.287	5.194	4.760	3.507	2.828	2.055	1.249	1.075	0.529	0.484	0.165

资料来源：国家统计局.

国内互联网巨头在国内市场取得巨大优势后，将目光聚焦到国外，加紧了对国际市场的布局，积极争夺国际批发和零售市场。同时，金融业将会是未来中国服务业对外直接投资的重要力量。在 2008 年，金融业对外直接投资比重高达 30.47%，受金融危机影响在之后几年有所下降，但在近几年逐渐回升，2018 年重新超过 20%。中国金融业对外直接投资的潜力会随着人民币国际化的稳步推进而不断被激发。服务业对外直接投资的新生主力是信息传输、计算机服务和软件业。

随着中国计算机服务、信息传输和软件业竞争能力逐渐增强，其对外直接投资比重也随之呈现上升态势，到 2016 年一度高达 12.12%。但随着高新产业在国际上遭遇各种限制与制裁，其对外直接投资也随之产生波动。波动较大的是交通运输、仓储和邮政业。从数据中可以看出，交通运输、仓储和邮政业对外直接投资规模逐年缩减，主要是因为这些企业在"走出去"的进程中，受制度和文化的限制，遇到了不同程度的阻碍。科学研究、技术服务和地质勘查业对外直接投资比重维持在 2% 左右，2018 年上升至 3% 以上。这可能是部分高技术企业为顺应研发全球化的趋势，在发达国家和地区设立研发和技术中心有关。而水业和公共设备管理业，住宿和餐饮业，教育，公共管理和社会组织，卫生、社会保障和社会福利业等服务行业的对外直接投资比重均不足 1%。

6.6.1.4 中国传统服务业对外直接投资的流向国家

首先，从总体上看，中国服务业对外直接投资中有 2/3 都投向了亚洲，亚洲地区成为中国对外直接投资最主要的流向地。这主要有两个原因：

一是，中国与亚洲其他国家的地理位置与其他国家相比更近。而这更近的距离往往能省下更少的费用，为中国传统服务业可以省下很多的有形成本。这是极为重要的一点，由于传统服务业是劳动密集型产业，就业人员对技术和知识需求较低，因此提供的服务主要包括：仓库、批发、零售、餐饮、旅行、家政和邮政等。

二是，中国与亚洲国家的"心理距离"相对而言也较为接近。宗教信仰、文化差异等"无形成本"相对其他地区更低，亚洲地区的区位优势有利于中国服务业的投资。

其次，拉丁美洲同样是中国服务业对外直接投资的主要流向地。拉丁美洲重要的地缘政治位置、低廉的劳动力和土地成本、巨大的市场潜力等都是吸引中国服务企业直接投资的原因。由于中国传统服务业具有其劳动密集型、就业者对技术和知识要求不高的特征，其服务以满足消费者基本需求为主，廉价的劳动力恰好完美地符合了我们传统服务业的需求。而北美洲和欧洲是世界主要发达经济体的集中地，已经拥有了相对完备的市场体制和良好的营商环境，使得它们已经成为国际服务业资本的聚集中心。

随着人类命运共同体和"一带一路"倡议的稳步推进，中国传统服务业对外直接投资将在欧美地区拥有良好的前景。另外，随着中非命运共同体的深入构建，加之非洲拥有丰富的自然资源和土地资源，将吸引中国服务业对外直接投资，中非之间的经贸往来也将更加密切。

6.6.2 中国传统服务业对外直接投资出现的问题

6.6.2.1 规模总量偏小，内部结构不合理

中国服务业总量不足，在国民经济中比重偏低，不仅远远落后于经济发达国家，而且长期低于发展中国家的平均水平。2020 年，中国香港第三产业占 GDP 比重为 93.5%；印度为 70%；美国为 81.5%；而中国 2020 年比重为 54.8% 远远低于世界大约平均 66% 的水平。世界上高收入国家服务业占 GDP 的比重平均为 70% 以上，中、低收入国家的服务业在 GDP 中的比重也为 50% 以上。正因为中国服务业发展比较落后。中国服务业对外直接投资发展速度滞后，该领域的国际竞争力同比较弱，尚有较大的潜力和空间。

6.6.2.2 开放程度较低，竞争意识不强

中国服务贸易整体落后，服务业对外直接投资在服务贸易中所占比重较小，在国际上缺少竞争力。显性比较优势指数的大小就不难解释中国国际服务贸易存在大量逆差的原因了。在国际服务贸易中商业存在是其重要的组成部分。在经济生活中，某些服务是不能在生产之后储藏起来留作以后消费的。因此，这些服务的生产与消费有可能同时发生。另外，某些服务，如产品的售后维修服务是不可能运输的，这使得远距离提供服务成为不可能。在这种情况下，服务提供者必须在现场提供服务，都只能以商业存在的方式提供服务。因此以商业存在提供服务的服务贸易方式与国际投资紧密联系在一起，

由对外直接投资所引致的服务贸易是一国服务贸易的形式之一。国家外汇管理局发布的《2021 年中国国际收支报告》中显示中国服务贸易总额 3 173 亿美元，较上年有所增长。而 2021 年，中国实现非金融类对外直接投资 382 亿美元。因此，在服务贸易水平落后，服务业对外直接投资在服务贸易中所占比重低的情况下，中国服务业对外资直接投资数量和跨境服务贸易出口额明显不在同一水平线，由于缺少竞争使得中国物流企业的生产效率和经营模式相对滞后，对外直接投资缺少竞争力。

6.6.2.3 中国服务业内部结构不合理

近年来，中国服务业在保持较快发展速度的同时，其内部结构明显改善，服务业结构转换与升级速度加快。物流、金融、信息服务等生产性服务业的带动作用开始显现。旅游、文化、教育培训、医疗卫生、体育、会展、中介服务、动漫、创意等需求潜力大的新兴服务业发展迅速。现代技术型、知识型服务业迅速发展，各种新型业态层出不穷，提升了服务业对国民经济特别是对制造业的支撑能力。但交通运输、邮电通信业、批发和零售贸易、餐饮等传统产业的主导地位并未改变，现代物流、信息、金融等现代服务业总体发展水平仍然偏低。总量增长缓慢与结构性缺陷两种矛盾相互交织、共同制约着中国服务业增长。如何优化和提升服务业结构，在继续发展传统服务业同时，充分发挥现代服务业和新兴服务业的主导地位是中国传统服务业发展面临的一个重要挑战。

6.6.2.4 中国服务业整体发展缓慢及其竞争力偏弱

一般情况下，一个国家第一、第二、第三产业构成了中国的实体经济，第三产业是其代表。美国国内的生产总值占国内生产总值总量的 81%，制造业仅仅就只占了 10%，这便是美国的状况所在，而这些数据也在一定程度上完全证实了像美国，日本这样的发达国家依赖于第三产业的这个现状。发达国家的制造业发展历程决定了第三产业在全球的比重将非常高，并且在很大的概率上把握着国家的经济未来的走势。在工业革命之后，那些发达的发达国家，就是依靠着自己的先进技术，才能在科技上占据一席之地。所以在几百年前，世界还只有第一产业的时候，那些老牌的发达国家，却是占据了绝对的优势。

随着时光的流逝，由于各国技术差距带来的收入差距，导致收入增长后的消费进一步上升，带来了商品物价的进一步上涨。物价上涨、工资上涨又带来了雇佣成本上升，从而企业的利润空间进一步压缩。所以在一定时间内发达国家的制造业都会向国外发展。美国的工厂迁往墨西哥，日本的工厂迁往中国，必然带来发达国家大量的工人失业，从而降低其就业率。为了维护国内的安定，提高国内就业率，发展服务业也是理所当然的。所以无论哪个发达国家，都必须走工业化道路，提升第二产业、第三产业在产业结构中的比重，才能更好地实现经济繁荣。这也是为什么发达国家的服务业占比很高的原因。所以我国服务业尤其是传统的服务业更需要提倡大力发展。毕竟我国的服务业同比发达国家相对比较落后。世界高收入国家的服务业在国内生产总值中的比例超过 70%，中等和低收入国家的服务业占 GDP 比重也超过了 50%。由于我国服务业发展相对落后，所以在国际直接投资中不能和国外的服务业竞争，这就会对中国的服务业进一步发展造成了一定的影响（见图 6 – 15）。

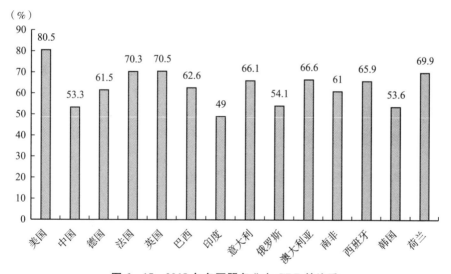

图 6 – 15　2018 年各国服务业占 GDP 的比重

资料来源：世界银行. Wind 资讯.

6.6.3 中国传统服务业对外直接投资的发展对策

6.6.3.1 政策影响

以改革开放释放的政策、红利对冲特朗普政府贸易投资保护主义给中国服务业对外投资造成的不利冲击。在多边贸易体制与自由贸易体系依旧是世界经济发展基石和时代主流的背景下，美国逆潮流而动必将损害包括其自身在内的世界各国利益，也给中国一个引领世界自由贸易体系继续向前发展的良好契机。中国应该勇于迎接挑战，顺应全球经济发展规律，成为自由贸易的捍卫者，促进形成更加公平合理的国际经济新秩序。以构建人类命运共同体为目标，扩大与"一带一路"沿线各国互联互通，搭建更加均衡的全球生产供应链。同时，继续改善国内服务业营商环境，建设开放的竞争性服务业市场，有层次、有节奏、有次序地降低服务业市场准入，扩大服务业对外开放，积极参与全球服务业价值链分工，激发服务业市场活力，积极进行对外投资，在当前面临经济转型重任的关键时期，中国应该全面深化改革，不断释放改革红利，通过改革促进发展，从而抵消贸易投资保护主义、单边主义、逆全球化对中国服务业对外投资带来的消极影响。目前，多边贸易体制与自由贸易体系仍是世界经济发展的基石，中国应积极参与国际经贸规则重构，面对挑战迎难而上，促进世界贸易与投资自由化，推动国际经贸规则改革，稳步扩大服务业对外开放。

6.6.3.2 积极支持传统服务企业"走出去"

努力推进中国服务企业国际化经营，为了正确引导中国的对外投资，使中国服务业企业的海外经营走上健康协调的发展道路，政府应采取以下措施：为企业提供信息服务；成立全国性的海外投资保险机构，为海外投资提供保险；鼓励培育国内服务企业走规模经营。要树立新的发展观念，加快推进现代服务业人才的发展。加强政府机关职能部门公务员的教育，增强他们的专业素质。创新教育观念，走产学融合教育模式支持各类高等教育、职业教育，发挥职业教育机构培训作用。加强对高端服务业急需人才的引进与培训，建设高端服务人才储备。要加强乡村服务人员的培训。坚持政府主导多元投入的方针，大力发展农村人力资源，使广大农民具备现代服务业的基础知识和技术。要把中国的第三产业作为国内生产总值的比重提高，逐步发展，从而由一定能力占有一定优势后进行对外直接投资，发展基础设施建设是服务业发展的公共条件和重要载体。要切实加大服务业基础设施投入力度，增强政府投资的引导作用，充分运用市场机制，广开投融资渠道，逐步形成以政府投入为引导、企业投入为主体、民间资本和境外投资共同参与的多元化投融资格局。通过实施大企业、大集团战略、带动服务业市场主体扩张、增强服务企业国际竞争力。

6.6.3.3 建立健全的中国传统服务业保护机制

在中国服务企业"走出去"时，往往会遇到各种经济风险、政治风险、法律风险和社会风险等各类安全威胁，针对上述风险应该提高企业风险意识，建立和健全中国企业对外投资保险制度，增强风险承受力。同时，充分发挥各类商会和协会的作用，为企业对外投资提供法律支持、咨询服务等，建立健全完备的对外直接投资数据库，从而为中国服务业企业对外直接投资提供信息参考与智力支持。由于中国服务业对外投资主要流向亚洲，资本流向过于集中的话往往会增加投资风险，因此还应分散化投资，促进区位选择的多样化。

6.6.3.4 加大对"一带一路"沿线国家的服务业对外直接投资

在增加对"一带一路"沿线国家服务业对外直接投资的过程中，一是，可以深化双边的经济贸易合作，促进制造业向"一带一路"沿线发展中国家转移，以带动服务业的对外直接投资。在制造业投资较为聚集的国家和地区，要加大对当地生产性服务业的投资，以形成相互促进、协同发展的良性局面。二是，加强对"一带一路"沿线的国家和外延国家中较为发达国家的技术寻求型投资，尤其是要提高跨国并购方式的比重，投资发达国家的金融、研发设计、软件信息等高端服务业，通过逆向技术溢出效应提升中国服务业的竞争力。三是，加强新领域、新产业、新业务方面的双向投资，创新投资合作，推进"互联网＋"服务业协作交融开展，促成"一带一路"沿线国度协作共赢，促进传统服务业的双向开放和投资便利化，以"共建、共享、共赢"的理念发展服务业对外直接投资。

6.7 中国知识密集性服务业对外直接投资的现状问题及对策

6.7.1 研究背景及研究意义

6.7.1.1 研究背景

1998 年，中国正式提出"走出去"战略，其目的在于鼓励国内企业直接到海外投资，促进世界级的公司和品牌的产生。在中国对外直接投资快速增长的背景下，知识密集型服务业的市场打开，国内领头企业以获取先进知识和技术为动机，将伸向东道国的触角集中在发达国家那些研发密度极高的区域，通过对当地先进技术资源的提取、组合、改进及利用，投资企业的技术水平和竞争实力均获得极大提升。

2012 年至今，中国知识密集型服务业劳动生产率平均年均增速比总体劳动生产率增速高 0.6 个百分点，比制造业劳动生产率增速高 1.1 个百分点。2021 年底，中国服务贸易的世界排名跃升至第 14 名，相比 2020 年提升 6 位。目前，知识密集型服务业占中国 GDP 比重不到 13%，在新发展阶段，知识密集型服务业已逐渐成为经济结构升级的战略重点。

从全球来看，2010 ~ 2014 年，全球知识密集型服务业增加值从 14.92 万亿美元增至 19.6 万亿美元，年均增速 6%，占全球 GDP 比重稳定在 26% 上下，高于中国 10%。知识密集型服务业在发达国家发展迅速并且已经成为许多发达国家的支柱产业，如美国知识密集型服务业的年均增速为 4.6%。2019 年，美国包括信息服务业、金融及房地产服务业、教育培训业等知识密集型服务业的增加值占美国 GDP 的比重 36% 以上，比中国高 23 个百分点。第三产业在 GDP 中占比更是达到 80%。一些中等收入国家和发展中国家，如俄罗斯、巴西、匈牙利等，也开始向服务经济转型。2019 年，它们的服务业占 GDP 的比重达到 60% 左右（见图 6 - 16）。

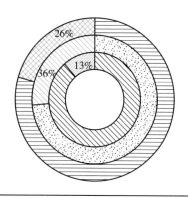

中国GDP（亿美元）	中国知识密集型服务业（亿美元）
美国GDP（亿美元）	美国知识密集型服务业（亿美元）
全球GDP（亿美元）	全球知识密集型服务业（亿美元）

图 6－16　2020 年全球及中美知识密集型服务业占 GDP 比重

资料来源：全球经济数据库 . www. macroview. club/global-economy.

6.7.1.2　研究意义

总的来说，中国知识密集型服务业主要突出的问题是：总量和比重有待提高，内部结构有待优化，高端产业有效供给不足，对其他产业的支撑有待加强。虽然中国已经将知识密集型服务业作为主要发展产业，但是从发展情况的数据来看，我们与发达国家之间的差距仍然存在。如何缩小这一差距，是我们现在要解决的问题。

经济全球化的发展在带来新的发展机遇和市场空间的同时，也带来了严峻的挑战和激烈的国际竞争。服务业对外直接投资是其国际化的主要形式。而服务业的国际竞争，大多都集中在知识密集型服务业。所以发现中国知识密集型服务业企业对外直接投资的现状问题，并提出有可行性的政策建议已迫在眉睫。

6.7.2　文献综述与问题及概念提出

6.7.2.1　文献综述与问题

邓宁（1989）将"国际生产折衷论"应用于服务业对外直接投资，认为同时拥有所有权、内部化和区位优势时，对外直接投资才可以有效进行。米奥佐和迈尔斯（Miozzo & Miles，2002）认为，国际化和全球化常作为驱使顾客寻求知识密集型服务业投入的密切相关的一对因素。邹全胜和王莹（2006）认为，在科技一直发展、分工不停细化的情况下，服务产业将趋向于服务产品外包形式的一体化外生产经营模式。蒋珠燕（2012）和于亚娜、岳金桂（2022）认为，中国的知识密集型服务业贸易进出口总额在逐年上升，但还是存在个别服务有巨大的逆差等问题。对此，须加大力度去发展知识密集型服务业，避免行业单一化，注重均衡发展，进一步提高中国的国际地位与竞争力。同时，钟晓君（2019）认为，中国的服务业对外直接投资在"一带一路"倡议下增长明显，成为中国资本"走出去"的重要载体，服务业跨国并购比重较低、服务业对外投资现状与服务业发展阶段存在偏差是中国服务业对外直接投资面临的主要挑战。余亚军（2009）认为，知识密集型服务业所依靠的核心竞争力是技术和知识，因此要加快对复合型服务人才的培养和引进，优化市场环境，组建大型跨国企业和建立跨国企业联盟进行知识共享。

本节在上述研究的基础上，进一步对中国的知识密集型服务业的现状问题进行探讨，结合国内国外的关于知识密集型服务业的研究以及对外直接投资的相关理论进行深入的分析和阐释。

6.7.2.2 知识密集型服务业的概念及内涵

知识密集型服务业（knowledge-intensive business service，KIBS）是基于创造知识、转移知识和共享知识等活动，提供专业技术或咨询指导服务的相关组织。知识密集型服务业是一个理论概念，在中国国民经济统计分类中没有直接对应的行业，而是分散在信息技术服务业、科技服务业、知识产权服务业和专业法律服务业等行业。在相关行业内最具代表性的是知识产权代理服务业，该行业在产业创新链内的功能是将各类创新主体的创新成果开发为知识产权，并进一步就知识产权的商业化应用提供服务。

中国的知识产权服务业、企业资产增速是呈波动性增长趋势，该行业在过去20年经历了快速增长阶段，它是中国知识密集型服务业领域发展最活跃的行业，其中私营企业占78%[①]，体现出高度的市场化程度。从资产规模看，中国上海、广东和北京是增长最为活跃的3个省市，与中国长三角和珠三角地区高技术外资集聚的区位格局是高度吻合的（见图6-17）。

---

① 中国知识产权局. 中国知识产权服务业发展年度报告（2010-2020年）.

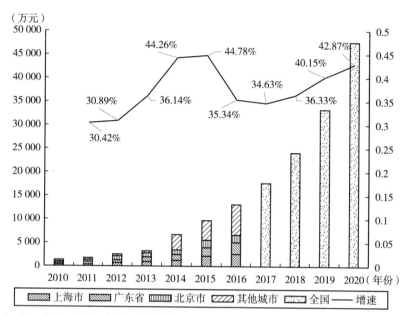

图 6 - 17　2010 ~ 2020 年中国知识产权服务业企业资产增长率的地区分布与增长水平

资料来源：中国知识产权局《中国知识产权服务业发展年度报告》（2010 ~ 2020 年）. www. qianzhan. org. cn.

关于知识密集型服务业的细致分类，迈尔斯（1995）的观点可以将其分为 KBIS1 和 KBIS2 两大类别（见表 6 - 11）①。

表 6 - 11　　　　　　　　　　两类主要的知识密集型服务业

面向新技术集中使用者的传统专业服务
促销/广告
非新技术培训
不涉及新技术的设计
某些金融服务（如安全和证券市场相关活动）
办公室服务（传统办公设施服务，不包括体力服务）
建筑服务（如建筑、测量和设计工程）
不涉及新技术的管理咨询
会计和账簿记录
法律服务
不涉及新技术和环境服务
废物处理服务

---

① Miles Letal. Knowledge-intensive business services：users，carriers and sources of innovation. Rap2 port pour DG13 SPRINT - EIMS，March，1995.

续表

基于新技术的知识密集型服务业

计算机网络/信息技术
某些电信（特别是新商业服务）
软件
其他相关计算机服务（如信息设施管理）
新技术培训
新技术设计
新办公设施的办公室服务
建筑服务（集中于新 IT 设施，如建造能源管理系统）
涉及新技术的管理咨询
技术工程
新技术环境服务
研发咨询和高技术精品

资料来源：Miles Letal. Knowledge-intensive business services：users, carriers and sources of innova-tion. Rap2 port pour DG13 SPRINT – EIMS, March, 1995.

本节所讲的知识密集型服务，主要包括建筑服务、保险服务、金融服务、计算机和信息服务、特许权使用费、科学研究、技术服务和地质勘探、教育对外直接投资流量、文体娱商业服务。根据中国国际收支平衡表分类而得。

6.7.3 中国知识密集型服务业对外投资现状及特点①

6.7.3.1 贸易总额逐年提升

中国知识密集型服务，贸易进出口总额由 2001 年的 1 777.0499 亿元增至 2021 年的 52 982.7 亿元，增加了 29.8 倍，占服务贸易的比重由 2001 年的 36.6%升至 2021 年的 43.91%，知识密集型服务业贸易平稳增长，占比提高。近 3 年来，知识密集型服务业的占比保持在 41%上下，如图 6 – 18 所示。

---

① 根据国家统计局相关数据计算得出。

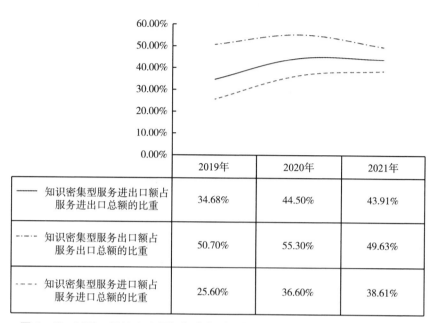

	2019年	2020年	2021年
—— 知识密集型服务进出口额占服务进出口总额的比重	34.68%	44.50%	43.91%
—·— 知识密集型服务出口额占服务出口总额的比重	50.70%	55.30%	49.63%
- - - 知识密集型服务进口额占服务进口总额的比重	25.60%	36.60%	38.61%

图 6 – 18　2019 ~ 2021 年中国知识密集型服务进出口额占服务出口总额的比重

资料来源：国家统计局.

6.7.3.2　流量呈波段性增长趋势

"走出去"战略推行后，在风起云涌的国际局势下，中国的知识密集型服务业对外直接投资整体趋势呈线性上升趋势，由 2010 年的 1 196 911 万美元上涨到 2020 年的 3 867 577 万美元，总量增加了 3.2 倍。同比增长率是波动的。值得注意的是，2017 年知识密集型服务业对外直接投资总量为 3 253 178 万美元，同比下降 29.83%，是首次出现大幅负增长的一年。但此次负增长并非坏事，这主要源于 2016 年底以来中国加强对企业对外投资真实性、合规性的审查及引导。

2019 ~ 2020 年，受疫情严重影响，世界经济萎缩 3%，2019 年知识密集型服务业对外直接投资流量同比下降 7.89%，在 2020 年有小幅度的回升（见图 6 – 19）。

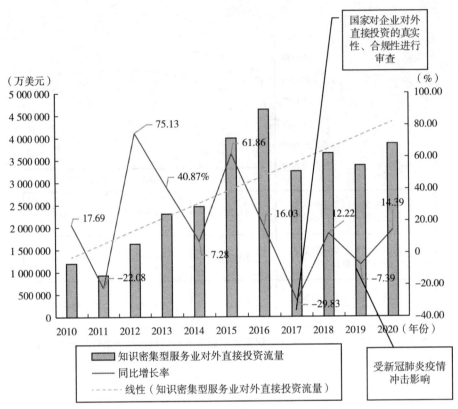

图 6 - 19 2010 ~ 2020 年知识密集型服务业对外直接投资流量及同比增长率

资料来源：根据国家统计局相关数据进行计算得出.

6.7.3.3 行业分布

如图 6 - 20 所示，从投资结构上看，知识密集型服务业对外直接投资占比 27%，其中信息传输、计算机服务和软件业发展迅猛。由 2020 年详细数据显示，中国知识密集型服务业对外投资主要投向了金融业、信息传输、计算机服务和软件业和建筑业，分别占比为 13%、6% 和 5%。

2010 ~ 2020 年，中国知识密集型服务业对外直接投资流量持续上升，其中计算机和信息服务对外直接投资流量由 27 813 万美元增至 918 718 万美元，如图 6 - 21 所示。加入 WTO 后，由于中国劳动力成本比较低且丰富，这驱使很多企业进行海外工程承包，所以建筑服务的对外直接投资流量一直保持较高水平。

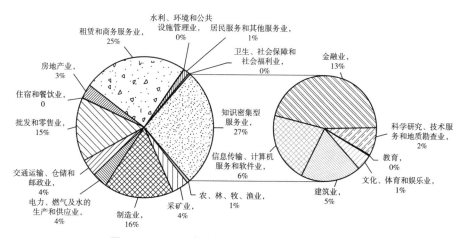

图 6 - 20　2020 年中国对外直接投资构成分布图

资料来源：国家统计局相关数据计算得出.

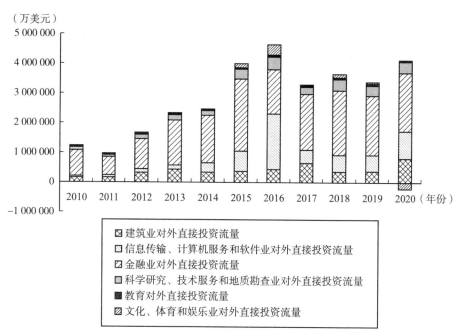

图 6 - 21　2010 ~ 2020 年知识密集型服务业对外

直接投资流量行业分布情况

资料来源：根据国家统计局相关数据进行计算得出.

6.7.3.4 服务（产品）分布①

近10年，中国专利和特许服务的对外直接投资均保持了较为均衡的占比水平。金融服务业在国民经济中担任着无可取代的角色，在2012年之前，中国的金融服务对外直接投资受到体制等多方面因素的影响制约。但在全球化背景下中国金融服务业发展速度加快，其产业占比也不断加大。随着中国国际地位的提高，金融服务逐渐打开国际市场，在2016年之后的平均占比达46%，金融服务占总知识密集型对外直接投资比例逐渐均衡（见图6-22）。

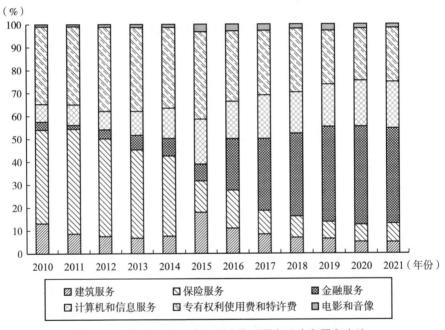

图6-22 2010~2021年知识密集型服务业中各服务占比

资料来源：根据2010~2021年《中国国际收支平衡表》相关数据计算所得。

6.7.3.5 地理分布、省级分布

中国地缘辽阔，由于地理条件、产业发展和政策导向上的差异，致使各地区间的经济禀赋有所不同，进而使不同区域间的对外直接投资也存在很大

---

① 2010~2021年《中国国际收支平衡表》。

差异。中国对外直接投资在 2010 年、2013 年和 2017 年的变化趋势及地区差异。首先，东部地区和其他地区差距非常大，另外就是区域内的不平衡性很大。随着"走出去"战略的实施，全国各地的对外直接投资差距减小，主要原因可能是相邻省（市）之间可能存在由于产业关联、竞争、模仿等引起的要素流动，从而使得区域之间的对外直接投资发展可能存在相互促进①。

此外，中国各省（市）的投资规模不断上升，但区域间差距比较大，呈现出由沿海经济发达地区向内陆逐渐递减的趋势。其中，东部、北部经济开发区的投资规模一直处于国内领先水平。

6.7.3.6　国际分布

中国知识密集型服务业对外投资主要集中在亚洲，最高年流量为 2016 年的 3 079 528.192 万美元。其次是北美洲和拉丁美洲。总体来看，中国的知识密集型服务业对外直接投资在各大洲呈逐年波动性上升趋势。在 2020 年末，除流向大洋洲的投资减少三成外，对其他地区的投资均呈不同程度增长。主要流向的国家（地区）为中国香港、开曼群岛、美国等（见图 6 - 23、表 6 - 12）。

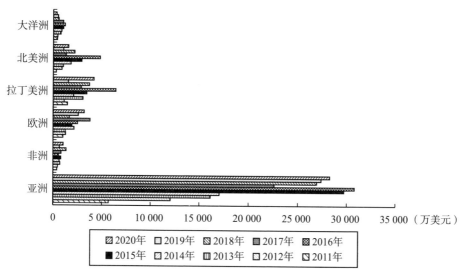

图 6 - 23　2011 ~ 2020 年中国对六大洲知识密集型服务业直接投资流量

资料来源：根据国家统计局相关报表计算所得.

---

① 刘华健. 对外直接投资对中国金融服务业发展的影响研究 [D]. 长沙：长沙理工大学, 2020.

表 6 – 12　　　　　　　2020 年中国知识密集型服务业对外直接
投资流量前 20 位的国家（地区）

序列	国家（地区）	流量（万美元）	占比
1	中国香港	2 242 909.838	58.00%
2	开曼群岛	215 425.4552	5.57%
3	英属维尔京群岛	175 506.4992	4.54%
4	美国	151 429.7372	3.92%
5	新加坡	149 031.486	3.85%
6	印度尼西亚	55 310.486	1.43%
7	泰国	47 373.2608	1.22%
8	越南	47 193.87	1.22%
9	德国	34 610.096	0.89%
10	澳大利亚	30 156.4244	0.78%
11	英国	23 203.0552	0.60%
12	中国澳门	20 803.2944	0.54%
13	俄罗斯	14 349.2512	0.37%
14	日本	12 248.6428	0.32%
15	新西兰	11 395.4672	0.29%
16	南非	10 074.8188	0.26%
17	尼日利亚	7 772.9304	0.20%
18	墨西哥	6 656.2296	0.17%
19	加拿大	5 284.1032	0.14%
20	法国	3 718.3964	0.10%
	合计	3 264 453.642	84.4%

资料来源：根据国家统计局相关报表计算所得.

　　亚洲为中国知识密集型服务业的主要对外直接投资地域，其原因主要有
两个：第一，近年来，中国经济快速发展，对自然资源的需求量增加，而亚
洲地区矿产资源丰富、劳动力廉价，市场潜力大，对中国具有巨大的吸引力；
第二，亚洲国家与其他区域国家相比，与中国联系更加方便、紧密，投资环
境宽松、投资成本低，所以成为中国对外直接投资的首选之地。

6.7.3.7 投资者分布①

有限责任公司为中国对外直接投资者的重要组成部分。2020 年末有限责任公司占 34.3%，是中国知识密集型服务业对外投资占比最大群体，私营企业位列其次（见图 6-24）。

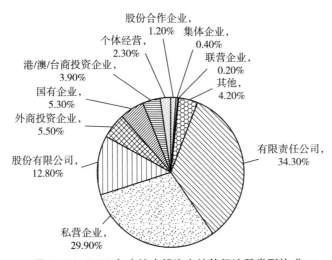

图 6-24 2020 年末境内投资者按等级注册类型构成

资料来源：2020 年度中国对外直接投资统计公报.

6.7.3.8 "一带一路"沿线国家和地区投资稳步增长

"一带一路"倡议联通了亚欧大陆，促进不同国家和地区在文化、制度、经济等领域实现相互碰撞与融合以及深层次的沟通与交流，将中国的知识密集型服务业对外直接投资推到了新的阶段。《2020 年对外直接投资统计公报》中统计中国在 2020 年对"一带一路"沿线国家投资增长两成，占比提升一个百分点。在 2020 年初，中国在"一带一路"沿线国家的知识密集型对外直接投资主要流向新加坡、印度尼西亚、泰国、俄罗斯联邦等国家，总投资数额逐年累积，到 2020 年末已超 56 亿美元（见图 6-25）。

① 2020 年度中国对外直接投资统计公报.

（亿美元）

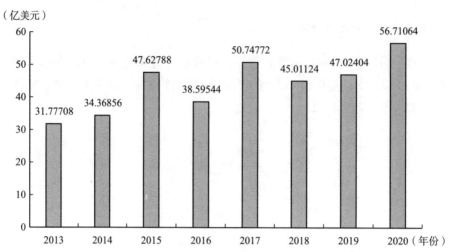

图 6 - 25　2013 ~ 2020 年中国对 "一带一路" 沿线国家知识密集型服务业投资情况
资料来源：2020 年度中国对外直接投资统计公报．

6.7.4　中国知识密集型服务业对外直接投资的问题

就以上针对中国知识密集型服务业对外直接投资现状的描述性统计分析，找出了以下五点问题。

6.7.4.1　投资地区不尽合理

由于发达国家地区的居民收入比较高，消费需求强，因此向来都是中国知识密集型服务业海外直接投资的重点，同时，因为发展中国家和地区的市场有庞大的潜在消费群体，中国也在近 5 年逐渐将发展中国家列为知识密集型服务业境外直接投资的重点。所以发展中国家和发达国家都有很大的市场发展空间。从投资区位来看（见图 6 - 26），我们在亚洲和拉丁美洲有一定的投资优势，在其他洲的投资力度有待加强①。

东部地区的珠三角、长三角、京津冀是中国对外直接投资的主力军，而中西部地区以及东北三省受经济发展水平制约，对外直接投资存量相对较少，存在明显的区域分布不平衡②。

---

①② 2020 年度中国对外直接投资统计公报．

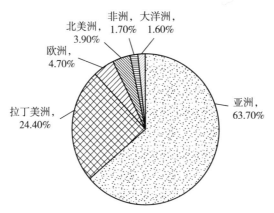

图 6 – 26　2020 年中国知识密集型服务业对外直接投资存量地区分布情况

资料来源：2020 年度中国对外直接投资统计公报．

6.7.4.2　影视文化服务缺乏竞争力

近些年来，中国的电影和影视文化产业发展得非常迅速，但是电影和影音服务的对外直接投资流量始终在 5 亿美元上下浮动，并且是逆差状态。在最近 5 年，受到新冠肺炎疫情的严重打击，中国此服务的对外投资流量有所下跌，行业占比仅为市场份额的 1%。之所以在这方面缺乏竞争力，主要原因是中国出口的影视剧作均为具有亚洲或东方色彩主题的作品。受文化因素影响，主要的受众市场为与中国有类似文化背景的国家和地区。对欧美国家影视剧作的直接投资少，缺乏影响力和创意（见图 6 – 27）。

6.7.4.3　投资面临风险

侯晓宇等（2018）指出，中国对外直接投资主要面临政治风险和经济风险。政治风险包括加征关税、技术封锁、绿色壁垒等，这在一定程度上会影响中国企业对外投资规模。经济风险主要是指东道国的经济发展水平和营商环境[①]。一般而言，东道国的经济发展水平越高，营商环境越开放，企业的投资意愿越强烈，两者成正相关。当前，受疫情以及贸易保护主义和单边主义影响，对中国企业的海外投资提出了巨大的挑战。

---

① 2020 年度中国对外直接投资统计公报．

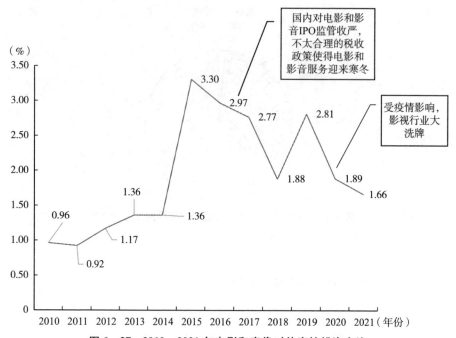

图 6 – 27　2010 ~ 2021 年电影和音像对外直接投资占比

资料来源：根据 2010 ~ 2021 年《中国国际收支平衡表》相关数据计算所得。

6.7.4.4　效益有待提高

　　知识密集型服务业的对外直接投资，无论是在宏观上推动中国经济快速发展，提高中国对外开放水平，还是微观上提高企业管理和技术水平，加快技术转型升级，其有形效益和无形效益都是十分明显的。但目前中国海外的知识密集型服务企业的投资效益还不尽如人意，盈利可观和亏损很惨重的企业占少数，一些收益平平、规模平平的企业占多数。

　　目前，中国许多知识密集型服务企业对外投资的动机不明确，缺乏长远的眼光，投资的随意性很强。没有对风险进行预测，导致表面的初步的投资计划尚可，但后续问题接踵而来，经济效益不乐观。另一个重要的问题就是海外合资合作的伙伴选择问题。目前对于信息不对称的问题已经有所改善，但仍存在中方企业由于经验不足，对合作者的资信能力和目的都缺乏了解，盲目地选择和决策，导致上当受骗。

6.7.4.5　人才比较匮乏

　　企业对外直接投资的效益是否乐观，关键在于企业的核心竞争力，这取决于管理、技术等方面人员素质的高低。然而，由于受传统体制因素的影响，中国海外企业在人才待遇和培训等方面无法与外国企业相比，严重缺乏高素质人才。中国多数境外投资企业一般从自己的企业中选派经营管理人员，这远远不能适应东道国的情况，这是制约中国知识密集型服务企业开展对外直接投资的重要因素。

6.7.5　中国知识密集型服务业对外直接投资发展对策

毋庸置疑，知识密集型服务业已经成为当前新经济的增长点，大力发展知识密集型服务业是中国产业结构升级，解决高投入、高物耗、高能耗问题、保持可持续发展，增强中国竞争力，提升国际地位的必经之路，接下来的问题就是我们该如何发展好知识密集型服务业，有以下几点建议及对策。

6.7.5.1　加强技术创新

知识密集型服务企业的发展，依靠的就是技术和知识。长期以来，中国知识密集型服务业没有真正意义地建立在技术进步和知识能力的获取上，借助知识经济时代来到的奇迹。知识密集型服务业企业要想取得国际竞争力，必须加强知识密集型服务业的创新体系建设。抓住新技术发展所带来的机遇和威胁。根据新技术的发展随时采取相应的对策。

随着现代生产方式的转变，服务外包产业的发展为企业在全球范围内整合配置与利用优势资源，凝心聚力地发展其核心竞争力提供了条件。企业不必在价值链的每一个环节都保持优势，可以通过对外直接投资来收缩自己的核心领域，集中资源提高核心竞争力，提高中国经济对外直接投资公司企业的国际市场竞争力。

6.7.5.2　平衡标准化和差异化

目前，知识密集型服务业呈现出服务标准化的趋势，即使是提供个性化服务的企业，也在将技术和标准化生产系统应用到日常办公中，用来提高服务效率。但一个成功的国际化企业不但要参与标准化的建设，还应该有自身特有的差异化。因为决定企业竞争优势的是差异性资源。对于中国知识密集型服务业企业来说，应该结合不同国家的不同环境，提供"全球化"的标准化服务，来获取规模经济效应。同时应该强化对自身特色的培养以应对差异化需求。[1]

对于具有较强学习能力的地区，一方面应出台政策，继续提高技术学习能力并保持对外直接投资规模，同时提高对外直接投资质量，通过开展针对性较强的投资项目，以充分发挥拓展国际市场的有利影响；对于吸收能力较差的地区，在适当提高对外开放水平的基础上，不断加强自身科研创新能力，促进产业结构升级，扩大对外直接投资领域。

6.7.5.3 实施本土化战略

对于知识密集型服务业来说，国际化发展是个动态的过程，知识密集型服务业应该根据竞争态势和扩张方式等情况，结合企业自身条件，合理利用资源，灵活运用国家化战略，创造国内和国际市场的协同效用。

6.7.5.4 加快复合型服务人才的培养和引进

由于对知识密集型服务业的需求迅速增长，知识密集型服务业人才的培养和获取成为最紧迫的问题，知识密集型服务业和传统服务业相比，最大的特点就是服务中知识含量高。因此，具有现代新型知识结构的人才成为知识密集型服务业走向世界的核心能力和基础。

政府应该鼓励通过课程创新和培训等方式发展高技能人才，大力发展高等教育，积极推进理论与时间相结合。中国的知识密集型服务业要把人才培养和引进来放在首位，尤其是具有国际视野的跨学科、跨文化人才。推进中国各地区人力资本区域协调发展，最终实现各区域知识密集型服务业跨越式均衡发展。

6.7.5.5 优化市场环境，完善市场机制

全球化可以为知识密集型服务业发展提供强大的推动力。中国的知识密集型服务业要想适应未来的国际竞争格局，就需要主动进入国际化进程中来，采取有效的战略和措施，尽快融入国际化发展的浪潮中。因此，政府应该发挥公共服务提供者的作用，优化市场环境，完善市场机制[2]。

6.7.5.6 建立大型跨国企业及联盟实现知识共享

由于中国知识密集型服务业企业存在规模小而散、市场过度竞争、技术

---

[1][2]　2020 年度中国对外直接投资统计公报．

重复开发，信息不对称等弊端，通过组建大型跨国集团，可以将市场交易成本内在化，通过资源的内部整合，降低企业成本，取得规模效应。

6.8 中国服务业对外直接投资的发展对策

6.8.1 缓和与美国等发达国家的关系，促进两地经贸合作

中国服务业对外直接投资的对象以发展中国家居多，而与美国等发达国家的交往并不密切，这是由中美关系恶化造成的，自 2005 年中美贸易摩擦之后，中美关系长期处于持续升温的阶段，但 2019 年美国政府又对中方掀起了新一轮的贸易战，中美关系又陷入了僵局。中美关系主要看美方，中国政府一直都支持与美方的协商合作，而拜登政府曾表示对中国企业设置壁垒，最近又坦言愿意积极与中方合作，面对美方不明朗的态度，中国首先要做的就是坚持自己的态度，做好自己的事情，是我们对美博弈的最大优势，中国会积极为美国来华投资创造公平、公正的营商环境，同时也希望美国能消除中国企业在美投资的限制和障碍，取消对中国企业加征关税，两国也要加强国际沟通，为中美两国关系的尽快恢复共同努力。

6.8.2 扩大国际市场的开放力度，促进服务业资金双向流动

当前，自由贸易体系和多边贸易体系依然是世界经济发展的主流，尽管美国政府奉行贸易霸凌主义，但这种逆潮流行为必将给其自己造成利益损害，这对中国来说反而是一个引领自由贸易体系的良好契机。中国应该坚定维护自由贸易，拓宽服务业对外直接投资的领域，推动服务企业更好的"走出去"；当前中国服务业对外直接投资离繁荣阶段还差一定的距离，但对外直接投资已经具有一定的超前性，因此要将重点放在服务业资本双向流动的平衡上，借用"一带一路"倡议"新发展格局"的优良机会，发挥中国服务业的比较优势，让中国服务企业健康平稳地向前发展，形成经济全球化背景下对外直接投资的新局势。

6.8.3 加强风险防控与管理，完善服务业对外投资保险制度

中国服务业的对外直接投资者可能因东道国国内政治风险而遭受损失，开放就有风险，关键是做好风险防范，避免外部风险对本国对外直接投资的服务企业带来冲击。国际投资保险制度承诺，若出现如上述保险事故，保险机构必须根据签订的契约向对外直接投资者支付保险金，代为向东道国政府进行索赔，从而保护投资人的权益。完善海外投资保险制度，其实是在一定程度上解决了对外直接投资者的后顾之忧，与其他事后支付的保险不同，海外投资保险制度更像是"把风险扼杀在萌芽阶段"，从而鼓励国民进行海外投资。在现阶段中国对外投资保障机制尚不能用完善来形容，在遭遇投资风险时，中国对外直接投资企业会陷入经济危机，因此，必须健全中国海外风险防控制度，协助对外直接投资企业建立企业内部的风险预警和防范机制，提高风险发生时解决国际争端的能力。

6.8.4 坚持创新引领，推进服务业对外直接投资高质量发展和结构优化

中国服务行业在规模总量、对外开放方面成绩卓越，但质量不高成为制约中国服务业对外直接投资发展的"瓶颈"。在新发展理念下，要切实消除现代服务业高质量发展的薄弱环节，坚持在创新带动发展，提升服务企业独立自主研发新技术和开发新领域的能力，突破妨碍中国服务业创新的"卡脖子"的技术困难，促进服务业转型升级，处理好服务业对外直接投资结构不平衡问题，抓住国际竞争的主动权；认真落实创新驱动发展战略，加大创新资金投入，促进全要素生产率和服务业数字化水平的提升；用开放引领创新，用创新促进开放，研发服务业的新领域，新行业、新业务，加强以互联网为基础的新兴服务业开放合作程度，推进中国服务业向创新型道路迈进。

6.8.5 聚焦高附加值跨国企业，发展特色现代服务业产业部门

近来中国贸易总额持续顺差，人民币未来有升值的可能，人民币升值有利有弊，其中一个弊端是会影响服务贸易，在某种程度上加剧服务业进出口

逆差的现状。在此压力下，着重培育对外投资中具有高附加值的跨国企业，发展中国服务业中具有"中间品"性质的产业，在对外直接投资中培养相对优势，锁定全球中高端市场；现代服务业企业应根据中国的资源禀赋及经济水平，着眼于中国特色服务产品，比如中国的汉语教学、中餐教学、中华武术、中医中药等具有广阔前景的行业。中国作为经历几千年历史长河的文明古国，有着自己的特色服务产业和优秀的传统，对外直接投资的发展一定要从实际情况出发，继承和发扬中国特色服务业，形成国际直接投资的核心竞争力。

6.8.6 加大教育投资，培养知识密集型服务业人才

服务业的竞争从根本上来说是高精尖劳动力的竞争，虽然中国第三产业对外直接投资发展很快，但是在国际上仍然缺乏整体竞争力，原因是高水平服务型人才紧缺，无法满足当前服务业外直接投资的人力资本需求，培养卓越人才成为当务之急。高等教育和科学知识对人才的培养尤为重要，政府在教育上的投入会产生最直接的生产力，这是比经济建设更基础的投入，因此更应优化人才培养方式，支持人才培养制度改革，以制度引领创新，培养高素质、高水平的知识密集型服务业人才；加大对教育事业的投资，拓宽办学范畴，施行开放的人才培育政策，引进海外优质教育资源，改善海外人才在华的福利政策，增强中国经济发展的潜力。

6.9 中国服务业对外直接投资的趋势

根据中国服务业对外直接投资和对外直接投资的资本流入和流出情况，得以构建服务业的发展周期，分别是第一阶段起步期、第二阶段成长期、第三阶段成熟期、第四阶段繁荣期以及第五阶段再工业化期。

在起步期阶段，不论是服务业的对外直接权益还是对外直接投资，都只有很少数的资本流入或流出，此时的中国还不具备吸引国外投资者来华投资，而本国企业也没有足够的实力去对外直接投资，因此中国的服务业在一阶段还处于停滞时期。

在成长阶段，国内市场更趋于稳定，且有廉价的劳动力，因而能够大规模吸引来自国外的投资者。而国内也由于经济的向好开始有企业参与到国际

竞争中，虽然数量和金额较小，却是中国服务业对外直接投资的真正起点。

在成熟阶段，国内服务业开始迅猛的发展，更多企业选择走出国门，走向世界市场，资源和生产要素开始以实现全球利益最大化为目的进行流动，经济得以快速增长。与此同时服务业的对外直接投资开始增速放缓，资本流入数量下降，因此，在此阶段也达成了一个动态的资本流入和流出的平衡。

在繁荣阶段，服务业对外直接投资直登顶峰，开始成规模式的流出，此时服务业的投资开始真正成为国家产业投资情况的支柱型行业。服务业的对外直接投资进入了平稳的发展期，这也与中国的政策和国际地位的改善密切相关，因此也是在繁荣阶段第一次服务业的资本净流出。

在再工业化阶段，服务业投资依旧占据绝对大的比重，但同时也出现了像是国内服务业的产业空心化问题，亟须进行结构性的升级和改革，因而服务业开始再工业化。对外直接投资的资本开始回流，向外流出减少，此时重新形成新的均衡。

2014 年之前中国服务业对外直接投资一直处于平稳增长状态，2014 年之后呈不断增长的态势，吸引外资增长缓慢，资本净流入不断扩大。目前，中国服务业的对外投资正处在对外投资发展周期的第四阶段，在这个阶段服务业繁荣发展，对经济发展所做的贡献不容小觑，根据图 6 - 28 可以看出，2013 年中国服务业增加值占国民生产总值 46.88%，2020 年在国民生产总值 GDP 中的占比为 54.53%，这个比重较发达国家水平还有较大距离，因此中国服务业务尚未进入繁荣阶段。

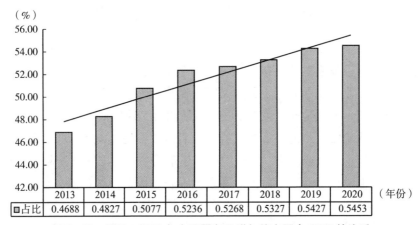

（%）	2013	2014	2015	2016	2017	2018	2019	2020	（年份）
占比	0.4688	0.4827	0.5077	0.5236	0.5268	0.5327	0.5427	0.5453	

图 6 - 28　2013 ~ 2020 年中国服务业增加值占国内 GDP 的比重

资料来源：根据国家统计局数据整理.

但是中国服务业对外直接投资的领域和区域持续扩大的可能性较大，理由如下：

一是，从经济环境来看，"一带一路"的互通满足了沿线各国的资本、技术、人才等发展需求，为这些国家贡献了庞大的贸易机会和贸易利益。中国始终致力为"一带一路"的建设贡献中国力量，图 6 - 29 为中国 2014 年 1 月至 2021 年 9 月海上丝路贸易指数图，中国在"一带一路"倡议下的进出口额屡创新高。此外，2013 ~ 2020 年中国对新加坡、巴基斯坦、波兰、俄罗斯等沿线国家累计直接投资 1 398.5 亿美元，累计在这些国家设立超过 1 万家企业，2020 年对这些国家对外直接投资总额达 225.4 亿美元，这一总额比 2019 年增长了 20.6%；此外，2020 年末直接投资存量 2 007.9 亿美元，约占存量总额的 7.8%。同时，在认真落实了"走出去"的战略部署之后，中国服务型企业更是在外国获得了巨大的市场份额，本土资源和管理经验等，国际经济合作业务开始飞跃增长。中国从全球视角制定的贸易投资政策为经济全球化做出了巨大的贡献，反过来经济全球化又为中国服务业对外开放水平和对外投资质量注入了新的增长动力，开辟出持续发展的巨大空间。

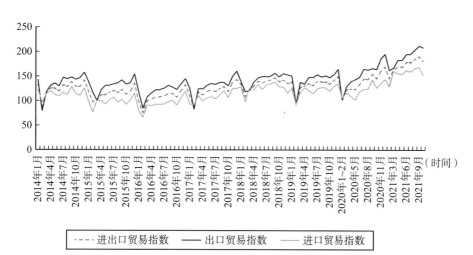

图 6 - 29　2014 年 1 月 ~ 2021 年 9 月海上丝路贸易指数

资料来源：宁波航运交易所.

二是，虽然当前存在刻意阻碍经济全球化进程的势力，但开放型世界经济仍是时代主题，绝不会止步于此，国际之间的自由贸易和自由投资引领了全球对外直接投资的发展。全球价值链正在重构，以金融、品牌、科技、研发为代表的知识密集型产业的地位越来越重要。中国面对的服务贸易和投资发展的机遇愈加凸显，服务业的对外直接投资被注入了新的增长动力，对外投资合作不断成长，对外开放水平和对外投资质量进一步提高。

三是，国内市场的活力与潜能对服务产业的转型升级构造了强大支撑，尤其在推动经济的高质量发展以及供给侧结构改革的战略背景下，中国服务企业的经营机制和管理方式将朝着更加先进和科学的方向迈进，如五大银行以及中国国际信托投资公司等，这些企业都具备对外直接投资的实力，在国际市场上积累了丰富的办场经验，也积累了大量的资金和信誉，在进行跨国投资时直接优势显著。尽管国际上服务业对外投资竞争激烈，但这将会倒逼中国服务企业自主进行研发创新，以创新为主导的服务业将成为引领中国服务业对外直接投资的主力军，助力完成产业结构转型升级，经济发展逐步走上快车道。

本章参考文献

[1] 董小君，郭晓婧. 后疫情时代全球服务业的演变趋势及中国的应对策略 [J]. 改革与战略，2021（3702）：58 - 64.

[2] 杨玉英，任安娱. 全球服务业市场开放国际规则演变历程与趋势 [J]. 全球化，2019（5）：44 - 56，135.

[3] 王晓红，李勇坚. 全球服务业形势分析与展望 [J]. 全球化，2016（1）：60 - 71，134.

[4] 付强. 当前全球服务业国际转移的趋势研判 [J]. 商场现代化，2010（7）：20 - 21.

[5] 朱胜勇. 全球服务业离岸外包：现状、动因及演变趋势 [J]. 国际商务（对外经济贸易大学学报），2009（2）：11 - 16.

[6] 胡月晓. 全球服务业 FDI 变化的原因和影响 [J]. 南都学坛，2008（4）：134 - 136.

[7] 王晓红. 全球服务业离岸外包的发展趋势与中国的政策选择 [J]. 宏观经济研究，2007（6）：14 - 20.

[8] 史妍嵋，周慧. 中国与全球服务业转移趋势探讨 [J]. 理论前沿，2005（18）：11 - 12.

[9] 刘莹. 论中国发展全球服务业外包的机遇和挑战 [J]. 黑龙江对外

经贸，2005（11）：4-6.

[10] 刘雷．世界服务业现代化的历史与经验 [J]．理论与现代化，2017（5）：42-48.

[11] 韩玉军，陈华超．世界服务业和服务贸易发展趋势——兼评中国服务业的开放与对策 [J]．国际贸易，2006（10）：39-45.

[12] 周文彬．全球服务业 FDI 的发展趋势及中国的对策 [D]．北京：中共中央党校，2007.

[13] 金龙布．国际服务贸易现状及发展趋势分析 [J]．现代经济信息，2019（13）：137.

[14] 戚聿东，朱正浩．逆全球化背景下全球生产性服务业 FDI 新趋势及动力机制分析 [J]．经济管理，2020，42（7）：56-74.

[15] 李文秀，夏杰长．国外服务业 FDI 研究的进展与启示 [J]．国外社会科学，2011（4）：112.

[16] 张萌．服务业对外直接投资对中国服务贸易竞争力的影响研究 [D]．东北师范大学，2021.

[17] 易海峰，刘宏．全面开放新格局背景下中国服务业对外直接投资的现状、挑战与对策 [J]．新疆社会科学，2021（2）：57-64，150-151.

[18] 张赤东．发展现代服务业：界定、特征、分类与趋势 [J]．科技中国，2020（3）：58-61.

[19] 郝凯，胡译合．我国服务业对外直接投资分析 [J]．全国流通经济，2019（33）：46-48.

[20] 钟晓君．"一带一路"背景下中国服务业对外直接投资的特征、挑战及策略 [J]．深圳大学学报（人文社会科学版），2019，36（4）：90-98.

[21] 贾涵仪．中国企业对外直接投资：服务业企业 [J]．全国流通经济，2018（34）：19-20.

[22] 李磊，蒋殿春，王小霞．企业异质性与中国服务业对外直接投资 [J]．世界经济，2017，40（11）：47-72.

[23] 廖欢，徐奔．中国服务业对外直接投资的动机与挑战 [J]．财经理论研究，2016（2）：52-58.

[24] 王博琳，常会杰．我国服务业企业对外直接投资 [J]．商，2016（11）：125.

[25] 许晖．服务型企业国际化经营区域决策研究 [J]．经济经纬，2008

（3）：77-81，1.

[26] 周芳. 服务业相对于制造业对外直接投资的特点及对中国的启示 [D]. 湘潭大学，2007.

[27] 李志翠，马雪梅，陈颖. 改革开放以来中国利用外资的实践、成效、经验及对策 [J]. 国际贸易，2019（12）：58-67.

[28] 黄永富. 关于新时期"稳外资"的几点思考 [J]. 国际金融，2019（7）：7-11.

[29] 钟山. 积极应对疫情冲击 稳住外贸外资基本盘 [J]. 求是，2020（7）：65-71.

[30] 金伟. 北京市商业利用外资的现状、问题及政策建议 [J]. 中国流通经济，2007（2）：34-37.

[31] 潘素昆. 北京市利用外商直接投资的现状、问题及对策 [J]. 河北科技大学学报（社会科学版），2012，12（1）：17-23，106.

[32] 李建华. 中国区域产业集聚与 FDI 的互动关系研究 [D]. 长春：吉林大学，2019.

[33] 肖琬君，冼国明，杨芸. 外资进入与产业结构升级：来自中国城市层面的经验证据 [J]. 世界经济研究，2020（3）：33-45，135-136.

[34] Dunning J. H. Multinational Enterprises and the Growth of Services: Some Conceptual and Theoretical Issues [J]. The Service Industries Journal, 1989, 1（9）: 5-39.

[35] Kolstad I., Villanger E. Determinants of Foreign Direct Investment in Services [J]. European Journal of Political Economy, 2008, 24（2）: 518-533.

[36] William J. Baumol. Macroeconomics of Unbalanced Growth: The Anatomy of Urban Crisis [J]. The American Economic Review, 1967（3）.

[37] 戴翔. 中国服务贸易出口增长的数量、价格及种类分解 [J]. 国际贸易问题，2013（9）.

[38] 韩沈超，徐姗. 高质量发展下中国服务业对外直接投资对行业生产率的影响——来自服务业分行业面板数据的证据 [J]. 国际商务（对外经济贸易大学学报），2020（3）.

[39] 田宗英，高越. 服务业对外直接投资逆向技术溢出对服务贸易出口增长三元边际的影响分析 [J]. 商业经济研究，2018（4）：148-150.

[40] 田素华，王璇.FDI 双向流动和净流动影响因素研究——基于全球 58 个经济体的实证分析 [J]. 世界经济研究，2017 (7).

[41] 郝凯，胡译合. 我国服务业对外直接投资分析 [J]. 北方工业大学，2019.

[42] 吴骏，柏培文. 服务业对外直接投资是否促进了中国服务业出口？[J]. 河北学刊，2018，38 (1).

[43] 陈静华，徐金. 中国现代服务业高质量发展的空间分异及趋势演进 [J]. 华东经济管理，2021，35 (11).

[44] 易海峰，刘宏. 全面开放新格局背景下中国服务业对外直接投资的现状、挑战与对策 [J]. 新疆社会科学，2021.

[45] 陈启斐，吴金龙. 经济政策不确定性、对外直接投资和服务业全要素生产率——来自中国服务业微观企业的证据 [J]. 世界经济文汇，2020 (4).

[46] 赵明，曾庆均. 我国服务业竞争力影响因素及提升对策 [J]. 重庆理工大学学报，2021，35 (6).

[47] 方毅，崔晶. 扩大服务业对外开放的路径研究 [J]. 理论学刊，2019 (3).

[48] 苏二豆，薛军. 服务型对外直接投资与中国企业出口 [J]. 产业经济研究，2020 (2).

[49] 钟晓君."一带一路"背景下中国服务业对外直接投资的特征、挑战及策略 [J]. 深圳大学学报，36 (4).

[50] 赵明，曾庆均. 我国服务业竞争力影响因素及提升对策 [J]. 重庆理工大学学报，2021，35 (6).

[51] Elhanan Helpman Man J. Melitz, Stephen R. Yeaple, Export Versus FDI with Heterogeneous Firms [J]. The American Economic Review, 2004, 94 (1): 300 - 316.

[52] Bala Ramasamy, Matthew Yeung, Sylvie Laforef. China's Outward Foreign Direct Investment: Location Choice and Firm Ownership [J]. Journal of World Business, 2012, 47 (1): 17 - 25.

[53] Ivar Kolstad Arne Wiig. What Determines Chinese Outward FDI? [J]. Journal of World Business, 2012, 47 (1): 26 - 34.

[54] 王彦敏. 中国企业"引进来""走出去"与国家自主创新战略 [J].

发展研究，2008（12）.

[55] 张武，李海红，郑磊. 浅析中国服务业对外直接投资.

[56] 国家统计局.2019 年国民经济和社会发展统计公报》，2020 年 2 月，http：//www. stats. gov. cn/tjsj/zxfb/202002/t20200228_1728913. html.

[57] 宋利芳，武晥. 东道国风险、自然资源与国有企业对外直接投资 [J]. 国际贸易问题，2018（3）.

[58] 苏二豆，薛军. 服务型对外直接投资与中国企业出口 [J]. 产业经济研究，2020（2）.

[59] 吴骏，柏培文. 服务业 OFDI 是否促进了中国服务业出口？[J]. 河北学刊，2020（2）.

[60] 陈启斐，吴金龙. 经济政策不确定性、OFDI 和服务业全要素生产率——来自中国服务业微观企业的证据 [J]. 世界经济文汇，2020（4）；韩沈超，徐姗. 高质量发展下中国服务业对外直接投资对行业生产率的影响——来自服务业分行业面板数据的证据 [J]. 国际商务（对外经济贸易大学学报），2020（3）.

[61] 孙浦阳，陈璐瑶，刘伊黎. 服务技术前沿化与对外直接投资——基于服务企业的研究 [J]. 世界经济，2020（8）.

[62] 中华人民共和国商务部等.2020 年中国对外直接投资统计公报，2021－09，http：//hzs. mofcom. gov. cn/article/date/202009/20200903001523. shtml.

[63] 贾坤. 新发展阶段的经济结构战略 [J]. 发展研究，2022，39（4）：44－48.

[64] OECD, Measuring Productivity（Second edition），OECD Manual，2019.

[65] 全球经济数据库. www. macroview. club/global-economy.

[66] 张蔷薇，段霞. 知识密集型服务业生产率异质性的影响研究 [J]. 河南大学学报（社会科学版），2022，62（3）.

[67] Dunning, John H. Explaining Outward Direct Investment of Developing Countries：In Support of the Eclectic Theory of International Production, in K. Kuman and M. G. Mcleod（eds）Multinationals from Developing Countries, Lexington, Massachusetts：D. C. Heath and Company, 1981.

[68] Miozzo, M. and Miles, I.（eds）. Internationalization. Technology and Services. Edward Elgar, Cheltenham, 2002.

［69］邹全胜，王莹．服务外包：理论与经验分析［J］．国际贸易问题，2006（5）：54－61．

［70］蒋珠燕．我国知识密集型服务贸易发展现状及对策建议［J］．对外经贸，2012（9）：4．

［71］于亚娜，岳金桂．知识密集型服务业集聚的分布特征及其对经济发展的空间溢出效应——以长江三角洲地区为例［J/OL］．资源与产业：1－20［2022－06－04］．

［72］钟晓君．"一带一路"背景下中国服务业对外直接投资的特征、挑战及策略［J］．深圳大学学报（人文社会科学版），2019，36（4）：90－98．

［73］余亚军．知识密集型服务企业国际化路径选择分析［D］．中南大学，2009．

［74］黄烨菁．知识密集型服务业视角下外商直接投资"外溢"的作用机制研究［J］．世界经济研究，2019（2）：123－134．

［75］中国知识产权局．中国知识产权服务业发展年度报告（2010－2020）．

［76］Lan Miles，Nikos Kastrino，Rob Bilderbeek，Pim den Hertog，Kieron Flanagan，Willem Hantink Mark Bouman. Knowledge-intensive business services：users，carriers and sources of innovation. Rap2 port pour DG13 SPRINT－EIMS，March，1995.

［77］Hymer，S. The International Operations of National Firm：A study of Direct Investment，doctoral dissertation，Massachusetts Institute of Technology，1960.

［78］R，Vernon. International Investment and International Trade in the Cycle，Quarterly Journal of Economics.

［79］Dunning，J. H. Explaining Outward Direct Investment of Developing Countries：In Support of the Eclectic Theoty of International Production. D. C. Heath&Co. 1981. New York.

［80］J. H. Dunning International Production and the Multination Enterprise，George Allen and Howin，Londor，1981.

［81］2010～2021年《中国国际收支平衡表》。

［82］刘华健．对外直接投资对中国金融服务业发展的影响研究［D］．长沙理工大学，2020．

［83］《2020年度中国对外直接投资统计公报》。

［84］周芮帆，洪祥骏，林娴．中国对外直接投资与"一带一路"数字

经济创新 [J]. 山西财经大学学报，2022，44（6）：70 - 83.

[85] 任勇. 我国服务业对外直接投资研究 [D]. 湖南大学，2008.

[86] 陶晶晶，沈罗薇. 中国对外直接投资发展现状、问题及对策研究 [J]. 对外经贸，2022（3）：19 - 23.

[87] 侯晓宇. 中国对外直接投资现状、问题及对策研究 [J]. 现代商业，2018（35）：70 - 71.

[88] 魏江，王甜，孙阿楠. 中国知识密集型服务业国际化策略研究 [J]. 科技进步与对策，2006，23（1）：3.

[89] 汪思齐. 知识溢出约束视角下中国对外直接投资的生产率效应研究 [D]. 武汉理工大学，2017.

[90] Guaratini Thais. Knowledge-intensive business services in Brazil：Entrepreneurship in a stimulating scenario [J]. Abstracts of Papers of the American Chemical Society，2015，250.

第 7 章

中国企业对外直接投资的国际环境

随着全球经济形势的不断变化，国际直接投资环境也在不断发展变化。在国际投资环境中除了一个特有的地理位置外，其相关的政治、经济、法律、管理、社会文化、投资环境均在相互影响变化中。这里尤其要强调国家的政治经济关系影响下的各类经贸合作或政府的相关合作协议，其影响不可小觑。对于中国企业对外投资而言，中国的"一带一路"倡议下的经济合作战略、中国签署加入 RECP 协议、中美战列竞争和遏制、反全球化与国际多边环境的演变趋势、欧美西方全方位制裁俄罗斯等均为影响中国企业对外直接投资的外部环境要因，当然还要考虑中国企业的科技创新及国际竞争力的提升等内在环境因素，本章就围绕这些因素展开中国企业对外直接投资的国际环境进行分析，并结合具体环境因素展开针对性分析，进一步分析中国企业对外直接投资环境的影响或存在的问题，并提出相关发展对策，从而进一步推动中国企业对外直接投资进一步发展。

7.1 中国在"一带一路"沿线国家的直接投资

7.1.1 中国对"一带一路"国家和非"一带一路"投资规模

据美国企业研究所（American Enterprise Institute）最新数据显示，2020年上半年，中国投向大多数"一带一路"倡议国家的投资额均已经下降。上半年"一带一路"国家的总投资额是234亿美元，同比2019年同期的460亿美元下降了大约50%。2020年的"一带一路"国家投资额增速达到了有史以来的最低水平。与此同时，中国对非"一带一路"国家投资减缓比较显著，由2019年上半年的210亿美元降至2020年上半年的44亿美元（见图7-1）。

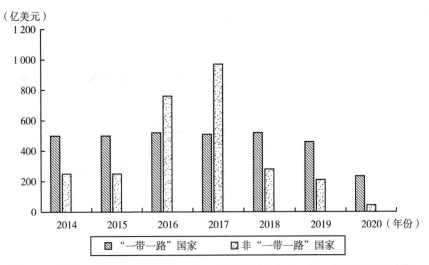

（亿美元）

图 7-1　2014~2020年中国对"一带一路"国家和非"一带一路"国家投资额

资料来源：中华人民共和国商务部．美国企业研究所最新数据．

7.1.2 "一带一路"投资的区域分布增减不均

"一带一路"各个区域投资呈现非均匀下降。西亚和东亚呈显著降幅，但"一带一路"倡议下：在欧洲的相关投资有所增长，且在南美的相关投资增长强劲。在欧洲，波黑和塞尔维亚两个国家在"一带一路"倡议下。投资呈现增长趋势，在南美，秘鲁"一带一路"的相关投资实现了增长。

如图7-2所示，从具体数据来看，对这几个国家的大型投资项目，如中国远洋运输在秘鲁尚凯港（Chancay Port）投资7.8亿美元。紫金矿业在塞尔维亚的8亿美元投资组合等，成为这些地区"一带一路"倡议下投资增长的主要原因。

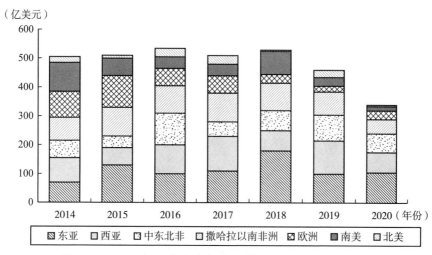

（亿美元）

图 7 – 2　2014～2020 年上半年按区域划分"一带一路"投资

资料来源：中华人民共和国商务部．美国企业研究所最新数据．

7.1.3　不同领域的"一带一路"投资的领域占比以能源为主

按领域对投资情况进行分析，2020 年上半年，"一带一路"投资主要涉及能源、交通、矿产、房地产等九大领域。其中，能源投资占比总投资的37.6%，交通相关投资占比 30%。这延续了"一带一路"以基础设施为重点投资方向的传统。

如图 7 – 3 所示，与前几年相比，2020 年上半年大部分领域的"一带一路"投资都有所下降。其中，投资下降幅度最大的是能源投资，从 2019 年上半年的 197 亿美元下降到 2020 年上半年的 88 亿美元。矿产投资从 27 亿美元小幅增长至 32 亿美元。与健康相关的投资，可以看作是"健康丝绸之路"的一部分，2020 年上半年在这一领域的投资从 2019 年同期的 1.6 亿美元下降到 1.3 亿美元。

7.1.4　"一带一路"投资环境综合评估

外交联系强度反映了"一带一路"沿线国家与中国的政治关系，分值为

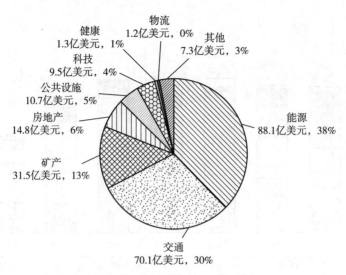

图 7 - 3 2020 年"一带一路"投资各领域占比

资料来源：中华人民共和国商务部美国企业研究所最新数据.

0 ~ 8，分值越大表示联系强度越大。中国与"一带一路"沿线国家的外交联系强度大多遵循地理相似定理，即与中国距离越近的国家，两国间的联系强度越大。联系强度分值较高的国家主要分布在东北亚、东南亚和南亚地区，如俄罗斯、印度、巴基斯坦、老挝等；而分值较低的国家则主要分布在西亚和中欧地区，如捷克、阿联酋、阿塞拜疆和叙利亚等。

从航空联系强度来看，中国与东南亚、南亚、东北亚国家的航班数量较多，而与中东欧、西亚、北非、中亚国家的航空联系较少。每周与中国航班数量最多的国家为泰国（748 对/周），其次为印度尼西亚（501 对/周）、印度（468 对/周）等；不丹、叙利亚、也门三国每周与中国的航班数量则为0。航空联系强度较弱可能与两国之间地理距离（北马其顿、波黑等中东欧国家多通过中转连接）、两国经济和政治联系紧密程度（叙利亚、阿塞拜疆等）以及航空交通基础设施水平（不丹、阿富汗等）等因素有关。

从贸易联系强度来看，"一带一路"沿线国家与中国贸易规模超过 100亿美元的国家达到 25 个。其中，马来西亚、俄罗斯、越南与中国的进出口额分别达到 1 020.2 亿美元、951.85 亿美元和 836.4 亿美元。越南、印度、俄罗斯等是中国主要的出口市场，分别是中国第七、第九、第十大出口市场；马来西亚、沙特阿拉伯等是中国主要的进口市场，分别是中国第七、第九大进口市场。同时,中国与"一带一路"沿线国家的贸易不平衡现象不容忽视。巴勒斯坦、不丹两国的进出口贸易额不足 1 亿美元,与其他国家差距明显。

7.1.5 基础设施要素评价分析

7.1.5.1 交通运输水平除水运以外总体较好

从陆路交通设施和运输条件来看,公路和铁路覆盖率较高的国家包括俄罗斯、印度、土耳其、印度尼西亚、巴基斯坦、泰国、乌克兰、波兰等,尤其是印度和俄罗斯具有绝对优势,二者整体呈现相似的分布规律。但是,排序位于前 20 位的国家存在一定的区域差异,每平方公里公路里程排序靠前的国家大多位于南亚、东南亚和西亚,其中,印度的公路覆盖率远高于其他国家,而铁路总公里数排序靠前者则包括了更多中东欧的国家,如乌克兰、罗马尼亚、捷克、塞尔维亚、斯洛伐克等。

从航空运输货运量来看,航空运输较发达的国家包括阿联酋、新加坡、卡塔尔、俄罗斯、土耳其、泰国、马来西亚、印度等,主要位于西亚、东南亚和南亚,而中亚和中东欧的国家则无一进入前 20 名。可见,航空运输状况与国家的经济发展水平及其地理位置密切相关,且其整体呈现出随时间推移逐渐增加的趋势,表明"一带一路"沿线国家的航空运输状况正逐渐优化。考察航空运输货运量的分布可知,"一带一路"沿线不同国家之间差距悬殊,年航空运输货运量高于 1 000 百万吨/千米的国家仅占 14%,而低于 10 百万吨/千米的国家占比则高达 46%。

从货柜码头吞吐量来看,水路运输较发达的国家包括新加坡、马来西亚、阿联酋、印度尼西亚、印度、越南、泰国、土耳其等,主要位于东南亚、南亚和西亚。由于水路运输对于港口条件的特殊要求,货柜码头吞吐量排序靠前均为沿海国家,而处于内陆的大多数中亚和中东欧国家则在水路运输条件上具有天然的劣势。考察水路运输状况的变化趋势及其分布可知,"一带一路"沿线国家的水路运输状况随时间推移有一定的改善,但货柜码头吞吐量的增长势头并不明显,其格局相对稳定,其中年货柜码头吞吐量高于 1 亿TEU 的国家仅占 10%。

7.1.5.2 信息化水平存在区域差异

"一带一路"沿线国家的通信状况整体较好，宽带覆盖率和移动电话普及率均较高。其中，百人宽带数均值超过 20 的国家占 24%，大多为位于西亚和中东欧的发达国家，经济发展水平较高且基础设施建设较完善，而位于南亚和东南亚的大多数国家百人宽带数均值则小于 20，互联网连接与通信设施相对不健全。百人移动电话数超过 100 的国家占比高达 75%，移动电话普及率非常高，移动通信状况良好。

7.1.6 宏观经济要素评价分析

7.1.6.1 市场规模互有增减

整体而言，"一带一路"沿线国家的人均 GDP 水平差异较为明显，最大值超过最低值的十倍之多。分区域来看，西亚北非各国的人均 GDP 水平参差不齐，其中，卡塔尔、阿联酋、以色列、科威特等石油和天然气大国的人均 GDP 水平位居各国之前列；除乌克兰、摩尔多瓦等国外，大部分中东欧国家的人均 GDP 水平位列中上水平；而对于东南亚、南亚和中亚地区，除新加坡、文莱、马尔代夫等，其余各国在"一带一路"沿线国家中均处于中下水平。受全球宏观经济下行影响，2014～2017 年"一带一路"沿线国家的人均 GDP 水平整体呈下降趋势，但各区域表现有所不同。其中，东北亚（俄罗斯、蒙古国）、西亚北非（沙特阿拉伯、伊拉克、土耳其等）、中东欧部分国家（白俄罗斯、希腊等）的人均 GDP 下降明显；而东南亚、南亚的大部分国家（印度尼西亚、印度等）以及中亚和中东欧地区的小部分国家（伊朗、巴基斯坦、罗马尼亚、保加利亚等）呈现小幅度的人均 GDP 上涨趋势。

7.1.6.2 宏观经济稳定性较好

在宏观经济稳定性方面，有 11 个国家年通货膨胀率为负，即处于通货紧缩的状态，以保加利亚、塞浦路斯、希腊、波黑、黑山等中东欧国家为主；年通货膨胀率在 0～5% 的国家占到半数，表明"一带一路"沿线国家整体宏观经济处于较稳定的状态；此外，有 19 个国家的年通货膨胀率超过 5%，其中，埃及、乌克兰、蒙古国、伊朗和白俄罗斯等国家的年通货膨胀率甚至超过 10%，过高的通货膨胀率不利于经济的稳定发展。

7.1.6.3 工业发展逐年递减

从"一带一路"沿线国家工业增加值占 GDP 的比重变化可知各国工业发展情况，绝大多数国家工业增加值占 GDP 的比重呈现出逐年递减的趋势。工业增加值包括采矿业、制造业、建筑业、电力、水和天然气行业中的增加值，其递减态势表明"一带一路"沿线国家近年来宏观经济整体处于下行状态。

中东欧是"一带一路"沿线宏观经济最好的地区。经济稳定、GDP 总量小、关税低是中东欧地区的普遍特征，其中波罗的海三国和中欧各国的宏观经济普遍更为良好；东南亚地区中，新加坡尽管 GDP 总量并不突出，但是经济稳、创新强、人均多、税率低，贸易开放度高；马来西亚、泰国、文莱和越南的宏观经济也较好，经济稳定，经济体量和贸易开放度相对较高，其他四国宏观经济较差；独联体和南亚地区表现类似，呈现出"一强多弱"的局面。印度和俄罗斯的宏观经济较好，它们通货膨胀率低、国家负债少、研发投入多、经济体量大，但贸易开放不足、税率较高，其余国家的宏观经济普遍较为落后。其他地区，西亚地区中阿拉伯国家和以色列、塞浦路斯的经济稳定，人均 GDP 高，税率较低，宏观经济良好。其他西亚、中亚国家和蒙古国普遍存在通胀高、负债严重、经济体量小等问题。

7.1.7 劳动力市场要素评价分析

东南亚地区劳动力市场表现优秀，新加坡和马来西亚具有较好的劳动力质量和流动性；文莱的毕业生技能完备度较好，解雇成本低但工资较高，流动性不足；其他 6 国普遍拥有较低的工资和劳务税，但是劳动力质量较差。西亚地区中，阿拉伯国家和塞浦路斯拥有优秀的劳动力市场，体现在劳动力质量高、解雇成本和劳务税低，但劳动力工资普遍较高；希腊、土耳其、埃及和伊朗的劳动力市场表现恶劣，它们优质劳动力匮乏、解雇成本和劳务税高，流动性差。独联体和中东欧各国劳动力普遍平均学习年限较长，中欧各国劳动力工资较高，独联体和南欧各国工资和解雇成本较低，但都存在生产效率低下，员工培训程度不足，法律限制雇佣、解雇工人的灵活性和雇佣外籍劳动力。其他地区中，中亚 3 国虽然平均学习年限较长，劳动力工资较低，但劳动力质量较差；南亚国家和蒙古国虽然劳动力成本低廉，但是存在通识教育缺失、生产效率和员工培训程度低下、劳动力流动性差等诸多问题。

7.1.8　商业服务要素评价分析

东南亚国家的商业服务系统在各地区中表现最好，但内部差距十分明显。新加坡、马来西亚、泰国、印度尼西亚和文莱普遍拥有融资方便、银行体系健全、法律系统和会计系统较为完善的商业服务；菲律宾的主要问题在于法律权利极弱，不能很好地解决商业纠纷；柬埔寨、老挝和越南的商业服务总体较为恶劣。商业银行机构密度低，是所有东南亚国家亟须改善的方面。中东欧国家的商业服务总体较为完善，主要体现在商业银行覆盖范围广、体系健全、不良负债低，但大多数国家则普遍存在融资较难的问题，并且巴尔干南部国家普遍存在法律处理商业纠纷效率低下、对信贷提供保护不足及会计审计制度不完善等问题。其他地区中，西亚国家同样商业服务评分差距明显，以色列和阿拉伯国家的商业服务良好，其他各国表现较差。印度和独联体中的格鲁吉亚、阿塞拜疆和亚美尼亚的商业服务评分较好，其他国家则普遍存在融资困难、法律效力低和会计审计系统不完善等问题。

7.1.9　对华关系评价分析

对华关系方面，"一带一路"国家对华关系总体较好，为投资合作奠定良好基础。"对华关系"指标包括政治互信、投资保障、文化好感3个要素，排名前五的国家分别是泰国、俄罗斯、巴基斯坦、新西兰和埃塞俄比亚。倡议提出五年来，中国与"一带一路"国家领导人互访近150次，与56%的"一带一路"国家保持战略合作及以上的伙伴关系级别，与45%的"一带一路"国家签订了多边税收条约、双边投资协定、双边监管合作协议等全面的投资保障文件。华人华侨、孔子学院，以及各类文化交流和旅游活动，均有效增进了民众间的文化好感度。

7.1.10　"一带一路"沿线国家投资问题及对策

由于在建项目的执行受阻，外商直接投资正在放缓。随着外商直接投资的减少，能为投资者获利的项目减少，进而导致投资者资产受损。全球投资限制可能进一步恶化。由于经济衰退进一步扩张，投资者正在缩紧预算。投资者和公司的目标是采取近岸策略，以期提高供应链弹性，而规避境外投资。因此，要重点关注有助于可持续发展的项目。建议进一步减少燃煤投资，即使燃煤投资在 2020 年上半年仍占"一带一路"能源相关投资的 35%。目前及以后发行的燃煤投资极有可能在投入使用前就成为滞留资产，因为总体来看，可再生能源电力已经在价格上比燃煤电力更具竞争力。

对已经完成融资的项目，全力支持合作国家抓紧解决主权债务偿还问题。在"一带一路"项目中，加强与全球伙伴的合作，落实现有的和有实用价值的项目，共同渡过难关。在全球投资者（如世界银行、国际金融公司 IFC、非洲开发银行 AFDB、亚洲开发银行 ADB、欧洲复兴银行 EBRD）施行统一标准的情况下，应加快建设环境和社会风险管理的共同标准，将中国的金融机构纳入标准考察范围。纳入社会和环境考量，对不良投资制定淘汰计划，以避免项目的废弃，避免项目声誉、社会和环境影响受损。

同时，根据风险等级，按照"大国是重点，周边是首要"的原则，建议国家相关部门、行业协会、大型企业与沿线国家对口部门联合开展基础科技支撑和保障投资环境研究，成立"一带一路"资源环境与投资环境研究联合中心、启动"一带一路"跨国投资交流合作与人才计划，在综合研究投资国资源环境承载力和投资环境基础上，因地制宜分别开展沿线国家投资活动。积极依托"上合组织"等合作平台将"一带一路"与沿线其他区域经济合作组织进行政策对接，为企业"走出去"创造良好宏观环境。发挥上海合作组织（SCO）、中国—东盟"10 + 1"、亚太经合组织（APEC）、亚欧会议（ASEM）、亚洲合作对话（ACD）、亚信会议（CICA）、中阿合作论坛、中国—海合会战略对话、大湄公河次区域（GMS）经济合作、中亚区域经济合作（CAREC）等现有多边合作机制作用，加强同"一带一路"其他区域经济合作组织的交流沟通，探讨降低投资风险、解决纠纷的机制，为中国企业走出去创造良好宏观环境。

中国政府应积极与投资国签订或修订区域性的投资准入与保护协定，以确保中资企业在投资地区的合法权益与长远发展。重点从完善区域性促进相互投资的协定开始，至发展的成熟阶段设立日常性的协调工作机构，建立日常联动互动框架和投资安全保障，有利于"一带一路"经济与社会持续发展。积极开展分国别法律政策研究，培养专门人才服务于跨国投资企业。国家相关部门和行业协会建立分国别法律政策研究机构，培养熟悉"一带一路"相关国家法律政策的专门人才。

熟悉掌握对象国与投资产业有关的法律、政策，及时掌握其政策动向，避免盲目投资。开展对象国的文化、风俗、宗教以及项目所在地区情进行调查和分析，评估其风险。投资者要加强与对象国政府主管部门沟通。主动征求和吸纳政府的意见和建议，遵守当地的法律法规，搞好与政府和当地居民的关系，特别是慎重处理与政府官员的关系，确保企业持续经营。做好项目可行性研究。对项目的可行性进行充分的论证。应在投资前制定出一套完整的投资计划，以避免盲目性。如果是通过合作的方式进行投资，应慎重选择合作伙伴和合作开发项目。

7.2 中欧投资协定对中国对外直接投资的潜在影响

7.2.1 中欧投资协定

自 2013 年，中国和欧盟启动中欧全面投资协定谈判以来的 7 年间，世界政治、经济形势发生诸多变化。特别是在特朗普当选美国总统后推行的单边主义和贸易保护主义，极大地加剧了全球的不确定性，再加上 2020 年新冠肺炎疫情的冲击，全球经济面临自 20 世纪 20 年代经济大萧条以来最大的挑战。中欧投资协定谈判的完成则是人类在不确定性中努力寻找确定性的有益尝试，给在灰暗中踟蹰前行的世界经济带来了一抹亮色和希望。下面将对中欧投资协定谈判的背景和历程进行梳理和回顾，探寻协定背后的博弈和诉求，从不同维度评估本协定的积极意义，最后对协定签署的前景进行展望，提出进一步加强中欧投资合作的对策建议。

7.2.1.1 谈判背景

中欧投资协定谈判始于 2013 年底，自 2001 年中国加入 WTO 后，中欧经贸往来日趋频繁，双边贸易额由 2001 年的 766.3 亿美元增至 2013 年的 5 591 亿美元，呈现出良好的发展态势，成为彼此重要的经济合作伙伴。然而，与快速增长的贸易额形成鲜明对比的是，中欧双边投资额在此期间增长缓慢，远未达到应有规模，双方在投资领域存在较大的发展潜力和拓展空间。

1. 中欧双边投资水平低

截至 2013 年, 中欧双方已连续十年互为对方第一、第二贸易合作伙伴。虽然中欧贸易稳步发展, 但双方贸易量和经济体量极不对等。从图 7-4 可以看出, 中国对欧盟的直接投资额在 2007~2013 年总体表现为波动性增长, 而欧盟在中国 FDI 流量总额中所占比例偏低。2013 年, 中国对欧盟 FDI 流量为 45.24 亿美元, 仅占中国 FDI 流量总额的 4.2%, 相比之下, 中欧双边贸易额超过 5 000 亿美元, 占中国当年对外贸易总额的比重高达 11.9%; 从投资存量来看, 截至 2013 年中国对欧盟投资存量为 400.97 亿美元, 占中国 FDI 存量的 6.1%。一直以来, 中欧双方的对外投资较少, 在双边投资量与贸易额之间存在着严重的不平衡。虽然中国已陆续和欧盟成员国签订 BIT, 但都没有有效起到提升双边投资水平的作用。

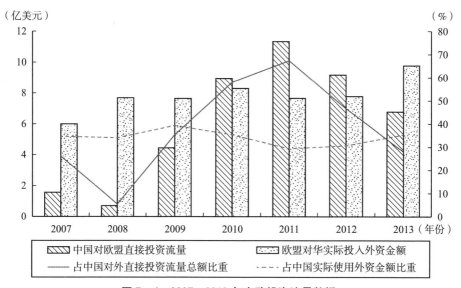

图 7-4　2007~2013 年中欧投资流量数据

资料来源: 中华人民共和国商务部. 联合国贸发会数据库.

2. 双方均存在以投资合作带动经济发展的需求

自从 2010 年中国成为世界第二大经济体后, 其经济发展的阶段性特点就发生了巨大的改变。中国急需转变经济发展方式, 进入换挡增效、转型升级的关键时期。虽然中国曾与欧盟成员国签订了多个双边投资协定, 但由于签订时间跨度大、内容具有局限性, 缺乏统一的法律框架以及部分条约不再适应当今的发展环境，中国有必要与欧盟签订一个与国际高水平经贸规则对接的全面投资协定来引入更多高质量的欧洲投资。对欧盟来说，美国次贷危机以及欧债危机所带来的强烈冲击急需拓展经济发展空间，拥有大量资本和市场的中国能够为欧盟逆转经济颓势提供新引擎。

3. 以 WTO 为代表的多边体系受挫

1995 年世贸组织成立，是由各成员国政府为解决彼此面临的贸易问题而设立的组织，有效促进了全球贸易发展，但随着多边贸易规则创新缓慢、多边贸易谈判停滞、争端解决机构屡遭危机等问题的出现，WTO 职能遭受挤压，成员国的利益诉求难以实现。

首先，WTO 现有规则体系具有一定的局限性，在货物贸易、服务贸易、反倾销、反补贴以及贸易新议题等核心领域创新缓慢，与国际经贸发展的现实和趋势存在一定程度的脱节，使部分 WTO 成员跳出多边贸易体系，谋求双边贸易合作。

其次，WTO 成员之间存在较大的利益分歧，"多哈回合"谈判在各国的矛盾与争议中循环往复，步履维艰，屡次陷入僵局，难以取得突破。备受关注的《投资便利化协议》在"多哈回合"集体谈判中夭折，阻碍了世界贸易和投资自由化进程，进而引发双边协议签订热潮。中欧双方正是在此背景下，适时启动中欧投资协定谈判，以推动投资便利化和自由化，强化双边经贸合作。

7.2.1.2 对协定内容的分析

1. 市场准入承诺

中欧投资协定约束了中国过去 20 年的投资自由化，从而防止了回落。这使欧盟公司的市场准入条件变得清晰且独立于中国的内部政策。它还允许欧盟在违反承诺的情况下在中欧投资协定中诉诸争端解决机制。此外，欧盟还就更多领域的新的市场准入开放和承诺进行了谈判（见表 7 - 1）。

表 7 - 1 　　　　　　　　　中欧投资协定中关于市场准入开放的承诺

汽车行业	中国已同意取消和淘汰合资企业规定，将致力于新能源汽车的市场准入
金融服务	中国已经开始逐步开放金融服务业，并将承诺继续向欧盟投资者开放。银行、证券和保险交易以及资产管理的合资企业要求和外国股权上限已被删除

续表

卫生（私立医院）	中国将通过解除对北京、上海、天津、广州和深圳等主要城市的私立医院的合资要求来提供新的市场开放
研发（生物资源）	中国已同意不采取新的限制措施，并给予欧盟任何可能在未来取消的当前限制
电信/云服务	中国已同意取消对云服务的禁令，向欧盟投资者开放，但股本上限为50%
计算机服务	中国已同意对计算机服务的市场准入进行约束
国际海上运输	中国将允许对相关的陆上辅助活动进行投资，使欧盟公司可以不受限制地投资于货物装卸，集装箱堆场和车站，海事机构等
航空运输服务	中国将在计算机预订系统，地面处理以及销售和营销服务等关键领域开放。中国还取消了对没有机组人员的飞机出租和租赁的最低资本要求
商业服务	中国将取消对房地产服务、租赁和租赁服务、运输的维修和保养、广告、市场研究、管理咨询和翻译服务等领域的合资要求
环保服务	中国将取消对环境服务的合资要求。例如污水、减噪、固体废物处置、废气清洁、自然和景观保护、环境卫生和其他环境服务
建设服务	中国将消除其 GATS 承诺中目前保留的项目限制

资料来源：中华人民共和国商务部．

2. 公平竞争规则

中国国有企业贡献了本国 GDP 的30%左右，欧盟成员国认为中国企业具有"不公平竞争优势"，欧盟企业在进入中国市场后没有享受到欧盟市场中的"公平竞争环境"。因此，中欧投资协定中要求国有企业根据商业考虑采取行动，而不是对其商品或服务的购买和销售进行歧视。这些规则旨在改善公共和私营公司之间的竞争环境，有助于提升市场竞争的公平性和投资者的信心。

3. 可持续发展

在双边投资协定中，可持续发展是一个双赢的概念，即东道国不以牺牲劳工、健康、安全、环境等标准为代价，来保护和促进投资，同时实现缔约双方及东道国与投资者之间实现和谐、协调的发展。可持续发展既体现在缔约双方利益的平衡又体现在双方在经济、环境等方面实现共同发展。欧盟在劳工和环境领域制定了更为严密的标准，并建立了一套完备的法律制度体系来规范企业的劳工和环境义务；中国作为发展中国家，在可持续发展条款的制定与法律规范等方面与欧盟等发达国家存在一定差别，多采用磋商方式解决可持续发展问题的争端。在中欧投资协定的谈判中，双方就可持续发展达成了共识，将可持续发展纳入其中，是一个重大突破。

可持续发展条款主要包括环境与劳动标准条款。在环境条款方面，中欧在应对气候变化、坚持可持续发展方面拥有相同的观念与目标，因此双方很快达成共识；在劳工标准条款方面，中国与国际劳工标准差距日渐缩小，中欧双方承诺将致力于落实劳工标准条约。

4. 争端解决机制

在中欧双边投资协定中，还有一项核心条款是争端解决机制。所谓的争端一般有两种：一种是缔约双方在投资方面产生的直接纠纷；另一种是双方就协议中条款的实施和解释有所不同所产生的争议。目前在国际上运行的解决机制多为 ISDS，这是解决在双边投资协定中外国投资者与东道国之间争议的国际仲裁机构。但这种机制对于东道国来说有不利影响，因为投资者可以直接将东道国诉讼至仲裁机构，无须借助本国政府。因此，中欧投资协定将建立全新的、适用于中欧双方的投资争端解决机制。

7.2.2 中欧投资协定对中国对外直接投资的影响

7.2.2.1 中国对欧盟对外直接投资的现状

1. 中国对欧盟投资规模的变化和特点

2013~2020 年，中国对欧盟对外直接投资波动较大，但大趋势为上升（见图 7-5）。但对于中国对欧盟贸易总额来说，还有很大的发展空间。值得注意的是，中国对欧盟的对外直接投资流量自 2014 年中欧投资协定开始谈判后波动较前几年相比有所减缓，整体呈上升趋势，投资行业集中于制造业、采矿业、金融业、批发和零售业。面临全球新冠肺炎疫情带来的巨大冲击，2020 年中国对欧盟对外直接投资流量及占比有所下降，这一现象与全球贸易与投资明显下滑、欧盟疫情控制效果仍不理想等外部经济环境的变化有关。

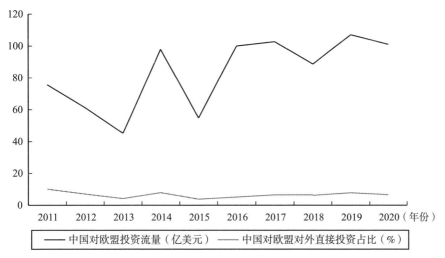

图 7 - 5 2011 ~ 2020 年中国对欧盟投资流量及占比统计

资料来源：中华人民共和国商务部.

2. 中国对欧盟投资项目的变化和特点

图 7 - 6 中展示了 2013 ~ 2020 年中国在欧盟设立的直接投资企业累计数。从图 7 - 6 中可以看出，2013 ~ 2020 年，受中欧投资协定的影响及中国对于企业"走出去"的政策支持，有越来越多的对外投资企业在欧盟设立，且单个项目投资规模相对较大。受新冠肺炎疫情的影响，2020 年直接投资企业数有所减少，但对整体影响不大。

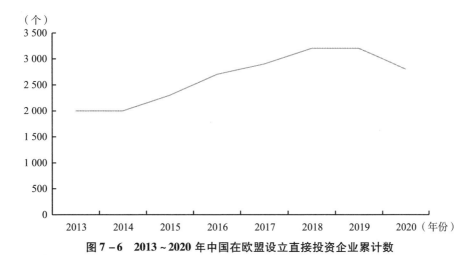

图 7 - 6 2013 ~ 2020 年中国在欧盟设立直接投资企业累计数

资料来源：中华人民共和国商务部.

7.2.2.2 对数据的分析及启示

首先，在相对稳定的政策环境下，中国与欧盟各国签署的双边投资协定对于成熟市场资本流向新兴市场具有明显的推动作用。因此，应在稳定的环境下积极商签双边投资协定，建立合作伙伴关系，从而推动国际资本流动。

在欧盟对华投资方面，欧方强调中国对其投资存在着诸如《外商投资产业指导目录》和地方引资产业政策的市场准入壁垒，或是其他隐性壁垒。但是，更严重的制约投资因素却是欧盟的对外投资战略思维定式，例如，由于语言相同、文化相似，西班牙历来就认为拉丁美洲是其扩展投资的目标，即欧盟方并没有认识到中国市场的重要性，缺乏对中国的投资意识。

中国进行对外直接投资的进程较短，在中国企业"走出去"的背景下，中国对欧盟投资虽然数额较小，但却增长迅猛。由于人均资源匮乏，中国对外投资更多集中在南非、澳洲、加拿大等资源能源丰富的国家。但是，随着中国制造业产业升级，企业发展必须要向价值高端转型，对专利技术以及品牌创建、市场渠道打通等技术、市场导向型投资需求将会急剧增加。欧洲一直以来就是中国技术来源地，以往主要靠吸引投资把这些投资带进来，以后更多是要靠对外投资去主动获取所需技术，在成熟国家打开市场。

中欧之间双边投资的各种壁垒、不成熟的投资渠道和既无法有效监管又不能充分保护投资的法律规则，都是造成双向投资流量和存量较小的原因。但是，上述问题的突出，也为中欧开发双边投资潜能提供空间，而双边投资协定在推动双向直接投资方面的作用将会更大。

中国与欧盟是1万亿美元以上的两大世界主要经济体。但与中欧两方庞大的经济体量相比，直接投资金额所占比重仍处于相对较低的水平，这与双方的经贸地位不相称。另外，中美贸易等争端加速资本、技术含量高的生产环节向欧洲转移，中欧之间的合作发展仍有很大空间。

在习近平总书记提出的中国发展新阶段、新理念、新格局讲话的指导下，开放、法治的市场与完善的营商环境对外资企业具有强大的吸引力。在新冠肺炎疫情导致全球对外直接投资急剧下降时，中国却实现正增长，成为最大外资流入国。因此，欧洲企业希望通过积极参与中国市场，扩大出口。协定谈判的成功也有助于改善中国对外投资结构，完善全球投资治理。

7.2.3 结语

对外投资的发展要遵从母国的"投资比较优势"及"与东道国投资供需关系"等经济学基本客观规律；投资全程充分考量企业自身、国内产业形势、东道国及国际整体投资环境等多方因素；以现有资本、人力等生产要素的相对优势，来换取技术、管理、数字信息等潜在优势。中欧投资协定展现了中方坚定不移的决心和信心，这将为中欧相互投资提供更大的市场准入、更高水平的营商环境、更有力的制度保障、更光明的合作前景。

7.3 RCEP 协议签署对中国对外直接投资的影响

7.3.1 《区域全面经济伙伴关系协定》(RECP) 具体含义

RCEP 一般是指区域全面经济伙伴关系协定，是 2012 年由东盟发起，历时八年，由包括中国、日本、韩国、澳大利亚、新西兰和东盟十国共 15 方成员制定的协定。2020 年 11 月 15 日，第四次区域全面经济伙伴关系协定领导人会议以视频方式举行，会后东盟 10 国和中国、日本、韩国、澳大利亚、新西兰共 15 个亚太国家正式签署了《区域全面经济伙伴关系协定》。《区域全面经济伙伴关系协定》的签署，标志着当前世界上人口最多、经贸规模最大、最具发展潜力的自由贸易区正式启航。

2021 年 3 月 22 日，商务部国际司负责人表示，中国已经完成 RCEP 核准，成为率先批准协定的国家。4 月 15 日，中国向东盟秘书长正式交存《区域全面经济伙伴关系协定》核准书。11 月 2 日，《区域全面经济伙伴关系协定》保管机构东盟秘书处发布通知，宣布文莱、柬埔寨、老挝、新加坡、泰国、越南 6 个东盟成员国和中国、日本、新西兰、澳大利亚 4 个非东盟成员国已向东盟秘书长正式提交核准书，达到协定生效门槛。

《区域全面经济伙伴关系协定》是亚太地区规模最大、最重要的自由贸易协定谈判，达成后将覆盖世界近一半人口和近 1/3 贸易量，成为世界上涵盖人口最多、成员构成最多元、发展最具活力的自由贸易区。2020 年 11 月 15 日正式签署，意味着世界上最大自贸区诞生。据悉，各方推动 RCEP 生效的态度都很积极，协定在 6 个东盟国家和 3 个非东盟国家批准后，就可先行生效实施。商务部表示，RCEP 有望在年底生效。

7.3.2 直接投资的基本信息及其主要形式

直接投资指投资者直接开厂设店从事经营，或者投资购买企业相当数量的股份，从而对该企业具有经营上的控制权的投资方式。直接投资的主要特征是投资者对另一经济体的企业拥有永久利益，永久利益意味着直接投资者和企业之间存在着长期的关系，并对企业经营管理施加相当大的影响。直接投资可以采取在国外直接建成分支企业的形式，也可以采用购买国外企业一定比例股权的形式。

一个经济体系的投资者在另一经济体系的企业所作的投资，而该等投资令该投资者能长期有效地影响有关企业的管理经营决定。在统计上，若投资者持有某一企业 10% 或以上的股权，便被视为能长期有效地影响有关企业的管理经营决定。

直接投资包括股本资本、再投资收益及其他资本。股本资本包括所持有分行的股本，附属及联营公司的股票。再投资收益是指投资者从其附属或联营公司应得但未以股息形式分发的利润。其他资本主要涉及公司之间长期或短期的债务交易，包括母公司与其附属公司、联营公司及分行之间的借贷。

主要形式有以下四类：（1）投资者开办独资企业，直接开店等，并且独自经营；（2）与当地企业合作开办合资企业或合作企业，从而取得各种直接经营企业的权利，并派人员进行管理或参与管理；（3）投资者参加资本，不参与经营，必要时可派人员任顾问或指导；（4）投资者在股票市场上买入现有企业一定数量的股票，通过股权获得全部或相当部分的经营权，从而达到收购该企业的目的。

7.3.3 中国对外投资现状

7.3.3.1 中国跨国公司对外直接投资地位越来越高

自 2000 年中央提出"走出去"战略以来，中国跨国公司对外直接投资在全球跨国投资中的地位越来越高，随着对外开放的强势发展，中国 GDP、外汇储备增长势头强劲，中国政府鼓励企业进行对外直接投资（OFDI）。统计资料显示，2020 年受新冠肺炎疫情影响，全球外国直接投资额约为 1 万亿美元，相比于 2019 年约 1.5 万亿美元下降了 35%，具体地域来说，欧洲 2020 年外国直接投资额同比下降 80%，北美下降 42% 等，相反亚洲地区则上升了 4%，是唯一实现正增长的地区，约占全球 2020 年外国直接投资额的一半。

亚洲地区能够实现正增长主要依赖东亚地区的经济复苏，尤其是中国的快速增长，东亚 2020 年外国直接投资额达 2 920 亿美元，而中国就占了 1 490 亿美元，同比增长 6%。中国是全球第二大外国直接投资流入国，主要由技术相关行业、电子商务和研发所推动，反映了中国成功遏制新冠肺炎疫情大流行，GDP 增长迅速恢复。中国还是 2020 年全球最大投资国，2020 年中国对外直接投资稳定在 1 330 亿美元，中国跨国企业的持续扩张和积极并购为其奠定了基础。2020 年 1 ~ 11 月，中国对外非金融类直接投资 6 593.6 亿元人民币（折合 950.8 亿美元），同比下降 3.1%。对外承包工程新签合同额 13 827.2 亿元人民币（折合 1 994 亿美元），同比下降 3.7%；完成营业额 8 349.6 亿元人民币（折合 1 204 亿美元），同比下降 10.2%。对外劳务合作派出各类劳务人员 25.5 万人，11 月末在外各类劳务人员 63.5 万人。主要呈现以下特点（资料来源于中国商务部）：

一是对"一带一路"沿线国家投资合作不断推进。2020 年 1 ~ 11 月，我对沿线国家非金融类直接投资 159.6 亿美元，同比增长 24.9%，占同期总额的 16.8%，较上年提升 3.9 个百分点。在沿线国家新签承包工程合同额 1 143.8 亿美元，完成营业额 707.7 亿美元，分别占同期总额的 57.4% 和 57.9%。

二是对外投资结构持续优化。2020 年 1 ~ 11 月，流向制造业的对外直接投资 157.6 亿美元，占比 16.6%；流向批发和零售业，电力、热力、燃气及水的生产和供应业，信息传输、软件和信息技术服务业等领域的对外直接投资同比分别增长 27.4%、12.2% 和 7.4%。

三是东部和西部地区对外投资增长较快。2020 年 1 ~ 11 月，地方企业对外非金融类直接投资 698 亿美元，同比增长 12.2%。其中东部和西部地区对外投资同比分别增长 16.3% 和 4.3%。

四是对外承包工程部分行业走势良好。2020 年 1 ~ 11 月，一般建筑、电力工程、水利建设类项目新签合同额增长较快，其中一般建筑类新签合同额473.6亿美元，同比增长12.6%；电力工程类新签合同额444.3亿美元，同比增长10.5%。

7.3.3.2 跨国公司研发投入不断增加

在研发支出规模上，跨国公司对外直接投资竞争力的持续提升依赖于技术水平的提高，要求研发投入的不断增加。前不久，欧盟公布了2020年全球企业研发支出100强，其中，中国有10家公司进入了前100名，分别是华为第3位，阿里巴巴第26位，腾讯第46位。制造业还有上汽集团第81位，中兴第95位。由此可见，相比于发达国家，中国跨国公司研发投入仍略显不足（见表7-2）。

表7-2   中国跨国公司研发投入前10名所属产业、研发投入及投入增速

公司	产业	2019年研发支出（亿欧元）	研发支出比去年增速（%）
华为技术有限公司	TechnologyHardware&Equipment	167.1	31.23
阿里巴巴集团控股有限公司	Software&ComputerServices	54.9	15.08
腾讯计算机系统有限公司	Software&ComputerServices	37.7	32.49
中国建筑集团有限公司	Construction&Materials	27.9	37.46
百度在线网络技术有限公司	Software&ComputerServices	23.4	16.32
中国铁道建筑集团有限公司	Construction&Materials	21.1	42.83
中国国家铁路集团有限公司	Construction&Materials	21.0	22.89
中国石油天然气股份有限公司	Oil&GasProducers	20.0	11.16
上海汽车集团股份有限公司	Automobiles&Parts	18.0	-7.25
中兴通讯股份有限公司	TechnologyHardware&Equipment	16.6	13.65

资料来源：欧盟组织.

7.3.4 RCEP国家扩大跨国投资准入将有利于中国进行对外直接投资

从中国的外商直接投资来看，外资主要通过中国香港对中国进行直接投

资，日本、美国、韩国、新加坡是中国主要的外商直接投资来源国，与日本、韩国以及东盟的新加坡建立全面的自贸协定，有利于中国进一步吸引来自这些国家的外商直接投资。而在中国对外直接投资方面，东盟是中国对外直接投资的重要目的地，扩大投资准入有利于强化中国对外投资，促进中国与东盟在电子信息产业加工组装环节的投资互动，优化中国电子信息产业结构，强化区域产业间投资合作和在全球的产业链地位。

RCEP 使东盟受益明显，其中越南最为突出。以越南为代表的东南亚地区具备人口红利优势，将明显受益于 RCEP 的区域内产业链融合。例如，为积极对外开放、吸引外资流入，越南实行了各种税收优惠（如 2 免 4 减半、4 免 9 减半政策）。越南对外贸易实现跨越式发展，2021 年出口额为 3 363 亿美元（外资占 73%），进口额为 3 222 亿美元（外资占 66%），连续第 6 年实现贸易顺差，计算机、手机及关键零部件进出口额占据近半比重。

美国对中国 301 调查加征关税加快了电子信息产业向东盟地区转移的节奏。美国将手机、笔记本电脑等主要制成品之外的信息通信产品普遍加征了关税。美国商务部数据显示，美国从越南进口机电产品从 2015 年的 123.6 亿美元升至 2021 年的 534.1 亿美元，份额从 1.06% 升至 3.86%，主要是手机、通信设备、计算机、无线耳机等电子信息产品。最突出的通信产品（以手机为主），从越南进口额的增加值基本是从中国进口额的减少值。

苹果公司 200 家供应商中，已有 16 家在越南给其供货，包括以英特尔为首的 3 家美国公司、4 家中国大陆公司（歌尔、蓝思等）、2 家韩国公司（三星、LG）、1 家中国台湾公司（鸿海）。国内代工行业，苹果供应商、电声龙头歌尔股份和连接器龙头立讯精密均在越南增资，进行 Airpods 无线耳机和智能可穿戴设备产品的产能扩建；中国台湾地区的电子科技厂商富士康、纬创、仁宝、和硕在越南建立工厂，涉及电视屏幕等组装业务，未来也计划向印度尼西亚、马来西亚、菲律宾等地持续扩产。

韩国企业相关产品（特别是简单环节）的产能已陆续由韩国本土、中国大陆向越南、印度转移。三星集团早已在越南建立了智能手机、电视和家电生产线，是当地最大外国投资者，分别在胡志明市、河内等地的 6 个工厂雇员超过 16 万人。同时，三星持续加大半导体、新型显示器等高端产业和研发环节在中国的投资，实现产业投资结构的明显升级。

当然，组装环节在东盟的布局增加，带动了中国与东盟国家的贸易增长，也带动了东盟在全球贸易地位的持续提升。美国数据显示，2021 年美国与越南的贸易逆差达到创纪录的 909.6 亿美元, 仅低于对中国的 3 553 亿美元和墨西哥的 1 083 亿美元, 位列第三。中国数据显示, 2021 年中国机电产品对越南出口增长 17.8%, 进口增长 16.9%, 越南已成为中国货物出口第五大贸易伙伴。

7.3.5 RCEP 为中国对外投资带来更大空间

自 2020 年以来, 在新冠肺炎疫情的影响下, 各国采取的封锁隔离措施和全球严重衰退的前景使外国直接投资大幅缩水。联合国贸易和发展会议此前发布预测称, 2020 年全球直接投资预计将下降 30% ~ 40%, 2021 年降幅将大大缩小, 预计在 2022 年才会复苏。

RCEP 的正式签署或将为此带来一些转机。联合国贸易和发展会议日前发布的报告也指出, RCEP 将大大推动区域内各成员间以及其他地区经济体对该地区的外国直接投资增长。

2020 年以来, 在全球投资大幅缩水的背景下, 作为全球第二大对外投资国, 中国对外投资总体保持平稳态势, 仅有小幅下降。商务部日前公布的数据显示, 1 ~ 10 月, 中国对外非金融类直接投资 6 020 亿元人民币 (折合 863.8 亿美元), 同比下降 3.2%。

特别值得一提的是, 中国对"一带一路"沿线国家投资合作实现逆势增长。1 ~ 10 月, 对"一带一路"沿线国家非金融类直接投资 141.1 亿美元, 同比增长 23.1%, 占同期总额的 16.3%, 比去年提升 3.6 个百分点。

RCEP 将给中国对外投资带来什么影响, 令人期待。对外经济贸易大学国际发展合作学院副院长、商务部中国国际贸易学会副秘书长肖慧琳表示, "RCEP 各国成员在货物贸易、服务贸易、投资、自然人移动等方面达成了重要共识。同时, 成员国对部分投资领域采取了负面清单的方式, 提高了政策的透明度, 减少了投资壁垒, 这将有利于中国企业在该区域内进行产业链布局, 进而促进中国对外投资增长。"

肖慧琳进一步谈到, 统计数据显示, 2019 年, RCEP15 个成员国所在的区域吸引了全球大约 1/4 的对外直接投资, 但仅有 30% 来自区域内部, 未来增长的空间非常广阔。商务部发布的数据显示, 2019 年, 中国对 RCEP 其他 14 个国家的对外直接投资为 164 亿美元, 占对外直接投资总额的 12%。如今 RCEP 正式签署有望带动中国对外投资规模和占比显著上升。

"现在距离 RCEP 正式生效还需要一段时间，所以其对今年中国对外投资影响不大。但综合来看，预计今年中国的对外投资基本平稳，部分领域稳中向好。如对'一带一路'沿线国家投资将实现较大增长，水利建设、电力工程等领域的对外承包工程金额将出现明显上升。"肖慧琳如是说。

谈及 RCEP 对中国企业对外投资的影响，商务部研究院对外经济研究所副研究员庞超然在接受国际商报记者采访时也表示，刚签署的 RCEP 是一个全面的综合性协定，涉及贸易投资等 20 个章节，为双边企业投资合作营造了良好的制度环境。他认为，对企业来说，要抓住 RCEP 带来的机遇，须用足用好协定内容，如利用区域累积原产地规则，合理安排生产布局，提升产品附加值；利用海关便利化协定和电子商务规则，高效促进产品跨境流动，服务东亚和东南亚市场；再如用好日本在 RCEP 下作出的高于 WTO 项下承诺，积极拓展日本市场等。

7.3.6 更加开放、自由，域内 90% 以上货物贸易将最终实现零关税

RCEP 以全面、现代、高质量和普惠的自贸协定为目标，对标国际高水平自贸规则，形成了区域内更加开放、自由、透明的经贸规则。协定由序言、20 个章节、4 个市场准入承诺表附件组成。内容涵盖货物贸易、服务贸易和投资领域等，协定文本长达 1.4 万多页。

在货物贸易方面，15 方之间采用双边两两出价的方式对货物贸易自由化作出安排，协定生效后，区域内 90% 以上的货物贸易将最终实现零关税，且主要是立刻降税到零和 10 年内降税到零，使 RCEP 自贸区有望在较短时间兑现所有货物贸易自由化承诺。

在服务贸易方面，15 个成员国中，日本、韩国、澳大利亚、新加坡、文莱、马来西亚、印度尼西亚 7 个成员采用负面清单方式承诺，中国等其余 8 个成员采用正面清单承诺，并将于协定生效后 6 年内转化为负面清单。就开放水平而言，15 方均作出了高于各自"10 + 1"自贸协定水平的开放承诺。

其中，中方服务贸易开放承诺达到了已有自贸协定的最高水平，承诺服务部门数量在中国入世承诺约 100 个部门的基础上，新增了研发、管理咨询、制造业相关服务、空运等 22 个部门，并提高了金融、法律、建筑、海运等 37 个部门的承诺水平。其他成员在中方重点关注的建筑、医疗、房地产、金

融、运输等服务部门都作出了高水平的开放承诺。

投资方面，15 方均采用负面清单方式对制造业、农业、林业、渔业、采矿业 5 个非服务业领域投资作出较高水平开放承诺，大大提高了各方政策透明度。

此外，各方还就中小企业、经济技术合作等作出规定，纳入了知识产权、电子商务、竞争政策、政府采购等现代化议题，适应知识经济、数字经济发展的需要。

需要特别提到的是，RCEP 规定了区域内的原产地累积规则。所谓"原产地累积"规则，是指在确定产品原产资格时，允许将产品生产中所使用的 RCEP 其他成员国原产材料视为该产品生产国的原产材料，合并计算原产材料区域价值成分，使得最终产品更加容易达到设定的条件，取得原产资格从而享受优惠关税。

海关总署关税征管司司长姜峰曾举例解释，假如中国的一家工厂生产冰箱出口东盟，生产中使用了韩国的压缩机及其零部件，超过冰箱总机价格的 60%，如果适用中国东盟自贸协定，由于没有达到规定的区域价值成分 40% 的原产地标准，出口东盟不能享受关税减让。但是在 RCEP 项下，韩国压缩机可以视为区域的原产材料加以累积，出口东盟就可以享受关税减让。

7.3.7 《区域全面经济伙伴关系协定》（RCEP）协定对跨国公司的影响

7.3.7.1 积极影响

（1）区域全面经济伙伴关系协定建立后，对中国跨国公司而言具有深远的意义。首先可进一步深化区域合作，促进经济发展。协定内既有日本、澳大利亚这样经济科技发达的强国，又有东盟内部泰国、马来西亚等自然资源丰富的国家，还有印度这样人口众多，消费需求、市场潜力比较大的国家，跨国公司可通过协定的建立进一步深化与区域各国的合作，在合作进程中进一步发挥自身比较优势，利用其他协定国比较优势弥补自己的比较劣势。

（2）能够开拓新市场。区域内包括 16 个国家，涵盖 32 亿人口，市场潜力巨大，通过协定的建立，跨国公司可以更进一步获得贸易利益。区域全面经济伙伴关系协定的主要内容就要是要消除贸易壁垒，创造更加自由的环境。

如果协定建立，各国间会降低关税水平、取消部分阻碍贸易自由化的非贸易关税壁垒，跨国公司可进一步在具有竞争优势的产品上提高专业化生产程度，形成规模化生产，降低生产成本，提高产品竞争力，获得规模经济效应带来的利益。

7.3.7.2 消极影响

（1）自由贸易区建立后，市场的进一步开放会使中国跨国公司母公司受到冲击，尤其是国内对区域内国家存在比较劣势的产品会产生更大的冲击。中国在资本密集型产品上竞争力不高，市场开放后本身在资本密集型产品上具有竞争优势的国家还会以更低的出口成本将产品出口到中国市场，国内资本密集型产品生产企业受到冲击，更会降低对外出口能力。在劳动密集型产品上存在竞争优势外，东盟国家劳动密集型产品也具有很高的竞争力，协定建立后两国劳动密集型产品出口成本均会下降，双方会在此类产品上产生激烈的竞争，不利于中国劳动密集型产品的出口。

（2）从整体结构看，区域全面经济伙伴关系协定建立后区域内各国将会整合为一个巨大的统一市场，各方间的经济政治联系会更为紧密，各国间的彼此依赖程度还会进一步增强，一旦某一国内出现政治或经济的动荡都会使中国与其相关的产业受到牵连。牵一发而动全身的区域全面经济伙伴关系协定必定会对中国正常的贸易发展产生影响。

7.3.8 政策建议

7.3.8.1 发挥大国稳定器作用

RCEP 资源丰富，经济多元，拥有庞大的消费市场，经济发展空间广阔，跨国公司发展潜力巨大，中日韩携手合作能够起到大国稳定器作用。全面深化中日韩经济合作，不断完善 RCEP 合作机制，统筹推进 RCEP 发展。要积极打造长期有效的合作机制，全面深化区域经济合作，加快构建全球治理体系，完善全球治理规则。

7.3.8.2 加大对技术创新的补贴

整体来看，中国企业研发支出规模和发达国家还有一定差距，而核心技术是企业核心竞争力的关键因素。国家应给予企业在良好的经济环境下进行核心技术的创新。目前，中国跨国公司高度依赖核心原材料进口，我们必须突破技术瓶颈，弱化企业在国际竞争合作中的可替代性。

7.3.8.3 加强国际合作

良好的国家关系以及政治局面的稳定有助于跨国公司在良好的经济社会环境中进一步发展，积极汲取发达国家的成功经验和技术，打造优势互补、互惠互利的命运共同体，在"一带一路"和"RCEP 协定"双重作用下积极去迎接跨国公司在国际遇到的各种挑战，顺应时代的潮流，促使跨国公司向有利的方向发展。

7.4 美国对华战略遏制对中国对外直接投资的影响

7.4.1 中美贸易摩擦的始末

2017 年 8 月 14 日，美对华发起"301 调查"，引发中美贸易摩擦。

2018 年 3 月 23 日，特朗普首次宣布对中国进口的商品加征关税，并限制中国在美的投资和并购。

2018 年 4 月，美国贸易代表办公室发布清单。该清单拟议税率为 25%，涉及中国出口商品总额约 500 亿美元。4 月 4 日，中国迅速回击了美国提出的对中国产品征收关税的建议。经国务院批准，国务院关税委员会决定对原产于美国的 14 类 106 种商品包括大豆、汽车和化学品等额外征收 25% 的关税。

2018 年 7 月 6 日和 8 月 23 日，美国开始对两批次的中国商品分别征收重税。中国对美国迅速采取应对措施，征收同样规模的反制性税。

2018 年 9 月 18 日，白宫宣布将从 9 月 24 日起对中国出口到美国的商品加收 10% 的额外关税，并在以后会继续提升关税额度。同时中国也对美国商品进行了反制措施。

2018 年 2 月 27 日以来，中美双方举行了峰会和十多轮高层经贸磋商。

最终，2019 年 12 月 13 日，中美达成初步经贸协议。美国承诺分阶段取消对中国商品征收的关税。

2021 年 1 月 5 日，特朗普签署了一项行政命令，禁止八个中国应用在美国使用。此禁止列表包括支付宝、腾讯 QQ、微信支付等国内知名应用。美国此举无疑又是一次对中国在美企业的打击，同样也使有意愿在美投资的企业萌生退意（见表 7-3）。

表 7-3　　　　　　　　　　　当前美国对中国加征关税情况

加征关税方	加税商品价值	已生效时间	加征税率
美国	340 亿美元	2018.7.6	25%
	160 亿美元	2018.8.23	25%
	2 000 亿美元	2018.9.24	10%
	2 000 亿美元	2019.5.10	25%
	约 1 200 亿美元	2019.12.13	15%
	约 1 200 亿美元	2019.9.1	7.5%

资料来源：中美贸易摩擦对中国对外直接投资的影响研究．

此外，美国还借中美贸易摩擦威胁中国，公然干涉中国对台湾和香港的内政，称通过撤销中国公民的签证以回应中国出台的台湾香港安全法，并且通过威胁等手段要求释放"祸港四人帮"黎智英等。

7.4.2　中美贸易摩擦产生的原因

7.4.2.1　政治角度分析

实际上，根据美国的其他行为和中国近些年的发展速度来看，美国和中国可以看成是树上的两颗苹果，此时的美国已经熟透了，马上就要从树上掉落到地上，回归平凡，而中国则是不断地发展自我，不断地生长，从最早的骨朵儿，长成饱满的果实，高挂枝头，熠熠生辉。美国意识到自己的世界主宰地位正在受到威胁，因此要不留余力地从各个方面打击中国，遏制中华民族伟大复兴。但是从军事上威胁中国作用较小，也很容易再次转变为冷战，或者爆发"第三次世界大战",因此转而从经济上威胁打压中国。

7.4.2.2 贸易摩擦的经济分析

在经济全球化的背景下,贸易摩擦不可避免。中国正处于发展中阶段,一切都还在探索中,还不成熟和完善,要摸着石头过河。与美国有许多格格不入的地方,摩擦在所难免。

中美建交,特别是中国加入世贸组织,促进了两国经贸交流。两国贸易关系中长期存在一些问题,如政治体制等。双方是当今世界资本主义阵营和社会主义阵营的代表。美国只想通过压制以社会主义为代表的中国来统治世界,所以到处惹是生非。这是国家层面长期存在的阶级对立,然而,双方问题并未得到有效解决,导致摩擦。

中国一贯奉行和平共处五项原则中的"平等互利、和平共处",而美国奉行单边贸易保护主义。双方在思想上有根本的差异,因此导致摩擦日益增多。

7.4.2.3 外商在华直接投资的贸易转移效应扩大了美中货物贸易逆差

自改革开放以来,日韩等地区将需要大量劳动力的产业转移到中国,因为这些外资看重中国的劳动力廉价,因此在自然资源丰富的国家购进材料后,进而在中国加工,将最终产品远销美国。探究其本质应当是美国对外资所处国家产生了贸易逆差,但是却最终在统计里被计为是对作为东道国的中国产生了贸易逆差,从而将美国特朗普政府的仇恨从母国转移到中国上,显然这样的行为是不合理的。

7.4.3 中国 FDI 产业和行业分布情况

7.4.3.1 中国 FDI 重心在第二产业和第三产业

从表 7-4 可以看出,中国对外直接投资主要集中在第二、三产业。其中,第一产业从 2014 年的 20.35 亿美元增长到 2019 年的 24.39 亿美元,占比从 1.65% 上升到 1.78%;第二产业从 95.84 亿美元快速增长至 202.42 亿美元,增长 7.01%;第三产业投资保持稳定在"U"型水平,但整体比例呈下降趋势。

表 7 - 4　　　　　　2014～2019 年中国不同产业对外投资流量规模

年份	第一产业投资额（亿美元）	所占比重（%）	第二产业投资额（亿美元）	所占比重（%）	第三产业投资额（亿美元）	所占比重（%）
2014	20.35	1.65	95.84	7.78	1 115.01	90.56
2015	25.72	1.77	199.86	13.72	1 231.09	84.51
2016	32.87	1.68	290.49	14.81	1 638.13	83.51
2017	25.08	1.58	295.07	18.64	1 262.73	79.77
2018	25.63	1.79	191.08	1.36	1 213.66	84.85
2019	24.39	1.78	20.42	14.79	1 142.27	83.43

资料来源：商务部. 对外直接投资统计公报.

7.4.3.2　对外直接投资行业的重点是租赁服务业、批发和零售业

从图 7 - 7 中可以看出，中国 FDI 的多元性共涉及 18 个行业类别。就总投资存量而言，有 6 大行业超过 1 000 亿美元，即租赁服务、批发零售、金融、信息传输和服务、制造业和采矿业。

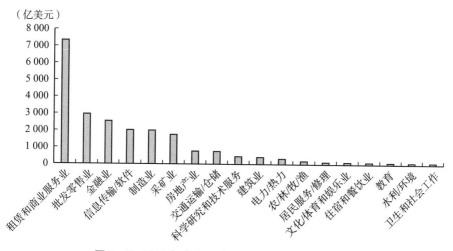

图 7 - 7　2019 年末中国对外直接投资存量行业分布

资料来源：商务部. 对外直接投资统计公报.

7.4.4　中美贸易摩擦对中国对外直接投资的影响

7.4.4.1　中美贸易摩擦前后中国对外直接投资流量

由图 7-8 可以看出，2002~2016 年，中国对外直接投资流量逐年稳步增长，从中国对外投资额从统计数据来看，自 2015 年以来，中国已正式成为资本输出国。2016 年，中国对外直接投资金额达到历史峰值。2017 年，这是 13 年来首次出现负增长。2018 年，中国成为世界第二大外国投资者。2019 年，居世界第二位。2020 年，首次位居世界第一。

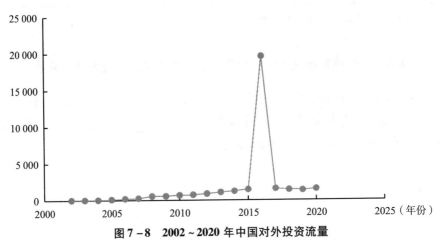

图 7-8　2002~2020 年中国对外投资流量

资料来源：中国商务部. 2002~2020 年中国对外直接投资统计公报.

7.4.4.2　探讨 2017 年中国外商直接投资流量变化的原因

1. 国内调整政策成效显著，外商直接投资回归理性

2017 年，外商直接投资达到 1 582.9 亿美元，其中：租赁服务、制造业、批发零售是三大投资流，占同期总投资的 69.5%。房地产、文化、体育、娱乐投资较 2017 年分别下降 55.43% 和 93.18%。中国对外直接投资逐步回归理性发展轨道。

2. 中国的外商投资资金主要来源于企业收入的再投资，企业的跨国并购有所减少

从外商直接投资流量构成来看，2017 年新增股权投资 679.9 亿美元，占

总投资的 42.9%，较上年下降 40.43%，表明中国跨境并购力度加大，股权投资显著下降，债务工具投资（仅涉及外国非金融企业）206.6 亿美元，占比 13.1%，比上年下降 59.77%。与 2016 年相比，中国的股权投资和债务工具大幅减少，表明企业新的外商直接投资项目大幅减少。

2017 年，中国企业跨境并购逐渐放缓，431 家外资并购；实施情况较 2016 年下降 43.66%。实际交易金额 1 196.2 亿美元，较 2016 年下降 11.61%，表明跨境并购的直接投资；由于企业数量大幅下降。

3. 北美和拉丁美洲的直接投资大幅下降，而欧洲和非洲的直接投资增长迅速

中国对外直接投资的区域变化反映了国际形势的变化。特朗普政府对中国外国投资的打击导致中国在北美和拉丁美洲的影响力大幅下降，而美国在北美和拉丁美洲有着强大的影响力。中国的外国投资不得不转向对中国投资相对友好的欧洲和非洲（见表 7 - 5）。

表 7 - 5 　　　　　　　　　　　中国外商直接投资流量变化 　　　　　　　　单位：亿美元

地区	2003 年	2010 年	2011 年	2012 年	2013 年	2014 年	2015 年	2016 年	2017 年
亚洲	15.05	448.90	454.94	647.85	756.04	849.88	1 083.71	1 302.68	1 100.40
非洲	0.75	21.12	31.73	25.17	33.71	32.02	29.78	23.99	41.05
欧洲	21.48	67.60	82.51	70.35	59.49	108.38	71.18	106.93	184.63
拉丁美洲	10.38	105.38	119.36	61.70	143.59	105.47	126.10	272.27	140.77
北美洲	0.58	26.21	24.81	48.82	49.01	92.08	107.18	203.51	64.98
大洋洲	0.34	18.89	33.18	24.15	36.60	43.37	38.71	52.10	51.05
欧盟	0.00	59.63	75.61	61.20	45.24	97.87	54.80	99.94	102.67
东盟	0.00	44.05	59.05	61.00	72.67	78.09	146.00	102.79	141.19

资料来源：ThomsonOne 数据.

7.4.4.3 中美贸易摩擦对中国对外直接投资的影响

1. 反全球化体制的设置使中国公司无法进行兼并和对某些中国公司实施制裁

中国公司的对外直接投资方式多为并购。并购不但能迅速获得技术，人才，销售渠道，扩大国际市场，而且能减少由于出口模式和其他国家的关税

障碍而导致的跨境运费。但是，自中美贸易摩擦暴发以后，特朗普政府以维护国家安全为由，通过制定法案或通过美国外国投资委员会审查，禁止中国企业投资美国资源和高新技术等产业，禁止美国企业向中国输出美国技术及其国外协作和扩展管制技术。中国公司在美国的收购活动受到了严厉的监管。例如，美国不允许美国公民与中国在美企业 Tiktok 和腾讯有任何业务往来。这导致很多中国公司不愿在美国进行投资，因此中国公司的海外收购数目急剧减少。

2. 对美国投资的流量大幅下降

在贸易摩擦期间，美国反复无常的态度和逐步对中国施加的压力、中国为保证公平贸易而不得不采取的反制性应对措施以及中美间关系日益恶化，都使得在美投资的中国企业的利益受到损失。在中国对外直接投资达到峰值的2016 年，中国对美国的直接投资也达到历史最高值 169.81 亿美元。然而因为此后的贸易战，中国企业在美投资飞速下降。2017 年为 64.25 亿美元；2018 年为 74.77 亿美元，对美投资流量分别下降 62.2% 和 56.0%。即使中国对美国的投资种类依然是具有多元性的特点，但是每个行业的投资量却大幅下降。然而中国对美国制造业的直接投资依然保持着较大投资额，是中国主要的投资领域。

（1）中国对外制造业投资。自 2017 年以来，中国对发展中国家依然逐步增加绿地投资的投资量，例如通过修建高铁，天然气管道等绿地投资方式，而对发达国家的投资则呈现断崖式降低。俄、印、越、巴和墨西哥的制造业总投资，在 2017 ~ 2019 年从 52.9 亿美元激增至 211.9 亿美元。同比之下，中国企业在这五个国家的海外并购却是接近于零。

如表 7 - 6 所示，中国制造业企业在发达国家投资金额快速下降，其中对美、德、英、法四国的投资总额没有那么乐观。2019 年，中国制造业企业在美、德、英的投资总额同比 2017 年的同类投资总额下降极其明显。反观中国制造业并购投资额就更为惨淡了，从 2017 年开始投资额就不断下降，2018 年该指标仅有十几亿美元，再到 2019 年，该指标几乎变为零。

表 7 - 6 　　　　　　　中国对主要投资目的地的制造业投资规模　　　单位：百万美元

	2017 年		2018 年		2019 年	
	绿地投资	并购投资	绿地投资	并购投资	绿地投资	并购投资
美国	3 878.3	2 773.1	1 027.5	1 434.3	1 685.5	0
德国	1 492.2	1 321.5	346.6	118.6	1 770.0	0.1

续表

	2017 年		2018 年		2019 年	
	绿地投资	并购投资	绿地投资	并购投资	绿地投资	并购投资
英国	1 638.9	271.1	105.6	71.8	8.1	0
法国	136.4	486.8	129.0	0	276.0	0
印度	1 062.0	0	3 436.6	0	2 792.8	0
巴西	106.1	0	406.4	0	1 793.6	0
俄罗斯	2 940.8	0	739.8	0	12 220.9	0
墨西哥	833.2	1.4	183.3	0	1 169.1	0
越南	345.2	1.4	855.9	0	3 216.4	0

资料来源：FDI Intelligence 数据库和 BVD 数据库.

2018 年下半年以来，美欧逐步收紧对中国企业投资的管控，对海外并购产生了很大影响。表 7－6 所示为中国企业制造业 FDI 规模，不难看出对发达国家的投资大幅下跌。2019 年，自欧美相关法律出台后，中国对美国、德国的制造企业活动基本停止。

（2）电子、通信等受关税制度制约较大的行业对外投资。由表 7－7 可以看出，贸易战以来，金属、化石能源、电子和通信行业的对外投资规模有所增加，这些行业均为贸易热门行业，且大多为战略行业，美国限制中国在其国内投资，只得另寻他路弥补缺失；而在化工、纺织、橡胶、食品和烟草、造纸和包装行业的对外投资规模有所下降，这些行业多为轻工业，对于中国较为发达的手工业而言，劳动力成本并不高，因此推测大多企业会由海外投资转为收拢资本在国内进行投资。

表 7－7　　　　　　中国制造业对外投资的主要行业　　　　　单位：亿美元

投资方式	投资行业	2017 年	2018 年	2019 年
绿地投资	金属	46.0	113.7	36.5
	煤炭油气	10.5	13.9	114.9
	化工	79.6	3.3	34.5
	汽车部件	58.4	32.2	50.8
	纺织	28.1	33.9	16.9

投资方式	投资行业	2017 年	2018 年	2019 年
绿地投资	橡胶	23.8	16.8	14.6
	电子	11.6	23.3	37.4
	食品烟草	18.3	13.3	5.8
	造纸包装	15.0	10.6	1.1
	通信	0.7	7.1	16.6
并购投资	机械、装备等	58.5	87.5	13.6
	化学、橡胶等	21.6	29.7	0
	金属制品	14.3	3.7	0
	纺织	0.15	0.02	0.4

资料来源：FDI Intelligence 数据库和 BVD 数据库.

（3）农业对外直接投资。由于美国肆意妄为地对中国恶意加征多轮关税，因此中国政府为保护本国贸易不受侵害，不得不对美国采取同样的关税政策。2017 年，中国相关关税政策涵盖了约 87% 美对华出口的农产品，在贸易战爆发后，美国总是率先发难，不顾国际制度私自上调对中国的关税，中国也被迫只得上调关税作为回击，双方的关税均越增越高。

在贸易战之前，2017 年中国约 1/3 的 3 000 多万吨大豆进口来自美国，是美国最大的大豆进口国，其大豆价值约 240 亿美元。但是贸易战爆发后，2018 年美国对华大豆出口减少 1 621 万吨。这不仅影响了中国，也影响了美国，美国的大豆协会和大豆种植者苦不堪言，二者均对特朗普作出警告和声明。2018～2019 年春，美国对华农产品出口 62.5 亿美元，其中大豆出口量减少得最多，为 87%。为确保国内粮食供应，中国将大豆进口的重心转移到南美洲。此时的巴西成为中国最大的大豆进口国，暂时填补了因美国限制而下降造成的缺口。从长远来看，中国对大豆的政策将是长期采取进口的政策。

7.4.5　应对对策与建议

由以上相关分析不难看出贸易摩擦严重阻碍了中国企业"走出去"的步伐，让中国连续十多年的 FDI 增长趋势首次出现下跌，甚至也对中国的国土安全，经济安全造成一定程度的威胁。因此面对这样双方胶着对峙的情形，作者认为根据相关文献可以提出以下几点建议：

7.4.5.1 从内外部的角度看，要强化内部的内生动力

扩大国内贸易自由化，营造一个公平的竞争环境。要促进国内需求，促进经济发展，必须提高农民的收入，促进农村居民的生活。要想有效地改善中国的贫困状况，必须加强城乡统筹，加强农村的基础设施投资；拓宽外贸业务的范围与途径，提高对外界的影响。从人才角度来看，中美两国之间的经贸摩擦将对中国的就业状况产生重大的冲击。一些外资将收回他们的投资，而轻工业界也会削减工作岗位。要想彻底消除这些问题，需要国家、企业和个人的力量。要加强对高新技术企业的投资，要不断提升职工的质量；制定和实施人才引进和引进的相关政策；我们要加强对外交往和协作，以外交手段来解决问题，加强军队力量，在可以作战的情况下，不会再发生战斗。加强民族自信，加强人民团结。

7.4.5.2 深化中美经贸合作

中美两国之间的经贸摩擦，使全球的产业链条与价值链条都发生了巨大的变化。经济一体化，让中美经济处于一种"你中有我，我中有你"的状态，中美两国扩大双边直接投资，将有利于两国经济，乃至世界经济发展。所以，应进一步加强中美经贸合作，巩固中美经贸关系，缓解中国在美的投资条件。尽管中美双方达成共识，已经完成初步协定，但美国对高额的中国出口美国的产品仍在征收重税。为此，中国可以通过减少放宽限制的措施来增加对外直接投资，或者通过补贴的方式刺激厂商海外投资的意愿。

7.4.5.3 发展高端产业链，推动产业转型升级

中美贸易摩擦的重点产业是航空航天、机械、信息通信等高端技术产业，旨在遏制中国的高科技发展。为了阻止美国的计划，根据投资动机的异质性，中国将向劳动力密集型和资源密集型的发展中国家转移低端产业。通过外商直接投资向发展中国家转移低端产业，激发中国高端产业链的孕育产生，从而进一步完成产业的转型和升级。政府还鼓励企业大力发展自主创新能力，提高原创能力，以此推动中国新旧交替的转换，经济结构的优化，从而完成科教兴国，科技强国的目标，进而使中国经济驶入高速发展的轨道。此外，

中国需要在战略产业中拥有发言权，不是通过对国家的下游企业实行经济控制，而是作为高精尖技术产业的专利拥有者，拥有成熟完善的高新技术的上游企业。

7.4.5.4 要继续保持并增加中国对外投资的多元性

美国对中国企业的恶意制裁手段和态度已经是有目共睹，这使大多数中国企业望而却步。也有一些企业已将投资扩展到欧洲、非洲等地，投资领域越来越多元化。面对此种情况，中国推进"一带一路"倡议的力度应当更大地提升，使沿线国家完善基础设施的同时，也能为中国厂商在沿线国家投资提供便利条件，例如对中国厂商适当放宽条件限制，简化一些审批制度等，以此完善对中方投资的保护，从而在互惠互利的基础上，全面推进与沿线国家在各领域投资合作，加快中国技术、标准、服务和品牌"走出去"。

7.4.5.5 公平的市场环境需要完善的制度来保障

中兴通讯的案例是我们需要深刻反思的，应当通过完善的法律制度体系和执法力度来保证企业间公平良性的竞争环境，对于剽窃他人成果，假冒他人技术的行为决不姑息。虽然中国在逐步完善法律体系，加强知识产权的保护和维权的力度，但是整个维权流程的烦琐和消耗仍旧是问题所在，多数维权人因为耗不起，等不起而撤诉，最后不了了之。因此，为了维护公平竞争的市场环境，还需要更多的投入。最后，政府对知识产权法律的宣传也是必不可少的，人人都懂法，都知法，都知道犯法后的严重后果，那么违法现象会降低许多。只有这三个方面齐头并进，稳步共同发展，才能实现中国制造变成中国创造的目标。

7.4.5.6 深化农业领域合作

关于农业，必须丰富国家和地点选择以减少风险。我们应该更加多样化，减少对个别国家粮食进口的过度依赖。不应该把所有的鸡蛋放在一个篮子里。例如，现如今的大部分大豆都是从巴西进口的，但是需要未雨绸缪，并采取措施防止某一天巴西受到美国威胁，停止向中国出口大豆。未来，中国农业对外直接投资的资源寻求地将主要分布在亚洲、南美和非洲。毫无疑问，在亚洲展开深入合作，在地缘政治和粮食进口安全上都是上乘之选。除此之外，"一带一路"的沿线国家也是我们的首要选择，通过经济上的合作建立起友谊，从而提高农业合作深化友谊，最后形成战略合作伙伴，共同构建"命运共同体"。

7.4.6 结论

短期来看，贸易战的爆发对正在飞速发展的中国经济造成了不小的打击，中国各行各业均在此次贸易摩擦中受到了不同程度的冲击，对于已经在海外特别是美国投资的企业也带来了一定的影响，但从长期影响来看，贸易摩擦又何尝不是一把"双刃剑"。中国经济的蓬勃发展让许多企业盲目乐观，忽视了自己本身的问题，而正好借此机会，企业可以审视自身问题，政府发现国际贸易的不足，例如相关法律要求不严格，制度模棱两可不规范等问题。

塞翁失马焉知非福，贸易战有利有弊，倘若中国本土企业可以把握住这次发展机遇，吸引各种精英人才，进一步推动贸易崛起，用本土国产代替美国的垄断进口，从而进一步为中国的国家安全提供良好的保障。

7.5 反全球化与国际多边投资环境演变趋势

7.5.1 反全球化的演变趋势

经济全球化既是人类生产和发展的历史潮流，也是时代潮流。虽然这项研究的基本概念在 20 世纪七八十年代才流行起来，但这一趋势早已确立。从资产阶级开拓世界市场的角度来看，全球化或经济全球化的发展经历了三个阶段：一是殖民扩张和世界市场的形成；二是两个平行的世界市场阶段；第三，随着冷战的结束，两大阵营和两个平行的世界市场已经不复存在，经济全球化迅速发展。这是 20 世纪 80 年代以来经济全球化的快速发展。

经济发展的全球化伴随着我们的反全球化，其焦点是开放与保护社会主义文化之间的争论。它主要表现为经济集团为了自身利益的经济退出。当前形势明显受到 2008 年国际互联网金融企业危机的影响，经济发展复苏乏力，陷入长期停滞，主要是通过资本主义国家对社会主义国家中国的贸易环境保护主义和投资保护主义。2008 年全球金融危机后，经济全球化的势头受阻，国际贸易和国际投资的规模和增长速度明显放缓。根据世界经济和贸易组织的数据，1990~2008 年，全球服务贸易市场平均增长 7%，但 2009~2015 年仅增长 3%。跨国公司和国际投资的增长也继续放缓。这种反全球化的表现就是在危机的冲击下企业核心竞争力的弱化，一些中小企业无法承受危机的冲击而破产。

反全球化是现代社会一种自发的反对全球化趋势的运动。这一运动不是制度化的，甚至不是统一的。反全球化人士反对统一的世界经济体系，反对跨国公司、世界贸易组织、世界银行、国际货币基金组织。反全球化运动阵线集合了形形色色的人群，如生态保护者、人权倡导者、无政府主义者、乌托邦左派、转基因食品反对者、文化多样性和地区自治的支持者、地方权利的捍卫者以及强大和统一的国家辩护者。反全球化运动始于 1999 年对世贸组织西雅图会议的抗议活动，这次震惊世界的反全球化示威导致会议无果而终，这次行动被抗议者誉为第一次反全球化主义的胜利。迄今为止的反全球化运动总是与抵抗所有的"经济全球化峰会"相关，这些抗议活动通常是非暴力的。

反全球化发展运动的主要技术力量大多来自非政府组织和团体。这种情况在一定的历史时期将长期存在。反全球化运动有助于学生澄清国际社会对企业经济和文化全球化及其本质的理解，促使我们的国际主义社会正视经济全球化的负面影响，反思教学，进而推动全球化朝着更加公正的方向快速发展，合理透明的方向。

2008 年，随着国际金融危机的深化，当前资本主义大国出现了反全球化趋势。反全球化本质上是阶级矛盾激化的结果，是资本主义的结构主义在社会建设中的主要矛盾。正是由于国家环境治理危机，资本主义国家无法解决中国面临的经济和社会问题。这是国际互联网金融业垄断资本主导的全球金融发展管理模式的危机。它是现代资本主义国家国内大多数人与少数金融风险资本利益集团雇员之间矛盾的实践。从 2016 年英国开始脱欧，到美国特朗普政府奉行"美国优先"战略，贸易保护主义开始不再遮遮掩掩，成为美国压榨敲诈别国的工具，经济逆全球化的趋势愈发明显了。

全球化的好处似乎是显而易见的，但是为何最近西方却带头又掀起了逆全球化浪潮？这里就得从全球化的底层逻辑说起。

西方是资本主义文明，同时它们自近代以来在世界上也处于主导地位。

说到资本主义，就要说到市场、资源。随着资本主义生产力和经济的快速提高，其对资源也有了更多需求，欧洲资源有限，所以不得不向外扩张以获得更多资源。另外，生产力提高也带来了产品过剩，本地居民无法完全吸纳，所以必须向其他地区销售以完成资本转换，这样就有了资源和市场的全球化需求。

到了后期，因为本地的劳资矛盾以及人力成本上升，所以西方把一些劳动密集型产业向其他低成本发展中国家转移，西方跨国公司大量出现，这样就有了国际分工和贸易全球化的雏形。因此，西方国家推动建立了一套国际贸易体系，后来发展成为了 WTO。中国也正是在此体系下，享受到了红利。

需要注意的是，这套全球化贸易体系虽然打着自由竞争、自由贸易的旗子，但其本来就是为西方资本（包括产业资本和金融资本）扩张服务的，要知道在这套体系里，西方资本始终占据着价值链高端地位，赚取着最高的利润率，而其他国家则居于价值链中低端地位，利润率很低。所以当西方后来发现这套体系给了中国发展机会，并使中国有可能挑战它们高端地位的时候，尤其是美国感觉它们的货币霸权和军事霸权都受到威胁的时候，它们马上开始打压中国，提高关税，保护本国产业，掀起了逆全球化浪潮。

所以，全球化与逆全球化说到底还是利益关系。当全球化有利于其抢占资源和发展市场时，西方国家就推行。但当对其不利时，其就要反对，搞贸易保护。这就是西方所谓自由市场经济的逻辑。

另外，2008 年的金融危机给全球体系带来了深远的影响，世界经济增长乏力，贫富差距加大，各种矛盾冲突不断，社会的动荡与生活的贫困，尤其是难民的大量增加，让美欧等西方国家趋向保守和民粹，而选票政治为迎合选民，有强化右倾的倾向，新冠肺炎疫情的突发，更加深了世界各国的封闭，为全球化雪上加霜。

反全球化会带来不平等竞争。资本主义长期把非洲大陆当作世界体系的原材料供应地，这使非洲长期"落后积弱"。东欧剧变后，东欧国家把自己的大部分国有固定资产出让给外国人，使本国遭受毁灭性经济衰退。金融开放，使外资银行过早进入本国，导致本地银行的发展出现停滞，因为外资银行更垂青风险低的经济效益好的企业，留给本国银行的就剩下那些信用水平低的企业了。

反全球化会加剧贫富差距、全球化造成国家间以及国家内部日益明显的贫富分化。全球化往往使世界资本集中在一小撮人手中，这种现象被准确地称为"富人的社会主义"。"358 名亿万富翁所拥有的财富相当于总计 25 亿人，即几乎世界一半居民的所有财产"发达国家的制造业生产向第三世界转移，使很多工人失去了工作岗位；因就业不易，使发达国家工人失去了对劳动报酬讨价还价的余地。美国这个世界上劳动生产率最高和最富有的国家，也是贫富分化严重的国家。据联合国国际劳工组织通报，在就业总数中有差不多 1/5 的人收入低于官方规定的贫困线，成为"有工作的贫民"。财富分配不公正是反全球化的主因，反全球化的行动往往辅之以"意识形态问题"。

从历史进程来看，经济全球化仍是一种历史趋势，不可逆转。全球化只是人、物、资本和信息流动的国际化。科学技术的进步和生产力的发展使这种国际交流成为可能。科技革命是经济全球化的根本动力。每一次科技革命都极大地促进了生产力的发展，从而有力地推动了经济全球化的历史进程。科技革命向经济全球化的推进，体现在交通和通信技术的飞速发展上。以蒸汽机的发明为标志的第一次科技革命出现了蒸汽机和蒸汽机车，这大大加强了世界各国和国家之间的经济联系和经济相互依存。19 世纪末，第二次科技革命以电力取代蒸汽为标志。轮船和铁路被大规模使用，它们的效率和性能得到了极大的提高。电报的发明和使用通过加快信息的传输使世界变得更小。汽车和飞机的出现使人们在世界各国之间旅行变得更加容易和频繁。

20 世纪 80 年代末以来，以信息技术为核心的当代科技革命成为经济全球化的主要推动力。近年来数字经济的出现有可能重组全球产业链，并赋予全球化新的含义。在数字化的帮助下，服务贸易更容易突破地域限制，实现新的全球化。关于智能和机器人使得国际资本没有必要在世界各地寻找廉价劳动力以及全球化已经停滞的论点是一个盲点。大数据和智能是全球化的推动者，它们在全球服务贸易中的作用有目共睹。近年来，新一轮科技革命和产业转型导致数字技术强劲崛起，产业深度融合，服务经济蓬勃发展。在疫情期间，远程医疗、在线教育、共享平台、协作工作、跨境电子商务等服务得到了广泛应用，在促进经济稳定和国际合作抗击 2019 新型冠状病毒疾病方面发挥了重要作用。展望未来，服务业的开放合作正成为日益重要的发展动力。

从中美贸易摩擦到疫情期间，从这两年多美国的种种表现来看，阻碍和破坏已形成的全球化产业链的目的已经很明显了，国内冠之以"逆全球化"。

多数的分析评论均认为"逆全球化"不可能得逞,主要论据有三点:首先,资本天生的逐利性必然会进行资源的最优组合和配置,在信息流通已然很发达的今天,资本和生产要素的全球流通无法阻挡;其次,西方国家特别是美国的劳动力人口结构、基础设施建设、法律法规(劳工保护、环境保护)等一系列社会现实和制度导致普通工业品的生产和流通成本不具备竞争力。最后,完整的工业产业链非一朝一夕之功,放眼全球没有能与中国相抗衡的大工业生产基地,例如,苹果喊了好几年要去印度建厂结果到现在也没有下文。这些看上去都没有错的观点,都还是在用"只有全球化才对世界及各国经济发展最有利"的思维方式考虑问题。没有充分考虑博弈主体(控制资本的利益集团)天生的贪婪和绝对利己的本性,更是低估了以美国为主导的西方资本利益集团为了捍卫自身利益而一定会不惜一切代价的决心和手段。"资本天生具有逐利性",这句话简单、直观,直指本质,但这种修辞方式也容易给人以一种潜意识的误导,即"逐利性"是客观存在的规律,是无法以人的意志为转移的。资本是死物,不是有机体,没有主观的思考和行动能力。赋予资本流通功能和逐利属性的是人,是控制资本的利益集团,而不是资本本身。

今天,全球化体系又走到了一个类似的岔口。现今的中国,具备了在一定范围内推进全球化新进程的实力。但同时,我们也必须正视自己的实力和对手的强大。一个不争的事实是,不论我们如何壮大,我们的硬实力还没有强大到可以全面硬撼美国的程度,我们也仍然是在一家独大的美国划定的全球化规则内竞争。在这种情况下,不管是盲目悲观、偃旗息鼓、任人宰割,还是盲目乐观陷入跟美国的竞争,都是下下之策。在我们发展出能真正经略全球和美国对等输出资本技术的硬实力之前,筚路蓝缕,一方面,完善我们的内循环能力、做好万全准备,扎扎实实、卧薪尝胆、修炼我们自己硬实力的内功;另一方面,坚持改革开放,坚持全球化合作共赢,才是我们崛起的正道。

7.5.2 国际多边投资的演变趋势

当前,单边主义、保护主义和民粹主义不断冲击,以世界贸易组织(WTO)为核心的多边贸易体系,WTO 的贸易谈判、贸易监督以及争端解决三大职能均阻力重重,新冠肺炎疫情进一步加大了 WTO 贸易治理的难度，总干事罗伯特·阿泽维多的提前离任则使 WTO 陷入"管理真空"，改革势在必行。未来，全球价值链区域化态势越发明显，将对 WTO 及多边贸易体系带来更多挑战，双边主义将成为多边谈判不足的重要补充，数字贸易谈判也将随数字经济的快速发展成为未来 WTO 主推的谈判。试图推动 WTO 改革符合美国利益，同时积极"另起炉灶"，推动区域和双边贸易谈判，实现维护美国贸易霸权利益的目的，这可能对 WTO 及多边贸易体系带来更多挑战。

第二次世界大战以来，美国主导成立了关税与贸易总协定（GATT），并通过八轮关税减让谈判推动国际贸易快速发展。1995 年，世界贸易组织取代关税与贸易总协定（GATT）成为新的国际贸易治理机制，但在推动贸易谈判、贸易监督等方面未能取得显著成果，作为多边贸易体系"皇冠上的明珠"，WTO 争端解决机制阻力重重，以 WTO 为核心的多边贸易体系面临危机，改革势在必行。未来，全球价值链进一步呈现区域化特征，WTO 及多边贸易体系将面临更多挑战，诸边主义作为一种次优选择或将成为 WTO 主要的谈判形式，数字贸易诸边谈判地位也将上升。美国已经成为 WTO 改革的重大阻力，试图使 WTO 改革符合美国利益，通过推动区域和双边贸易谈判，使美国在新一轮国际贸易规则制定中占据主导地位，从而维护美国的贸易霸权地位。

近年来，全球范围内的贸易保护主义势头高涨，以 WTO 为核心的多边贸易体系深陷危机。WTO 多哈回合谈判徘徊不前、贸易监督职能流于形式、争端解决机制上诉机构停摆，新冠肺炎疫情使国际贸易形势进一步恶化，总干事阿泽维多提前一年卸任使 WTO 面临"管理真空"，WTO 既要尽快完成新任总干事的遴选，又要加快推动改革，挽救危机重重的多边贸易体系。

第一，WTO 传统的贸易谈判、贸易监督、争端解决三大功能已处于瘫痪边缘，多边贸易体系危机四伏。近年来，单边主义、保护主义等逆全球化思潮不断蔓延，尤其是特朗普上任以来，美国以追求"公平、对等"贸易为由、行贸易保护主义之实，直接冲击了 WTO 的互惠互利原则，以 WTO 为核心的多边贸易体系面临日益严峻的挑战。在新冠肺炎疫情暴发前，WTO 的贸易谈判、贸易监督和争端解决等职能已经面临瘫痪危机。

WTO 多边贸易规则谈判未能取得显著成果，多哈回合谈判自 2001 年启动后仅于 2013 年达成一份提升贸易便利化水平的《巴厘一揽子协定》；长期以来贸易监督功能流于形式和走过场，特朗普政府同主要贸易伙伴大打"关税战"，WTO 无法采取实质性措施限制美国等成员的贸易保护做法，例如，尽管 WTO 于 2020 年 9 月 15 日裁定，美国于 2018 年对中国商品加征关税的行为违反国际贸易规则，但是并不能促使美国改变其对华关税政策；此外，2019 年 12 月，WTO 争端解决机制上诉机构正式停摆，美国大力阻挠上诉机构、法官甄选和任命程序直接导致 WTO 争端解决机制陷入危机和困境。WTO 三大功能已无法正常运转，多边贸易体系面临区域化、保护主义、单边主义等冲击，对 WTO 的改革亟待进行。

第二，新冠肺炎疫情进一步凸显出 WTO 贸易治理失能。当前，新冠肺炎疫情已经对世界经济产生了严重冲击，国际货币基金组织（IMF）在 2020 年 6 月发布的《世界经济展望》预计，2020 年全球经济可能萎缩 4.9%。2020 年 3 月以来，各国开始采取应对疫情的人员和贸易限制措施，国际贸易开始萎缩。

据统计，截至 2020 年 9 月 23 日，共有 63 个国家和地区对货物贸易（除医疗物资外）采取措施，87 个国家和地区对医疗物资贸易采取措施，168 个国家和地区对船舶、航班、列车采取措施等（国家发展改革委员会，2020）。新冠肺炎疫情使针对防疫物资、粮食等的进出口管制急剧增加，国际运输限制、航空限制、人员往来管控等措施也难以通过磋商或协调减少，在短期内全球新冠肺炎疫情无法得到控制的情况下，货物贸易和服务贸易将持续受到负面冲击（参见图 7 - 9）。据 WTO 估计，2020 年第二季度全球商品贸易额同比下降 17.5%，预计全年将下降 13%，经济合作与发展组织（OECD）最新数据显示，二十国集团（G20）成员货物贸易在 2020 年第二季度出现大幅下滑，与第一季度相比，出口下降 17.7%，进口下降 16.7%，创下自 2008 年全球金融危机以来的最大跌幅。新冠肺炎疫情使全球保护主义更趋严重，而当前 WTO 亦无法发挥监督和争端解决等功能，协调各国减少贸易限制措施，可以说，新冠肺炎疫情使 WTO 面临的处境更为艰难。此外，2020 年 6 月，本应在哈萨克斯坦努尔苏丹举行的第 12 届 WTO 部长级会议也延期至 2021 年举行，更为棘手的是，WTO 总干事阿泽维多于 2020 年 5 月宣布其将提前一年结束任期，WTO 处于群龙无首状态，前景更加扑朔迷离。

第三，总干事遴选成为当下 WTO 面临的最直接挑战。WTO 总干事阿泽维多已于 2020 年 8 月 31 日提前结束任期，新任总干事遴选成为 WTO 当下需要解决的首要问题。阿泽维多的继任者亦面临重要挑战，既要尽快筹备并举办第 12 届 WTO 部长级会议，还要在任期内协调各成员利益诉求推动 WTO 改革取得一定进展。WTO 下一任总干事肩负重任，各方对该职位的竞争也非常激烈。2020 年 7 月，WTO 新总干事提名结束，共有 8 名候选人参与遴选，分别来自墨西哥、尼日利亚、埃及、摩尔多瓦、韩国、肯尼亚、沙特阿拉伯和英国。WTO 总理事会从 2020 年 9 月 7 日开始就新总干事遴选事宜举行了 3 轮磋商，逐步缩小候选人范围，最终将在 2020 年 11 月上旬通过协商一致原则确定了新总干事人选。2020 年 9 月 18 日，第一轮磋商结束后，来自尼日利亚、沙特阿拉伯、韩国、肯尼亚和英国的五位候选人入选。总干事遴选也充满不确定性，各方利益博弈仍在激烈进行当中。非洲国家希望能够选出首位来自非洲的 WTO 总干事，而由于前任阿泽维多来自发展中国家巴西，欧洲则希望按照惯例下一任总干事来自发达国家。美国希望下一任总干事能符合美国利益需求，贸易代表莱特希泽表示，希望新任总干事能理解 WTO 改革的必要性，以及自由经济体和中国打交道时的问题。受制于协商一致原则，大力实行贸易保护主义的美国对 WTO 总干事同样拥有决定性发言权，新任总干事是否能满足美国诉求而顺利完成遴选过程，以及当选后总干事对 WTO 改革等工作的推进是否会受到美国的不利干涉，这些都为 WTO 的未来发展蒙上阴影。

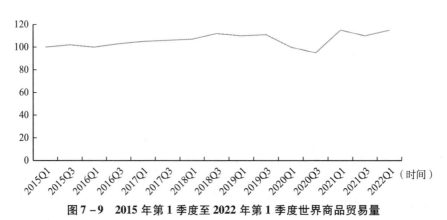

图 7 - 9　2015 年第 1 季度至 2022 年第 1 季度世界商品贸易量

资料来源：WTO.

面对疫情，任何一个国家都不能置身事外、独善其身。如果说新冠肺炎疫情之前的全球化更多偏重经济全球化。那么在应对新冠肺炎疫情中，"人的全球化"更加凸显。抗疫过程中，中国政府始终秉持人民至上理念，不惜一切代价抢救生命,并用实际行动践行人类命运共同体理念,支援世界人民抗疫,推动构建人类卫生健康共同体。在抗疫初期,为解决全球防疫物资短缺,中国抛开意识形态分歧,为包括美国等在内的诸多西方国家输送抗疫物资。中国以"对人民生命安全和身体健康负责的巨大勇气",赢得了国际社会的尊重。

然而,奉行"经济至上""股票至上""选票至上"的美西方,在中国疫情最严峻的时候,非但没有人文关怀,反而幸灾乐祸,幻想在这场疫情中"火中取栗",坐收"疫情红利",甚至抛出疫情将"有助于加速制造业回流"等言论,鼓吹中国发"疫情财"和"中国是全球化过程的唯一受益者"等言论。美高官多次呼吁美国及其他国家反思"全球产业供应链的安全问题",以此引导发达经济体与中国的产业脱钩。出于经济利益和产业链安全等方面的考虑,西方国家欲借这次疫情的"东风"将药物、医护用品、医疗设备等全部实现本土化。并用税率做筹码,出台补助措施,诱逼部分跨国企业的装备流水线回迁。作为超级大国的美国,高举"美国优先"的牌子,非但拒绝抗疫合作,反而在疫苗研发方面进行单干,意图垄断疫苗生产,从中获取暴利。

张维为说,"一场疫情带来的不仅是病毒,也是提升国际影响力号召力的重要转折点"。纵观抗疫历程,中国的指挥动员能力、医疗队伍专业水平和奉献精神、中国人民团结自律意识等都得到了充分彰显,中国的大国优势越发凸显。中国遭遇疫情袭击,率先取得疫情防控重大阶段性成果,率先实现经济重启和企业复工复产。尤其是在对全球抗疫事业中展现的大国担当,做出的中国贡献,让中国的国际影响力空前提升。

疫情显然让西方处于被动状态,而美国作为世界头号强国,看到中国抗疫的优秀表现,自然无法容忍。指挥不了世卫组织情况下,干脆宣布退出WHO,并散布疫情的虚假信息,制造中国阴谋论,不惜一切手段阻止中国扩大全球影响力,欧盟显然也同意美国的做法。

面对国际政治经济剧烈变动的局势,中国要保持高度的警惕性,与西方的"去中国化"博弈。把"一带一路"倡议作为中国对外经济的重要载体,尽力实现高质量推动。广结善缘扩大"朋友圈",不断增强双边关系,深化与其他国家的经济伙伴关系。修复全球产业链、价值链、供应链,增进国际贸易往来。加强生物安全、技术创新、海关等方面国际合作。实现基础设施、产品服务、资本和人员等方面更加自由地流通,给沿线国家带去更多发展机遇,给全球经济注入活力。

7.6 中国对外直接投资与中国国际贸易的协同发展

7.6.1 中国对外直接投资与国际贸易的发展现状

7.6.1.1 中国对外直接投资发展现状

中国对外直接投资开始时间较晚，于 1979 年才正式起步。1979～1986 年是中国对外直接投资的初期即起步阶段，中国开始有了重视对外直接投资的意识，并且完善制定了相关的管理办法等，但是此阶段对外直接投资的企业数量较少，仅有部分实力较强的国有企业做到了将贸易和投资很好的结合。1987～1991 年，对外直接投资的主体不再拘泥于部分实力较强的大企业，对外投资的对象不仅仅只是初期阶段的发展中国家，而渐渐涉及了发达国家。在这一阶段，企业进行对外直接投资的目的也有所转变。各企业不再是单纯的以绕开贸易壁垒为主，而是发现了其重要性，以扩大市场、引进先进科学技术，扩大企业的规模为目的。1992～1999 年调整阶段，国家为缓解经济过热的局面，实行了严格的审批政策，为了优化投资结构，使其变得合理。在这些审批制度下，中国对外直接投资虽然数量下降，但是质量上得到了提升。与此同时，不再只有大型企业才能参与其中，许多有实力的中小型企业也能够参与其中。1999 年，一批受到国家鼓励的"有比较优势的企业"走出了国门。且受政策影响，对外直接投资的区域扩大到了非洲、中亚、东亚等地的发展中国家。2000～2007 年腾飞阶段，中国政府提出了"走出去"战略，2001 年中国加入世贸组织，这些都为中国带来了新的机遇和挑战，虽然中国能够更加融入国际市场，却也同时对中国的对外直接投资提出了更高的要求。

中国对外投资做出了相应的调整，简化了审核的流程，明确了中国鼓励的三种对外直接投资的类型。

类型一，鼓励那些能够将中国的比较优势展现出来，带动出口的对外直接投资。中国当时纺织业、轻工等行业比较具备实力，将国外的劳动力化为己用进行生产，改善中国产业结构。

类型二，为获取资源而进行的对外直接投资，原材料是经济工业化必不可缺的部分,可以通过对外直接投资获得资源。根据《2006 年中国对外直接投资统计公报》,采矿业获得对外直接投资 85.4 亿美元,占中国 2006 年对外直接投资流量的 40.4%,采矿业的投资主要为开采石油、天然气和黑色金属矿。可见中国鼓励获取资源型对外直接投资。

类型三,中国急需通过对外直接投资来获取发达国家的先进的科学技术、专利产品等。

中国政府立足国情,为实现经济增长,鼓励国内企业对外直接投资来引进先进设备,学习科学技术(见图 7 – 10)。2008 年之后数据见图 7 – 11,中国对外直接投资流量从 2007 年的 2 650 609 万美元,增长到 2020 年的 15 371 026 万美元,年均增长率为 17.61%[①]。2008 年,由于国际金融危机,中国企业的对外直接投资遭受了冲击。2009 ~ 2016 年,呈不断增长趋势,2017 年中国对外直接投资结束了多年的快速增长,首次出现了增速为负的情况。2017 ~ 2020 年,对外直接投资流量基本只有较小的上下浮动,整体表现较为平缓。中国对外直接投资存量,由 2008 年的 18 397 071 万美元增至 2020 年的 258 065 844 万美元,年均增长率为 24.90%[②]。2009 ~ 2017 年平均年增长率大于 20%(见图 7 – 11、图 7 – 12)。从整体来看,中国对外直接投资呈持续上涨的趋势。

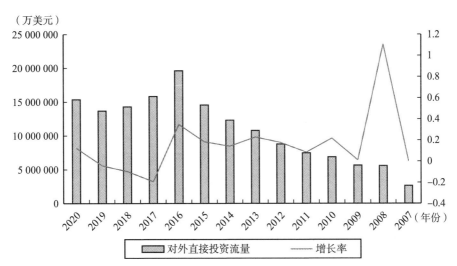

图 7 – 10 2007 ~ 2020 年中国对外直接投资流量及年增长率(时间轴从右向左)

资料来源:国家统计局.

---

①② 资料来源:国家统计局.

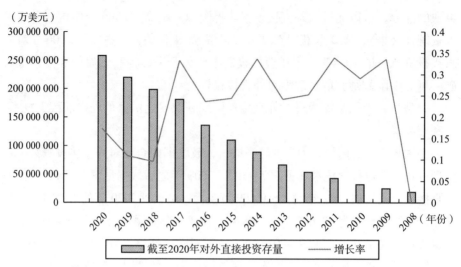

图 7 – 11　2008 ~ 2020 年中国对外直接投资存量及年增长率

资料来源：国家统计局．

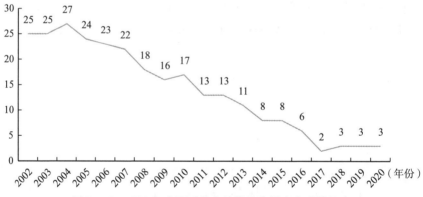

图 7 – 12　2020 年中国对外直接投资存量在全球的位次

资料来源：2020 年度中国对外直接投资统计公报．

1. 中国对外直接投资的区域特点

如图 7 – 13 所示，中国对外直接投资平均每年流向亚洲的投资占比最多，超过 60% 且从整体上看是较为平稳的，增幅较小，也与亚洲的投资基数大有一定关系。而流向拉丁美洲地区的对外直接投资，从整体趋势上来看，其占比在不断增加；对于非洲的直接投资呈下降趋势。

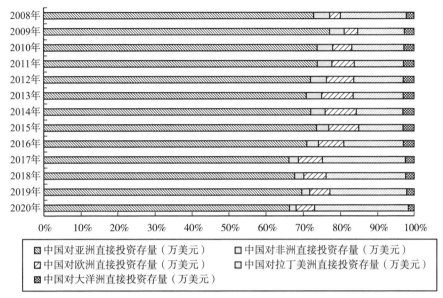

图 7 – 13　2008 ~ 2020 年中国对各区域对外直接投资存量占比

资料来源：国家统计局.

　　如图 7 – 14 所示，以 2020 年为例，中国对外直接投资流量占比最大的地区是中国香港，中国对其直接投资流量达到 8 914 586 万美元[①]。

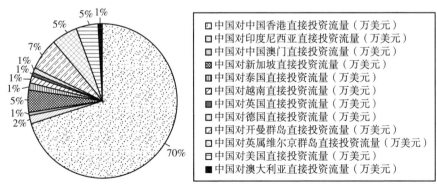

图 7 – 14　2020 年中国对世界各国（地区）对外直接投资占比

资料来源：国家统计局.

[①]　资料来源：国家统计局.

因为开曼群岛、英属维尔京群岛、中国香港地区避税港的性质，许多对外直接投资企业都对这几个地区投入了大量的资金，但通过调查数据显示，中国对于开曼群岛的直接投资流量占比不断下降，这一现象，可以体现出中国境内的投资主体依赖避税投资地的程度在不断降低，也足够说明，中国的对外直接投资分布，越发合理，不只是关注于避税港的天然优势，也致力于不断地提高投资的质量。

2. 中国对外直接投资的行业特点

如图 7 - 15 所示，中国对外直接投资流量最多的行业为租赁和商务服务业。2008 年之后中国对租赁和商务服务业的投资逐年上升，且增速非常快，于 2016 年达到顶峰，投资额为 657.8 亿美元，占比 33.5%①；因金融危机使世界工业低速增长，贸易持续低迷，由此导致国内减少了对于采矿业的投资。自 2013 年开始，采矿业的对外直接投资流量逐年呈直线式持续下降，降幅达到40% 左右，到 2016 年中国对采矿业的对外直接投资仅仅只有 1% 的占比。

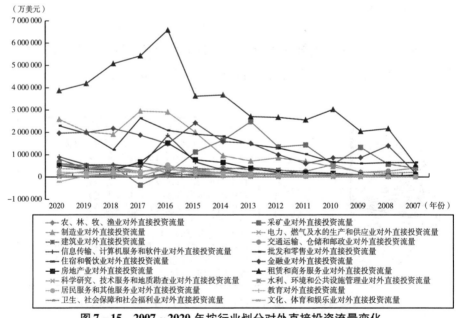

图 7 - 15　2007 ~ 2020 年按行业划分对外直接投资流量变化

资料来源：国家统计局.

---

① 资料来源：国家统计局.

如图 7 - 16 所示，根据 2020 年中国对外直接投资存量及其部分占比数据来看，中国对于各行业的投资数额前三位分别是租赁和商务服务业，批发和零售业，信息传输、计算机服务和软件业，分别占总对外直接投资流量的 25%、16% 和 13%①。

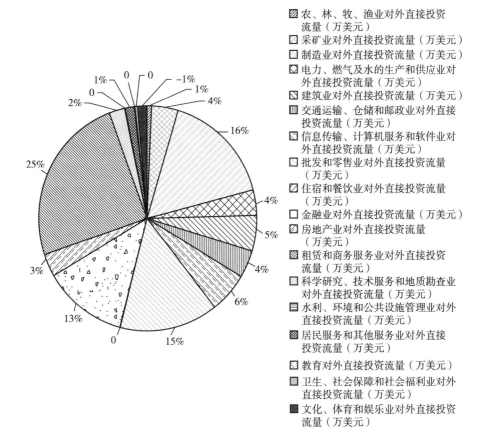

图 7 - 16　2020 年按行业划分对外直接投资流量占比

资料来源：国家统计局.

7.6.1.2　中国对外贸易现状分析

中国对外贸易一直处于快速发展的状态，从整体上来看，货物贸易进出

---

①　资料来源：根据国家统计局数据计算得出。

口总额呈快速上升趋势，自 1994 年后，中国贸易差额常年为正。2008 年由于美国的次贷危机，中国的货物和服务净出口值大幅下降，2009 年，中国对外贸易总额再一次下滑。中国政府尝试采取措施拉动外需，缓解这一情况，但是，在 2015 年和 2016 年仍旧出现了负增长的情况。面对这种情况，我们提出了"一带一路"，这一措施成功改善中国当时的对外贸易的现状，甚至推动了与沿线各国的贸易友好往来。在 2017 年，中国对外贸易总额开始增长。

如图 7 - 17 所示，中国货物和服务净出口自改革开放政策以来，持续增长，其中 1995 年至 2005 年贸易增速平稳，2005 年至 2008 年飞速增长，2008 年至 2020 年，呈现波动式增长，因其发展过程中受到了金融危机、东北亚地区紧张局势、"一带一路"倡议、中非合作峰会等国际因素影响，其中，中国货物进出口总额自 2002 年至 2021 年总体上呈现平稳上升势态（见图 7 - 18）。

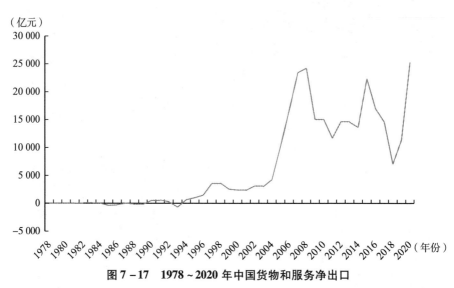

图 7 - 17　1978 ~ 2020 年中国货物和服务净出口

资料来源：国家统计局．

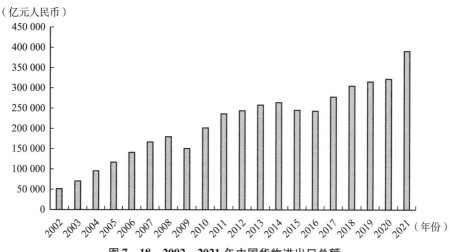

（亿元人民币）

图 7 - 18 2002 ~ 2021 年中国货物进出口总额

资料来源：国家统计局.

以 2021 年为例，前十大贸易伙伴中，排名前三位的分别是东盟 45 542.9 亿元占比 14.4%、欧盟 43 408.1 亿元占比 13.7% 和美国 39 493.1 亿元占比 12.5%。中国继续保持世界货物贸易第一大国的地位[①]。

中国服务贸易总体保持平稳上升趋势，2020 年受新冠肺炎疫情的影响，服务贸易进出口总额有所下降。相比于中国货物贸易，服务贸易常年处于贸易逆差。如表 7 - 8、表 7 - 9 所示，以 2021 年为例，中国在知识产权使用费部分进口同比上涨 16.5%，表明中国专利、知识产权部分积极引进，也体现了其他国家对于知识产权的保护[②]。中国知识产权部分出口同比增长 26.8%，但中国专利知识仍存在技术分布不均匀，过于集中在领先技术中的数字通信和计算机领域、忽略其他技术领域的发展。

表 7 - 8 　　　　　　　　　　**2010 ~ 2021 年中国服务进出口统计数据** 　金额单位：亿元人民币

年份	中国进出口额		中国出口额		中国进口额		差额
	金额	同比（%）	金额	同比（%）	金额	同比（%）	
2021	52 982	16.0	25 434	31.4	27 547	4.8	- 2 112
2020	45 642	- 15.7	19 356	- 1.0	26 286	- 24.0	- 6 929

---

① 资料来源：中国对外贸易形势报告（2021 年秋季）.

② 资料来源：根据中国对外贸易形势报告（2021 年秋季）计算得出.

续表

年份	中国进出口额		中国出口额		中国进口额		差额
	金额	同比（%）	金额	同比（%）	金额	同比（%）	
2019	54 153	2.8	19 564	7.9	34 589	-0.4	-15 025
2018	52 402	11.5	17 658	14.6	34 744	10.0	-17 086
2017	46 991	6.9	15 407	10.7	31 584	5.2	-16 177
2016	43 947	7.9	13 918	2.2	30 030	10.7	-16 112
2015	40 745	1.7	13 617	1.2	27 127	2.0	-13 510
2014	40 053	17.4	13 461	3.4	26 591	27.9	-13 130
2013	33 814	11.2	13 020	2.5	20 794	17.3	-7 774
2012	30 422	2.3	12 699	-4.6	17 722	8.0	-5 023
2011	28 875	15.4	12 936	7.7	15 939	22.5	-3 002
2010	25 022	21.8	12 008	23.3	13 014	20.5	-1 006

资料来源：商务数据中心.

表7-9　　　　2021年中国服务分类进出口统计　　　金额单位：亿元人民币

服务类别	进出口		出口		进口		贸易差额
	金额	同比（%）	金额	同比（%）	金额	同比（%）	
总额	52 982.7	16.0	25 434.9	31.4	27 547.7	4.8	-2 112.8
加工服务	1 343.9	11.1	1 298.0	10.4	45.9	33.0	1 252.0
维护和维修服务	753.7	-0.8	507.4	-3.9	246.2	6.3	261.1
运输	16 821.5	61.2	8 205.5	110.1	8 616.0	31.9	-410.4
旅行	7 897.5	-22.5	733.5	-35.7	7 163.9	-20.8	-6 430.4
建筑	2 597.2	13.1	1 966.4	13.4	631.8	12.3	1 334.5
保险和养老金服务	1 369.8	12.0	335.2	-9.6	1 034.6	21.5	-699.4
金融服务	665.7	31.1	320.8	11.1	344.8	57.5	-24.0
知识产权使用费	3 784.7	17.4	759.7	26.8	3 025.0	16.5	-2 265.3
电信、计算机和信息服务	7 714.7	19.3	5 126.8	22.3	2 587.9	13.8	2 537.9
其他商业服务	9 390.1	7.6	5 957.7	15.4	3 431.3	-1.4	2 527.4
个人、文化和娱乐服务	333.6	11.8	122.5	35.0	211.1	1.7	-87.6
未提及的政府服务	307.7	-26.2	100.0	-42.1	207.7	-14.9	-107.7

资料来源：商务数据中心.

7.6.2 现有的关于国际贸易和国际直接投资的理论

7.6.2.1 国际贸易与国际直接投资的替代关系

1957 年经济学家蒙代尔提出"边际产业扩张论",简单解释为,在贸易壁垒存在的前提下,对外投资完全替代商品贸易的情况可以发生于部分直接投资厂商按照特定曲线实施跨国的直接投资。

7.6.2.2 国际贸易与国际直接投资互补、互促关系

经济学家小岛清的观点是"贸易投资互补论"。他认为直接投资不仅是资本的简单流动,转移的过程中也涉及了技术和经营知识等。对于已经处于或即将处于劣势的产业,国家应该将其转移出去,直接投资其他国家的比较优势产业,同时出口本国的比较优势产品,这样两国间既存在贸易,又增添了彼此信任度,所以能为两国间的资本流动创造便利,二者为互补关系。

国内学者大致归纳了三种研究角度来分析二者的关系:第一种是从国际贸易与国际直接投资间的效应出发;另一种是分别研究 FDI 对中国进出口的效应;最后一种通过分析区域、行业等来挖掘二者之间的关系。梁琦、施晓苏(2004)基于 1980~2001 年全国的时间序列数据,运用了格兰杰因果关系检验对中国对外贸易与 FDI 之间的关系进行检验,并以各省及东中西部三大区域数据作统计描述辅助证明得到以下结果:中国对外贸易与 FDI 之间的互补作用远大于替代作用。而对于第二种研究角度,不同学者有不同观点,总结后发现,关于出口贸易方面,大部分学者都同意中国出口贸易与对外直接投资是互补关系;关于进口贸易部分,姚远(2007)实证研究得出,进口贸易与对外直接投资是替代关系。

7.6.3 对外直接投资对中国国际贸易的影响

7.6.3.1 不同导向型对外直接投资对中国出口贸易的影响

技术导向型对外直接投资,可以帮助解决中国部分产业研发能力不足,进而获得新的技术或降低生产成本。有两种途径来提升技术,分别是国家自

主研发和引进其他国家现有的技术。然而，对于中国来说，自主研发需要消耗大量的时间精力，中国也会承担很大的风险，这明显不是短期获取技术的最优选择。而直接引进其他国家自有科技，可以降低研发成本，减小风险，是最快的获取技术的方式，因而能够降低生产成本。体现在中国国际贸易上，可以表现为：若因技术提升而中国自主研发出了新产品，将有利于中国的出口贸易或降低进口的需求；或因技术提升而降低生产成本，则于出口一方更加有利。整体上来说，技术导向型对外直接投资与中国国际贸易是互补关系。

市场导向型对外直接投资，对东道国企业进行投资，开拓了海外的新市场，同时可以达到避免贸易壁垒的效果。以奇瑞汽车的国际化道路为例，自2001年以来，第一批奇瑞汽车向叙利亚国家出口，奇瑞一直未停止向海外出口。拥有俄罗斯、乌克兰、马来西亚等多个国家的海外工厂，成功的海外扩张其市场。已成功打开包括东欧、东南亚、非洲等多个地区市场。同时，奇瑞汽车的海外建厂能有效地规避贸易壁垒。一般国家会对整车出口设立较高的关税，以此保护本国的汽车产业不受侵害。甚至有些国家专门设置严格苛刻的技术标准来阻止外界对本国市场的入侵。奇瑞汽车与美国江森集团等优秀企业合作，成功整合了世界先进的技术，提高了自身的竞争力。海外市场得到扩张，相关零部件、机械设备就拥有了未涉及的新市场。总而言之，促进了中国的国际贸易。

资源导向型对外直接投资，可以分为两类：人力资源导向型和自然资源导向型。人力资源导向型，即因为东道国拥有更加低廉的劳动力而进行的投资。自然资源导向型，虽然中国自然资源种类多，但分布不平衡，且中国人口基数大，人均自然资源分配更缺少。经济的高速发展会带来自然资源需求的提升，而传统的进口资源的贸易方式会受到包括出口国、汇率等多方面影响，因而各国都面临着自然资源难以匹配经济增长需求的问题。通过直接投资东道国，可以合理有效地分配优化资源，使之为本国带来经济增长，促进本国国际贸易。因此，资源导向型对外直接投资对中国国际贸易是促进作用，二者协同发展。

综上所述，无论哪种导向的对外直接投资对于中国出口贸易均有不同程度的拉动、促进效应，即二者为互补关系。

7.6.3.2　对外直接投资对中国进口贸易的影响

技术导向型对进口贸易的影响体现在，中国在海外建立的各类研发机构可以引进中国还没有的相关的专利技术，促进知识产权的进口。

众所周知，资源导向型对外直接投资，经济发展需要大量的资源供应，例如中国对于采矿业，选择同时向多个资源大国注入资金，进口其丰富的资源化为己用，而且能带动中国关于其他相关资源产品的进口。

市场导向型对外直接投资，表现为中国企业为开拓海外市场而在海外投资建厂等，其分支机构或子公司在生产销售的过程中必然需要生产设备、原材料、中间产品等，于是本国对于机器设备的出口增加。因为东道国的产量或是生产效率提升，本国就可以从东道国进口产品，因而引起进口贸易的增加。

相应地，对外直接投资也会导致进口替代效应。存在一种情况，国内企业生产某些产品时需要使用一些投入品，这些投入品以进口方式在对外直接投资前流入本国。当对外直接投资发生后，如果企业认为直接投资在国外生产比进口投入品在国内生产更高效的话，那么生产基地由国内转向国外，生产数量减少，则需要的进口投入品的数量也会随之减少，进而减少了进口贸易。

7.6.4 中国国际贸易对中国对外直接投资的影响

出口贸易与对外直接投资的关系更加密切，所以此处研究出口贸易对中国对外直接投资的影响。根据俞鑫（2015），中国的出口贸易可以根据其分别通过不同效应来作用于对外直接投资而分为三类，分别是产业比较优势升级效应、贸易壁垒的倒逼效应和外汇储备的积累效应。

7.6.4.1 产业比较优势升级效应

大部分的国家根据自己国家的比较优势参与国际分工，出口自己国家有高生产率的产品，进口自己生产率较低的产品。数据表明，大部分有自然资源优势、劳动力资源优势的参与国际贸易分工的国家在国际贸易中处于不利地位。要想化解这种比较优势陷阱，需要将产业比较优势升级。出口贸易作为一种比较初级的参与国际分工的方式，需要向对外直接投资这一高级形式过渡。此类过渡需要企业通过出口贸易积累资金、通过引进国外先进技术来对自身产品进行不断的改进和创新，以此来提升自己的竞争力，在国际市场与其他产品竞争。

赫尔普曼、梅利茨和耶普发表的《异质性企业的选择：出口还是 FDI》

一文中，认为对于高效率的企业而言，对外直接投资相较于出口贸易是更加高效地进入国际市场的方式，出口贸易次之。产业对于过渡的需求促进了中国对外直接投资。

7.6.4.2　贸易壁垒的倒逼效应

贸易壁垒表现为，各国为了免受其他国家产品的冲击而建立的阻碍。贸易壁垒主要有两种：关税壁垒和非关税壁垒。高额关税会提高外国产品的生产成本，削弱其国内市场竞争力，进而保护本国市场不被外国商品入侵。非关税壁垒，即采取除关税以外的其他措施来保护国内市场和国内产业。

技术性贸易壁垒，在国际贸易中，商品进出口国在通过建立技术标准、认证制度、检验制度等方式，对外国进出口产品制定过分严格的技术标准等。通过此类标准来提高进口产品的技术要求，增加产品想要进入本国市场的难度，最终达到限制进口的目的。

中国遭遇贸易摩擦案件的主要以反倾销、反补贴、保障措施和技术性贸易壁垒为主。中国遭遇贸易摩擦的产品多是劳动力密集型产品和资源，因为中国的劳动力价格较低，同时也需要同美国等国家竞争资源。而外部原因，一方面是纵观中国的进出口数据，中国多年保持贸易顺差，出口规模的不断扩大会削减其他国家的市场份额；另一方面扩大的出口规模影响了国际市场的价格即产品的价格下降，其他国家的利润空间减少，自然会与中国产生贸易摩擦。因此倒逼中国对外直接投资，实施"走出去"战略才能打破原来的局面，找到中国企业的出路。进而促进了中国的对外直接投资。

7.6.4.3　外汇储备的积累效应

外汇储备，是为了应付国际支付的需要，各国央行或其他政府机构掌握的，能够兑换成外国货币的资产。一般情况下，贸易顺差和资本流入是外汇储备的两个主要来源。

中国的外汇储备量持续增长至 2014 年，根据 2002～2021 年人民币对美元汇率变动来看，2002 年人民币兑美元汇率为 827.7，而 2021 年，人民币兑美元汇率降为 645.15（见图 7-19、图 7-20）。从整体上来说，2002～2014年人民币在不断的升值，2015 年后汇率处于平稳状态①。

---

①　资料来源：国家统计局.

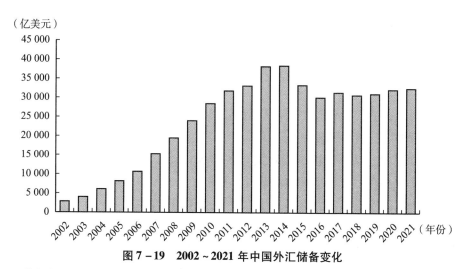

图 7 - 19 2002 ~ 2021 年中国外汇储备变化

资料来源：国家统计局．

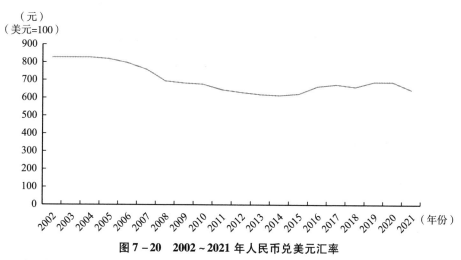

图 7 - 20 2002 ~ 2021 年人民币兑美元汇率

资料来源：国家统计局．

综上所述，中国常年处于贸易顺差，外汇储备数额庞大。而外汇的积累会导致中国本国货币的贬值，简单解释为人民币发行量是一定的，当外汇的数量不断增加时，市场上流通的人民币数量减少，即表现为人民币升值。而本币升值导致中国商品生产成本提高，国际竞争力降低，不利于出口。与之相对，人民币升值，则人民币标价的外国资产价格下降，可以用更少的人民币购得更多的外国资产。因此对外直接投资，例如并购、海外建厂等成本会大大降低，利润升高。总的来说，人民币升值导致两种结果：出口规模减小和投资成本降低，都会使对外直接投资得到发展。

7.6.5 结 论

中国对外直接投资与中国国际贸易二者兼有互补效应和替代效应，但互补效应居多，二者协同发展。

不同导向的对外直接投资对出口贸易为拉动作用，而对进口贸易来说，互补和替代并存，要根据具体情况具体分析。

中国国际贸易对对外直接投资亦是促进作用，其中，为了优化产业而进行出口贸易向对外直接投资的过渡起促进作用；国际贸易壁垒严重倒逼中国企业寻求规避方法而进行对外直接投资起促进作用；由于中国外汇储备量庞大，为保持经济稳定而对外直接投资也是起促进作用。

7.7 中国科技创新与中国对外直接投资的国际竞争力提升对策

"科技创新"是无论国内还是国外都被广泛应用于各行各业的一个词语。尤其是中国提出建设创新型国家，科技兴国等一系列发展理念后，这一词语变得更加深入人心。如今我们国家实施"引进来，走出去"这一对外直接投资方式是因为经济全球化的迅速发展以及中国加入世贸组织（WTO）这两个实际的原因。为了高效开展中国一系列对外直接投资战略，其核心就是提高我们国家对外直接投资在国际市场上的竞争力度。

7.7.1 中国的科技创新

7.7.1.1 中国近年来的科技发展

中国经历四十多年的改革开放，科技发展正处于一个新的历史起点，正显现出一系列新阶段的新特征。现在的技术创新上升到了科技创新，这是以科学发展为源头的科技进步。其特征就是国家对科研的投入，中国科技的初始创新能力大大提升，全社会研发投入大约 2.79 万亿元人民币，相比于上一年增长率为 14.2%，全社会研发投入和 GDP 相比为 2.44%，截至 2021 年，中国的基础研究投入达到 1 696 亿元，基础的研究投入迅速增长，年均增幅将近 17%，其中：基础性研究占研发投入的比重首次超过了 6%，国家的创新能力综合排名上升为全世界第 12 位，完美实现了"十四五"良好的开局。

中国的科技全速发展，国家的创新体系逐渐健全，创新的能力飞速提升，涌现了一大批重大的科技成果，取得了以量子通信，干细胞为代表的重要原创性科技成果。在战略方面也有所收获，深海，深地，深空等许多领域不断收获重大进展。"天问一号"成功地着陆火星，"嫦娥四号"首次登陆月球背面等。在社会方面的科技成果同样意义非凡，无论是"华龙一号"全球首堆的商运，还是白鹤滩水电站的首批机组投入生产，抑或是磁悬浮列车的应用等。这些珍贵的科研成果将会使中国越来越繁荣富强，人民的生活越来越幸福。

7.7.1.2 中国近年来一些科研成果

1. "华龙一号"全球首堆的商运

"华龙一号"全球首堆商业运行，使中国自主研发三代的核电技术成功进入世界的前列。上万的建设者数十年如一日地辛苦奋战，5 300 多家制造设备的企业共同合作，自从 2015 年 5 月份开工以来，"华龙一号"全球首堆就开始了"冲刺跑"，终于在 5 年以后给出了满意的成绩单。2021 年 1 月 30 日，"华龙一号"全球首堆——中核集团福建福清核电五号机组投入商业运行，这代表着中国自主研发三代的核电技术成功进入世界的前列。这之后，中国成为在法国，美国等国家之后实实在在掌握自主研发三代核电技术的国家。"华龙一号"成为中国的高端线制造业迈进世界的"国家名片"，它是目前市场上面接受度最高的第三代核电机型号之一。将实现科技的自立自强为基础产生的相关的数据可以为"华龙一号"这一地位做脚注，它设计的使用时间为 60 年，反应堆运用 177 堆芯设计，堆芯设计的换料循环周期为 18 个月，革新采用双结合（能动和非能动）的安全性系统以及两层安全外壳等的技术，在安全这方面足够满足国际的顶级安全标准的要求。它所有的中心设施全部已经落实国产，全部设施国产率为 88%，完全可以批量建设核心设备。

"华龙一号"首堆全球的商业运行对正在升级优化中国能源的结构、促进低碳绿色发展、推动碳达到峰值，展现"碳中和"这一目标所包含的重要的意义。据报道，"华龙一号"每个机器的分组每年能够发的电将近 100 亿千瓦时，它完全能够满足一个中等大小的发达国家 100 万人口的生产和生活一年的用电需求，同时也意味着标准煤的消耗将下降 312 万吨、二氧化碳排放量将减少 816 万吨，这也意味着与种 7 000 多万棵树是一样的。

2. 磁悬浮列车的应用

时速达到 600 公里的磁悬浮列车仅仅用三分三十秒实现从 0 到 600 公里的加速。磁悬浮的外形既硬朗又有一些飘逸的韵味，它拥有独特的抱轨结构，相比于其他普通的列车，它的爬坡能力更加优秀强大，在 2021 年 7 月 20 日，由中国中车承担研究，具备完全的自主的知识产权，每公里耗费 8 亿元人民币的、时速为 600 公里的高速磁悬浮交通系统在青岛下线，这是世界上第一套设计的每小时 600 公里的磁悬浮高速的交通系统。这是中国掌握住高速磁悬浮整套技术和工程化能力的标志。每小时可达到 600 公里意味着它是当前的"地表最快交通工具"，所以它也被人们贴切地称为"贴地飞翔"。每小时可达到 600 公里的磁悬浮系统在今天已经是一种成熟的、可靠的常导技术。它的原理是通过利用电磁力，从而达到列车车身与轨道零接触这一运行方式。车的底部有一个悬浮架，上面装着电磁铁，这使它与铺在轨道下面的铁芯相互吸引，从而让车厢漂浮起来，再根据直线电机发动车辆使其前进。磁悬浮在运动的时候，我们可以通过精准地去控制电磁铁当中的电流使车身与轨道之间一直保持存在着大约 10 毫米的空隙。

磁悬浮列车的运行的方法是无接触的，这种方式代替了以前的老旧轮轨的机械支撑，这个技术从根本上打破了传统轮子与轨道的关系的定义，真正实现了每小时 600 公里的超高速的"贴地飞翔"。因为不用受到轮轨的限制，磁悬浮列车还拥有超强的加速和减速功能，快速起、快速停，这将会使它能够更加完美地发挥出它的绝对速度优势。

7.7.1.3　中国大力发展科技的目的

中国重视科技创新的原因有以下两点：

1. 国力逐渐强盛，经济不断地发展，足以支撑科研

如图 7-21 所示，中国国民生产总值（GDP）在不断增加，从 2012 年到 2021 年，国民生产总值的数量在不断增加，虽然增长率有所下降，但整体趋势依旧处于增长状态，且每年的增长都是质的飞跃。如图 7-21 所示，国民总收入在 2017 年到 2021 年处于增长的状态，且发展较为稳定，说明了中国大环境相对稳定，国民收入有保证，不会有大幅度的变动。图 7-22 所示的第二、三产业增加值也是从 2017 年到 2021 年稳定增长，虽然增长率不高，

但整体状态还是趋于平稳增长，第一产业上下浮动不明显，相当稳定。这三个产业是由传统产业理论中按"三次产业分类法"划分的。所谓第一产业是指农业。所谓第二产业就是指采矿业、制造业、建筑业和电力等。第三产业则是代表服务业。通过这两个图片的分析可知，中国近年来的经济状况非常稳定，并且长期处于增长状态，因此，为了尽早实现"科技强国""科技兴国"，国家大力支持鼓励科技的研究与创新，并进一步加大了对科研的投资，加大了对基础性研究的投入。

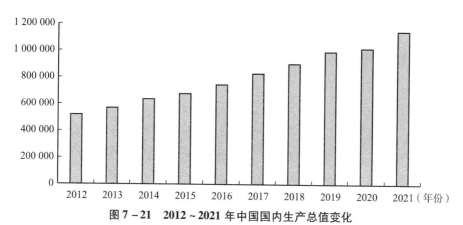

图 7 - 21　2012～2021 年中国国内生产总值变化

资料来源：国家统计局．

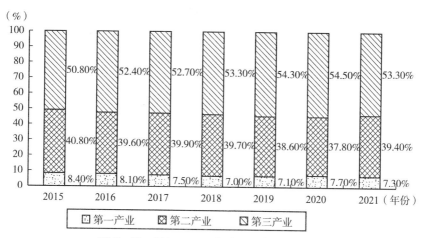

图 7 - 22　2015～2021 年中国产业结构变化

资料来源：国家统计局．

2. 重视人才培养

青年是国之栋梁，是国家的未来与希望。人才强国战略将工作的中心放在了"建设人才资源的强国"将充分全面地发挥人才的作用。中国重视人才的培养。在政策方面，国家多次颁布相关政策，调动各个方面的积极性。将政策分为两个方面：一方面，建议并且鼓励需要人才的相关单位接收学生们去实践，在税收或者其他的方面给予实施此政策的用人单位一些优惠，把学生们实习与自身的利益相关联起来，让学生尽早了解并学习一定相关专业的知识。另一方面，就是主张学校展开工学相结合的人才培养方式。培养优秀人才去全面建成小康社会并且实现中华民族的伟大复兴梦。

7.7.1.4　中国科技创新未来的发展

科学技术是第一生产力。这句话充分展示了科学技术对于每一个国家的重要性。创新是一个民族的灵魂的进步的象征。科技是一个国家国民经济发展的基础。科学技术对一个国家的经济和发展具有先导性，全局性。在世界范围里的竞争是综合国力的竞争，最关键是在于科学技术的竞争。未来的几年里，中国的科技发展将会呈现以下几个趋势：

1. 聚焦于国家各项重大策略

大力增强中国战略的科技力量，一国的战略科技实力是创新技术中的重中之重，因为，这代表一个国家科技创新的顶级的水平，是一国创新体系中的有力体现。实践证明，组织开展大型科技类项目，对于短时间提升中国科技创新实力有很大的帮助。应建设一流水准的科研机构，高水平的研究类高校和科技的领头型企业，优化战略科技力量的布局。

2. 聚焦于区域的发展战略

努力打造出各区域创新性增长，"十四五"规划支持北京、上海等形成国际型科技创新中心，同时也鼓励有条件的城市去建设区域科技创新的中心。推动区域经济一体化的发展。

3. 关注世界的科技发展前沿

积极做好关键核心技术的攻克战。目前，科技创新正在进入大科学时代，科技发展呈现多方面爆发，交杂汇聚形成浪式现象，人工智能、量子方面等许多前沿科学领域正在加速突破，进一步瞄准未来科技及产业发展的最高点，面对信息科学，环境科学等领域，我们要着力显现基础和应用基础研究，将提升创新能力和攻克关键核心技术作为主要方向。尤其在重点的领域方面、关键的某些环节早日实现技术自主可控。

4. 聚焦于经济高质量发展

大力增强带领支持的能力。现如今的世界正经历着百年未有大变局，中国的发展国家将正面临国内与国外环境发生着巨大而复杂的变化。在这种环境下，提高科技创新水平对中国高质量的发展的引领能力，可以更好地推动中国经济往高质量方向去发展。许多的省份提出要着眼于构建更高水平的现代化产业体系，围绕着以前的产业链来部署新的创新链，全方位加强产业的基础升级变得高级，使创新链与产业链双向融合，互相促进，一起发展。

5. 聚焦于企业创新

大力强化创新主体的位置，着眼于各个国家发展实践，各个企业的创新活动活跃与否，企业们在创新的资源中是不是占主导地位，是能建成并且是建设好创新型国家的必需条件。"十四五"规划指出，强化企业的创新的主要控制位置，开展推动各种类型的创新因素企业创新活动，鼓励相关的省份从企业介绍组织组建创新联合体，极致发挥企业在技术创新过程中的作用。

7.7.2 中国对外直接投资的国际竞争力

7.7.2.1 什么是对外直接投资

对外直接投资是指一个国家在国际上有直接投资的流出，即投资者直接在国外创建并且经营企业而进行的投资。外国直接投资可能会通过刺激经济来改善国际收支，也可能会因为债务负担和高水平的金额风险而使国际收支恶化。对外直接投资可以分为：（1）参与资本，但仅仅参加少量的投资，不参与任何经营，若在必要时刻也可派代表去担任技术人员和顾问去指导。（2）开办合资企业，这将由双方共同投资并且派遣拥有代表权的人来参与经营。某些发展中国家为了保证自己国家的利益，对合资企业的外资比例都实施了立法限制。（3）收购现有的企业。（4）开设子公司或者分店，总公司出资根据子公司或分店当地的法律开设独立经营的企业。对外直接投资一般表现为投资者输入资本，直接在国外开办工厂，设立分店，或收买当地原有企业，或与当地政府、团体、私人企业合作，以这种方式取得各种直接经营企业的权利。对外直接投资有利于被投资国解决资金困难、引进先进技术、扩展出口贸易、增加就业机会，因而被广为接受。世界各国为促进本国经济发展，大都采取开放政策以吸收国外直接投资，同时制定相应的政策法律，保护民族权益。

7.7.2.2 中国对外直接投资的状况

目前，中国对外直接投资的存量按三次产业分类所构成，中国对外直接投资的存量正在不断的上升。根据商务部，国家统计局和国家外汇管理局联合发表的《中国对外直接投资统计公报》中的数据，我们可以得到：首先着眼于存量市场上，如图7-23所示，2020年底，中国的对外直接投资存量达到了172 274.53896亿元人民币，和去年末相比，上升了3 817.8亿美元，同时，2020年末的投资存量也是2002年末投资存量的86倍多，中国投资存量占全世界外国直接投资流出的存货量的额度，从之前的0.4%到2020年末的6.6%，中国的世界排名从第25位上升到第3位。

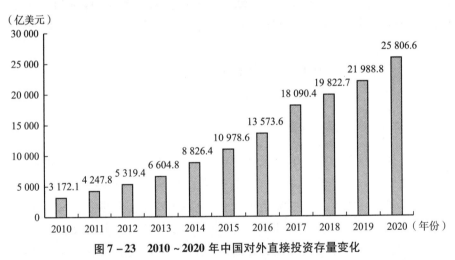

图7-23 2010～2020年中国对外直接投资存量变化

资料来源：国家统计局.

如图7-24所示，我们可以分析出，中国对外直接投资大部分集中在第三产业上，从具体产业角度分析，在2020年末，中国的对外直接投资存货量中将近80%都集中在了第三产业当中，即服务业当中，金额数目达到20 287.1亿美元，第二产业所占的数目为5 398亿美元，第二产业的对外直接投资存货量占中国的对外直接投资的存货量的20.9%；第一产业所占的金额数量为121.5亿美元，第一产业的对外直接投资的存货量仅仅占据中国对外直接投资的0.5%。

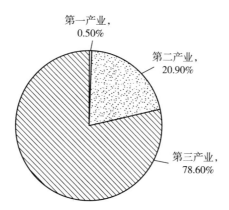

图 7 - 24   2020 年末中国对外直接投资存量产业构成

资料来源：国家统计局.

从国家民众经济的分类的行业来分析，在 2020 年的年末，中国的对外直接投资涵盖了国家民众经济的全部的行业的类型，存货量的规格达到超过千亿的美元的行业是 6 个，它们分别是租赁业，商务服务业，批发业、零售业，信息传递、信息技术服务业，制造业，金融和采矿行业。这 6 个行业的存货量共计为 21 986.8 亿美元，其在中国的对外直接投资存货量中占比高达 85.2%。

从不同区域的重点投资行业分析来看，双边投资协定是政府促进和保护双边投资签署的。不同区域中国所投入资本的行业存有一定差异性，但是我们放眼于整体来看，中国对于各个地方的直投（直接投资）的各行各业都有着相似的集中的特点，排在前 5 位的几个行业资本投入占比都超过了 70%。

从中国对国外投资的企业结构来看，中国的非国有企业直接投资存货占比 2006 年有明显的上升，从 2006 年的 19% 到 2020 年 53.7%，同比上半年增加了 3.8 个点，股份有限公司占比 9.9%，个体经营企业占比为 11.2%，股份责任有限公司占比 13%，私营企业占比 6.3%，外商投资企业占比 3.1%，其他占比为 4.9%。

从资金来源省份的分布结构来看，2020 年末，地方企业对外国的不是金融类型的直接投资存货量为 8 797.3 亿美元，这在全国非金融类型的存量中占比达到 38.1%。同期，位于对外直接投资首位的是广东省，其存货量高达 2 277.2 亿美元。排在第 2 位的是上海，其对外投资存货量高达 1 364.4 亿美元。其后则是：北京、浙江省、山东省、江苏省、天津、福建省、河南省、安徽省等。值得一提的是，在五个计划单独列出来的省级城市中间，深圳排在第1位，其对外直接投资存量为1 579.6亿美元，占广东省的69.2%，排在第2位的是宁波市，其对外直接投资存量为186.6亿美元，该指标占据浙江的存货量的25%。

7.7.2.3 中国对外直接投资的优劣势分析

对外直接投资是"走出去"这一战略至关重要的一部分，更是保护国家经济安全的方式。近些年来，在政府及各个企业共同努力下，中国对外直接投资不断增长，充分发挥了中国的比较优势，取得了一定的成果。中国企业对外直接投资优势有以下三点：

首先，中国有许多中大型企业，这些企业的优势在于所有权和内部优化上。从中国实行改革开放到今天，在政府的鼓励与扶持下，中国已出现了许多相当有竞争力的规模都不小的跨国公司。在妥善的经营与管理下，这些企业拥有足够丰富的资金，并且在多年的探索中掌握了许多核心技术。其经营管理理念来自国外，吸收国外的先进经验。所以这些企业在国际竞争中的优势在于所有权与内部优化，比如中国的中石化、海尔集团等。这些企业在境外市场竞争中所处的位置是相对有利的。如果企业的所有权，内部优化和区域位置都具有优势的话，那么它便已经拥有了对外直接投资的条件。中国借鉴了几十年的国外先进技术，在此基础上我们进一步创新，突破各种技术难关，如今中国的产品逐渐成熟，已经拥有了一定的优势。

其次，中国在近几十年的发展历程中诞生了许多小型企业。虽然其规模不算大，但是它们拥有自己独特的优势。纵览世界，发展中国家都或多或少地引入国外的资本，但这个做法所提供给国家的投资环境却并不完美，由于市场的范围小，所以从客观的角度上便限制了国外的规模大的企业进入市场。但小型公司却在这一条件下将优势展现得淋漓尽致。中国的小型企业在目前还处于小规模这一阶段。虽不如大型公司，却适合发展中国家的市场需求。况且，中国出口的零配件的价格等与其他国家出口的价格相比更加优惠，这便促成了中国在境外所加工的产品可以用低廉的价格迅速占领国外市场。

最后，中国有自己的独特商品以及其他国家没有的渠道。比如中国的菜品，中医和传统产品等具有我们中华民族独有的特色，这些都被我们特定的消费群体——华人所追捧。这些人虽身处异乡，却未被磨灭心中对祖国，对家乡的思念与喜爱。我们通过这些华人渠道，可以直接投资，建设工厂，生产商品。

虽然中国在对外直接投资上已有许多优势，同时仍然存在着一些问题有待完善，首先，投资的区域仍然存在严重失衡的问题。从数据来分析，中国的对外直接投资大部分都集中在了亚洲区域。其次，中国对外直接投资行业虽然广泛，但投资量却并不广泛，甚至表现相对集中。自 2007 年至今，中国对外直接投资包含了 18 个大类，第三产业占比遥遥领先。最后，中国对外直接投资的总体规模比较偏小，其投资主体依然是国有大型企业。

7.7.2.4　对中国对外直接投资未来发展的建议

未来，国家进一步鼓励各个企业勇敢地"走出去"，大力推动对外直接投资主体多元化，努力提升实力去支持那些有水平的国有企业去拓展海外市场业务，以培养更多的大型企业或集团带领民众创业，提升中国的国际竞争力。政府要出台鼓励、扶持相关政策。在贷款这一方面，国家多提供更多的技术支持与保障，完善对外直接投资的相关法律。同时政府也要组织相关部门多与海外交流学习，重点培育、引进人才，让更多的人才带动未来的发展。各高校也要定期举行与海外进行交流，让学生们开拓眼界，拓展更全面的知识。这样我们国家未来对外直接投资的环境与竞争力一定会越来越好，越来越强。

7.8　从欧美全方位制裁俄罗斯看中国对外直接投资的安全和防范

积极推动中国企业"走出去"，是提升对外开放水平、发展开放型经济的一项重要措施。党的十八大以来，中国继续实施新时期的对外开放战略，发展更高水平的开放型经济，促进了对外直接投资规模的扩大和结构的优化[①]。十多年来，中国对外投资合作质量不断提高，在促进互利共赢、提升国际竞争力等方面发挥了显著的积极作用。同时，对外投资受到诸多国际、国内各方面因素的影响。其中，政治环境、国际局势等都对对外直接投资有巨大影响力。随着 2022 年 2 月 24 日俄乌冲突的爆发，西方各国

---

① 刘军梅. 俄乌冲突背景下极限制裁的作用机制与俄罗斯反制的对冲逻辑 [J]. 俄罗斯研究，2022（4）.

对俄罗斯进行了各方面、各行业不同程度的制裁导致国际局势恶劣，使得俄罗斯的金融、贸易等方面都受到了巨大影响，这对于中国对于俄罗斯的对外直接投资以及俄罗斯自身对外投资均处于不利的现状。因此我们需要审时度势，对中国对外直接投资的安全和风险进行防范，规避贸易风险，加强投资安全，提出相应的对策建议，从而推动中国企业高质量安全地"走出去"。

7.8.1　中国对外直接投资发展现状

7.8.1.1　中国近年来对外直接投资发展特点及成效

中国对外直接投资规模在过去的十多年里不断扩大，2012～2020 年，年均增长 7% 以上，已连续九年位列全球对外直接投资流量前三位[①]。按照联合国贸发会议（UNCTAD）《2021 年世界投资报告》记载，各国的相关指标统计（见图 7 - 25），2020 年，中国对外直接投资首次跃居至第 1 位，规模为 1 537 亿美元，比 2019 年增长 12.3%。即使是受新冠肺炎疫情、国际环境影响而形势复杂严峻的 2021 年，国际收支平衡表数据显示，中国对外直接投资为 1 280 亿美元，仍然保持较大规模。根据国际投资头寸表，到 2021 年底，中国对外直接投资存量将达到 2.6 万亿美元[②]。

除了量的增长，中国对外直接投资的投资结构也在不断优化。一是投资领域趋于广泛。截至 2020 年末，存量投资八成以上分布在六大行业，包括：租赁和商业服务业（占总存量的 32.2%）、批发和零售业（占 13.4%）、信息传输、软件和信息技术服务业（占 11.5%）、制造业（占 10.8%）、金融业（占 10.5%）和采矿业（占 6.8%）（见图 7 - 26），并且中国对外直接投资已覆盖国民经济所有行业类别。二是投资地域日益多元。截至 2020 年底，中国对外直接投资存量分布已经达到了世界 189 个国家（地区），占世界国家（地区）的 81.1%。

---

① 江聪聪. 政治风险、双边关系对我国对外直接投资的影响——基于"一带一路"沿线主要国家的研究 [M]. 华中科技大学，2017.

② 中国对外投资合作发展报告 2020 [R/OL]. http：//images. mofcom. gov. cn/fec/202102/20210202162924888. pdf.

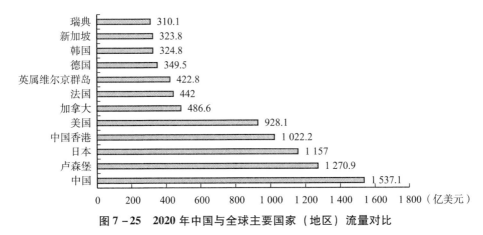

图 7 - 25　2020 年中国与全球主要国家（地区）流量对比

资料来源：联合国贸发会议．

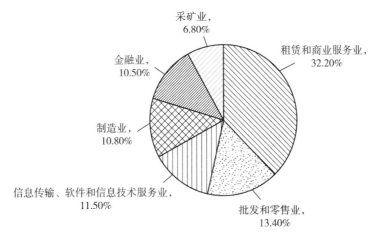

图 7 - 26　截至 2020 年末中国对外直接投资存量投资各行业占比

资料来源：国家外汇管理局网站．

　　中国坚持对外开放的基本国策，"引进来"和"走出去"并举，不断加大对外投资的力度、深度与广度，带动产品、服务与技术出口，促进国内产业结构调整，以达到互利共赢的效果。近十年来，中国对外直接投资稳步健康发展，为深化国际经贸合作、推动构建开放型世界经济做出了积极贡献。

7.8.1.2　中国对俄罗斯直接投资现状

　　中国与俄罗斯是全球经济的两大强国、五大新兴经济体，俄罗斯是我们的重要邻居，在中国的历史发展历程中，与俄罗斯均有着关键的作用。两国在经济上互补性很强，有着巨大的合作空间。中俄两国近几年的全面战略合作伙伴关系不断深入，在大型能源、跨境基础建设等战略性领域取得了良好的进展。中国从1992年开始在俄罗斯进行直接投资，在过去的30多年来，中国对俄的直接投资从增长到下降，到最近几年又呈现上升的趋势①。据国家统计局数据显示（见图7-27），中国对俄罗斯直接投资趋势呈现出一种波动性，在不稳定的增长状况下，于2015年达到了296 086万美元的高峰，这主要是因为中俄两国领导人签订了人民币和卢布直接结算的协定，最大化地实现对俄投资的去美元化，中俄两国的关系步入了一个新的发展阶段，特别是"一带一路"倡议的出台，使中俄两国的联系更为紧密。之后，中国在俄罗斯的直接投资规模再次出现了大幅下滑，这主要是因为乌克兰危机带来的负面影响，欧美国家对俄罗斯的多轮制裁，以及全球经济发展疲软。

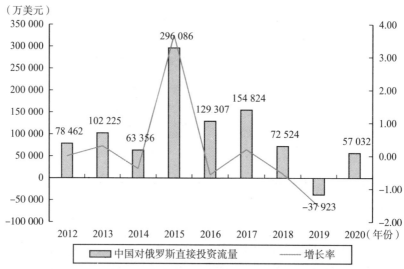

图7-27　2012～2020年中国对俄罗斯直接投资流量及增长率

资料来源：国家统计局.

---

① 杨佳莉. 中国对俄罗斯直接投资与中俄贸易关系的研究［M］. 呼和浩特：内蒙古财经大学，2018.

7.8.2 俄乌冲突背景下欧美西方制裁俄罗斯的深度剖析及影响

7.8.2.1 欧美西方全方位制裁的背景及原因

自 2014 年因乌克兰危机遭受欧美制裁后，八年来，俄罗斯一直在被制裁与反制裁中挣扎。2022 年 2 月 24 日，俄乌之间出现冲突、引发俄罗斯对乌克兰的"特别军事行动"，这场战争持续至今，这是 2003 年伊拉克战争后国际上最大的一次军事冲突。经济制裁不仅是激烈的经济竞争手段，同时也是为地缘政治服务的工具。美国对俄罗斯的制裁，除了表面上的反对战争守护世界和平，还涉及冷战结束后美国对于俄罗斯的忌惮，同时也维系美元在国际市场的霸权。欧洲对于俄罗斯的制裁更多出于历史原因和对俄罗斯的经济打压，维护欧盟的地位。

7.8.2.2 欧美西方全方位制裁俄罗斯的主要内容及特点

欧美、西方各国对俄罗斯实施了全面制裁，包括经贸和金融、精英、政治、军事、科技、文体等多种制裁。目前，美西方国家施加在俄罗斯身上的制裁手段堪称"史无前例"，各类制裁已经超过了 8 000 多项，而制裁措施能否通过相应的作用、机制发挥效用，达成先期目标和真实目的，还取决于多重影响因素的共同作用，受制于诸多力量的博弈和地缘政治环境的匹配。在经贸—金融制裁方面，通过制裁系统重要性银行来限制俄罗斯银行的结算和融资能力，禁用 SWIFT 系统以切断俄罗斯与国际贸易体系的联系，甚至冻结外汇储备来打击俄罗斯抵抗制裁的能力等[①]。科技制裁，如超微半导体公司（AMD）和英特尔均宣布已停止向俄罗斯销售产品。而俄罗斯航天局同美国航天局的太空合作可能结束[②]。与 2014 年克里米亚危机后美、西方几轮对俄的制裁相比，这一次的经济制裁表现出了新的特征，包括经济制裁的覆盖面、制裁力度的增强、手段的精确性，以及其所未有的联合打击。

---

① 易小准，李晓，盛斌，杨宏伟，曹宝明，徐坡岭. 俄乌冲突对国际经贸格局的影响［J］. 国际经济评论，2022（3）.

② 刘军梅. 俄乌冲突背景下极限制裁的作用机制与俄罗斯反制的对冲逻辑［J］. 俄罗斯研究，2022（4）.

7.8.2.3　欧美西方对俄全方位制裁的影响

欧美西方对俄联合实施制裁的先期目标是引起俄罗斯经济崩溃、民众情绪不满，再达到颠覆俄罗斯政权、普京下台的真实目的。而因为美西方的精准制裁，俄罗斯的经济和民众生活毋庸置疑会受到巨大的影响。受极限制裁的影响，世界银行预测，2022 年俄罗斯 GDP 增速将下降 11.2%，如果超过 15%，这将是自 1991 年苏联解体以来 GDP 增速的最大年度降幅（见图 7 - 28）。

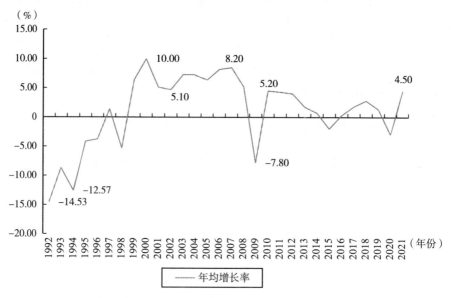

图 7 - 28　1992 ~ 2021 年俄罗斯 GDP 的年均增长率

资料来源：俄罗斯联邦经济发展部.

从图 7 - 28 的数据来看，受 2014 年欧美制裁的影响，俄罗斯 GDP 增速在 2015 年的下降幅度只有 2%，在 2016 年就开始缓慢回升了。即使本次极限制裁叠加新冠肺炎疫情的影响，对于俄罗斯经济的冲击影响会大大超过 2014 年，但并不排除俄罗斯反制措施的 "回旋镖形影"，以及未来俄乌局势的最终缓和。在一定程度上加速俄罗斯 GDP 增速止跌反弹的到来。但受国际市场替代效应等竞争因素的影响，如果俄罗斯因制裁失去的各种市场份额难以迅速恢复的话，其在世界经济中的地位和影响力会进一步有所下降。

除了 GDP 下降，卢布汇率也出现了剧烈波动，2022 年 2 月 23 日至 3 月 11 日卢布兑美元的汇率从 80 卢布跌到了 120 卢布，跌幅近 50%，引发市场恐慌。市场也受到了这场"特别军事行动"的影响，2 月 24 日当天莫斯科交易所指数（MOEX）开盘就下跌了 11.28%。

美西方设置融资壁垒，冻结俄罗斯近一半外汇储备，从而限制了俄罗斯的偿债能力，造成其债务违约。理论上来说，如果一国出现了债务违约，那么它的融资成本就会直线上升，让投资者和存款人失去信心，进一步助长了资本外逃和银行挤兑，导致国内企业和家庭获得信贷更加困难，对于国外的直接投资也有着巨创，这也是我们探讨的论题中心。

7.8.3 欧美西方全方位制裁俄罗斯下中国对外直接投资安全风险

7.8.3.1 中国对俄罗斯直接投资受到重创

由于欧美对俄罗斯的制裁政策设计多个方面，限制了俄罗斯金融机构投融资活动，对贸易进行制裁扩大出口管制范围，且美国制裁政策具有域外效力，这些制裁政策极有可能波及在俄罗斯投资的中国企业。而美国对于俄罗斯的二级制裁是为了防止第三国实体与受制裁实体进行违反制裁政策的交易。据统计，美国财政部在 2019 年公布的被制裁的中国企业中，大约 70% 的被制裁实体都是因为美国对朝鲜和伊朗的制裁。然而通过分析，目前欧美对俄罗斯的制裁政策，其中部分制裁措施已具备二级制裁效力或可能产生二级制裁的效果。因此，若在俄投资的中国企业与受制裁实体的交易中涉及了欧美的连接点，则会因违反美国的制裁而受到惩罚。如昆仑银行被制裁案例中，美国将 Tejarat 银行列入 SDN 清单的第 13382 号行政命令具有二级制裁效力，而昆仑银行在 Tejarat 银行被实施制裁后仍与其开展交易，违反了美国的制裁规定。

此外，由于俄乌冲突的爆发，天然气与石油能源的价格飙升令人瞠目。2022 年 3 月，欧洲的天然气价格比 2021 年前高出 5 倍多，而同期全球的石油价格几乎翻了 1 倍，煤炭的价格上涨了 3.7 倍。能源价格剧烈上涨严重扰乱了全球商品生产和服务提供，加剧了企业经营的成本和风险。

7.8.3.2 跨国企业对外投资信心疲弱

受欧美西方对俄罗斯的全方面制裁影响，俄罗斯许多投资企业面临巨大经营风险，不管是贸易出口方面受到限制，还是科技专利方面、金融方面，都有着许多阻碍。面对政治斗争、疫情危机、外部压力、市场经济情况等因素，许多企业对于俄罗斯的直接投资的回报率估计不容乐观，企业"走出去"的信心疲软。

7.8.4　欧美对俄制裁背景下中国对外直接投资的安全风险防范

7.8.4.1　在俄投资企业应加强自身合规体系建设，全面排查经济制裁风险

在当前的制裁环境之下，一旦中国企业与受制裁实体的交易被认定为"实质性帮助"，可能面临违反制裁政策的惩罚。这些惩罚措施包括：出具违反制裁书、罚款、出具禁止令、被列入特别指定国民清单、财产冻结、追究高管的法律责任并要求重组管理层等措施。对此，中国企业应当加强自身合规体系建设，完善经济制裁、出口管制风险警示机制。在对既有投资项目和新项目进行尽职调查、合同拟定时，应加强合规审查（如交易方是否被列入SDN等制裁清单），尤其是在俄乌危机高风险地区或涉及电子、通信、计算机、航空航天以及海事等行业的中国企业，应当对其进行更深入的"黑名单"筛查工作，避免企业自身（尤其是在俄罗斯的分支机构）制裁风险。此外，中国企业还应严防员工欺诈风险，避免员工合谋帮助与俄罗斯有联系的客户交易而面临违反美国制裁政策的风险。

7.8.4.2　拟对俄投资企业，应及时跟踪俄罗斯制裁政策，关注制裁清单的更新

如在昆仑银行被制裁案例中，美国将Tejarat银行列入SDN清单的第13382号行政命令具有二级制裁效力，而昆仑银行在Tejarat银行被实施制裁后仍旧与其开展交易，违反了美国的制裁规定。深究其原因，昆仑银行与Tejarat银行交易前，其未及时跟踪和了解美国对伊朗制裁政策的动态，也未对交易对象进行深入全面的尽职调查。若经基本的尽职调查即可发现受制裁实体已被列入SDN制裁清单，而中国企业或银行业金融机构仍旧与该受制裁实体频繁交易的，不排除该交易被认定构成故意违反美国制裁政策并实施从重处罚的清醒。对此，拟对俄投资的中国企业应当主动关注俄乌局势，定期

或不定期访问美国政府官方网站（如美国财政部、美国商务部等），了解美国、英国等欧美国家对俄罗斯实施制裁的最新动向，聘请专业机构结合商业目的对企业拟对俄投资业务和客户企业的主要风险进行深度研究分析。

7.8.4.3　已受制裁的在俄中国企业，应积极沟通，依据阻断原则维护自身权益

如果中国企业已被美国施加制裁或开展相关方面调查，应当主动与美国财政部、美国商务部就受制裁范围内的事项及救济措施进行沟通，并在相关受制裁事项整改后与 OFAC（美国财政部海外资产控制办公室）申请解除该措施。例如，美国政府未对昆仑银行施加更为严厉的制裁措施的原因也在于昆仑银行表明愿意转移在 Tejarat 银行开设的代理行账户的约合数亿美元的资金，且昆仑银行也将完善自身合规工作，对交易相对方强化尽职调查。因此，当中国企业受到美国制裁时，可以寻求专业机构的协助，从而及时、准确、专业地与美国主管机构沟通相关整改措施的效果，将制裁的损失尽可能降低。

此外，中国企业应当严格遵守中国关于反制裁、出口管制、数据安全等法律法规。为了免受美国滥用制裁政策的影响，中国企业可以主张阻断性原则维护自身权益，以应对基于"长臂管辖"的二级反制措施。若因受美国制裁导致中国企业不得不中止与俄罗斯受制裁实体合作的，则可以考虑在中国《反外国制裁法》《阻断外国法律与措施不当域外使用方法》的规定下，及时报告相关情况、遵守禁令。如果中国公司因不当的域外使用而受到损害时，应当及时向人民法院申请司法救助。

7.8.4.4　加强中国对外直接投资风险管理体系

中国对外直接投资的风险控制系统落后于中国对外直接投资的发展。近些年来中国对外直接投资的规模与日俱增，在投资运营中出现的相关法律纠纷也随之增多，而这一次全面的制裁下，身陷囹圄的中国外资的发展也受到了一定的限制。为了保护对外投资企业的合法权益，中国政府应针对不同国家制定相应的风险管理制度。

完善对外投资方面的法律体系，不仅是作为保障中国投资企业合法利益的依据重点，而且是中国投资企业行为规范的严格监督者，以免在发生相关法律纠纷事件中，影响中国投资企业的形象和名声。此外，指定的对外投资

法律体系也应该针对不同的国家环境纳入考虑。例如中国对俄直接投资的相关法律体系中，应该与俄方政府达成某方面的共识，以使法律更具有效力性和权威性。并且加强中国对外直接投资的风险管控体系，减轻中国投资企业因风险管控不严而带来的损失，从而影响中俄的投资合作。此外，对于在俄投资企业，加强规范管理，避免因企业自身经营违反欧美制裁措施而导致企业经营受损，在俄乌冲突特殊形势下，严加防控企业涉及制裁措施而导致企业被波及制裁。

7.8.4.5　政府对向俄投资企业风险提示，设立支持企业在俄投资的专项资金

许多在俄投资企业对于此次制裁危机风险的规避不清，为了对在俄投资的企业进行风险提示，发改委应制定完善《境外投资敏感行业目录》，为对俄投资企业提供更多的有效投资信息。并且对在俄投资企业精准分类指导，明确提出"鼓励、限制与禁止"的分类监管模式，引导和规范境外投资方向，使对俄投资企业明确目前市场形势和发展方向，规避可能存在的风险危机。

此外，政府应设立支持中小企业在俄投资的风险资金，扶持目前涉及欧美西方各国对俄罗斯制裁清单内容的行业企业，帮助这些企业在当前复杂形势之下探索可发展生存之路，必要情况下撤出俄罗斯市场规避风险。

7.8.4.6　完善中国对外投资政策，应对世界多元化局势

中国对外投资政策需要面对发展的实践而进行不断的完善。从进一步完善政策体系的角度来看，目前中国对外投资政策多由发改委、商务部、外汇局等部门制定，缺少全国人大或人大常委会制定通过的法律，相对于部门指定的政策，法律更具有权威性、有效性，也更有利于形成具有统一性的对外投资政策体系。而世界局势如今动荡不安，对外投资面临极大的风险，也应加强相关投资政策，帮助企业更具有法律指导地应对世界市场风险。

7.8.5　进入新时代以来中国对外投资的发展方向

7.8.5.1　应势而动

21 世纪以来，全球安全形势呈现出"整体和平与局部动荡、传统与非传

统安全威胁因素交织"的格局，美国在经历了互联网金融泡沫破灭与"9·11"事件后，国内资本向海外转移助推了新兴市场经济体的快速发展；欧盟统一货币后，加速了一体化进程，经济实力赶超美国。经济全球化势头明显，全球性与区域性贸易投资协议并存，作为"双刃剑"的经济全球化也给世界各国带来新问题与新挑战。从世界格局来看，美国军事霸权主义上升中，中、俄、欧盟等国崛起与发展又促进了政治的多极化与相互制衡。从中国崩溃理论、中国威胁理论、"北京共识""中国模式"等方面，中国在全球范围内的认识逐渐趋于合理，中国因素全面进入国际视野[①]。这个时期的中国对外投资迎来了相较于之前的历史最好时期，中国对外投资政策适应了外部窗口机遇期与内部发展加速器的特点和要求，形成了"主动作为"的政策基调，这是一种应势而动。

7.8.5.2 顺势而为

进入新时代以来，世界格局与国际体系发生了深刻变革，且以正在进行时的方式为世界呈现出随机性与不确定性，世界正经历着百年未有之大变局。上一轮金融危机的深刻影响还在继续，全球经济发展缓慢，贸易保护主义和孤立主义思想不断滋生，恐怖主义、重大传染病与全球气候变化等问题不断威胁着全球的人类安全。从各国对跨国投资的政策上来看，欧美等国家的"限制或管制"政策显著增加；从国际投资协议内容的改变可以看出，由于注重可持续发展的和对国际机构处理争端的"不信任"，各国普遍强调"负责人投资""保留监管空间"与"细化公平公正待遇"。尤其是美国作为全世界最大的资本双向流动国家，其涉外投资基调变化对全世界具有重要的影响，一方面，是从特朗普政府再到拜登政府的新税改，向世界传递的信号是美国政府更加重视和鼓励资本的流入；另一方面，以"国家安全"为理由，美国政府对中国高新技术企业在美投资进行限制和打压已成为中国企业赴美投资的最大风险。中国在积极维护联合国框架下的国际政治秩序的同时，也努力在构建新的国际经济新秩序。中国由被动适应外部环境变化正在向主动参与外部环境治理转变，由经济与政治大国开始向经济与政治强国转变，以"互利共赢、多元平衡、安全高效"为特征的对外投资政策是中国面对复杂瞬变

---

① 李苇杭. 双边政治关系对我国企业对外直接投资的影响——基于 OECD 国家的研究［M］. 上海：上海经济研究，2017.

的外部环境下，坚持高质量发展理念的"以我为主"的积极作为，这是一种顺势而为。

本章参考文献

[1] 国家发展和改革委，外交部，商务部．推动共建丝绸之路经济带和21世纪海上丝绸之路的愿景与行动［M］．北京：外交出版社，2015．

[2] 夏昕鸣，谢玉欢，吴婉金，朱晟君，贺灿飞．"一带一路"沿线国家投资环境评价［J］．经济地理，2020，40（1）．

[3] 国家信息中心大数据发展部．数说"一带一路"国家投资环境．美国企业研究所和中华人民共和国商务部的最新数据．

[4] 杨宏恩，孟庆强，王晶，李浩．双边投资协定对中国对外直接投资的影响：基于投资协定异质性的视角［J］．管理世界，2016（4）：24－36．

[5] 高鹏飞，胡瑞法，熊艳．中国对外直接投资70年：历史逻辑、当前问题与未来展望［J］．亚太经济，2019（5）：94－102，151－152．

[6] 魏伟，张欣欣，赵丽．中欧投资协定的缘起、意义和未来展望［J］．边界与海洋研究，2021，6（1）：100－115．

[7] 陈兆源．中欧投资协定引领新一代国际投资规则［J］．世界知识，2021（3）：64－65．

[8] 邹磊，王优西．中欧投资协定：规则、影响与挑战［J］．国际贸易，2021（4）：67－74．

[9] 叶学平，桂雪琴．中欧全面投资协定浅析与展望［J］．商业经济，2021（10）：86－89．

[10] 林丽红．中欧投资协定谈判的问题和对策研究［D］．广东外语外贸大学，2020．

[11] 张生，马燕飞．《中欧全面投资协定》中的国家间争端解决机制：内容、特点与影响［J］．武大国际法评论，2022，6（1）：141－157．

[12] 陈新．大变局下中欧全面投资协定的多重意义［J］．人民论坛，2021（20）：102－105．

[13] 李肖颖，孟庆军．"中欧投资协定"谈判完成对双方经济发展影响分析［J］．生产力研究，2021（11）：24－27，46．

[14] 邵鹏．谈《中欧投资协定》对中欧金融合作的影响［J］．中国商

论，2021（16）：69-71.

[15] 陈建奇. 中欧投资协定大大拓展合作共赢新空间 [N]. 学习时报中央级，2021-01-15.

[16] 郝兴. RECP 对中国跨国公司对外直接投资的影响分析 [J]. 中国储运，2022（3）：65-66.

[17] 唐华. RECP：多边主义和自由贸易的胜利 [J]. 中国网，2020（11）：1-2.

[18] 任芳. 历时八年 RECP 正式签署"超级自贸区"将带来哪些改变？[J]. 央广网，2020（11）：1-4.

[19] 邱泰如. 对外直接投资理论发展研究 [J]. 上海市经济管理干部学院学报，2012，10（5）：4-11.

[20] 畅帅帅. 新起点新篇章，RCEP1 月 1 日起正式生效将带来哪些影响？[J]. 中国网，2022（1）：1-6.

[21] 中美贸易冲突大事件时间轴-思维导图（edrawsoft. cn）.

[22] 中美贸易争端. 百度百科（baidu. com）.

[23] 曾庆芬. 贸易战对我国农业对外直接投资的影响及政策建议. 农村经济，2019（12）：11-19.

[24] 沈兰军，刘宗珉，陈维哲. 中美贸易摩擦对我国对外直接投资的影响研究.

[25] 中美贸易摩擦与中国制造业对外投资走势（mofcom. gov. cn）.

[26] 2016 年度中国对外直接投资统计公报（mofcom. gov. cn）.

[27] 国家发展和改革委员会（ndrc. gov. cn）. 2021 年我国对外直接投资 9 366.9 亿元人民币.

[28] 2019 年中国对外直接投资 1 369.1 亿美元蝉联世界第二（baidu. com）.

[29] 商务部、国家统计局和国家外汇管理局联合发布. 2020 年度中国对外直接投资统计公报（baidu. com）.

[30] 商务部等部门联合发布. 2018 年度中国对外直接投资统计公报（baidu. com）.

[31]《2015 年度中国对外直接投资统计公报》发布中国对外投资跃居全球第二. 百度文库（baidu. com）.

[32] 商务部，国家统计局，国家外汇管理局联合发布. 2017 年度中国

对外直接投资统计公报（mofcom. gov. cn）.

[33] 陈春, 彭慧. 中美贸易摩擦加剧会影响我国对外直接投资吗? ——基于投资动机视角.

[34] 陈继勇. 中美贸易战的背景、原因、本质及中国对策.

[35] 吴昊, 刘青, 杨超. 中美贸易战对中国投资环境的影响及对策研究.

[36] 邵燕敏. 贸易战背景下我国对外直接投资的态势分析.

[37] 陶晶晶. 中国对外直接投资发展现状、问题及对策研究.

[38] 马翎翔. 国际贸易壁垒的发展趋势及中国的对策研究——基于反全球化背景.

[39] 常晓慧. 新冠肺炎疫情下反全球化的中西博弈.

[40] 张伟娟, 陈永森. 全球化的矛盾性及其历史必然性.

[41] 钱乘旦. 全球化、反全球化和"区块化".

[42] 新华社. 人民至上生命至上的中国答卷——从白皮书看中国抗击疫情历程学习强国, 2020 – 06 – 08.

[43] 林宏宇. 西方民粹主义是国际贸易摩擦升级的根源 [J]. 世界社会主义研究, 2019（5）: 90.

[44] 张韦恺镝, 刘强. 逆全球化、反全球化与全球化新出路的中国方案 [J]. 世界经济与政治论坛, 2018（2）: 143 – 153.

[45] 新华社. 新华国际时评: 全球供应链"去中国化"只是噱头学习强国. 2020 – 05 – 15.

[46] 胡昭玲, 宋平. 中国对外直接投资对进出口贸易的影响分析 [J]. 经济经纬, 2012（3）: 65 – 69.

[47] 张春萍. 中国对外直接投资对进出口贸易的影响 [J]. 学术交流, 2012（7）: 85 – 88.

[48] 陶晶晶, 沈罗薇. 中国对外直接投资发展现状、问题及对策研究 [J]. 对外经贸, 2022（3）: 19 – 23.

[49] 黄梅波, 李泽政. 中国对外直接投资40年: 动因及模式 [J]. 东南学术, 2018（4）: 80 – 92.

[50] 刘金功. 我国技术导向型对外直接投资研究 [D]. 苏州大学, 2008.

[51] 俞鑫. 中国对外直接投资与对外贸易的相互影响研究 [D]. 东南大学, 2015.

［52］杨亚男. 论中国对外直接投资与出口贸易之间的关系［D］. 首都经济贸易大学，2007.

［53］高春玲，王丛芳. 我国对外直接投资与对外贸易的关系——基于变参数模型的分析［J］. 黑龙江对外经贸，2011（1）：42-43，66.

［54］唐心智. 国际贸易与国际直接投资相互关系研究评析［J］. 统计与决策，2008（16）：122-124.

［55］唐心智. 不同类型对外直接投资的贸易效应分析［J］. 商业时代，2012（5）：48-49.

［56］许丹微. 对外直接投资对国际贸易的影响分析［J］. 南昌教育学院学报，2012，27（5）：187-188.

［57］https：//baike. baidu. com/item/% E9% 9D% 9E% E5% 85% B3% E7% A8% 8E% E5% A3% 81% E5% 9E% 92#reference-［1］-123939-wrap.

［58］https：//max. book118. com/html/2021/0404/5034334324003211. shtm.

［59］https：//baike. baidu. com/item/% E8% BE% B9% E9% 99% 85% E4% BA% A7% E4% B8% 9A% E6% 89% A9% E5% BC% A0% E8% AE% BA/9642914.

［60］周爱农，申益美. 对外直接投资对国际贸易影响的实证分析［J］. 生产力研究，2011（7）：58-59.

［61］张艳萍. 国际贸易与国际直接投资相互关系理论综述［J］. 山西农经，2018（13）：14-16.

［62］2006 年度中国对外直接投资统计公报.

［63］2017 年度中国对外直接投资统计公报.

［64］https：//baike. baidu. com/item/% E5% A4% 96% E6% B1% 87% E5% 82% A8% E5% A4% 87#reference-［12］-38015-wrap.

［65］中国对外贸易形势报告（2021 年秋季）.

［66］刘淑春，林汉川. 标准化对中国装备制造"走出去"的影响——基于中国与"一带一路"沿线国家的双边贸易实证［J］. 2021（2017-11）：60-69.

［67］薛求知，帅佳旎. 母国特定优势视角下中国对外直接投资的转变——以制造业上市公司为例［J］. 2021（2019-6）：16-19.

［68］P. U. Juan bo. Regional differences in effects of FDI on Balance of Payment：Ananalysisbasedon China's province-leveldata［J］. The Frontiers of Society,

Science and Technology, 2020, 1 (7).

[69] 韩双林, 马秀岩. 证券投资大辞典 [M]. 哈尔滨: 黑龙江人民出版社. 1993.

[70] 孟寒, 严兵. 产业集聚对中国企业对外直接投资的影响 [J]. 世界经济研究, 2020 (4): 13.

[71] 薛求知, 帅佳旖. 母国特定优势视角下中国对外直接投资的转变——以制造业上市公司为例 [J]. 管理现代化, 2019 (6): 16 - 19.

[72] 杨国亮, 王玲. 中国对外直接投资的发展策略研究 [J]. 2021 (2010 - 1): 52 - 56.

[73] 改革开放以来中国对外投资政策演进 [J]. 刘文勇. 上海经济研究. 2022 (4).

[74] 杨佳莉. 中国对俄罗斯直接投资与中俄贸易关系的研究 [M]. 呼和浩特: 内蒙古财经大学. 2018.

[75] 易小准, 李晓, 盛斌, 杨宏伟, 曹宝明, 徐坡岭. 俄乌冲突对国际经贸格局的影响 [J]. 国际经济评论, 2022 (3).

[76] 王钦璇. 中国对外直接投资的影响因素研究 [M]. 南京: 南京师范大学, 2021 (8).

[77] 李苇杭. 双边政治关系对我国企业对外直接投资的影响——基于OECD 国家的研究 [M]. 上海经济研究, 2017 (10).

[78] 江聪聪. 政治风险、双边关系对我国对外直接投资的影响——基于"一带一路"沿线主要国家的研究 [M]. 武汉: 华中科技大学, 2017 (5).

[79] 刘军梅. 俄乌冲突背景下极限制裁的作用机制与俄罗斯反制的对冲逻辑 [J]. 俄罗斯研究, 2022 (4).

[80] 太平, 李姣. 中国对外直接投资: 经验总结、问题审视与推进路径 [J]. 国际贸易, 2020 (3).

[81] 中国对外投资合作发展报告 2020 [R/OL]. http://images. mofcom. gov. cn/fec/202102/20210202162924888. pdf.